本书系

国家社会科学基金一般项目（21BGJ041）阶段性成果
国家社会科学基金重大项目（17ZDA088）阶段性成果
浙江省新型重点专业智库重点资助项目阶段性科研成果
浙江省中小微企业转型升级协同创新中心重点资助项目科研成果
浙江工业大学中国中小企业研究院重点资助项目科研成果

课题支持单位

浙江省新型重点专业智库——浙江工业大学中国中小企业研究院
浙江省"2011协同创新中心"——中小微企业转型升级协同创新中心
国家工业和信息化部中小企业局
国家工业和信息化部中小企业发展促进中心
浙江省经济和信息化厅（浙江省中小企业局）
浙江省中小企业服务中心
杭州市经济和信息化局
中国技术经济学会
经济合作与发展组织（OECD）
世界工业与技术研究组织协会（WAITRO）

中小企业研究文库·主编 池仁勇

浙江省新型重点专业智库
中小微企业转型升级协同创新中心
浙江工业大学中国中小企业研究院

中国中小企业景气指数研究报告(2022)

Climate Index Report of Chinese SMEs 2022

池仁勇 刘道学 金陈飞 等 著

中国社会科学出版社

图书在版编目（CIP）数据

中国中小企业景气指数研究报告.2022/池仁勇等著.—北京：中国社会科学出版社，2022.12
ISBN 978-7-5227-0923-9

Ⅰ.①中… Ⅱ.①池… Ⅲ.①中小企业—经济发展—研究报告—中国—2022 Ⅳ.①F279.243

中国版本图书馆 CIP 数据核字（2022）第 220136 号

出 版 人	赵剑英
责任编辑	张玉霞　刘晓红
责任校对	周晓东
责任印制	戴　宽
出　　版	中国社会科学出版社
社　　址	北京鼓楼西大街甲 158 号
邮　　编	100720
网　　址	http：//www.csspw.cn
发 行 部	010-84083685
门 市 部	010-84029450
经　　销	新华书店及其他书店
印刷装订	北京君升印刷有限公司
版　　次	2022 年 12 月第 1 版
印　　次	2022 年 12 月第 1 次印刷
开　　本	787×1092　1/16
印　　张	26
插　　页	2
字　　数	433 千字
定　　价	159.00 元

凡购买中国社会科学出版社图书，如有质量问题请与本社营销中心联系调换
电话：010-84083683
版权所有　侵权必究

《中国中小企业景气指数研究报告(2022)》课题组主要成员

组　　长　池仁勇

副 组 长　刘道学　金陈飞

执 笔 者　(以姓氏笔画为序)

马　灵　　王国勇　　王侠丽　　王举铎　　王家芳
王铭杨　　王黎莹　　毛伟静　　文　佳　　卢　瑶
朱辰溪　　刘峰秀　　刘道学　　池仁勇　　汤临佳
阮鸿鹏　　严庆乾　　李兰花　　李若曦　　李胜楠
李梦婷　　李鸽翎　　吴　瑛　　何　静　　余蕊睿
宋梦然　　陈李英　　陈　霞　　林一回　　金陈飞
周咏琪　　周晓燕　　郑文慧　　赵春苗　　胡英捷
钱晋芸　　高梦圆　　高鲜鑫　　郭元源　　姬科迪
崔　寰　　斯朗拉姆　谢雯欣　　楼　源　　詹爱岚
魏　辰　　魏雯燕

中国中小企业景气指数研究课题组
主要成员简介

池仁勇 国家二级教授，管理科学与工程博士，博士生导师，享受国务院政府津贴专家。现任浙江省新型重点专业智库——浙江工业大学中国中小企业研究院院长、浙江省"2011协同创新中心"——中小微企业转型升级协同创新中心执行主任、首席专家，中国中小企业景气指数研究课题组组长，兼任中国技术经济研究会常务理事，世界工业与技术研究组织协会（WAITRO）常务理事，中国科学学与科学技术研究会理事，浙江省中小企业协会常务副会长。研究领域为中小企业创业管理、创新网络，是中国最早从事中小企业发展研究的学者之一。先后主持国家社会科学基金重大项目两项（12&ZD199、17ZDA088），国家自然科学基金应急项目一项，国家自然基金项目三项及省部级课题十余项。在《管理世界》《科研管理》、Small Enterprise Development 等国内外杂志发表论文一百余篇。出版专著教材十余部。获中国科学技术协会"全国优秀科技工作者"称号，获教育部人文社会科学研究优秀成果奖二等奖一项，浙江省人民政府哲学社会科学优秀成果奖一等奖两项，浙江省科技进步三等奖、浙江省高校科研成果一等奖、二等奖各一项，2013年获美国中小企业协会（USASBE）年度会议企业家和公共政策最佳论文奖。兼任《中国中小企业发展年鉴》执行副总编，《浙江省通志·乡镇企业卷》常务副主编等。

刘道学 经济学博士，浙江工业大学中国中小企业研究院专职研究员，日本大阪公立大学客座研究员，中国中小企业景气指数研究课题组副组长，中国中小企业景气动态监测研究所副所长，中小企业景气指数研究实验室项目负责人。研究方向为中小企业创业管理与创新成长、区域产业经济、国际经济经营。在国内外发表学术论著三十余篇（部）。主持国家社会科学基金项目（21BGJ041、14BJY084）、浙江省哲学社会科学规划重点项目（13NDJC004Z）、浙江省科技厅软科学重点研究项目（2012C25066）、浙江省"钱江人才"计划择优资助项目（QJC1302016）及浙江省技术创新与企业国际化研究中心重点课题等七项，参与国家社会科学基金重大项目及其他各类科研项目多项。作为主要成员获教育部人文社会科学研究优秀成果奖二等奖一项，获浙江省人民政府哲学社会科学优秀成果奖一等奖两项。

金陈飞 管理学博士，浙江工业大学中国中小企业研究院副研究员，中国中小企业景气指数研究课题组副组长。研究方向为中小企业技术创新与企业社会责任。主持国家社科基金青年项目一项、浙江省社科规划重点课题两项、浙江省软科学项目两项，参与国家重大重点课题和省部级课题多项；在 Journal of Business Research、《科学学研究》、Frontiers in Psychology 等国内外期刊共发表论文十余篇。作为主要成员获浙江省科学技术奖三等奖一项，获浙江省第十九届哲学社会科学优秀成果"应用理论与对策咨询类"三等奖一项。

内 容 简 介

《中国中小企业景气指数研究报告（2022）》由四篇十三章构成。第一篇为2021—2022年中国中小企业发展总体评述（包括第一章至第三章）。第一章从宏观角度回顾2021年以来中国中小企业发展概况及理论与实践研究热点问题；第二章从中观角度，基于统计数据分析2021年以来中国区域中小企业发展动态及发展亮点；第三章系统梳理了2021年以来国家及各地政府促进中小企业发展的最新政策与法规，并重点对中小企业疫情纾困、中小企业竞争力提升及产业链融通发展政策等进行了解读评述。第二篇为2022年度中国中小企业景气指数测评（包括第四章至第六章），是本研究报告核心部分。基于国内外相关最新前沿理论和中国中小企业发展的实际，运用本报告确立的景气指数评价方法，收集选取统计数据、上市中小企业财务数据以及中小微企业景气监测问卷调查数据，计算出中国31个省份、七大地区的中小企业综合景气指数，系统总结了中国中小企业总体发展及不同区域发展的最新现状和动态趋势。在研究分析过程中，特别关注到常态化新冠肺炎疫情对全国及各地各行业中小企业发展的影响及促进高质量发展的新举措和新趋势。第三篇为中国区域中小企业景气指数实证研究（包括第七章和第八章）。持续聚焦浙江省小微企业开展景气测评和区域实证分析。基于浙江小微企业景气监测最新数据，计算出2022年浙江11市和重点监测调研的主要行业小微企业景气指数，针对浙江小微企业高质量发展的现状及面临的挑战开展综合分析，并提出了相关对策与建议。第四篇为2022年中国中小企业发展热点专题研究（包括第九章至第十三章）。内容包括"专精特新"中小企业高质量发展研究报告、常态化疫情背景下大规模减税降费助力企业持续发展研究报告、浙江中小企业参与共同富裕示范区建设专题调研报告、绿色专利与中小企业低碳转型发展研究报告、RCEP协定生效实施背景下中国中小企业国际化发展对策研究报告等，结合区域企业案例具体分析新发展格局下中国中小企业高质量发展的新机遇、新趋势，并针对当前中小企业面临的困境与挑战提出了相关政策建议。

　　本研究报告书由池仁勇、刘道学等策划统撰，为中国社会科学出版社和浙江工业大学的"中小企业研究文库"系列著作，是撰写团队持续开展中国中小企业景气指数研究协同攻关的最新标志性成果。报告书具有科学理论基础和可靠数据支撑，结合大量案例研究，深入分析中国中小微企业高质量发展的最新景气状况和动态趋势，研究具有鲜明的时代前瞻性和现实针对性，可为政府、企业提供决策参考，具有较高学术价值和社会应用价值。

丛 书 序

浙江省是中国中小企业最发达的省份之一。早在20世纪60年代，浙江广大农村就有很多社队企业，它们大多从事农副产品加工、农业机械修理、日用品生产等。改革开放以后，浙江农村乡镇企业成为中小企业的主要成分，在活跃城乡人民生活、增加市场竞争、增加城乡就业、活跃经济、加快区域经济增长、开展技术创新等方面发挥了不可替代的作用。浙江中小企业绝大多数是民营经济，它们经营机制灵活，市场信息灵敏，市场反应速度快，取得了很多成功经验。尤其是中小企业地域集聚形成的"块状经济""一村一品，一乡一品"的发展模式取得了很大成功，成为独特的浙江经济现象。浙江地方政策在扶持中小企业的发展，促进科技型中小企业发展，增强中小企业技术创新能力等方面，也做出了积极贡献。因此，研究浙江省中小企业发展经验，探讨中小企业发展方向与政策具有现实和理论意义。

浙江工业大学是中国最早开始研究中小企业的机构之一，早在20世纪80年代，以吴添祖教授带头的研究团队就开始研究中小企业的发展，是中国中小企业国际合作协会首届理事单位，先后承担十余项国家自然科学基金和国家社会科学基金项目等，培养了一支活跃于中小企业研究的科研队伍。浙江工业大学中小企业研究团队依托浙江省高校人文社科重点研究基地、浙江省哲学社会科学重点研究基地和2012年3月成立的中国中小企业研究院等研究平台以及浙江省中小微企业协同创新研究中心，依托浙江省中小企业的实践，借鉴世界各国中小企业发展经验，研究中小企业创新、产业集群、中小企业国际合作、中小企业政策、发展环境、中小企业融资、财务管理、市场营销、人力资源管理、中小企业劳工关系、中小企业知识产权保护等方面，取得了开创性成就。

近年来，依托浙江工业大学中小企业研究理论，以开放性视野吸纳全国中小企业研究成果，逐渐出版"中小企业研究文库"，形成了一系列中小企业理论研究成果，在中国尚属首创，具有重要的现实与理论意义。期望以此为契机，推动中国中小企业理论研究向更高层次发展，为中小企业政策发展提供参考，为中小企业经营与发展提供理论支撑。

浙江省中小企业局原局长、浙江省中小企业协会会长

2011年4月

前　言

习近平总书记在党的二十大报告中明确指出："我们要构建高水平社会主义市场经济体制，坚持和完善社会主义基本经济制度，毫不动摇巩固和发展公有制经济，毫不动摇鼓励、支持、引导非公有制经济发展，充分发挥市场在资源配置中的决定性作用，更好发挥政府作用。"这再次给中小企业和民营经济吃下了定心丸。习近平总书记在致2022年全国专精特新中小企业发展大会的贺信中也指出，中小企业联系千家万户，是推动创新、促进就业、改善民生的重要力量。希望专精特新中小企业聚焦主业，精耕细作，在提升产业链、供应链稳定性、推动经济社会发展中发挥更加重要的作用。这也为本课题组在新时代新征程持续开展中国中小企业研究指明了方向。

中小企业作为国民经济的重要组成部分，是我国经济韧性、就业韧性的重要支撑，事关经济社会发展全局。2012年党的十八大以来，我国促进中小企业发展的政策体系、服务体系不断完善，发展环境不断优化，中小企业总体呈现良好发展态势。中小企业快速发展壮大，是数量最大、最具活力的企业群体，成为我国经济社会发展主力军。根据工业和信息化部发布的资料数据，截至2021年末，中国中小微企业数量达4800万户，比2012年末增长2.7倍；中国每千人企业数量为34.28户，是2012年的3.4倍。2021年，我国日均新设企业2.48万户，是2012年的3.6倍。2021年，中国规模以上工业中小企业平均营业收入利润率为6.2%，比2012年高0.9个百分点，发展质量效益不断提升。大量新技术、新产业、新业态、新模式都源自中小企业。中小企业既为广大人民群众直接提供大量物质产品和服务，又成为吸纳和调节就业的蓄水池。第四次全国经济普查结果显示，我国中小微企业法人单位占全部规模企业法人单位的

99.8%，吸纳就业占全部企业就业人数的79.4%。10年来，中国中小企业经受住了新冠肺炎疫情和贸易摩擦等种种困难和挑战，体现了极大韧性和极强活力。2022年前三季度，中小企业生产经营呈企稳向好态势，为国民经济平稳运行奠定了坚实基础。实践充分证明，中小企业强，区域经济才会强；中小企业景气好，中国经济景气就会好。

中小企业景气指数是用来衡量中小企业动态发展状况的"晴雨表"。为了中小企业及时了解企业运行现状及相关行业和区域发展态势，更好地为政府部门、行业机构以及企业自身提供决策依据，浙江工业大学中国中小企业研究院发挥浙江省新型重点专业智库及浙江省中小微企业转型升级协同创新中心等依托部门的专家团队优势，从2010年开始策划开展有关中小企业景气监测、景气指数编制工作，在中国率先开展中小企业景气指数理论及实证研究。2011年，该项研究工作列入浙江工业大学中国中小企业研究院的重大研究项目，当年8月课题组推出了中国首部《中国中小企业景气指数研究报告》，填补了该领域研究空白。2012年在研究中国省际中小企业景气指数的基础上，追加研究中国主要城市中小企业景气指数，并基于深交所中小板、创业板500指数样本企业的财务数据，运用扩散指数法编制中小板及创业板景气指数；2013年开始，基于浙江省的重点监测数据开展浙江11市的区域景气指数和小微企业发展指数编制工作，同时参加《浙江省中小企业发展报告》及《中国中小企业发展研究报告》的编撰工作，负责承担中小微企业动态数据分析及相关专题研究；2014年以后，上市中小企业景气测评先后通过追加新三板挂牌企业、科创板企业及北交所上市企业样本等，使上市中小企业景气指数更全面客观地反映中小企业动态发展的现实。由此不断丰富和完善了中国中小企业景气指数研究的方法与内容，满足了该项研究的重大社会需求。

十余年来，《中国中小企业景气指数研究报告》在西湖中小企业国际研讨会（2011年10月、2012年10月，杭州）、世界工业技术研究院协会暨国际创新成果浙江推介会（2013年10月，杭州）及APEC中小企业工商论坛（2014年9月，南京）、全国小企业发展论坛（2015年6月，杭州）、全国科技评价学术研讨会（2016年11月）、APEC杭州论坛（2017年9月）、世界工业与技术研究组织协会（WAITRO）马来西亚槟城国际学术会议（2018年11月）、亚洲创新与政策学会（ASIP）菲律宾年会

（2019年10月，奎松）、新西兰中国商会年会（2019年12月，奥克兰）、浙江省社会科学界学术年会（2020年12月）向国内外公开发布，并作为"中小企业文库"持续由中央级出版社——中国社会科学出版社出版发行。研究报告公开发布后，得到新华通讯社、中国新闻社、《光明日报》《中国日报》《浙江日报》《文汇报》《新民晚报》《大公报》及中国政府网、中国网、人民网、央视网、中国广播网、中国经济网、新浪网、凤凰网、凤凰卫视等60多家国内及境外有影响力的新闻媒体的采访、报道及传播推广，引起相关各界高度关注，产生了较大社会影响。

本次出版的《中国中小企业景气指数研究报告（2022）》是依托浙江省新型重点专业智库——浙江工业大学中国中小企业研究院和浙江省"2011协同创新中心"——中小微企业转型升级协同创新中心的研究团队，联合相关部门和研究同行完成的最新年度报告书。研究报告书总体由四篇十三章构成。

第一篇由第一章至第三章组成。第一章是从宏观角度回顾2021年以来中国中小企业发展概况。内容包括：2021—2022年中国中小企业发展环境、中小企业发展概况分析及近年来中国中小企业发展重要理论热点及创新应用实践热点综述分析。第二章是从中观角度，基于统计数据分析2021年以来中国区域中小企业发展动态。首先，分析2021年以来中国区域中小企业发展环境与总体特征；其次，分别从中国东中西三大区域、31个省份进行了比较分析；最后，分析了各地中小企业发展的主要亮点。第三章系统梳理分析了2021—2022年中国促进中小企业发展的政策与法规，主要包括国家及各部委出台和实施的中小企业财税金融、创业创新、专新特精企业培育、公共服务平台及政府采购扶持中小企业健康发展、中小企业营商环境优化、中小企业管理人才素质提升等专项政策，并重点对中小企业疫情纾困、中小企业竞争力提升及产业链融通发展政策等进行了解读评述。

第二篇为2022年中国中小企业景气指数测评，这是本研究报告书的核心部分，由第四章至第六章组成。其中，第四章阐述了中小企业景气指数研究的最新动态及趋势，内容包括国内外中小企业景气指数研究的最新理论与方法；中国中小企业景气指数研究的意义；景气指数评价的对象及指标选取原则、样本规模、数据收集与预处理、景气指数评价指标分类与评价指标权重的确定方法、中小企业综合景气指数指标体系构建等。第五章为2022年中国中小企业景气指数测评结果分析，分别研究分析了工业中小企业、上市中小企业景气指数、比较景气指数的测评结果，并对2022年中国中小企业综合景气指数的省际排名、地区排名及年度景气指数基于加权平均指数进行了综合性探讨。第六章基于时序维度具体分析了2022年中国31个省份中小企业综合景气指数的变动趋势。

第三篇为中国区域中小企业景气指数实证研究。由第七章和第八章组成。持续聚焦浙江省小微企业开展景气测评的区域实证研究。第七章为基于2021—2022年小微企业培育监测数据的浙江省区域小微企业景气指数测评，在分别对浙江11市最新的工业小微企业景气指数、企业信心指数、重点监测企业景气指数进行测评的基础上，计算出了2022年浙江11市小微企业综合景气指数，并基于全省平均指数进行了综合评价。第八章为基于2021—2022年浙江行业监测调查数据的主要行业景气指数研究，内容包括浙江省行业发展总体景气状况，对浙江省企业数量占比最多的纺织业、金属制品业、通用设备制造业和橡胶与塑料制品业四大主要行业的景气指数进行了计算、分析和综合探讨，针对当前浙江小微企业相关行业发展现状及主要问题提出相关对策建议。

第四篇包括第九章至第十三章，针对当前中国中小企业景气状况的热点问题结合实证和案例分析进行专题研究。内容包括"专精特新"中小企业高质量发展研究报告、常态化疫情背景下大规模减税降费助力企业持续发展研究报告、浙江中小企业参与共同富裕示范区建设专题调研报告、绿色专利与中小企业低碳转型发展研究报告、RCEP协定生效实施背景下中国中小企业国际化发展对策研究报告等，结合区域企业案例具体分析新发展格局下中国中小企业高质量发展的新机遇、新趋势，并针对当前中小企业面临的困境与挑战提出了相关政策建议。

作为反映中国中小企业景气状况的重要补充资料，本研究报告在参考文献之前设置附录，收录了过去一年中国中小企业大事记及重要会议信息，同时附录了中国中小企业景气指数测评数据表和全书参考文献。

本研究报告书作为中国中小企业景气指数研究的最新年度报告，具有较高学术价值和社会应用价值。

首先，本研究报告书基于持续开展基础理论研究和监测调查数据的收集,进一步完善了中国中小企业景气指数评价方法与指标体系。本研究报告基于中国中小企业发展的实际情况,通过确立宏观和微观、官方统计和非官方调研相结合的景气指数评价方法,收集选取中国国家和各省份统计局的统计数据、上市中小板、创业板及新三板企业财务数据以及全国中小微企业景气监测问卷调查数据,采用主成分分析法—扩散指数法—合成指数法,计算出了中国31个省份、七大地区中小企业综合景气指数和加权平均值,系统总结了中国中小企业总体发展及不同区域发展的最新现状和趋势,本研究具有科学理论基础和可靠数据支撑。

其次,本研究报告书密切关注新发展格局下中国中小企业高质量发展的新趋势,动态分析最新现状及面临的新挑战,提出了一系列有针对性和前瞻性的对策建议。研究报告采用定量分析与定性研究相结合,系统梳理了2021年以来国家及各地方政府促进中小企业发展的最新政策与法规,深入分析了全球新冠肺炎疫情及经济贸易环境激烈变化背景下中国中小微企业发展的最新景气状况和动态趋势,特别聚焦近年来中国中小企业高质量发展的热点及亮点,并结合区域、行业及企业案例展开专题研究,可以说本研究具有鲜明的现实针对性与时代前瞻性。

本研究报告书通过对中小企业景气指数的最新分析,可以帮助中小企业自身及时了解行业或地区的整体发展态势,明确其在行业或地区中的地位,较为客观地评估区域企业的优势所在与不足之处,从而有利于中小企业在转型升级与高质量发展过程中制定正确的经营方针和发展策略。同时,研究报告通过区域分析和企业案例研究,也为国家和地方政府调整区域产业结构、促进新格局下中国中小企业高质量发展提供了决策依据。

本研究报告书作为中国社会科学出版社—浙江工业大学"中小企业研究文库"系列著作,为国家社会科学基金项目(21BGJ041、17ZDA088)及浙江省新型重点专业智库——浙江工业大学中国中小企业研究院、浙江省中小微企业转型升级协同创新中心重点科研资助项目,是课题组撰写团队开展联合攻关的科研成果结晶。全书由池仁勇、刘道学、金陈飞负责策划设计、组织与统撰,具体参加本报告撰写的成员有(以章节为序):池仁勇(前言),李兰花、刘道学(第一章),郭元源、李若曦(第二章),汤临佳、周晓燕(第三章),刘道学、刘峰秀、崔寰、郑文慧、何静(第四章),刘道学、金陈飞、池仁勇、林一回、卢瑶、马灵、周咏琪、毛伟静、王家芳、高梦圆、余蕊睿、朱辰溪、斯朗拉姆、钱晋芸（第五章、第六章），金陈飞、刘道学、池仁勇、魏辰、胡英捷、宋梦然、王铭杨、王国勇、陈李英（第七章、第八章），阮鸿鹏（第九章），严庆乾（第十章），李鸽翎（第十一章），詹爱岚、李梦婷（第十二章），王黎莹、刘道学、魏雯燕、谢雯欣、陈霞、王举铎、赵春苗、文佳、楼源、高鲜鑫、吴瑛、姬科迪、李胜楠（第十三章），王侠丽、刘道学（大事记），金陈飞、胡英捷（附录）。池仁勇、刘道学、金陈飞对全书初稿进行了统撰和审校。刘峰秀、崔寰参与了相关数据资料收集与原稿校对工作。

本报告书在研究和撰写过程中，得到中国工业和信息化部中小企业局、中国中小企业发展促进中心、中国社会科学院中小企业研究中心、中共浙江省委办公厅、浙江省人民政府办公厅、浙江省经济和信息化厅（浙江省中小企业局）、浙江省工业和信息化研究院、浙江省中小企业协会、浙江省中小企业服务中心、杭州市经济和信息化局、中国技术经济学会、浙江省中小企业研究会、经济合作与发展组织（OECD）、世界工业与技术研究组织协会（WAITRO）等国内外有关组织机构和部门的指导与大力支持，在此一并表示诚挚感谢。

同时，特别感谢中国社会科学出版社经济与管理出版中心刘晓红责任编辑的悉心指导与关照支持，感谢编辑出版团队从本书策划、出版设计到书稿审校、印刷装订等各环节付出的所有辛劳，正是因为编辑出版团队高度敬业的工作态度才保证了本年度报告书及时顺利出版。

参加本报告书撰写的专家、学者对自己撰写的内容都进行了专门潜心研究，但由于新冠肺炎疫情常态化防控形势下中国中小企业发展面临的国内外动态环境复杂多变，加之时间紧迫，本书难免存在一些不足。如有不妥之处，敬请各位研究同行和读者批评指正为幸。

池仁勇

2022 年 10 月于浙江工业大学

目　　录

第一篇　2021—2022 年中国中小企业发展总体评述

第一章　2021—2022 年中国中小企业发展概况 …………………… 3
　　第一节　2021—2022 年中国中小企业发展环境 ………………… 3
　　第二节　2021—2022 年中国中小企业发展概况分析 …………… 14
　　第三节　近年来中国中小企业发展热点综述 …………………… 18

第二章　2021—2022 年中国区域中小企业发展分析 ……………… 27
　　第一节　中国区域中小企业发展环境与总体特征 ……………… 27
　　第二节　中国区域中小企业发展比较分析 ……………………… 31
　　第三节　各地中小企业发展亮点 ………………………………… 35

第三章　2021—2022 年中国中小企业政策 ………………………… 40
　　第一节　国家及各部委中小企业发展扶持政策 ………………… 40
　　第二节　各地中小微企业发展扶持政策 ………………………… 59
　　第三节　重点政策解读与评述 …………………………………… 67

第二篇　中国中小企业景气指数测评（2022）

第四章　中小企业景气指数的评价流程与方法 …………………… 77
　　第一节　国外景气指数研究动态 ………………………………… 77

第二节　国内景气指数研究动态 …………………………………… 80
　　第三节　中国中小企业景气指数研究的意义 …………………… 87
　　第四节　中小企业景气指数编制流程及评价方法 ……………… 89

第五章　2022年中国中小企业景气指数测评结果分析 …………… 93
　　第一节　2022年中国工业中小企业景气指数测评 ……………… 93
　　第二节　2022年中国上市中小企业景气指数测评 …………… 102
　　第三节　2022年中国中小企业比较景气指数测评 …………… 110
　　第四节　2022年中国中小企业综合景气指数测评 …………… 117

第六章　中国中小企业景气指数变动趋势分析（2018—2022年）… 125
　　第一节　中国省际中小企业景气指数变动趋势分析 ………… 125
　　第二节　七大地区中小企业综合景气指数变动趋势分析 …… 152
　　第三节　2022年中国中小企业景气状况综合分析 …………… 160

第三篇　中国区域中小企业景气指数实证研究
——浙江小微篇

第七章　2022年浙江省小微企业景气指数测评 ………………… 169
　　第一节　浙江省小微企业发展指数编制流程 ………………… 169
　　第二节　浙江省工业小微企业景气指数测评 ………………… 170
　　第三节　浙江省小微企业经营信心指数测评 ………………… 174
　　第四节　浙江省动态监测企业景气指数测评 ………………… 178
　　第五节　浙江省小微企业综合景气指数测评 ………………… 181
　　第六节　2022年浙江省小微企业综合景气指数综合分析 …… 194

第八章　2022年浙江省小微企业行业景气指数 ………………… 198
　　第一节　行业景气指数评价指标体系 ………………………… 198
　　第二节　主要行业景气指数测评 ……………………………… 199
　　第三节　浙江省主要行业景气指数波动趋势分析 …………… 202
　　第四节　浙江省主要行业景气指数综合分析 ………………… 209

第四篇 2022年中国中小企业发展热点专题研究

第九章 "专精特新"中小企业高质量发展研究报告 …………… 217
第一节 "专精特新"中小企业发展背景与意义 ………… 217
第二节 "专精特新"中小企业发展的政策培育体系 ……… 221
第三节 "专精特新"中小企业发展现状与制约因素 ……… 226
第四节 "专精特新"中小企业发展的对策建议 ………… 228

第十章 中小企业减税降费纾困政策实施研究报告 ……………… 231
第一节 中国中小企业减税降费政策演化 ……………… 231
第二节 新冠肺炎疫情后中小企业减税降费政策安排与成效 …… 236
第三节 当前存在的主要问题与政策建议 ………………… 238

第十一章 浙江中小企业参与共同富裕示范区建设专题调研报告 …… 241
第一节 浙江中小企业对共同富裕的认知 ……………… 241
第二节 浙江中小企业参与共同富裕建设的诉求 …………… 242
第三节 浙江中小企业对实施共同富裕政策的担忧 ………… 243
第四节 推进中小企业参与共同富裕建设的对策建议 ……… 244

第十二章 绿色专利与中小企业低碳转型发展研究报告 …………… 247
第一节 "双碳"目标提出的背景及内涵 ………………… 247
第二节 "双碳"目标实现的创新支撑 …………………… 250
第三节 中国促进"双碳"目标实现的创新发展现状 ………… 258
第四节 中小企业绿色低碳转型困境、政策及路径 ………… 269

第十三章 RCEP生效背景下中国中小企业国际化发展对策研究报告 ……………………………………………………… 288
第一节 RCEP协定的溯源及发展 ………………………… 288
第二节 RCEP生效背景下中国中小企业发展现状 …………… 294

第三节　中国中小企业运用 RCEP 规则面临的新问题与对策…… 299

2021 年中国中小企业大事记 ……………………………………… 307

附表　2022 年中国中小企业景气指数测评数据 ………………… 319

参考文献 ……………………………………………………………… 365

图 目 录

图 1-1　2020 年和 2021 年全球主要经济体 GDP 增速……………… 4
图 1-2　2020 年和 2021 年中国工业增加值增长情况 ……………… 7
图 1-3　2019 年 8 月至 2020 年 11 月中国制造业 PMI 指数推移情况 … 8
图 1-4　2020 年 1 月至 2022 年 3 月中国固定资产投资和房地产投资
　　　　状况 ………………………………………………………… 9
图 1-5　2020 年 1 月至 2022 年 3 月中国居民消费价格指数及工业
　　　　生产者出厂价格指数的推移 …………………………… 10
图 2-1　中国东部、中部和西部企业数量比较 …………………… 31
图 2-2　中国东部、中部和西部小微企业主营业务收入比较 …… 32
图 2-3　中国东部、中部和西部中小企业总资产利润率比较 …… 32
图 2-4　中国各省份小微企业数量 ………………………………… 33
图 2-5　中国各省份小微企业主营业务收入比较 ………………… 34
图 2-6　中国各省份小微企业平均用工人数比较 ………………… 34
图 2-7　中国各省份小微企业总资产利润率比较 ………………… 34
图 4-1　中国中小企业景气指数编制流程 ………………………… 89
图 5-1　2022 年中国省际工业中小企业景气指数 ………………… 98
图 5-2　2022 年中国七大地区工业中小企业景气指数 …………… 100
图 5-3　中国上市中小企业省际分布（截至 2022 年 5 月底） …… 103
图 5-4　2022 年中国省际上市中小企业景气指数 ………………… 105
图 5-5　2022 年中国七大地区上市中小企业景气指数 …………… 108
图 5-6　2022 年中国省际中小企业比较景气指数 ………………… 111
图 5-7　2022 年中国七大地区中小企业比较景气指数 …………… 114
图 5-8　2022 年中国省际中小企业综合景气指数及平均指数 …… 118

图目录

图 5-9　2022 年中国七大地区中小企业综合景气指数 …………………… 122
图 6-1　广东省中小企业综合景气指数走势 …………………………………… 125
图 6-2　浙江省中小企业综合景气指数走势 …………………………………… 127
图 6-3　江苏省中小企业综合景气指数走势 …………………………………… 128
图 6-4　山东省中小企业综合景气指数走势 …………………………………… 129
图 6-5　河南省中小企业综合景气指数走势 …………………………………… 130
图 6-6　福建省中小企业综合景气指数走势 …………………………………… 131
图 6-7　河北省中小企业综合景气指数走势 …………………………………… 132
图 6-8　湖南省中小企业综合景气指数走势 …………………………………… 133
图 6-9　四川省中小企业综合景气指数走势 …………………………………… 133
图 6-10　湖北省中小企业综合景气指数走势 ………………………………… 134
图 6-11　北京市中小企业综合景气指数走势 ………………………………… 135
图 6-12　辽宁省中小企业综合景气指数走势 ………………………………… 136
图 6-13　安徽省中小企业综合景气指数走势 ………………………………… 137
图 6-14　上海市中小企业综合景气指数走势 ………………………………… 138
图 6-15　陕西省中小企业综合景气指数走势 ………………………………… 138
图 6-16　天津市中小企业综合景气指数走势 ………………………………… 139
图 6-17　江西省中小企业综合景气指数走势 ………………………………… 140
图 6-18　重庆市中小企业综合景气指数走势 ………………………………… 141
图 6-19　山西省中小企业综合景气指数走势 ………………………………… 142
图 6-20　云南省中小企业综合景气指数走势 ………………………………… 143
图 6-21　新疆维吾尔自治区中小企业综合景气指数走势 ………………… 144
图 6-22　广西壮族自治区中小企业综合景气指数走势 …………………… 144
图 6-23　贵州省中小企业综合景气指数走势 ………………………………… 145
图 6-24　黑龙江省中小企业综合景气指数走势 ……………………………… 146
图 6-25　吉林省中小企业综合景气指数走势 ………………………………… 147
图 6-26　内蒙古自治区中小企业综合景气指数走势 ……………………… 148
图 6-27　甘肃省中小企业综合景气指数走势 ………………………………… 148
图 6-28　宁夏回族自治区中小企业综合景气指数走势 …………………… 149
图 6-29　青海省中小企业综合景气指数走势 ………………………………… 150
图 6-30　海南省中小企业综合景气指数走势 ………………………………… 151

图6-31	西藏自治区中小企业综合景气指数走势	151
图6-32	华东地区中小企业综合景气指数走势	152
图6-33	华南地区中小企业综合景气指数走势	154
图6-34	华北地区中小企业综合景气指数走势	155
图6-35	华中地区中小企业综合景气指数走势	156
图6-36	西南地区中小企业综合景气指数走势	157
图6-37	东北地区中小企业综合景气指数走势	158
图6-38	西北地区中小企业综合景气指数走势	160
图6-39	中国中小企业景气平均指数波动趋势（2017—2022年）	161
图7-1	小微企业景气指数评价体系	170
图7-2	2012—2022年浙江省工业小微企业景气指数走势	173
图7-3	浙江省小微企业经营信心指数波动趋势	177
图7-4	2012—2022年浙江动态监测小微企业景气指数走势	181
图7-5	杭州市小微企业综合景气指数走势	183
图7-6	宁波市小微企业综合景气指数走势	184
图7-7	嘉兴市小微企业综合景气指数走势	186
图7-8	绍兴市小微企业综合景气指数走势	187
图7-9	台州市小微企业综合景气指数走势	188
图7-10	温州市小微企业综合景气指数走势	189
图7-11	金华市小微企业综合景气指数走势	190
图7-12	湖州市小微企业综合景气指数走势	191
图7-13	丽水市小微企业综合景气指数走势	191
图7-14	衢州市小微企业综合景气指数走势	192
图7-15	舟山市小微企业综合景气指数走势	193
图7-16	浙江省小微企业综合景气指数走势	194
图8-1	浙江省纺织业景气指数波动趋势	203
图8-2	浙江省金属制品业景气指数波动趋势	205
图8-3	浙江省通用设备制造业景气指数波动趋势	206
图8-4	浙江省橡胶和塑料制品业景气指数波动趋势	208
图8-5	浙江省四大行业景气指数波动趋势	210

图 12-1　中国绿色发明专利件数年度分布（2012—2021年）………264
图 12-2　中国绿色专利申请人排名（2012—2021年）……………264
图 12-3　中国绿色专利新兴领域产业分布（2012—2021年）………265
图 12-4　中国绿色专利申请件数省际分布（2012—2021年）………266
图 13-1　RCEP成员国经济体量高于其他区域贸易集团……………291
图 13-2　RCEP成员国在中国贸易结构中占据重要部分……………291
图 13-3　RCEP主要国家2021年1—12月进出口情况对比…………292
图 13-4　2021年中国中小微外贸企业竞争力指数……………………293
图 13-5　2021年中国中小微外贸企业出口RCEP区域活跃指数……294

表 目 录

表 1-1　2006—2021 年全国个体工商户发展情况 …………………… 15
表 1-2　2005—2020 年中国规模以上中小工业企业主要经济指标 …… 16
表 3-1　2021—2022 年国家层面中小企业财税重要政策 ……………… 44
表 3-2　2021—2022 年国家层面重要的中小企业金融政策一览 ……… 48
表 3-3　2021—2022 年国家层面中小企业创业创新的重要政策 ……… 52
表 3-4　2021—2022 年国家层面中小企业公共服务平台建设
　　　　重要政策 ……………………………………………………… 55
表 3-5　2021—2022 年东部地区中小企业扶持政策汇总 ……………… 60
表 3-6　2021—2022 年中部地区中小企业扶持政策汇总 ……………… 63
表 3-7　2021—2022 年西部地区中小企业扶持政策汇总 ……………… 65
表 3-8　《关于印发扎实稳住经济一揽子政策措施的通知》重点任务
　　　　及措施一览 …………………………………………………… 68
表 3-9　《关于印发提升中小企业竞争力若干措施的通知》重点任务
　　　　及措施一览 …………………………………………………… 70
表 3-10　《关于开展"携手行动"促进大中小企业融通创新
　　　　（2022—2025 年）的通知》重点任务及措施一览 ………… 72
表 4-1　中国中小企业景气指数分类指数指标及样本数据 …………… 91
表 5-1　工业中小企业景气指标选取 …………………………………… 93
表 5-2　工业中小企业景气评价指标的权重 …………………………… 95
表 5-3　2022 年中国省际工业中小企业景气指数 ……………………… 97
表 5-4　2022 年中国七大地区工业中小企业景气指数 ……………… 100
表 5-5　2022 年中国省际上市中小企业景气指数 …………………… 103
表 5-6　2022 年中国七大地区上市中小企业景气指数 ……………… 107

表5-7	2022年中国省际中小企业比较景气指数	110
表5-8	2021—2022年中国七大地区中小企业比较景气指数	114
表5-9	2022年中国省际中小企业综合景气指数	117
表5-10	2022年中国七大地区中小企业综合景气指数	121
表7-1	2022年浙江省11市工业小微企业景气指数排名	171
表7-2	2022年浙江省11市小微企业经营信心指数排名	174
表7-3	2022年浙江省11市动态监测小微企业景气指数排名	178
表7-4	2022年浙江省11市小微企业综合景气指数排名	182
表8-1	浙江省小微企业行业发展评价指标	198
表8-2	2022年浙江省小微企业分行业月均监测企业数量	200
表8-3	浙江省小微企业四大主要行业景气指数	201
表9-1	中国"卡脖子"技术点位梳理	218
表9-2	"专精特新"中小企业培育初始期的主要政策	222
表9-3	"专精特新"中小企业培育推进期的主要政策	223
表9-4	"专精特新"中小企业培育政策导向与政策内容	224
表10-1	2008—2011年中国中小企业减税主要政策	233
表10-2	2015—2017年国家层面涉企社保费用降费主要政策	236
表12-1	中国绿色专利数据库信息	261
表12-2	国家层面的绿色低碳发展政策	272
表12-3	各省份绿色低碳发展政策	274
表13-1	RCEP协定条款的主要内容	290
附表1	2001—2021年中国省际工业中小企业景气指数	319
附表2	2001—2021年中国区域工业中小企业景气指数	341
附表3	2010—2022年中国省际上市中小企业景气指数	347
附表4	2010—2022年中国区域上市中小企业景气指数	358
附表5	2011—2022年中国省际中小企业综合景气指数	362
附表6	2011—2022年中国区域中小企业综合景气指数	363
附表7	2011—2022年中国省际中小企业综合景气指数排名	363
附表8	2011—2022年中国区域中小企业综合景气指数排名	364

第 一 篇

2021—2022年中国中小企业发展总体评述

第一章

2021—2022年中国中小企业发展概况

第一节 2021—2022年中国中小企业发展环境

一 国际经济复苏不确定性增大

自2021年以来,全球新冠肺炎疫情持续反复,国际经济面临供应链产业链加速重构的严峻挑战,主要经济体延续财政、货币政策支持,世界经济在2020年较大衰退之后有所反弹,国际贸易逐渐复苏,经济总量趋于回升。其中,美国、欧盟、英国、加拿大、日本等世界主要发达经济体的经济增速均由负转正,中国、印度、俄罗斯等新兴市场和发展中经济体的经济增速均显著提升。

根据2022年4月国际货币基金组织(IMF)发布的世界经济展望数据,2021年全球GDP同比上升6.1%,与2020年相比提升9.4个百分点。主要发达经济体2021年GDP上升5.2%,与2020年增速相比,提高9.9个百分点。细分来看,2021年,美国的GDP增速为5.7%,比2020年提高8.2%;欧元区的GDP增速为5.3%,比2020年提高11.9%;日本的GDP增速为1.6%,比2020年提高6.4%;英国的GDP增速为7.4%,比2020年提高17.3%;加拿大的GDP增速为4.6%,比2020年提高10.0%。以上数据表明世界主要发达经济体,例如欧元区、英国、加拿大、美国等在2021年的GDP均出现了明显增长。包括"金砖四国"在内的新兴市场和发展中经济体2021年的GDP上升6.8%,增速相较于2020年提高9个百分点。其中,2021年,中国GDP增速为8.1%,同比增加5.8%;印度GDP增速为8.9%,同比增加16.9%;俄罗斯GDP增速为

4.7%，同比增加7.8%；巴西GDP增速为4.6%，同比增加8.7%；南非GDP增速为4.9%，同比增加11.9%。由此可见，随着2021年新冠肺炎疫情总体得到遏制，全球经济逐步复苏（见图1-1）。2022年，受俄乌冲突影响，加之新冠肺炎疫情仍存在局部反弹，不确定性因素增加，世界经济复苏势头将会减弱。根据IMF预测，2022年世界经济总量将增长3.6%，与2021年相比下降2.5个百分点，俄乌冲突的次生经济影响将导致全球经济增速显著放缓。

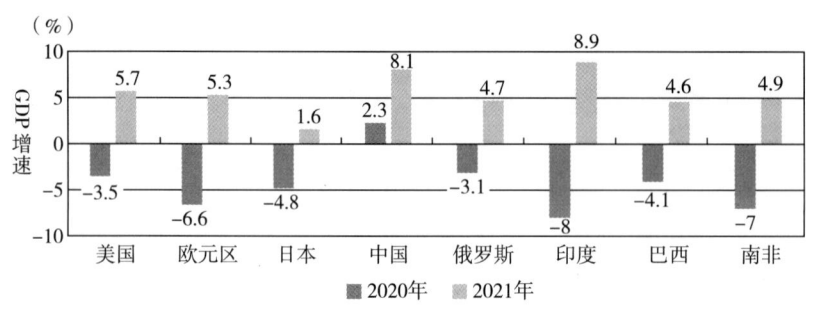

图1-1 2020年和2021年全球主要经济体GDP增速

资料来源：根据IMF公开数据整理。

2021—2022年全球经济的主要态势和特征主要包括以下几个方面：

（一）全球贸易增速放缓

在后疫情时代各国"强刺激"和低基数的背景下，全球贸易复苏势头强劲。世界贸易组织（WTO）的最新评估数据显示，2021年全球商品贸易量增速为9.8%，相比2020年-5.0%的全球商品贸易增速，提高了14.8个百分点，以名义美元计算的全球商品贸易上升了26%，全球商业服务贸易提升了15%。然而，受俄乌冲突、疫情反复等因素的影响，预计2022年和2023年全球商品贸易量增速将放缓至3.0%和3.4%，并且伴随着较大的不确定性。

（二）跨国投资强劲反弹

2022年1月19日，联合国贸易和发展会议（UNCTAD）发布最新一期《全球投资趋势监测报告》，指出2021年全球外国直接投资（FDI）总额出现强劲反弹，从2020年9290亿美元增长至2021年1.65万亿美元，同比提升77%，远超新冠肺炎疫情前水平。发达经济体增长幅度最大，2021年FDI估计达到7770亿美元，是2020年异常低水平的三倍，其中，美国是全球最大的外资吸收国，其外国直接投资增长了114%，达到3230亿美元。发展中经济体吸引外资总额约为8700亿美元，同比增长30%。其中，在服务业外资强劲增长的推动下，2021年流入中国的FDI总额比2020年增长20%，达到创纪录的1790亿美元。2022年，受地缘政治紧张局势升级、疫情形势不确定、基础设施投资刺激措施等内外部因素影响，全球FDI增长前景虽然乐观，但重现2021年的大反弹式增长的可能性较低。

（三）全球就业缓慢复苏

国际劳工组织（ILO）最新发布的《世界就业与社会展望趋势》显示，2021年全球失业率为6.2%，比2020年6.5%的失业率下降0.3个百分点，预计2022年全球失业率进一步降低为5.9%。虽然呈现复苏态势，但除高收入国家外，其他国家平均劳动生产率的预期增长都低于疫情前水平，新增岗位多为生产率较低、质量不佳的工作。与新冠肺炎疫情暴发前相比，2021年减少约1.25亿个工作岗位，2020年这一数字曾高达2.58亿个，预计2022年将减少约5200万个全职工作岗位。从近三年趋势来看，新冠病毒毒株的变异性以及各地区差异化疫情防控政策导致疫情波动反弹，全球劳动力市场呈现出复苏缓慢且伴随不确定性的特征。从不同国家和地区上看，不同水平的疫苗接种率、财政刺激政策导致复苏模式存在较大差距。高收入国家的劳动力市场复苏较为强劲，相比之下，中低收入经济体的复工复产存在诸多压力。其中，欧洲和北美地区稳步复苏，而东南亚、拉丁美洲及加勒比地区复苏乏力。

（四）全球供应链脆弱化

疫情反复导致各国多次重启封锁，导致重要港口被迫封闭，船舶周转率大幅度降低，运费激增；原材料、中间品等供应受阻，供不应求导致价格持续上涨。衡量集装箱费用的德鲁里世界集装箱运价指数（WCI）2021年9月同比上涨291%，除航运不畅和价格暴涨外，全球分工细化、能源供应不足、贸易摩擦、气候与自然灾害等冲击加速了全球供应链紧缩和断裂的风险，严重干扰了全球产业供应和分销网络。目前，全球供应链朝向短期化、多元化、本地化、区域化的特点发展，进一步提升供应链的安全弹性，以应对疫情等因素造成的脆弱性和不确定性。

（五）全球性通胀促使货币政策转向

受全球疫情影响，一方面，世界主要经济体为了刺激经济增长推行超宽松的货币政策，进入低利率甚至负利率时代；另一方面，大规模纾困政策提升需求，疫情反弹采取封锁措施造成供应"瓶颈"，供需失衡推动价格上涨，由此造成了全球性的通货膨胀。2021年，全球总体通胀率升至4.3%，达到十年来最高水平。根据联合国发布的《2022年年中世界经济形势与展望》，受俄乌冲突的影响，全球经济复苏放缓，食品和大宗商品价格上涨，进一步加剧全球通胀压力，2022年全球通胀率预计将增至6.7%，是2010—2020年平均通胀率2.9%的两倍。2021年年末，随着通胀率持续走高，主要经济体出现明显的货币政策转向趋势。第一类经济体以英国、韩国、挪威等中小型发达经济体和俄罗斯、拉美等新兴国家为代表，已开始加息甚至多次加息，收紧货币政策；第二类经济体以欧元区和日本为代表，经济复苏较温和，通胀率预期提升幅度有限，因此基本维持相当力度的货币宽松政策；第三类经济体以美国、加拿大为代表，目前仅缩减或停止购债，尚未开始加息。

（六）俄乌冲突加剧经济不确定性

2022年2月爆发的俄乌冲突可能破坏疫情后的经济复苏，战争将导致俄乌两国GDP大幅度收缩。就间接影响而言，俄罗斯是世界重要的能源和农产品供应国和出口国，美国、欧盟等对其发起的一系列制裁措施，如国际交易限制、能源出口禁令、关键技术限制等，不仅对俄罗斯本国经济发展产生重大影响，也将通过大宗商品贸易、金融等渠道传导到世界其他国家和地区。战争带来的供需失衡将造成严重的通胀问题。此外，随着供应链和生产网络的调整，国际经济关系框架也可能遭遇重大挑战，世界陷入更加持久的割裂状态，如各国可能采用不同的技术标准、跨境支付体系和储备货币，地缘政治危机大大加剧了新冠肺炎疫情背景下世界范围内的经济不确定性。

二 国内经济稳定向好内需不断扩大

2021年是中国经济社会"十四五"发展规划的开局之年，也是疫情后经济恢复的第一年，中国率先控制疫情、落实复工复产，全面实现复苏，经济持续稳定向好。中央连续出台了一系列稳定、可持续的政策推动经济复苏，包括"提质增效、更可持续"的财政政策、灵活精准的货币政策、提高金融体系对实体经济的资金支持力度、延长小微企业融资担保降费奖补政策、全面启动科技自立自强战略等，加之后疫情时代的解封带来行业复苏和经济回暖，中国经济高质量发展取得新成效。中国国家统计局的数据显示，2021年，中国国内生产总值达114.4万亿元人民币，稳居全球第二大经济体。在全球经济复苏的背景下，2021年，中国的经济增速为8.1%，在全球主要经济体中名列前茅。其中，全年最终消费支出拉动GDP增长5.3个百分点，资本形成总额拉动GDP增长1.1个百分点，货物和服务净出口拉动GDP增长1.7个百分点。全年人均国内生产总值为80976元，比上年增长8.0%，超过世界人均GDP水平，即将迈入准发达国家门槛。全国居民人均可支配收入35128元，比上年实际增长8.1%，略高于人均GDP增速，与GDP增速同步。从生产端来看，2021年中国工业经济保持稳定复苏态势，2021年中国工业增加值在1—7月明显高于2020年同期，3月增加值为14.1%，较2020年同期增加15.2个百分点；8—12月增速放缓，低于2020年同期（见图1-2）。

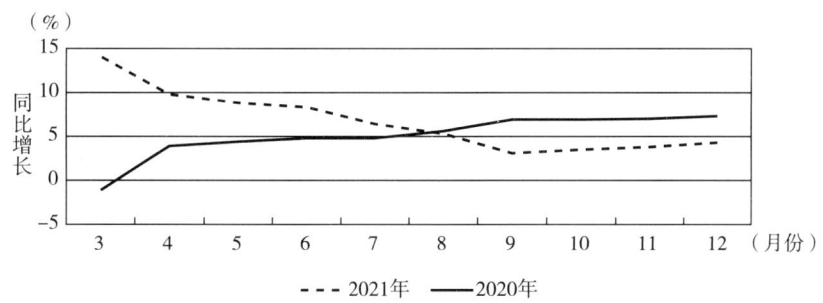

图1-2 2020年和2021年中国工业增加值增长情况

资料来源：中国国家统计局。

中国制造业采购经理指数（PMI）在2021年除9月和10月外，均位于景气区间，持续保持扩张。2022年3月综合PMI产出指数为48.8%，环比下降2.4个百分点，其中，制造业生产指数和非制造业商务活动指数分别为49.5%和48.4%，虽均降至收缩区间，但制造业生产经营活动预期指数和非制造业业务活动预期指数分别为55.7%和54.6%，继续保持在景气区间，说明多数中国企业对市场发展仍有信心（见图1-3）。

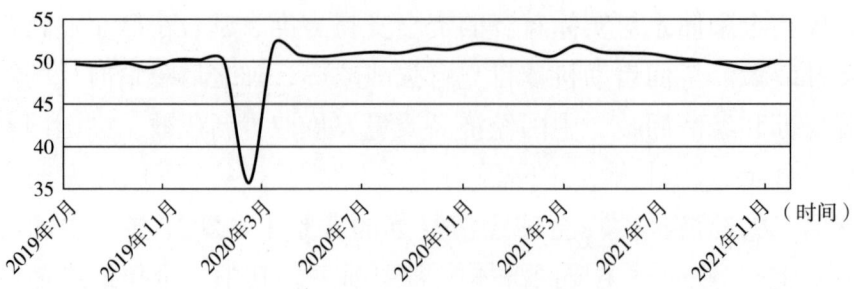

图 1-3　2019 年 8 月至 2020 年 11 月中国制造业 PMI 指数推移情况
资料来源：中国国家统计局。

（一）固定资产投资和房地产投资遇冷

2021 年中国固定资产投资总额达到 55.3 万亿元，比 2020 年增长 4.9%。2020 年 1 月至 12 月，中国固定资产累计投资同比增速持续保持攀升，增速在 9 月实现由负转正。2021 年 1—2 月，全国固定资产投资出现激增，同比增速达到 35% 的峰值。此后的 10 个月内，固定资产投资累计增速虽持续保持正值，但逐渐走低，直到 2022 年 1—2 月增速才稍有抬头。2021 年中国全年房地产开发投资 14.8 万亿元，比上年增长 4.4%，其中，住宅投资 11.1 万亿元，同比增长 6.4%。房地产投资变化趋势与固定资产投资趋势基本类似，总体略高于固定资产年投资增速（见图 1-4）。数据显示，2021 年 1—2 月房地产开发投资同比增速达到 38.3%，创下 2004 年 3 月以来新高，主要出于疫情防控形势稳定后，行业环境好转，房企信心增强以及基数效应的影响。自 2021 年 3 月后，在"房住不炒"的背景下，各地推行限购、限贷和限售政策，导致销售市场低迷、融资环境收紧，企业在土地施工等方面投入紧缩，房地产投资增速出现明显下降趋势。2022 年 4 月房地产开发投资增速跌至 2.7%，创近 20 个月新低。

（二）国内消费需求总体稳步增长

国内疫情多点散发，全国各地区各部门统筹推进疫情防控和保供稳价，"六稳""六保"相关措施持续见效，国内消费市场总体平稳，消费结构升级加快，消费品质明显提升。根据国家统计局发布的数据，从消费量来看，2021 年，中国全年社会消费品零售总额为 44.1 万亿元，比上年

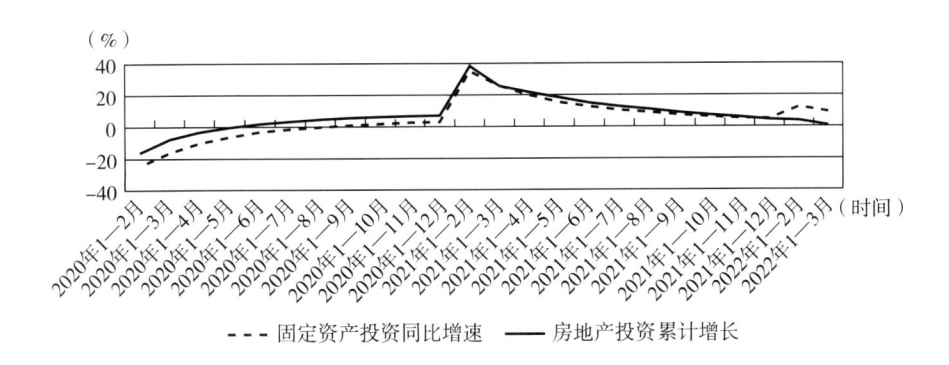

图 1-4　2020 年 1 月至 2022 年 3 月中国固定资产投资和房地产投资状况

资料来源：中国国家统计局月度统计数据。

增长12.5%。按消费类型统计，商品零售额39.4万亿元，增长11.8%；餐饮收入额4.7万亿元，增长18.6%。全年实物商品网上零售额10.8万亿元，比前一年增长12.0%，占社会消费品零售总额的比重为24.5%。从消费价格来看，2021年中国居民消费价格指数（CPI）比上年上涨0.9%，低于全年增长3%左右的预期目标，说明中国去年物价总体保持稳定，整体处于温和通胀的运行区间，有利于经济发展。此外，全年消费复苏进度相对缓慢，缺乏动力，导致核心CPI修复程度较弱。猪肉价格持续下跌、房住不炒策略下房地产市场低迷、教培行业大幅度改革降低教育支出、药品集采制度降低医疗支出等因素影响国内消费需求变化趋势。

2021年全年，中国工业生产者出厂价指数（PPI）均高于CPI指数，与上年相比上涨8.1%。主要原因在于，国际大宗商品、粮食、石油等价格高涨，加大国内输入性通胀压力；国内疫情反复、能源政策调整、减碳和限电停产等措施抑制了原材料和能源的供给，从而导致PPI总体呈现上升趋势。随着国家保供稳价政策措施效果显现，PPI增速自2021年10月开始回落，PPI与CPI"剪刀差"逐渐收窄（见图1-5）。

（三）外贸进出口规模再创新高，质量稳步提升

2021年，中国货物进出口总额39.1万亿元（6.05万亿美元），比上年增长21.4%。继2013年首次达到4万亿美元后，2021年首次跨过5万亿、6万亿美元两大台阶，达到历史高点。其中，出口21.7万亿元，较上年增长21.2%；进口17.4万亿元，较上年增长21.5%。货物进出口顺差4.4万亿元，比上年增加0.7万亿元。中国外贸呈现如下特点，一是对

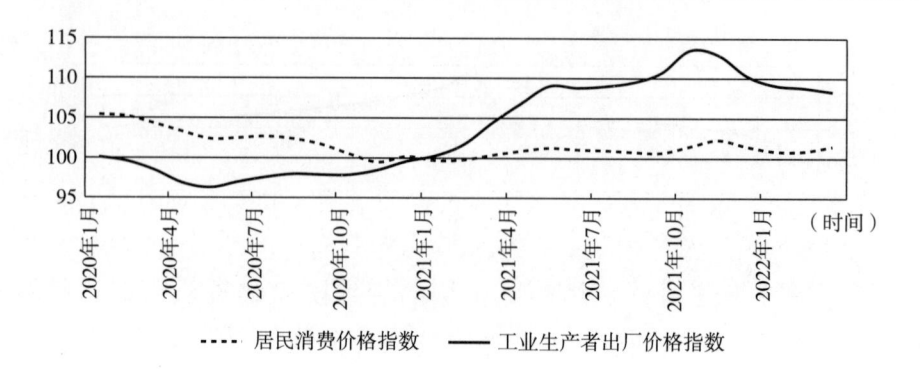

图1-5　2020年1月至2022年3月中国居民消费价格指数及工业生产者出厂价格指数的推移

资料来源：根据中国国家统计局统计数据整理。

主要贸易伙伴国进出口实现稳定增长。2021年，中国前三大贸易伙伴依次为东盟、欧盟和美国，对上述贸易伙伴进出口分别为5.67万元、5.35万元和4.88万亿元，分别增长19.7%、19.1%和20.2%。二是对"一带一路"沿线国家进出口增速更快，总额达11.6万亿元，较上年增长23.6%。其中，出口6.6万亿元，同比增长21.5%；进口5.0万亿元，同比增长26.4%。三是贸易结构进一步优化，2021年中国一般贸易出口额为13.24万亿元，同比增长33.4%，占出口总额的60.9%，比上年同期提高1.7个百分点，对出口的贡献率达66.3%。

总体而言，2021年以来，面对复杂国际环境和国内疫情散发等多重考验，中国政府扎实做好"六稳"工作，全面落实"六保"任务，加强宏观政策跨周期调节，加大实体经济支持力度，疫情防控保持全球领先地位，经济整体呈现稳步复苏的态势，较好地完成发展预期目标，实现"十四五"规划良好开局。总体经济增长方面，在2020年保持正增长的情况下，2021年仍然维持8.1%的高GDP增速，复苏势头强劲。

细分来看，"三驾马车"中，消费是经济复苏的最主要推动力，最终消费支出对经济增长的贡献率为65.4%，拉动GDP同比增长5.3%，相较2020年有明显提升，远超投资和净出口对经济的直接拉动作用。同时，整体物价保持较低增速，处于温和通胀的区间。投资方面，随着"十四五"规划重大项目陆续开工，"两新一重"基础设施建设稳步推进，投资缓中趋稳，2021年，资本形成总额对经济增长贡献率为13.7%，拉动

GDP增长1.1个百分点。但2021年下半年，受房地产政策收紧、疫情多点散发、大宗商品价格上涨等因素的影响，投资需求有所收缩，特别是合计占总固定资产投资近50%的基础设施投资和房地产投资的增速迅速下滑，导致2021年总固定资产投资增速跌至4.9%，制造业投资成为拉动固定资产投资增长的重要力量。外贸方面，疫苗接种的普及推动全球开放，而德尔塔变异株加速海外疫情蔓延，从而导致防疫物资供需缺口持续存在。由于中国疫情防控到位，工业生产能力充分恢复，能满足国外医疗物资需求，使中国净出口再次实现超预期增长。2021年年末，新冠病毒变异株奥密克戎的出现加剧了外部环境的复杂严峻和不确定形势，国内经济仍然面临需求收缩、供给冲击、预期转弱三重压力。未来，对于中国经济社会和企业发展，机遇与挑战并存。

三 中小企业发展面临的新机遇和新挑战

根据中国中小企业协会公布的最新数据，2021年四个季度的中国中小企业发展指数（SMEDI）分别为90.0、89.8、89.3和89.1，2022年第一季度SMEDI为88.7，连续四个季度下降，且低于上年同期水平，中小企业景气状况有所回落。这主要受疫情和汛情散发、俄乌冲突、融资困难等因素影响。由此可见，后疫情时代，复杂的国际经济形势和严峻的疫情形势给中国中小企业的转型升级、市场开拓、投资融资带来诸多挑战。与此同时，政府为了刺激经济复苏、扶持中小企业出台了一系列政策，新一轮科技和产业革命、"双循环"新发展格局也给中小企业的发展带来了新机遇。

（一）中小企业发展新机遇

第一，国家出台实施各类中小企业纾困举措为中小企业持续健康发展提供了政策支持。国家以深化"放管服"改革为抓手，做好"六稳"工作、落实"六保"任务，有关部委先后出台、细化众多针对中小微企业的产业扶持政策，精准施策。一是行政服务方面，健全惠企服务机制，精简流程，实现自动化和智能化，推动非税收入"跨省通缴"；推动认证机构转企改制、与政府部门脱钩，提高市场开放度和透明度，打造公平、开放、透明的竞争格局。二是融资纾困方面，依托已建成的全国中小企业融资综合信用服务平台，构建全国一体化融资信用服务平台网络，健全信息共享网络；大力发展市场化征信机构，建设和完善"信易贷"平台，为企业精准"画像"，有效增信；利用再贷款再贴现政策工具精准"滴灌"

中小企业，创新适合"首贷户"等业务的金融产品，支持符合条件的金融机构发行小微企业专项金融债，从而加强普惠金融服务。三是企业成本方面，进一步推进减税降费，落实研发费用加计扣除政策、小型微利企业所得税减半政策、个体工商户个人所得税减半政策；提升金融、社保等惠企政策覆盖度、精准性和有效性，减轻中小企业负担；发挥专项资金引导作用，帮助企业纾困解难。

第二，全国统一大市场建设与国内国际双循环发展为中小企业发展提供了更大市场空间。中国以国内大循环为主体、国内国际双循环相互促进的新发展格局正逐步形成。2022年4月中共中央、国务院发布《关于加快建设全国统一大市场的意见》，全面推动中国国内市场由大到强转变，为建设高标准市场体系，构建高水平社会主义市场经济体制提供坚强支撑。一方面，国家大力培育和壮大市场各类新型消费业态模式，推动线上线下消费相结合的方式，同时积极推动新基础设施的建设，包括信息基础设施、融合基础设施和创新基础设施建设，为消费需求扩容增效，促进动能循环，赋能中小企业高质量发展。另一方面，中国积极融入经济全球化和区域化进程，参与全球经贸规则重构，如推进《全面与进步跨太平洋伙伴关系协定》（CPTPP）和《数字经济伙伴关系协定》（DEPA）进程，充分发挥在《区域全面经济伙伴关系》（RCEP协定）的主导地位等，提高话语权。党的二十大报告指出："推进高水平对外开放，稳步扩大规则、规制、管理、标准等制度型开放，加快建设贸易强国。"这为中小企业进一步开拓国际市场奠定良好的制度基础。因此，双循环战略有利于中国中小微企业开发更庞大的国内市场并充分挖掘国际市场潜力，实现全面可持续发展。

第三，新一轮科技革命和产业变革为中小企业高质量发展提供了新的"机会窗口"。全球科技革命和产业变革使以往的资源配置、生产组织和价值创造方式发生颠覆性变化，产业结构转型升级趋势显现，推动跨国企业全球投融资布局调整。全球产业链和创新链的重塑给中小企业带来提升市场地位的机遇，若中小企业能够把握机遇，大力创新，在新一代信息技术、生物技术、新能源技术、新材料技术、智能制造技术等领域取得突破，有利于提质增效，全面提升自身核心竞争力和综合实力。特别是数字化转型为中小企业发展带来了新的契机。新冠肺炎疫情的持续蔓延催生了全球数字经济、数字贸易等新业态，数字化能力也成为中小企业应对经济冲击不可或缺的竞争优势。数字化推动传统制造业、消费以及互联网等发生革命性变化，疫情更是加速了这一进程。中国较早地布局数字经济发展，并提出了中长期规划和大规模投资，加快推动新基建，为中小企业的数字化转型提供了5G、人工智能、区块链、大数据、物联网、工业互联网等数字基础设施的有力支撑。

(二) 中小企业发展新挑战

第一，国内外宏观经济形势复杂动荡带来的不确定性。国际方面，最大的不确定性来源于新冠肺炎疫情引发的连锁反应，诸如产业链供应链循环受阻、全球经济疲软、国际贸易增长动能减弱，严重影响中小企业生存环境。2022年2月突发的俄乌冲突导致全球大宗商品和能源价格上涨、通货膨胀引致加息等问题，大大提高了中小企业的经营成本。国内方面，疫情多点散发导致交通受阻、劳动力短缺、物流中断，固定资产投资动力不足，使中小微企业的生产链日益脆弱化。中小企业主要分布在传统产业和价值链中低端，资源利用效率较低、内部治理结构不完善、财务管理不规范等缺陷使其抗风险能力较弱，在国际和国内多重风险的作用下，中小企业的生存、转型升级和市场开拓都面临着巨大挑战。

第二，科技"脱钩"风险加剧中小企业创新难度。中国近年来在信息技术、人工智能、航空航天等领域取得重大突破，引发西方发达国家"技术危机感"，尤其是和中国科技挂钩紧密的美国，很可能在综合考虑贸易利得、本国产业利益的基础上，收紧对华技术出口管制，甚至在局部领域推动技术"脱钩"。技术引进难度和科技"脱钩"风险加大，导致芯片等难以自给的核心关键技术面临"卡脖子"问题，将给中国中小企业技术创新和高质量发展带来巨大挑战。

第三，后疫情时代中小企业"融资难、融资贵"问题仍十分突出。长期以来，中小企业由于自身规模小，缺乏有效的抵押和担保，以及信用信息体系不健全，加剧银行企业之间的信息不对称问题，且中小企业在融资市场易受歧视，导致中小企业融资难问题难以从根本上解决。后疫情时代经济将持续加大下行压力，由于中小企业违约风险较大，银行贷款利率及民间借贷利率都难以降低，从而进一步加剧中小企业融资贵问题。外部市场方面，金融去杠杆化使融资渠道进一步收窄，市场依旧存在垄断、资本无序扩张等问题。部分中小企业选择以低价竞争换取现金流，不仅导致市场饱和，而且还让市场陷入过度争夺的恶性循环，导致中小企业转型升级越发困难。

第二节 2021—2022年中国中小企业发展概况分析

一 近年来中国中小企业发展总体状况

2021年以来，中国中小企业总体呈现稳定向好态势，市场主体活力进一步释放。随着疫情逐渐稳定，针对中小企业的政策优惠力度加大，多种政策组合拳助力中小企业减负纾困、恢复发展。减税降费范围持续扩大，小规模纳税人增值税征收率和增值税起征点下调，对制造业中小微企业实施税收缓缴等措施，激发中小企业的市场活力。融资支撑力度加大，支持地方法人银行增加小微企业和个体工商户贷款，下调支农支小再贷款利率，推动企业综合融资成本稳中有降，有效改善中小企业的融资环境。劳动力市场机制不断完善，稳岗返还、以工代训等政策措施助力企业稳岗扩岗，加大对中小微企业复产复工支持力度，继续实施阶段性降低失业和工伤保险费率等政策。"专精特新"助力中小企业做大做强，中央财政新推出"专精特新"高质量发展资金，使这些富有竞争力的优质制造业中小企业成为产业链供应链的有力支撑。以上政策举措保障中小企业平稳健康发展，持续激发市场主体活力。

中国国家市场监督管理总局的统计数据显示，近5年来中国个体工商户法人企业数量、从业人员和注册资金均保持逐年增加的态势（见表1-1）。根据商务部国际贸易经济合作研究院信用研究所联合天眼查发布的《中国市场主体发展活力研究报告》，2021年，全国新增各类市场主体2887万家，同比增长了15.42%。其中，新增企业901.3万家，同比增长12.5%；新增个体工商户1985.9万家，同比增长17.2%，截至2021年年底，全国登记在册个体工商户已达1.03亿家，占市场主体总量的2/3，从业人员数量超过2.76亿人，较上年增加29.4%。日均新增市场主体79103家，其中日均新增企业24849家，日均新增个体工商户54246家。2021年1—11月，规模以上中小工业企业营业收入同比增长20.7%、利润总额同比增长28.2%。2022年，中国市场主体总量保持稳步增长，其中

1—2月，新增市场主体约316万户，同比增长4.73%，其中新增企业102万户，新增个体工商户214万户。这说明中国的中小企业在疫情汛情、原材料价格提高、订单不足等复杂严峻形势下经受住了考验，整体保持稳定恢复增长的态势，呈现出数量持续增长和结构更为优化的趋势，体现了中小企业作为市场主体的韧性和活力，是稳定宏观经济大盘的关键力量。

表1-1　　　　　　2006—2021年全国个体工商户发展情况

年份	企业数量状况 户数（万户）	增长率（%）	从业人员状况 从业人数（万人）	增长率（%）	注册资金状况 注册资金（亿元）	增长率（%）
2006	2595.6	5.3	5159.7	5.3	6468.8	11.4
2007	2741.5	5.6	5496.2	6.5	7350.8	13.6
2008	2917.3	6.4	5776.4	5.1	9006.0	22.5
2009	3197.4	9.6	6585.4	14.0	11900.0	20.6
2010	3453.3	8.0	7097.7	7.8	13400.0	12.6
2011	3756.5	8.8	7945.3	11.9	16200.0	20.8
2012	4059.3	8.1	8628.3	8.6	17800.0	22.2
2013	4436.3	9.3	9335.7	8.2	24300.0	23.1
2014	4984.1	12.4	10584.6	13.4	29300.0	20.6
2015	5995.1	20.3	11682.2	10.4	36997.0	26.3
2016	5930.0	-1.1	12826.0	9.7	—	—
2017	6579.4	11.0	14225.3	10.9	48744.4	—
2018	7328.6	11.3	16037.6	12.7	—	—
2019	8261.0	12.7	17691.0	10.3	—	—
2020	9856.4	19.3	21322.7	20.5	—	—
2021	10300.0	17.2	27600.0	29.4	—	—

资料来源：根据中国国家市场监督管理总局资料整理。

二　中国规模以上工业中小企业发展状况

根据中国国家统计局发布的2021年版《中国统计年鉴》数据，2020年中国全国规模以上中小工业企业的数量相较2019年有显著提升。经济指标中，资产合计有小幅度增加，说明企业规模在扩大，主营业务收入和利润总额均有一定程度的增长，说明企业经济绩效有所提升（见表1-2）。

表 1-2　2005—2020 年中国规模以上中小工业企业主要经济指标

年份	企业单位数（家）	工业总产值（亿元）	资产合计（亿元）	主营业务收入（亿元）	利润总额（亿元）	全部从业人员（万人）
2005	269332	160355.1	149705.9	154855.4	8001.1	5313.5
2006	299276	204249.6	177437.9	197290.7	10900.3	5636.2
2007	333858	264319.1	214306.2	254621.1	15743.3	6052.1
2008	422925	337981.1	267019.4	327282.4	20043.6	6867.1
2009	431110	372498.9	300568.9	361821.7	23644.6	6787.7
2010	449130	468643.3	356624.9	459727.2	35419.3	7236.9
2011	316498	492761.5	332798.0	482937.1	34962.6	5935.7
2012	334321	—	388802.8	544627.0	36740.2	6129.0
2013	343000	—	442657.5	619277.2	38154.8	6376.3
2014	367995	675597.8	506410.3	670286.8	41804.1	6572.7
2015	319445	691768.9	547369.0	688265.6	42604.6	6481.5
2016	317161	720613.4	584494.2	722500.0	44593.6	6250.3
2017	363484	—	587560.0	680982.0	42203.0	—
2018	369337	—	589224.0	590312.0	34222.0	—
2019	369605	—	636620.0	616379.3	36272.7	—
2020	391355	—	699044.5	631805.4	39380.1	—

资料来源：根据国家统计局《中国统计年鉴》各年度数据整理。

从总体上看，2020 年中国规模以上工业中小企业发展具有如下特征：

（1）中小企业数量保持稳定增长，2020 年全国规模以上工业中小企业共有 391355 家，较 2019 年增加了 21750 家，涨幅为 5.9%，增长率是 2019 年（0.07%）的 81.3 倍，占全部规模以上企业的 98.0%。

（2）规模以上中小企业的资产持续增长，2020 年中国规模以上工业中小企业资产合计为 699044.5 亿元，比 2019 年增长了 9.8%。

（3）企业利润总额稳步增长，总体经济效益有所改善。2020 年中国规模以上工业中小企业的主营业务收入为 631805.4 亿元，同比增长 2.5%，实现利润总额 39380.1 亿元，同比增长了 8.6%。

工信部最新发布的数据显示，2021 年，全国规模以上工业增加值同比增长 9.6%，其中，高技术制造业增加值增长 18.2%，计算机、通信和其他电子设备制造业增加值增长15.7%，信息传输、软件和信息技术服务业增加值比上年增长17.2%，电信业务收入增长8.0%，固定数据及互联网业务收入增长9.3%，云计算、大数据等新兴业务收入比上年增长27.8%。随着新冠肺炎疫情形势逐渐稳定，中国总体经济保持恢复性增长，2021年，全国规模以上工业企业利润为87092亿元，比上年增长34.3%，涨幅较大。其中，制造业利润总额为73612亿元，增长了31.6%。全年规模以上工业企业每百元营业收入的成本为83.74元，比上年减少0.23元；营业收入利润率为6.81%，提高0.76个百分点。年末规模以上工业企业资产负债率为56.1%，比上年年末下降0.1个百分点。以上数据虽然未能测算出具体中小企业的财务状况，但能从一定程度上反映中国规模以上中小企业的最新发展趋势。

三 2021—2022年中国中小企业发展评述

（一）中小企业数量稳步增长

截至2021年年底，全国新增各类市场主体2887万家，同比增长15.42%，其中，新增个体工商户1985.9万家，同比增长17.2%，累计总数达1.03亿家。从业人员数量超过2.76亿人，同比增长29.4%，增幅达近15年最高。2020年全国规模以上工业中小企业共有391355家，同比增长5.9%。总体来看，中小企业数量稳步提升，并提供充足的就业机会，成为"稳就业"的重要推动者。

（二）中小企业助力就业，但缺乏对高精尖人才的吸引力

根据最新的第四次全国经济普查系列报告，2018年年末，中小微企业吸纳就业人员2.33亿人，占全部企业就业人员的比重为79.4%。2021年，在疫情的影响下，虽然中小企业面临成本增加、订单减少的困境，人才需求有所抑制，但中小企业仍是吸纳就业的主力军，根据中国国家市场监督管理总局的数据，中小企业解决了2.76亿人的就业。尽管疫情打乱了中小企业的人才需求，但随着疫情转缓和国家提供各类中小企业扶持政策，中小企业职位发布回弹力度高于大型企业。然而，由于公司整体规模、稳定性、福利待遇、发展空间等方面存在局限性，中小企业对高精尖技术人才的吸引力较低，导致用工荒、招工难现象普遍。薛晓明和汪余学（2021）估测中国中小企业人才流动率约为50%，远高于10%—15%的合理区间，其中高端人才的流失比例更高，说明中国中小企业的人才流失问

题较为突出。

(三) "专精特新"中小企业发挥引领示范作用

党的十九届五中全会提出"支持创新型中小微企业成长为创新重要发源地",国家高度重视中小企业专业化能力和创新水平的提升,出台了一系列政策支持"专精特新"中小企业高质量发展。创新方面,加大创新投入,加速技术成果落地,产业化应用,推进制造强国战略;协同方面,发挥"小巨人"企业的带头引领作用,通过其他中小企业的协同创新和产业链上下游协作配套,支撑产业强链补链延链,提升产业链供应链稳定性和竞争力;数字化方面,推动企业的数字化转型,设备上云、业务系统向云端迁移,满足生产、营销等各个环节的云服务需求;公共服务方面,支持公共服务示范平台为国家级专精特新"小巨人"企业提供各类服务,对于重点"小巨人"企业,应提供"点对点"服务。根据工信部的数据,截至2021年11月23日,中国认定的"小巨人"企业总数达4762家,其中包括1832家国家级专精特新"小巨人"企业,311家A股上市公司,这些"小巨人"企业带动省级"专精特新"中小企业4万多家。工业和信息化部对"小巨人"企业调查结果显示,2021年"小巨人"企业营业收入利润率为10.6%,比规模以上工业中小企业高4.4个百分点。创新产出方面,根据赛迪产业大脑大数据,截至2021年年底,国家专精特新"小巨人"企业专利申请总量约52.6万件,包括发明专利21.9万件、实用新型专利26.3万件和外观设计专利4.4万件,其中,表征"小巨人"企业技术创新实力的发明专利占比41.6%。专精特新"小巨人"企业总体呈现出经营情况良好、盈利能力强、研发投入高和成长空间大等特点,发挥了较好的引领示范作用。

第三节 近年来中国中小企业发展热点综述

一 重要理论热点问题

(一) 中小企业与共同富裕

近年来,中小企业如何参与共同富裕社会建设引起了学者广泛关注。吴庆军(2021)提出,中小企业是容纳就业的重要力量,实施精准减税降费政策，强化对中小微企业、个体工商户等市场主体的支持，能够同时扩大就业和需求，进一步推进共同富裕。阳镇和陈劲（2022）提出在共同富裕的时代背景下，以民间社会力量为主体的第三次分配更加强调企业的社会属性和社会责任，要求企业实现相应功能和角色的演变，如从"经济人""社会人"假设收敛至"共享人"、从工具理性转向社会理性等，形成"先富带动后富"的社会价值效应，中小企业将深入参与共同富裕建设。傅莉瑛（2022）提出，中小企业通过走"抱团发展"的路线，包括同行抱团、产业链抱团，有利于实现共同富裕。刘璐（2022）基于共同富裕的研究视角，发现民营企业在参与教育贫困治理过程中能实现资源共享，促进技术进步，实现共享共创共赢。

本课题组针对浙江省中小企业开展了中小企业参与高质量发展建设共同富裕示范区建设相关专题问卷调查，基于调研分析结果，着重探讨了中小企业对共同富裕的认知、参与共同富裕示范区建设的诉求、对实施共同富裕政策的担忧等，并提出相应的政策建议（详见本书第十一章）。

（二）中小企业与环境、社会和公司治理

2004年，联合国全球契约组织（UN Global Compact）提出的环境、社会和公司治理（ESG）的概念目前已成为企业可持续发展的重要研究课题。2020年9月，中国明确提出2030年"碳达峰"与2060年"碳中和"目标。在"3060双碳目标"框架下，企业的绿色低碳转型成为高质量发展的题中之义，同时也为ESG理念在中国的落地提供了宝贵的机遇（尚福林，2022），相关方向成为中小企业研究新的学术热点。关于绿色创新的作用效果，王晓红等（2022）的实证研究发现ESG在企业研发投入与企业市场价值的关系中发挥部分中介作用，绿色创新有利于促进企业制造流程、产品绿色化、智能化、可再生循环化，从而实现企业可持续发展。关于企业绿色化转型的影响因素，姚露（2022）的研究发现，企业文化、企业家社会责任、创新投入和自主创新能力等因素能够显著影响科技型中小企业绿色技术创新；吕君和杨梦洁（2022）运用质性研究方法，发现绿色税收与技术创新之间存在"U"形关系，环保税、排污费的征收以及相关的税收优惠均可激励企业开展技术创新。中小企业在绿色化转型中也存在问题，丁正卿和胡拥军（2022）指出部分中小企业在绿色低碳变革和管理过程中出现主观意愿不高、技术应用不深、金融支撑不强、政策管理不优、市场机制不足等问题；李创和陈聪慧（2021）基于元分析和案例研究，发现现有绿色生产政策缺乏普适性、针对性、典型性以及企业产品同质化问题是阻碍企业绿色生产决策的主要因素。除绿色发展外，企业社会责任也是近年来学者关注的重点问题。左伟（2021）指出一些企业存在捐赠规模小、碎片化等问题，并相应地提出社会企业、共享企业、公益创投、影响力投资等创新性公益模式。

本课题组近几年围绕"双碳"目标背景下中国中小企业绿色创新发展开展了一系列研究，本报告书聚焦绿色专利与中小企业低碳转型发展专题，分析了中国促进"双碳"目标实现的创新发展现状，针对中小企业绿色低碳转型面临的五大困境，提出了技术脱碳与制度控碳的转型发展路径与具体政策建议（详见本书第十四章）。

（三）中小企业数字化转型

随着数字化时代的到来，国家愈加重视数字化工程、数字化产业和数字化服务的建设，数字化改善了中小企业的经营环境，为企业发展重新赋能，中小企业的数字化转型日益成为研究热点。

关于数字化转型对企业的作用效果，杨木易子（2022）研究认为，数字化技术能提升中小企业获取新资源和信息的能力，提高企业应对疫情等突发事件的能力，帮助企业及时调整供应链和生产线。然而，中小企业在数字化转型过程中也面临着诸多问题和挑战。苟建华和孙卓（2022）指出当前中小企业数字化转型存在内生能力不足、数字化转型平台赋能供给不足、平台型企业协同不足等问题。关于数字化转型的路径和方案，谷方杰和张文锋（2020）通过餐饮业案例研究，发现数字化转型成功需要企业以现有市场环境为基础，对经营模式、组织活动、人员管理以及业务流程等诸多方面进行重塑；李剑锋（2020）总结出数字化转型的五个步骤，依次为规划先行、选择试点、试点效果评价、模式复制扩大范围和运行优化持续调整；巩键（2022）认为中小企业可以利用人工智能带来的产业升级、管理变革、流程再造和环境优化四条路径来加速数字化转型。综上所述，面对数字化转型的机遇和挑战，不仅需要中国中小企业自身适时调整战略，还需要国家出台更多针对性扶持政策，以推动中小企业数字化高质量转型。

本课题组池仁勇研究团队（2018，2019，2020，2021）在近几年的中小企业景气指数研究报告中,持续围绕数字经济、智能制造、"互联网+"与中小企业高质量发展等开展了一系列专题研究,并针对发展现状及存在的问题提出了中小企业数字化转型的相关政策建议。

(四)中小企业"专新特精"高质量发展

中小企业"专精特新"(指专业化、精细化、特色化、新颖化)的概念在2011年全国中小企业信息化推进工作会议上首次提出,2021年中共中央政治局会议提出进一步培育发展"专精特新"中小企业,学界针对当前中国中小企业发展现状、存在的问题开展了大量新的研究。董志勇和李成明(2021)研究指出中国中小企业创新体制机制不健全、应用基础研究服务能力弱、数字化转型面临"数字鸿沟"、创新生态体系中主体间协作活力不足是当前"专精特新"中小企业存在的问题,建议从体制机制、基础投入、营商环境和数字赋能四方面推动"专精特新"中小企业高质量发展;张卓群(2022)研究认为,后疫情时代"专精特新"企业面临国际化受阻、人才—融资—监管遇瓶颈、知识产权维权艰难三个主要困境,需要重点探索改善营商环境的政策制度设计、信息平台建设、强化数字经济等转型路径;张璠等(2022)采用文本量化分析法进行实证研究,提出政府扶持政策能够推动中小企业"专精特新"转型,对高新技术行业和富有企业家精神的企业促进作用更为显著。

本课题组对中小企业"专新特精"相关政策进行了持续跟踪梳理,近几年来围绕工匠精神、隐形冠军与中小企业成长等开展了一系列专题研究(池仁勇、刘道学等,2016,2020)。本报告书聚焦新时期培育"专精特新"中小企业高质量发展的背景与意义,进一步梳理了"专精特新"中小企业高质量发展的政策体系,分析了"专精特新"中小企业高质量发展现状与面临的制约因素,最后提出了相关对策建议(详见本书第九章)。

(五)中小企业国际化战略

针对新时代中小企业国际化的驱动因素,李思思等(2020)研究发现,组织自主性与中小企业国际化成效正向相关,国际市场多样性起到正向调节作用;俞沛(2021)研究认为,改革开放等内部政策环境以及全球化进程引入的先进技术和管理经验是中小企业国际化的重要动因。关于国际化对中小企业的作用机制,吴雅帆(2020)指出中国中小企业的国际竞争比较优势、管理机制、海外投资项目规模有待优化，建议企业转变经营观念、培养国际化的经营管理人才和加快信息化建设以实现国际化高质量发展；俞沛（2021）指出中国中小企业国际化存在融资困难、信息渠道不畅通、缺乏多国运营和高效管理技能等问题，提出了品牌战略、"顾客满意"产品战略、补缺战略、借力战略四种发展路径；谭斌（2021）从"专精特新"中小企业国际化的视角切入，指出中小企业可通过开发多元化国际市场、充分利用国家政策、积极关注进口、探索利用新业态、积极防范各种类型风险等方式走好国际化之路。2022年1月1日区域全面经济伙伴关系协定（RCEP）的生效实施为中小企业带来了国际化发展的新机遇。具体而言，在货物贸易层面，关税降低、贸易便利化提高、区域累积规则确立；服务贸易层面，提供了更开放的市场准入；知识产权层面，为企业资源利益提供制度和安全保障；人才拓展方面，提供了更多的人才引进机会（周密，2021；吴力和黄霞，2021；王玉华和陈奕，2021）。但与此同时也带来了相应的挑战，如市场竞争压力加大、经营管理方式变革更为迫切、对产品和服务创新要求提高、预判市场变化能力有待提升（王晓蓉，2021）。

本课题组在近几年的中小企业景气指数研究报告中，围绕"一带一路"、跨国并购、跨境电商及贸易结构等持续研究了中小企业"走出去"相关理论与实践问题，本报告书聚焦RCEP生效背景下中国中小企业国际化发展对策开展专题研究，认为中国中小企业应抓住RCEP带来的历史机遇，积极创新国际经营模式，深度融入全球价值链，培育和提升中小企业国际化运作能力和竞争优势（详见本书第十三章）。

二　创新应用实践问题

（一）"专精特新"中小企业核心竞争力提升的实践

在国家政策支持之下，中国"专精特新"中小企业正在蓬勃发展。已有不少中小企业成了"专精特新"细分领域的佼佼者。在"专业化"方面，盐津铺子将营销策略转变为聚焦爆款单品，专注自己的细分领域，并做细、做透，每年推出的一两个单品都能做到几千万元甚至上亿元规模；灵动科技（北京）有限公司致力于移动机器人领域，以高端技术为支撑，以高端客户为突破口，在6年内成为精特新"小巨人"。在"精细化"方面，艾华集团将给国际照明和电容驱动提供单品元器件这一业务做到极致；安世亚太科技公司设立专门的质量管理平台，定量分析并改进关键质量指标，提升产品质量和工序精细度。在"特色化"方面，御家汇通过"互联网+品牌"推动产品升级改造和个性化设计，打造独特的产品，成为网红美妆品牌；上海恩捷新材料科技股份有限公司不断深耕锂电池材料中的隔膜产品，打造企业特色，成为全球出货量最大的锂电池隔膜供应商。在"新颖化"方面，鑫海股份通过技术研发和升级，不断丰富产品线，持续地对复合型材料进行研发，成为超强纤维渔网单项冠军；国声声学专注于无线耳机，高度重视技术创新，产品具有极高的技术含量（曹慧泉等，2018；刘秋英，2022）。同时，也涌现出了一批全方位发展的小巨人企业，比如，被国家认定为重点"专精特新"小巨人企业的宁波伏龙同步带有限公司，其"专"体现在从专业化需求出发，取得产品优势地位，即公司自主研发的高强度高耐温系列同步带产品在国际标准关键技术指标领域一直处于领先地位；其"精"体现在从精细化管理出发，形成核心竞争力，即公司使用潜在失效模式、试验设计、控制计划等方法，精准控制每一个生产环节；其"特"体现在从特色化产品出发，增强影响力和品牌知名度，即公司具有特有技术、专利以及产品性能、功能等方面的独特性，并且不断丰富和完善品牌内涵，增加品牌和企业形象的商誉；其"新"体现在从新颖化结构出发，显著提升创新能力，即公司积极关注专业技术的发展潮流，做到研发一代、制造一代、销售一代，保持自身在专业技术领域、管理理念和管理模式的先进性，建立长久的竞争力（林胤，2022）。

（二）中小企业数字化转型助推企业经营模式创新的实践

在数字化转型创新实践应用方面，目前已经涌现出大批典型中小企业案例。吴军和梁思惠（2019）研究表明，良品铺子通过提高全系列ICT产品解决方案、采纳华为的IT战略咨询服务、与阿里巴巴合作上线智慧门店体系及智能导购系统等方式，成功实现数字化转型，顾客体验得到大幅提升。谷方杰和张文锋（2020）以西贝餐饮集团为例，探究了价值链视角下企业数字化转型策略，从内部价值链看，西贝以数据、云计算等新兴技术为依托，采集并打通基于"人"与"商品"两大要素的数据，如推行线上会员制和建立全链条的智慧供应链系统；从外部价值链看，从消费者账号和合作模式两方面开展数字化转型。胡青等（2021）采用内容分析法对四家浙江中小企业展开多案例研究，发现加强专业服务机构在数字化转型项目的深度参与可以增强协同能力，如阿里巴巴、海尔等平台型组织以及奇点云、秒优、麦盟等专业咨询机构。蔡清龙和苏畅（2021）发现H服装贸易公司通过入驻线上购物平台、发展网络代理商、微商和直播营销等方式实现线上与线下相结合的营销模式，并与上下游企业形成了数据共享、风险共担的协作关系，打造数字化供应链运营模式。刘子浈等（2022）运用单案例研究方法，探究了XH公司在疫情背景下的数字化转型动机和过程，初期环境驱动业务转型阶段，XH公司通过沟通培训方式数字化、采用数字技术区块链合同等方式解决业务困境，后期项目智能化管理转型阶段，XH公司利用大数据辅助决策、搭建智能化平台，提高精细化和科学化管理水平。

(三) 中小企业创新创业助力共同富裕的实践

在共同富裕的时代背景之下，越来越多的企业积极参与到共同富裕建设的行动中，紧密结合普惠金融、乡村振兴、数字化等战略，实现共同富裕下的高质量发展。金融服务方面，诸多中小企业创新发展方式，解决了"融资难"问题。夏梁省和聂艳明（2022）结合浙江省台州市国家小微金融创新示范区建设的实践探索，提炼浙江普惠金融服务促进共同富裕路径。如台州银行，在营业网点布局上朝着"社区化、微型化、近身化"方向增加普惠性，并创新性地推出"银税易贷"产品、发行无固定期限资本债16亿元等，拓宽中小企业资本补充渠道；浙江泰隆商业银行创新数字化的办贷方式，制定"三三制"（新客户3天，老客户3小时）贷款服务承诺，有针对性地迎合中小微客户主体"频、急"的融资需求特点，从而有效提高小微金融服务效率，此外，借助现代金融科技，积极推出智慧小微金融服务新模式，开发基于互联网技术的金融服务移动工作站，有效破解小微企业信贷效率与转贷难题。浙商银行创新小微金融服务模式，创新性地推出"共同富裕贷"等共富系列普惠产品，打造"链式金融"特色优势，并助力山区26县的金融服务，有效帮助上下游中小微企业缓解融资问题。

乡村振兴方面，中小企业根据自身优势和技术能力，投向社会普惠事业，为中低收入群体和地区赋能。华立集团同径山共同富裕联盟签署战略合作协议，以"融资+融智"的方式，在径山村开展乡村振兴工作。西子联合与蒲惠智造共同建设"数字经济+共同富裕"双驱动新范本，一方面通过自主研发的工业"云化"软件，向山区输送数字化资源、技术创新服务，完善基础设施建设，从而助力山区传统制造产业转型；另一方面推进"基金会出资、政府出政策、企业出技能"的"育人振兴、技术扶贫"新模式，在永嘉等地启动"产业人才造血"计划，为山区输送高质量数字化人才，赋能当地产业发展助推共同富裕建设。

（四）中小企业 ESG 助力企业治理现代化的实践

在 ESG 创新实践方面，中国中小企业已做出许多成功的尝试。例如，尚品宅配从源头和全过程控制污染物产生和排放，推出 BIM 整装技术，大大提高材料明细准确度、装修材料利用率，从而降低损耗成本；推出"第二代康净板"，在无醛添加的基础上再添抗菌、防霉功能；此外，还连续 8 年坚持"爱尚计划·爱上学"爱心助学公益项目，以公益诠释企业责任。上海贵酒子公司上海军酒从"产品质量、品牌建设、门店运营、数字化营销"等方面着手，把"军星酒坊"打造成退役军人及创业奋斗者的公益创业平台（微雨，2021）。沈阳的康师傅绿色工厂实现了用地集约化、原料无害化、生产洁净化、废物资源化、能源低碳化，如通过设计车间"透明"屋顶，大大减少了电灯使用率，通过回收生产车间产生的冷凝水，提高节水率。解浩宇（2021）基于 ESG 责任投资的视角，讨论了疫情期间比亚迪汽车跨行转产口罩的案例。比亚迪积极带头有序复产，改造高端生产线，接受国家统一调配安排生产防疫产品，有效填补社会需求的空缺，起到了全社会的模范作用。这一举措不仅树立了品牌形象，而且还提升了企业利润，是将社会效益理念融入企业危机管理的优秀典范。

（五）供应链、产业链、价值链深度融合的中小企业国际化新实践

在全球化和区域化的背景下，"一带一路"倡议、CPTTP 协议、RCEP 协议等为中小企业"出海"提供了全面的制度保障。例如，云南昆明滇王花卉有限公司以鲜花出海，助力打造"彩色丝绸之路"，在柬埔寨和缅甸分别建立了"云花展销推广示范中心"和"中缅花卉产学研实践基地"。然而，以采购原材料、关键技术等方式介入全球价值链的中小企业深受贸易环境动荡性的影响。如安徽某新能源材料公司因贸易摩擦影响，公司产品出口受阻（徐利，2021）。此外，在新发展格局下，越来越多的企业利用跨境电商平台在"云"端寻觅商机和合作伙伴，跨境电商

已成为当前中小企业国际化的重要路径。例如，阿里巴巴国际站为中国中小企业搭建了国际化平台，有效解决了外贸交易中的信息不对称问题，实现"人—货—场"精准匹配。阿普莱斯（福建）投资集团有限公司在阿里巴巴国际站上开设了专注于海外业务的店铺，利用平台功能完成"一站式"外贸店铺装修、产品上架等，店内热印机和新产品烤炉已经走进全球近200个国家和地区市场。深圳硕腾科技公司运用阿里巴巴国际站的B2B业务模式，有效实现碎片化和零售式交易。陈琴（2022）通过案例分析，介绍顺德本土小家电公司的转型跨境业务实践，该中小企业通过线上销量的提升成功弥补了疫情期间线下销量的不足。

第二章

2021—2022年中国区域中小企业发展分析

中小企业既是国民经济和社会发展的生力军，也是扩大就业、改善民生、促进创新创业的重要力量，对社会发展具有重要的战略意义。近两年疫情对国家经济发展带来巨大冲击，人们消费意愿减弱，造成消费趋势性下降，使中小微企业面临流动性困境。由此，各级政府积极行动，贯彻新发展理念，着力推进高质量发展，推动构建新发展格局，实施供给侧结构性改革，出台了一系列对中小微企业的包括免税、降租、贷款优惠等减负支持政策，对解决企业固定成本开支和减轻短期成本压力起到重要作用。近年来，虽然经济增长极呈现向内陆拓展的趋势，但各大区域之间仍有明显差异，东西差距与南北差距也依然存在。本章主要围绕中国区域中小企业发展环境与总体特征、区域中小企业发展比较分析、各地中小企业发展亮点三个方面展开分析。通过分析中国中小企业在区域差异方面所呈现的不同表现，以期为准确把握中国中小企业总体发展情况提供参考。

第一节 中国区域中小企业发展环境与总体特征

一 中小企业发展呈现区域新格局

（一）经济增长极向内陆延伸

改革开放以来，因沿海地区地理环境优越、气候适宜、对外开放程度高等原因，中国区域经济基本遵循着沿海引领地区发展的格局。但自党的十八大以来，随着区域创新理念在区域发展中的不断推进，区域发展格局有了实质性突破，经济高速增长地区逐渐深入内陆。2014—2019年，全国有20个地区营业收入占全国百分比增加，其中只有上海、浙江、福建、广东、海南5个地区是沿海地区。长江流域作为国家重大战略发展区域，其涉及的11个省份中，除上海、浙江两个沿海地区外，有8个内陆省份增长速度超过全国增长速度；而在北方能源产区，几个能源大省份山西、陕西、青海、宁夏、新疆也实现了较快发展，其中陕西省的营业收入占全国比重从2013年的1.75%上升到了2019年的2.44%。总体而言，中国地区工业的增长模式，从以往的东部地区领先增长转变为国家战略所覆盖地区基本取得了较快增长，出现了京津冀都市圈、长江经济带、粤港澳大湾区、成渝地区双城经济圈等多个经济新增长极。2021年10月中共中央、国务院印发《成渝地区双城经济圈建设规划纲要》，提出要推动成渝地区双城经济圈建设，在西部形成高质量发展的重要增长极，增强人口和经济承载力，打造内陆开放战略高地和参与国际竞争的新基地，助推形成陆海内外联动、东西双向互济的对外开放新格局；2021年9月，江西、湖南、湖北三省签署《长江中游三省协同推动高质量发展行动计划》，提出长江中游三省要充分发挥承东启西、连南接北的区位优势和各自的比较优势，在基础设施、文化旅游、产业创新、公共服务等方面深入合作，协作推动高质量发展，推动中部地区加快绿色崛起，共同打造全国高质量发展重要增长极、"双循环"重要空间枢纽。这些战略的实施，将有力支撑内陆地区在全国经济社会发展大舞台上发挥更重要的作用。

（二）产业区域布局特征显著

改革开放初期，中国出现了一段大力发展能源原材料工业的时期，自党的十八大以来，随着供给侧结构性改革的实施以及新发展理念不断深入，各地区发展逐步走向差异化发展道路。在过去几年中，中部、东部、西部、东北地区增长前4名的行业中，中部地区明显呈现出电子信息产业和装备制造业引领增长的格局；东部为电子信息、装备制造，以及原材料产业引领增长；西部为电子信息、装备制造、轻工业引领增长；东北电子信息产业相对薄弱，为装备制造和能源原材料工业引领增长。可见近年来各地区已根据自身经济特征和资源禀赋初步形成了具有一定地方特征的产业格局。

（三）高新产业成为区域经济增长引擎

2020年，根据各地区统计局发布数据来看，各地区在装备制造业稳健发展的同时，大力实施创新发展战略，新兴产业、高技术产业产值快速增长，使地区工业产业竞争水平有了显著提升。在京津冀地区，北京高技术制造业和战略性新兴产业增加值分别增长9.5%和9.2%，高于规模以上工业增速7.2个和6.9个百分点。天津高技术制造业和战略性新兴产业增加值分别增长4.6%和4.4%，占规模以上工业的比重分别为15.4%和26.1%。河北高新技术产业和战略性新兴产业对规模以上工业增加值增长的贡献率分别达到15.9%和23.2%。上海战略性新兴产业制造业部分完成工业总产值13930.66亿元，比上年增长8.9%，增速高出全市工业7.0个百分点；工业总产值占规模以上工业40.0%，比重提高7.6个百分点。浙江数字经济核心产业制造业增加值同比增长16.8%，增速比规模以上工业高11.4个百分点，高技术、战略性新兴和高新技术产业增加值分别增长15.6%、10.2%和9.1%，增速比规模以上工业分别高10.2个、4.8个和3.7个百分点。

二 区域中小企业发展仍面临的主要问题

（一）区域间发展不平衡仍较为突出

近年来，随着西部大开发、东北振兴、中部崛起等重大区域性战略的深入推进，区域发展协调性逐渐增强，然而各大区域之间仍存在明显的差距，高质量发展任务依然艰巨。从2012年开始，南北人均GDP差异逐年扩大且至今没有改善的迹象。东北三省制造业从业人员明显下降，人口大幅度外流。全国31个省级单位2013年、2019年、2021年上半年工业增加值增长速度同全国相对应的增长速度标准差呈现不断扩大的趋势，分别为0.221、0.404、0.438，可见区域间增长速度不平衡加剧。而在近五年各地区工业行业固定资产增长速度前15名的行业中，虽然高技术行业占据很大比例，但这些高技术行业占地区工业营业收入的百分比却差距很大，第一梯队的北京、上海、江苏、广东、重庆、吉林占30%以上，第二梯队的天津、浙江、福建、海南、江西、湖北、湖南占20%左右，其他地区基本在10%左右，可见各地区发展后劲差异较大。

（二）区域间新产业发展存在一定重叠

新兴产业一方面是支撑产业结构调整、加速新旧动能转换的重要力量，另一方面目前中国各区域新兴产业低水平同质化发展现象突出，浙江、上海、安徽、广东等十多个省市都明确提出将集成电路、新能源与智能网联汽车、数字经济、人工智能等行业作为"十四五"重点发展的产业。同时，省级规划引导作用形成的"层层传导"效应促使地方政府将要素资源优先配置到这些重点发展的新兴产业项目,由此容易催生新兴产业发展"泡沫"。针对此种现象,工信部在 2020 年 12 月强调要统筹规划新兴产业发展,避免同质化无序竞争的低水平重复建设,坚持鼓励创新和审慎包容的原则,强化政策协同,形成促进新兴产业发展的合力。

(三) 创新资源配置仍有较大改进空间

中国东西部地区在创新投入力度上也有一定差异,据《中国科技统计年鉴(2019)》显示,中国 R&D 经费投入规模超过 1500 亿元的省份有广东、江苏、北京、浙江、上海;R&D 经费投入强度超过全国平均水平的省份有北京、上海、天津、广东、江苏、浙江,分别为 6.31%、4.00%、3.28%、2.88%、2.79%、2.68%,较全国平均水平分别高 4.08 个、1.77 个、1.05 个、0.65 个、0.56 个、0.45 个百分点。由此可见,创新投入力度较大的城市均集中在东部,创新投入力度明显大于中西部,其中北京、上海、广东的科技创新中心引领地位显著。近年来,中国科技进步贡献率稳步提升,其中有一半以上的高技术企业聚集在东部地区,尤其是江苏、广东两省极具趋势显著,两省份高技术企业占全国比重分别为 14.26%、26.63%,而西部地区高技术产业仅占全国的 11.89%。从拥有的有效专利情况看,2019 年,国内有效专利数占全国的比重超过 5% 的省份有北京、上海、江苏、浙江、山东和广东,分别为 7.41%、5.03%、12.53%、11.61%、5.51% 和 20.47%。专利转让、标准制定等科技产出成果主要集中在东部地区,其中专利所有权转让及许可数东部地区占全国的 77.04%,形成国家或行业标准数东部地区占全国的 72.78%。与此同时,据《中国科技统计年鉴(2020)》显示,2019 年,全国科技企业孵化器数量为 5206 个,孵化器内企业总数达到 27.6 万个,全国众创空间为 8000 个,常驻团队和企业达到 2217.79 个,其中,江苏、广东科技企业孵化器数量分别占全国数量的 15.98%、19.46%,孵化器内企业总数分别占全国的 15.08%、16.51%;北京、上海、江苏、广东科技企业孵化器获得风险投资额分别占全国的 16.23%、12.32%、20.07%、19.35%;江苏、浙江、广东众创空间数量分别占全国的 10.45%、8.86%、11.90%,北京、上海、广东众创空间团队及企业获得投资总额分别占全国的 56.78%、14.61%、5.30%。因此不难发现,大量的创新服务平台都聚集在东部及沿海地区,创新创业氛围浓厚,极大地促进了科技型中小企业发展，优势突出，而西部中小企业缺乏科技型企业引领，高质量发展乏力。

第二节 中国区域中小企业发展比较分析

考虑到数据的连续性和可获取性，本章聚焦规模以上小微企业来体现全国区域中小企业的发展情况。数据均源自《中国工业统计年鉴（2021）》数据测算，选取企业总数、主营业务收入、平均用工人数以及总资产利润率等重要指标。小微企业在中国中小企业总数中占绝对主体地位，因此区域小微企业的发展情况能够较为真实地反映中国区域中小企业总体的发展态势与特点。

一 东部、中部、西部三大区域的比较

（一）企业总数比较

2020年，全国小微企业总数为399375户，其中，东部、中部和西部地区小微企业总数分别为243921户、102595户、45879户，占全国总数的61%、26%、11%，与中部、西部地区相比较，东部地区小微企业数量依旧庞大（见图2-1）。

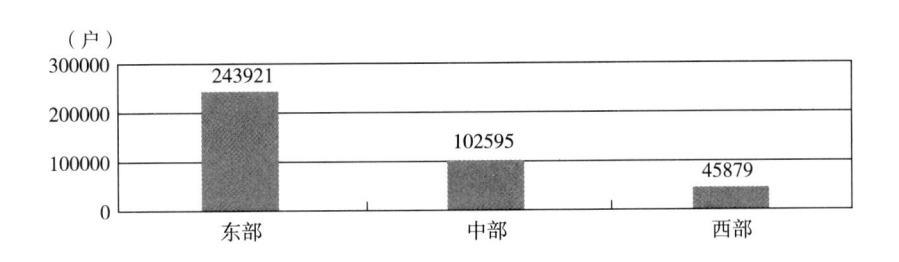

图2-1 中国东部、中部和西部企业数量比较

注：东部包括北京市、天津市、河北省、山东省、辽宁省、吉林省、黑龙江省、上海市、江苏省、广东省、浙江省和福建省等；中部包括安徽省、江西省、山西省、河南省、湖北省、湖南省、内蒙古自治区、广西壮族自治区和海南省等；西部包括重庆市、四川省、贵州省、云南省、西藏自治区、陕西省、甘肃省、青海省、宁夏回族自治区和新疆维吾尔自治区；下同。

资料来源：根据《中国工业统计年鉴（2021）》数据测算。

(二) 主营业务收入比较

根据《中国工业统计年鉴 (2021)》的数据，东部地区小微企业主营业务收入为231224.58亿元，占60%；中部地区为106027.27亿元，占27%；西部地区为51378.25亿元，占13%，与中西部地区相比较，中国小微企业的主体部分依旧是东部地区省份（见图2-2）。

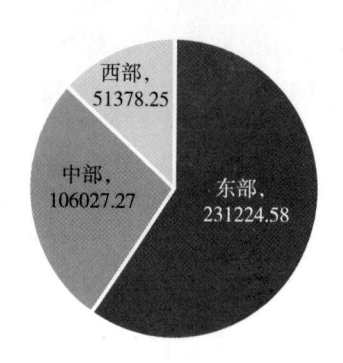

图 2-2　中国东部、中部和西部小微企业主营业务收入比较

资料来源：根据《中国工业统计年鉴 (2021)》数据测算。

(三) 总资产利润率比较

总资产利润率由总利润与总资产的比值表示，在一定程度上能够反映企业盈利能力。2020年，中部中小企业利润率最高，为6.61%；西部地区次之，为3.93%；东部地区最低，为4.83%。与上年利润率相比较，除东部地区上升了0.15个百分点外，中国中西部小微企业总资产利润率存在下滑趋势，这表明在日趋复杂的国际、国内发展环境下，中小企业的发展遇到一些困难（见图2-3）。

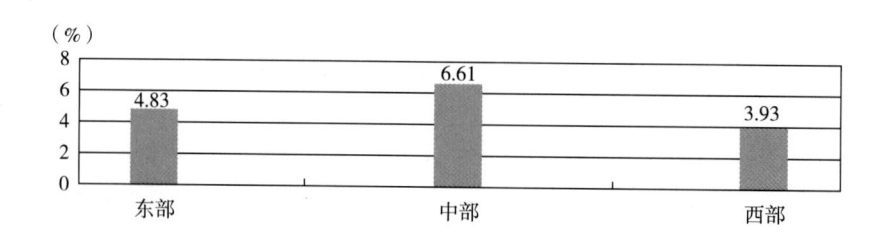

图 2-3　中国东部、中部和西部中小企业总资产利润率比较

资料来源：根据《中国工业统计年鉴 (2021)》数据测算。

二 各省份中小企业发展状况的比较

(一) 企业数量

从企业数量看，2020年小微企业数量排全国前4位的分别为广东、江苏、浙江、山东，同上年相比江苏排名上升一位，浙江下降一位。其中，广东以58483家小微企业占据榜首，江苏为50168家，浙江为47956家，山东为29628家（见图2-4）。

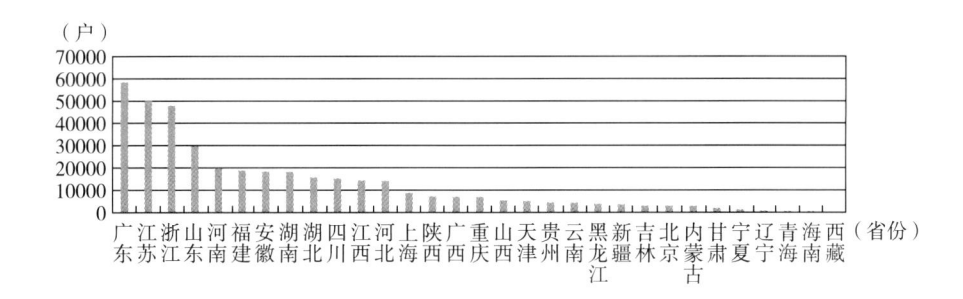

图2-4 中国各省份小微企业数量

资料来源：根据《中国工业统计年鉴（2021）》数据测算。

(二) 企业营业收入

2020年，中国中小企业营业收入同比上年有较大变化，排名最高的分别为江苏，48136亿元，与2019年相比上升3617亿元，提高8.12%；广东，46612亿元，与2019年相比上升1660亿元，提高3.69%；浙江，35045亿元，与2019年相比上升1235亿元，提高3.65%；山东，27311亿元，与2019年相比上升2419亿元，提高9.72%。西藏排名末位，为133亿元，与2019年相比上升10亿元，提高7.84%。总体来看，大部分省份都实现了营业收入增长，仅有北京、天津、上海、福建、湖北、贵州、陕西7省份有小幅度下滑（见图2-5）。

(三) 平均用工人数

从业人员作为中小企业发展的主要动力，在企业中占据十分重要的地位，其数量情况可在一定程度上反映工业中小企业在该区域的重要性。图2-6显示，2020年，广东、江苏、山东、浙江等省份排在前列，而青海、海南、西藏等省份则排在末尾，平均用工人数排名情况各省份小微企业的数量基本一致。

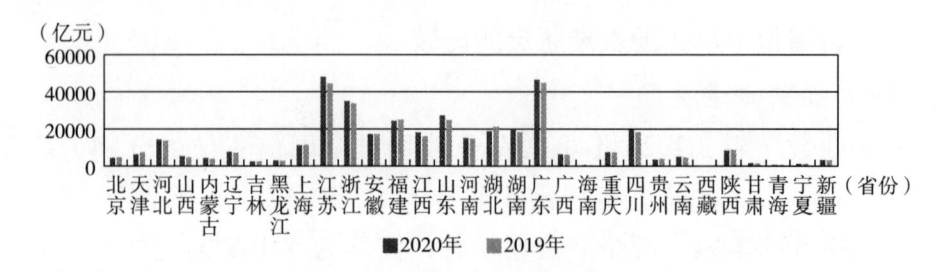

图 2-5　中国各省份小微企业主营业务收入比较

资料来源：根据《中国工业统计年鉴（2021）》数据测算。

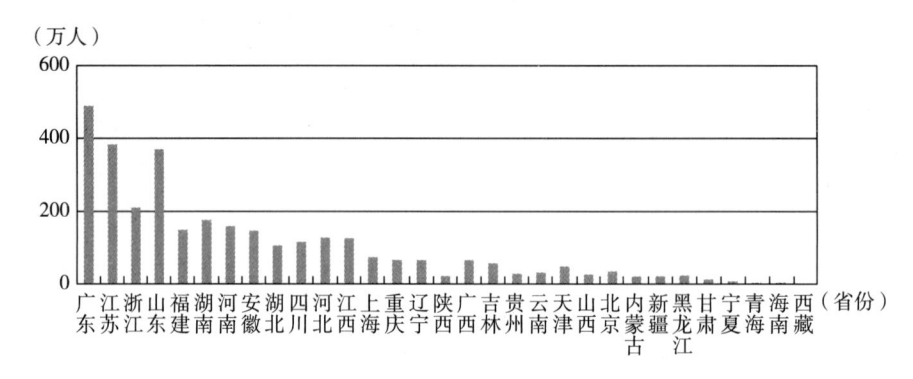

图 2-6　中国各省份小微企业平均用工人数比较

资料来源：根据《中国工业统计年鉴（2021）》数据测算。

（四）总资产利润率

总资产利润率对比可以体现各省份小微企业盈利能力差异。根据图2-7的数据显示，2020年，江西、湖南、福建、重庆等省份小微企业经营总资产利润率位居前列，排名前十名除福建省和上海市外，其余均为中西部地区省份，但排名末尾的省份绝大多数位于西部地区。

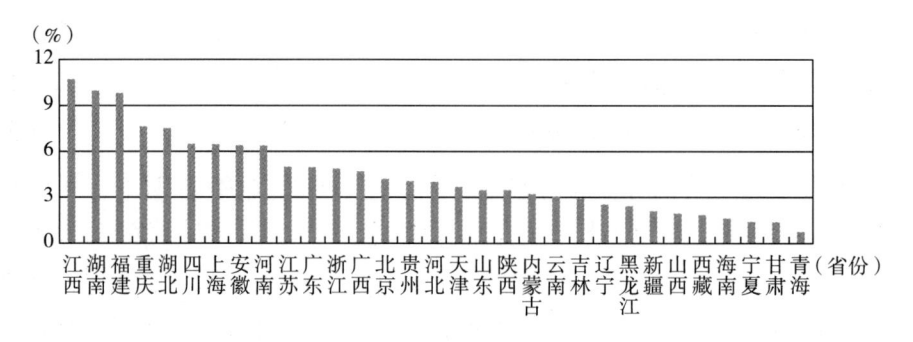

图 2-7　中国各省份小微企业总资产利润率比较

资料来源：根据《中国工业统计年鉴（2021）》数据测算。

第三节 各地中小企业发展亮点

一 东部地区

(一) 浙江省：深入实施数字经济"一号工程"2.0版，加快推进数字产业化、产业数字化

浙江是数字经济大省，数字经济核心产业增加值近年来持续保持二位数增长态势。近年来，浙江在数字经济发展上动作频频：2020年12月，中国第一部以促进数字经济发展为主题的地方性法规——《浙江省数字经济促进条例》通过浙江省人大常委会审议；制定《关于深入实施数字经济"一号工程"若干意见》《浙江省国家数字经济创新发展试验区建设工作方案》等政策意见。2021年浙江省数字经济核心产业增加值总量突破8000亿元大关，达到8348.27亿元，规模以上数字经济核心产业营业收入达29780.8亿元，同比增长25.4%，数字经济已成为浙江稳增长、促发展的"压舱石"和"加速器"。

(二) 北京市：设立北交所，支持服务创新型中小企业发展

为持续支持中小企业创新发展，深化新三板改革，着力打造服务创新型中小企业主阵地，北京证券交易所（北交所）获准设立，为中小企业创新发展增加了重要的融资途径。北交所加强产业政策与金融政策协同，结合北、沪、深交易所和新三板的市场定位，对优质中小企业进行分类指导，支持更多符合条件的"专精特新"中小企业上市、挂牌融资；组织开展优质中小企业评价和培育工作，对拟上市"专精特新"中小企业开展分类指导、精准培育、投融资对接，提高企业在资本市场融资的能力；进一步拓宽直接融资渠道，支持"专精特新"中小企业开展债券融资，鼓励开发更多适合中小企业的债券品种，完善中小企业债券融资增信机制。鼓励中小企业通过并购重组对接资本市场。同时，北交所实行电子化审核，申请、受理、问询、回复等事项均通过审核系统线上办理，从而实现让数据信息多"跑路"，让市场主体少跑腿。在首批上市的81家公司中，占比87%的公司来自先进制造业、现代服务业、高技术服务业、战略性新兴产业等领域，17家为专精特新"小巨人"企业。从整体上看，

首批上市公司经营状况稳健、成长性较为突出，大部分属于行业细分领域的排头兵，涵盖25个国民经济大类行业。另外，北交所既可承接满足条件的新三板挂牌公司上市，又可实现将满足沪深上市条件的公司转至科创板和创业板上市，也将对区域性股权市场设立对接渠道，对实现中国证券交易场所的"互联互通"、形成良好市场生态、发展普惠金融、促进中小企业的蓬勃发展有至关重要的作用。

（三）海南省：深化"放管服"改革，优化营商环境

为进一步激发市场主体活力和创造力，积极发挥中小企业在疫情防控和经济发展中的重要作用，支持企业积极应对疫情带来的生产经营困难，海南及时出台支持中小企业共渡难关八条措施、帮助企业复工复产七条措施、支持旅游企业共渡难关六条措施等，进一步优化审批服务效率，加强制度集成创新，推进全省政务服务事项标准化、政务服务事项优化再造、完善线上线下"一窗受理"运行机制，推动政务服务"零跑动"改革；优化审批模式、加强事中事后监管、实施涉企经营许可事项清单管理等，推进"证照分离"改革。为在特殊时期以制度创新力促企业复工复产，海南在全国首创推出海南省复工复产企业疫情防控综合保险，为企业复工复产保驾护航，推出当天就有93家企业确定参保，承保5日后，100家企业复工复产率达85%。伴随着营商环境的不断优化，2020年6月至2021年6月，尽管受疫情影响，海南新增市场主体共计42.8万户，环比增长52.31%；其中新增企业约20万户，环比增幅达到136.73%，增速居全国第一。

二 中部地区

（一）安徽省：实施"产学研1+N"创新工程，创新引领推动制造业提质升级

为推动制造业高质量发展、加快建设现代化产业体系，推动产业基础和关键技术创新突破，安徽省着力构建以企业为主体、市场为导向、产学研深度融合的制造业创新体系，于2021年开始实施"产学研1+N"创新工程，聚焦"企业出题、科技答题"，组织开展高校、科研院所与企业、园区"双进"活动，引导支持中小企业与高校、科研院所联合共建研发中心，打造"政产学研资用"创新合作生态，实施重点产学研合作项目50个，建立企业技术中心100个。旨在提升省制造业创新中心能级，按

照"一行业一中心"思路，支持科大讯飞、凯盛科技等行业领军企业联合行业上下游、产学研力量，组建体系化、任务型创新联合体，力争智能语音、玻璃新材料国家级制造业创新中心创建取得突破。2020年，安徽科技型中小企业入库培育7720家，高新技术企业总数已达8559家，较2015年增长2.7倍，居全国第10位。截至2020年年底，安徽已建成各类国家级创新平台210家，省重点实验室175家、工程技术研究中心534家、院士工作站62家。区域创新能力位居全国第八位，连续9年居全国第一方阵，为加快建设科技创新攻坚力量体系奠定了扎实基础。

（二）湖南省：大力实施"三高四新"战略，推动经济社会高质量发展

2020年9月，习近平总书记考察湖南，勉励湖南打造"三个高地"、践行"四新"使命、抓好五项重点任务。2020年12月，湖南省委十一届十二次全会旗帜鲜明地提出大力实施"三高四新"战略，并把先进制造业作为强省建设的主要抓手，提出国家重要先进制造业高地这一"高地"概念。为给湖南省实施"三高四新"战略和推动经济社会高质量发展提供金融支撑，湖南省人民政府办公厅发布《湖南省金融服务"三高四新"战略若干政策措施》，提出为着力缓解中小微企业融资难、融资贵问题，要督促金融机构继续向实体经济让利，促进小微企业综合融资成本稳中有降，具体包括加大首贷扶持力度，保持小微企业新增首贷户户数和贷款规模合理增长；强化科技创新金融扶持，充实科创板上市后备资源，加强湖南股权交易所科创专板辅导孵化，加快科技型企业挂牌上市等措施。在"三高四新"战略全面落地一年后，2021年湖南省规模工业制造业增加值同比增长8.6%，对全省规模工业增长的贡献率达92.7%，在全省工业经济运行中起到了重要支撑作用。同时高技术制造业增加值同比增长21.0%，比全省平均水平快12.6个百分点，展现了强劲的发展动能。

（三）江西省：出台减税减费减租减息减支32条政策措施，缓解中小企业生产压力

为解决实体经济面临成本上升等困难问题，巩固强化经济复苏势头，江西省在全国率先出台《关于减税减费减租减息减支32条政策措施》，从减税、减费、减租、减息、减支5个方面，给予企业"真金白银"的帮扶支持。减税方面，全面落实国家结构性减税政策，将小规模纳税人增

值税起征点月销售额提高到 15 万元；对小微企业和个体工商户年应纳税所得额不到 100 万元部分，在现行优惠政策基础上减半征收；将制造业企业研发费用加计扣除比例提高至 100%，以及完善企业增值税留抵退税政策、延长部分税收优惠政策执行期限。减费方面，围绕降低工会经费、社保缴费等费用，实行工会经费先征后返、中小企业宽带和专线资费再降 10%、延长阶段性降低失业和工伤保险费率、落实稳岗返还和以工代训补贴、落实统一规范的职工基本医疗保险和大病保险等政策。此外，还包括减租、减息、减支等方面的一系列支持政策。2021 年江西省共有 5855 家国家科技型中小企业享受了研发费用加计扣除税收优惠政策，实际扣除总额达 64.82 亿元，为企业减免税收 16.21 亿元，平均为每家企业减负 27.69 万元。

三 西部地区

（一）重庆市：发布专精特新企业高质量发展专项行动计划，引领带动中小企业高质量发展

为培育壮大一批专注细分市场、创新能力强、质量效益高、产业支撑作用大的"专精特新"中小企业，引领带动中小企业高质量发展，重庆市发布《推进"专精特新"企业高质量发展专项行动计划（2022—2025年）》（以下简称《行动计划》），提出到 2025 年，全市创新型中小企业达到 2.5 万家，市级"专精特新"中小企业达到 2500 家，国家专精特新"小巨人"企业达到 300 家，新增上市企业 25 家。并从五个方面提出了一系列重点任务：一是加强孵化培育，构建"专精特新"企业生成体系；二是夯实科技支撑，推动"专精特新"企业持续创新；三是加大金融支持力度，增强"专精特新"企业发展后劲；四是优化公共服务，解决"专精特新"企业困难问题；五是优化财政政策，增强"专精特新"企业发展动力。《行动计划》有效优化了企业发展环境，为中小企业成长进一步扫清了障碍。2021 年，重庆市国家级"专精特新"小巨人企业、高新技术企业、科技型企业数量快速增加，分别达到 118 家、5108 家、3.69 万家，科技企业融资近 4000 亿元，科技进步贡献率达到 59.5%。

（二）陕西省：搭建网络平台，支持中小微企业稳岗扩岗

在疫情影响下，许多中小企业面临着招聘难的问题，为保障中小企业用工，积极推进落实稳就业工作，陕西省人社厅开发了业务网上办理小程

序"秦云就业",可以足不出户享受便捷的公共就业服务,及时了解各地各类企业用工需求、岗位待遇以及人社就业政策、劳动维权法律法规、社保缴费等信息。另外,为加强陕西省中小企业公共服务体系建设,畅通政府与中小微企业间的沟通渠道,根据"政府扶持中介、中介服务企业"的原则,省工业和信息化厅开发上线了"陕企通"——陕西省中小企业诉求响应小程序,为省内中小微企业提供一个"好用、简便、能反映问题也能解决问题"的平台。中小微企业可以从融资、贷款、财税支持、产业政策、营商环境、权益保护、科技创新及其他8个方面,反映企业诉求或提出政策建议。企业提交诉求后,后台处理系统将按照诉求类别和职责权限,把诉求转发至相关单位进行处理和反馈,企业可在小程序中随时查询办理进度和办理结果。在政府网络平台的支持下,2021年陕西省共帮扶292.5万农民工返岗复工,为退役军人提供岗位15.7万个,高校毕业生就业率达到81.6%,城镇新增就业43.2万人。

(三)青海省:发挥中小微企业续贷周转资金池作用,助力小微企业解决融资困境

针对青海省中小微企业信贷融资过程中续贷难、成本高、周期长等问题,青海省设立了青海省中小微企业续贷周转资金池,并委托青海省中小企业融资服务有限公司作为该资金池的运营机构,按照"政府引导、市场运作、服务小微、注重绩效、专款专用、封闭运行"原则,为该省小微企业提供多渠道的资金周转服务,切实降低续贷财务成本,提高融资效率,帮助一大批成长性好、前景广阔的中小微企业走出困境。据统计,自2020年设立至2021年10月底,资金池累计发放资金128笔,金额4.7亿元,对比同期市场融资利率,节约企业融资成本约1370万元。为有效降低企业融资成本,帮助企业加快发展,青海省财政还安排贷款贴息7921万元,对236户企业符合条件的银行贷款给予贴息补助。同时,青海省转变省级非公有制经济发展专项资金直投方式,设立"青海省中小微企业首贷、信用贷风险补偿资金池",上线"青信融"平台,从供需两端改善小微企业金融服务,2021年"青信融"平台为中小微企业融资34.5亿元,放大了助企纾困政策效应。

第三章

2021—2022年中国中小企业政策

第一节 国家及各部委中小企业发展扶持政策

一 中小企业财政金融扶持政策

自2021年以来，新冠肺炎疫情进入纵深发展阶段，长期动态清零政策成为新的经济社会旋律。在此背景下，中小企业的平稳运行成为经济发展和稳定就业的骨干支撑。为此国家出台了一系列政策措施，积极发挥财政政策引导作用，撬动金融资源更好地支持中小市场主体纾困发展。中央围绕"稳增长、促发展"，扩大小微企业融资担保业务规模，运用退税、减税、免税及缓税等形式多样的政策工具降低企业经营成本，并陆续出台一系列金融扶持政策，缓解中小微企业融资难的问题。例如，2022年5月16日，财政部发布《关于发挥财政政策引导作用支持金融助力市场主体纾困发展的通知》（财金〔2022〕60号），提出发挥政府性融资担保机构增信作用；地方各级政府性融资担保机构对符合条件的交通运输、餐饮、住宿、旅游等行业的中小微企业和个体工商户提供融资担保支持，及时履行代偿义务，推动金融机构尽快放贷，不抽贷、不压贷、不断贷。加大创业担保贷款贴息力度；县级以上地方财政部门应按规定及时补充创业担保贷款担保基金，或由政府性融资担保机构为符合条件的创业个人和小微企业提供担保增信，支持创业担保贷款扩面增量。2022年3月1日，财政部联合税务总局发布《关于进一步实施小微企业"六税两费"减免政策的公告》（财政部税务总局公告2022年第10号），对增值税小规模纳税人、符合年度应纳税所得额不超过 300 万元、从业人数不超过 300 人、资产总额不超过 5000 万元的小型微利企业和个体工商户可以在 50% 的税额幅度内减征资源税、城市维护建设税、房产税、城镇土地使用税、印花税（不含证券交易印花税）、耕地占用税和教育费附加、地方教育附加。通过出台一系列财政扶持政策、税收优惠政策和金融扶持政策，大力营造中小企业健康发展的空间，减轻中小企业发展过程中的税收负担，加大中小企业的融资力度。

（一）中小企业财政扶持政策

自 2021—2022 年以来，国家对于中小企业发展的财政支持仍以减轻企业负担、降低企业生产经营成本为主攻方向，进一步用好政府性融资担保等政策，扩大实施社保费缓缴政策，加大稳岗支持力度，扶持中小企业健康发展。

2022 年 5 月 16 日，财政部发布《关于发挥财政政策引导作用支持金融助力市场主体纾困发展的通知》（财金〔2022〕60 号），提出发挥政府性融资担保机构增信作用；地方各级政府性融资担保机构对符合条件的交通运输、餐饮、住宿、旅游等行业的中小微企业和个体工商户提供融资担保支持，及时履行代偿义务，推动金融机构尽快放贷，不抽贷、不压贷、不断贷。加大创业担保贷款贴息力度；县级以上地方财政部门应按规定及时补充创业担保贷款担保基金，或由政府性融资担保机构为符合条件的创业个人和小微企业提供担保增信，支持创业担保贷款扩面增量。

2021 年 11 月 1 日，财政部联合中国人民银行和银保监会发布《关于实施中央财政支持普惠金融发展示范区奖补政策的通知》（财金〔2021〕96 号），中央财政通过普惠金融发展专项转移支付安排奖补资金，支持示范区普惠金融发展。奖补资金由示范区统筹用于支小支农贷款贴息、支小支农贷款风险补偿，以及政府性融资担保机构涉农业务降费奖补、资本金补充、风险补偿等方面。奖补基准为：东部地区每省每年 3000 万元，中西部和东北地区每省每年 5000 万元。绩效考核包含 5 项指标：普惠型小微企业贷款余额同比增速、普惠型农户生产经营性贷款余额同比增速、当年新发放普惠型小微企业贷款平均利率同比降幅、政府性融资担保业务余额同比增速、小微企业信用贷款余额同比增速。

2022 年 5 月 31 日，人力资源社会保障部联合国家发展改革委、财政部和税务总局发布《关于扩大阶段性缓缴社会保险费政策实施范围等问题的通知》（人社部发〔2022〕31号），提出对受疫情影响较大、生产经营困难的中小微企业实施缓缴政策。受疫情影响严重地区生产经营出现暂时困难的所有中小微企业、以单位方式参保的个体工商户，可申请缓缴三项社保费单位缴费部分，缓缴实施期限到2022年年底，期间免收滞纳金。进一步发挥失业保险稳岗作用。加大稳岗返还支持力度，将大型企业稳岗返还比例由30%提升至50%。拓宽一次性留工培训补助受益范围，由出现中高风险疫情地区的中小微企业扩大至该地区的大型企业。

（二）中小企业税收优惠政策

税收优惠政策是降低企业经营压力、促进中小企业向好发展的重要政策举措。2021—2022年，党中央、国务院根据经济发展形势，出台了新的组合式税费支持政策，进一步加大对小微企业的扶持力度，为广大小微企业的发展壮大再添助力。

1. 综合性减税降负政策

2022年3月1日，财政部联合税务总局发布《关于进一步实施小微企业"六税两费"减免政策的公告》（财政部税务总局公告2022年第10号），对增值税小规模纳税人、符合年度应纳税所得额不超过300万元、从业人数不超过300人、资产总额不超过5000万元的小型微利企业和个体工商户可以在50%的税额幅度内减征资源税、城市维护建设税、房产税、城镇土地使用税、印花税（不含证券交易印花税）、耕地占用税和教育费附加、地方教育附加。增值税小规模纳税人、小型微利企业和个体工商户已依法享受资源税、城市维护建设税、房产税、城镇土地使用税、印花税、耕地占用税、教育费附加、地方教育附加其他优惠政策的，可叠加享受该优惠政策。

2. 中小微企业所得税优惠政策

2022年3月14日，财政部联合税务总局发布《关于进一步实施小微企业所得税优惠政策的公告》（财政部税务总局公告2022年第13号），提出对小型微利企业年应纳税所得额超过100万元但不超过300万元的部分，减按25%计入应纳税所得额，按20%的税率缴纳企业所得税。

2021年10月29日，国家税务总局联合财政部发布《关于制造业中小微企业延缓缴纳2021年第四季度部分税费有关事项的公告》（国家税务总局公告2021年第30号），规定制造业中小微企业延缓缴纳的税费包括所属期为2021年10月、11月、12月（按月缴纳）或者2021年第四季度（按季缴纳）的企业所得税、个人所得税（代扣代缴除外）、国内增值税、国内消费税及附征的城市维护建设税、教育费附加、地方教育附加，不包括向税务机关申请代开发票时缴纳的税费。在依法办理纳税申报后，制造业中型企业可以延缓缴纳上述各项税费金额的50%，制造业小微企业可以延缓缴纳上述全部税费，延缓的期限为3个月。

2022年2月28日，国家税务总局联合财政部发布《关于延续实施制造业中小微企业延缓缴纳部分税费有关事项的公告》（国家税务总局公告2022年第2号），规定制造业中小微企业所属期为2022年1月、2月、3月、4月、5月、6月（按月缴纳）或者2022年第一季度、第二季度（按季缴纳）的企业所得税、个人所得税、国内增值税、国内消费税及附征的城市维护建设税、教育费附加、地方教育附加，在依法办理纳税申报后，制造业中型企业可以延缓缴纳上述各项税费金额的50%，制造业小微企业可以延缓缴纳上述全部税费，延缓的期限为6个月。

2022年3月2日，财政部联合税务总局发布《关于中小微企业设备器具所得税税前扣除有关政策的公告》（财政部税务总局公告2022年第12号），指出中小微企业在2022年1月1日至2022年12月31日期间新购置的设备、器具，单位价值在500万元以上的，按照单位价值的一定比例自愿选择在企业所得税税前扣除。其中，企业所得税法实施条例规定最低折旧年限为3年的设备器具，单位价值的100%可在当年一次性税前扣除；最低折旧年限为4年、5年、10年的，单位价值的50%可在当年一次性税前扣除，其余50%按规定在剩余年度计算折旧进行税前扣除。

3. 中小微企业增值税优惠政策

2022年3月24日，财政部联合税务总局发布《关于对增值税小规模纳税人免征增值税的公告》（财政部税务总局公告2022年第15号），为进一步支持小微企业发展，自2022年4月1日至2022年12月31日，增值税小规模纳税人适用3%征收率的应税销售收入，免征增值税；适用3%预征率的预缴增值税项目，暂停预缴增值税。

2022年3月21日，财政部联合税务总局发布《关于进一步加大增值税期末留抵退税政策实施力度的公告》（财政部税务总局公告2022年第

14号），加大小微企业增值税期末留抵退税政策力度，将先进制造业按月全额退还增值税增量留抵税额政策范围扩大至符合条件的小微企业，并一次性退还小微企业存量留抵税额。各级财政和税务部门务必高度重视留抵退税工作，并分别于2022年4月30日、6月30日、9月30日、12月31日前，在纳税人自愿申请的基础上，集中退还微型、小型、中型、大型企业存量留抵税额。

2022年4月17日，财政局联合税务总局发布《关于进一步加快增值税期末留抵退税政策实施进度的公告》（财政部税务总局公告2022年第17号），积极落实微型企业、小型企业存量留抵税额分别于2022年4月30日前、6月30日前集中退还的退税政策。将2022年第14号公告第二条第二项规定的"符合条件的制造业等行业中型企业，可以自2022年7月纳税申报期起向主管税务机关申请一次性退还存量留抵税额"调整为"符合条件的制造业等行业中型企业，可以自2022年5月纳税申报期起向主管税务机关申请一次性退还存量留抵税额"。2022年6月30日前，在纳税人自愿申请的基础上，集中退还中型企业存量留抵税额。

表3-1 2021—2022年国家层面中小企业财税重要政策

颁布时间	政策文号	出台部门	政策名称	政策要点
2022年5月16日	财金〔2022〕60号	财政部	关于发挥财政政策引导作用支持金融助力市场主体纾困发展的通知	提出发挥政府性融资担保机构增信作用；地方各级政府性融资担保机构对符合条件的交通运输、餐饮、住宿、旅游等行业的中小微企业和个体工商户提供融资担保支持，及时履行代偿义务，推动金融机构尽快放贷，不抽贷、不压贷、不断贷。加大创业担保贷款贴息力度；县级以上地方财政部门应按规定及时补充创业担保贷款担保基金，或由政府性融资担保机构为符合条件的创业个人和小微企业提供担保增信，支持创业担保贷款扩面增量

续表

颁布时间	政策文号	出台部门	政策名称	政策要点
2021年11月1日	财金〔2021〕96号	财政部联合人民银行和银保监会	关于实施中央财政支持普惠金融发展示范区奖补政策的通知	中央财政通过普惠金融发展专项转移支付安排奖补资金,支持示范区普惠金融发展。奖补资金由示范区统筹用于支小支农贷款贴息、支小支农贷款风险补偿,以及政府性融资担保机构涉农业务降费奖补、资本金补充、风险补偿等方面。绩效考核包含5项指标:普惠型小微企业贷款余额同比增速、普惠型农户生产经营性贷款余额同比增速、当年新发放普惠型小微企业贷款平均利率同比降幅、政府性融资担保业务余额同比增速、小微企业信用贷款余额同比增速
2022年5月31日	人社部发〔2022〕31号	人力资源社会保障部联合国家发展改革委、财政部和税务总局	关于扩大阶段性缓缴社会保险费政策实施范围等问题的通知	提出对受疫情影响较大、生产经营困难的中小微企业实施缓缴政策。受疫情影响严重地区生产经营出现暂时困难的所有中小微企业、以单位方式参保的个体工商户,可申请缓缴三项社保费单位缴费部分,缓缴实施期限到2022年年底,期间免收滞纳金。进一步发挥失业保险稳岗作用。加大稳岗返还支持力度,将大型企业稳岗返还比例由30%提至50%。拓宽一次性留工培训补助受益范围,由出现中高风险疫情地区的中小微企业扩大至该地区的大型企业
2022年3月1日	财政部税务总局公告2022年第10号	财政部联合税务总局	关于进一步实施小微企业"六税两费"减免政策的公告	对增值税小规模纳税人、符合年度应纳税所得额不超过300万元、从业人数不超过300人、资产总额不超过5000万元的小型微利企业和个体工商户可以在50%的税额幅度内减征资源税、城市维护建设税、房产税、城镇土地使用税、印花税(不含证券交易印花税)、耕地占用税和教育费附加、地方教育附加

资料来源:本课题组根据 http://www.gov.cn/、http://www.chinatax.gov.cn 等政府网页资料整理。

（三）中小企业金融扶持政策

"融资难""融资慢""融资贵"是长期以来制约中小企业健康发展的重要因素之一。2021—2022年，国家进一步强化金融支持小微企业减负纾困、恢复发展有关工作，继续出台一系列金融扶持政策，拓展融资业务、加大贷款支持、满足企业中长期资金需求、创新优化融资模式、推动金融服务提质增效，全面营造良好的小微金融发展环境。

2022年4月6日，中国银保监会办公厅发布《关于2022年进一步强化金融支持小微企业发展工作的通知》（银保监办发〔2022〕37号），为稳步增加银行业对小微企业的信贷供给，更好地为小微企业提供融资增信和保障服务明确了5项政策要求和19项具体措施。坚持稳中求进，持续改进小微企业金融供给、深化供给侧结构性改革，积极推广存货、应收账款、知识产权等动产和权利质押融资业务、强化对重点领域和薄弱环节小微企业的金融支持，积极支持传统产业小微企业在设备更新、技术改造、绿色转型发展等方面的中长期资金需求、做实服务小微企业的专业机制，提升综合金融服务能力、推动加强信用信息共享应用，促进小微企业融资、监管靠前担当作为，凝聚合力强化支持保障。

2022年6月2日，中国银保监会办公厅发布《关于进一步做好受疫情影响困难行业企业等金融服务的通知》（银保监办发〔2022〕64号），为进一步加强对受新冠肺炎疫情影响严重行业企业等的金融支持，确保有关金融纾困政策落地，从7个方面提出42条措施。要求国有大型商业银行确保全年新增普惠型小微企业贷款1.6万亿元、做好接续融资安排、鼓励银行机构适当提高住宿、餐饮、零售、文化、旅游、交通运输等行业的不良贷款容忍度，幅度不超过3个百分点、持续提升服务效率、创新信贷服务模式，优化发展供应链金融，大力发展数字金融、完善考核激励机制、发挥保险保障功能、有效加强信贷管理、主动做好宣传引导、推动形成政策合力和加强政策督导落实。

2021年11月26日，中国银保监会发布《关于银行业保险业支持高水平科技自立自强的指导意见》（银保监发〔2021〕46号），开发性、政策性银行要优化内部流程，提升服务质量，积极为科技创新提供中长期融资支持。要在风险可控、依法合规前提下，积极参与符合职能定位的产业基金，合理提高转贷款业务中的科技型小微企业融资比重。推动商业银行科技金融服务提质增效。要积极支持高新技术企业、"专精特新"中小企业等创新发展，保持高技术制造业中长期贷款合理增长，加大科技型中小企业知识产权质押融资、信用贷款、首贷和续贷投放力度。

2022年3月4日，中国银保监会联合中国人民银行发布《关于加强新市民金融服务工作的通知》（银保监发〔2022〕4号），鼓励商业银行按市场化原则对符合条件的小微企业通过降低贷款利率、减免服务收费、灵活设置还款期限等方式，降低新市民创业融资成本；加大对吸纳新市民就业较多小微企业的金融支持力度。推动商业银行加强小微企业"首贷户"拓展和信用贷款投放，支持吸纳较多新市民就业的小微企业和个体工商户获得信贷资金。鼓励开发银行、政策性银行健全完善与商业银行合作的转贷款业务模式，立足职能定位，加大对相关小微企业的支持力度。

2021年12月29日，国务院办公厅发布《关于印发加强信用信息共享应用促进中小微企业融资实施方案的通知》（国办发〔2021〕52号），提出加强社会信用体系建设、促进中小微企业融资的决策部署，围绕保市场主体、应对新的经济下行压力，加快信用信息共享步伐，深化数据开发利用，创新优化融资模式，加强信息安全和市场主体权益保护，助力银行等金融机构提升服务中小微企业能力，不断提高中小微企业贷款可得性，有效降低融资成本，切实防范化解风险，支持中小微企业纾困发展。

2022年4月7日，国家发改委办公厅联合银保监会办公厅发布《关于加强信用信息共享应用推进融资信用服务平台网络建设的通知》（发改办财金〔2022〕299号），各银保监局要及时收集并反映银行服务中小微企业的实际需求，归集共享信息，优化数据交换方式，提升信用信息的可用性，为银行提高中小微企业服务能力做好数据支撑。鼓励各级平台采用联合建模、隐私计算等方式与金融机构深化合作，更好地服务金融机构产品研发、信用评估和风险管理，推动扩大中小微企业贷款规模，推进小微企业、涉农贷款业务的数字化转型。

表 3-2　　2021—2022 年国家层面重要的中小企业金融政策一览

颁布时间	政策文号	出台部门	政策名称	政策要点
2022 年 4 月 6 日	银保监办发〔2022〕37 号	中国银保监会办公厅	中国银保监会办公厅关于 2022 年进一步强化金融支持小微企业发展工作的通知	为进一步提升金融服务的质量和效率，扩展服务覆盖面。稳步增加银行业对小微企业的信贷供给，优化信贷结构，促进综合融资成本合理下降。丰富普惠保险产品和业务，更好地为小微企业提供融资增信和保障服务明确了 5 项政策要求和 19 项具体措施
2022 年 6 月 2 日	银保监办发〔2022〕64 号	中国银保监会办公厅	关于进一步做好受疫情影响困难行业企业等金融服务的通知	为进一步加强对受新冠肺炎疫情影响严重行业企业等的金融支持，确保有关金融纾困政策落地，从 7 个方面提出 42 条措施。要求国有大型商业银行确保全年新增普惠型小微企业贷款 1.6 万亿元，鼓励银行机构在受疫情影响的特定时间内适当提高住宿、餐饮、零售、文化、旅游、交通运输等行业的不良贷款容忍度，幅度不超过 3 个百分点等
2021 年 11 月 26 日	银保监发〔2021〕46 号	中国银保监会	关于银行业保险业支持高水平科技自立自强的指导意见	开发性、政策性银行要积极为科技创新提供中长期融资支持，积极参与符合职能定位的产业基金，合理提高转贷款业务中的科技型小微企业融资比重，积极支持高新技术企业、"专精特新"中小企业等创新发展，保持高技术制造业中长期贷款合理增长，加大科技型中小企业知识产权质押融资、信用贷款、首贷和续贷投放力度
2022 年 3 月 4 日	银保监发〔2022〕4 号	中国银保监会联合中国人民银行	关于加强新市民金融服务工作的通知	鼓励商业银行对符合条件的小微企业通过降低贷款利率、减免服务收费、灵活设置还款期限等方式，降低新市民创业融资成本；加大对吸纳新市民就业较多小微企业的金融支持力度。推动商业银行加强小微企业"首贷户"拓展和信用贷款投放，鼓励开发银行、政策性银行健全完善与商业银行合作的转贷款业务模式，加大对相关小微企业的支持力度

资料来源：本课题组根据 http://www.gov.cn/、http://www.chinatax.gov.cn 等政府网页资料整理。

二 中小企业创业创新扶持政策

中小企业是实施大众创业、万众创新的重要载体，在增加就业、促进经济增长、科技创新等方面具有不可替代的作用。2021—2022 年，中国围绕中小企业创新创业出台了一系列鼓励扶持性政策。在创业方面，有关部门主要围绕减负稳岗扩就业、返乡入乡创业园建设、创业带动就业等出台相关政策举措。在创新方面围绕"专精特新"中小企业高质量发展、进一步加大科研投入、技术创新中心建设、专利转化等出台了相关政策举措。

（一）鼓励创业的相关扶持政策

2021 年 5 月 20 日，人力资源社会保障部联合国家发改委、教育部、财政部和中央军委国防动员部发布《关于延续实施部分减负稳岗扩就业政策措施的通知》（人社部发〔2021〕29 号），继续实施普惠性失业保险稳岗返还政策。参保企业上年度未裁员或裁员率不高于上年度全国城镇调查失业率控制目标，30 人（含）以下的参保企业裁员率不高于参保职工总数 20%的，可以申请失业保险稳岗返还。中小微企业按不超过企业及其职工上年度实际缴纳失业保险费的 60%返还；继续实施以工代训扩围政策。对中小微企业吸纳就业困难人员、零就业家庭成员、离校两年内高校毕业生、登记失业人员就业并开展以工代训的，根据吸纳人数给予企业职业培训补贴。对生产经营出现暂时困难导致停工停业的中小微企业组织职工以工代训的，根据以工代训人数给予企业职业培训补贴。

2021 年 9 月 15 日，国家发改委办公厅发布《关于推广支持农民工等人员返乡创业试点经验的通知》（发改办就业〔2021〕721 号），提出要结合当地经济发展实际，依托用好各类资源，引进培育发展了一批拉动就业能力强、增收效果显著的县乡特色产业集群；搭建返乡创业孵化基地、返乡创业产业园等平台载体，提供配套服务，降低初创成本，为培育返乡创业市场主体提供有力支撑；聚焦融资难、用地难、引才难等返乡创业面临的"痛点""难点"问题，因地制宜制定政策举措，强化返乡创业要素支持。

2022 年 2 月 8 日，国家发改委等部门发布《关于深入实施创业带动就业示范行动力促高校毕业生创业就业的通知》（发改高技〔2022〕187

号），各示范基地要将组织示范行动与特色化功能化专业化发展紧密结合起来，与实施示范基地建设三年行动计划紧密结合起来，结合自身发展方向，从社会服务领域双创带动就业、大中小企业融通创新、精益创业带动就业3个专项行动中选择一项承担，聚焦高校毕业生创业就业开展。此外，企业、高校示范基地均要组织实施高校毕业生创业就业校企行专项行动，要与公共就业和人才服务机构加强协调联动，探索拓展结对共建范围，将与高校示范基地探索成熟的典型做法复制推广到其他高校，在促进高校毕业生创业就业中发挥重要作用。

2021年9月22日，国务院办公厅发布《关于进一步支持大学生创新创业的指导意见》（国办发〔2021〕35号），鼓励国有大中型企业面向高校和大学生发布技术创新需求，开展"揭榜挂帅"；落实落细减税降费政策。高校毕业生在毕业年度内从事个体经营，符合规定条件的，在3年内按一定限额依次扣减其当年实际应缴纳的增值税、城市维护建设税、教育费附加、地方教育附加和个人所得税；对月销售额15万元以下的小规模纳税人免征增值税，对小微企业和个体工商户按规定减免所得税。对创业投资企业、天使投资人投资于未上市的中小高新技术企业以及种子期、初创期科技型企业的投资额，按规定抵扣所得税应纳税所得额；落实普惠金融政策。对高校毕业生设立的符合条件的小微企业，最高贷款额度提高至300万元。

（二）促进创新的相关扶持政策

2021年11月19日，国务院促进中小企业发展工作领导小组办公室下发《关于印发为"专精特新"中小企业办实事清单的通知》（工信部企业〔2021〕170号），为贯彻落实党中央、国务院决策部署，要求进一步支持"专精特新"中小企业（含省级"专精特新"中小企业和国家级专精特新"小巨人"企业）高质量发展，带动更多中小企业走"专精特新"发展之路，加大财税支持力度。具体要求在2021年年底前，中央财政安排不少于30亿元，支持1300家左右专精特新"小巨人"企业（以下简称"小巨人"企业）高质量发展，为其提供"点对点"服务，同时引导地方财政加大对"专精特新"中小企业支持力度；开展税收服务"春雨润苗"专项行动，开通税费服务直通车，为"专精特新"中小企业提供"点对点"精细服务，建立"一户一档"，实施"一户一策"，进行滴灌式辅导培训，推送红利账单，确保税费政策直达快享、应享尽享。

2022年3月23日，财政部联合税务总局和科技部发布《关于进一步提高科技型中小企业研发费用税前加计扣除比例的公告》（财政部税务总局科技部公告2022年第16号），为进一步支持科技创新，鼓励科技型中小企业加大研发投入，提出自2022年1月1日起，科技型中小企业开展研发活动中实际发生的研发费用，未形成无形资产计入当期损益的，在按规定据实扣除的基础上，再按照实际发生额的100%在税前加计扣除；形成无形资产的，自2022年1月1日起，按照无形资产成本的200%在税前摊销。

2021年9月9日，科技部办公厅国家开发银行办公室发布《关于开展重大科技成果产业化专题债有关工作的通知》（国科办区〔2021〕108号），以支撑国家重大能力平台建设为目标，发行专题债用于支持国家技术创新中心、国家重点实验室、国家工程技术研究中心等国家级、省级科技创新基地，以及大学科技园、专业化众创空间等创新创业载体，打造核心技术攻关策源地、重大基础研究成果转化地、中小企业培育孵化地，推进国家战略科技力量整体提升。以提升企业技术创新能力为目标，发行专题债用于支持创新联合体有关企业及科技领军企业，促进各类创新要素向企业聚集，构建以企业为中心，高等学校、科研院所围绕企业创新开展科研活动、企业为主导推动创新发展的新模式，提升创新型领军企业的技术创新能力，带动一批科技型中小微企业成长壮大。

2021年12月24日，国家发改委等部门发布《关于推动平台经济规范健康持续发展的若干意见》（发改高技〔2021〕1872号），明确支持和引导平台企业加大研发投入，夯实底层技术根基，改造提升传统产业，扶持中小企业创新。提出支持平台加强技术创新，积极推动海外仓建设，提升数字化、智能化、便利化水平，推动中小企业依托跨境电商平台拓展国际市场。试点探索"所有权与使用权分离"的资源共享新模式，盘活云平台、开发工具、车间厂房等方面闲置资源，培育共享经济新业态。鼓励平台企业开展创新业务众包，更多地向中小企业开放和共享资源。

表3-3　2021—2022年国家层面中小企业创业创新的重要政策

颁布时间	政策文号	出台部门	政策名称	政策要点
2021年5月20日	人社部发〔2021〕29号	人力资源社会保障部联合国家发展改革委、教育部、财政部和中央军委国防动员部	《关于延续实施部分减负稳岗扩就业政策措施的通知》	继续实施普惠性失业保险稳岗返还政策。30人（含）以下的参保企业裁员率不高于参保职工总数20%的，可以申请失业保险稳岗返还。中小微企业按不超过企业及其职工上年度实际缴纳失业保险费的60%返还；继续实施以工代训扩围政策。对中小微企业吸纳就业困难人员、零就业家庭成员、离校两年内高校毕业生、登记失业人员就业并开展以工代训的，根据吸纳人数给予企业职业培训补贴。对生产经营出现暂时困难导致停工停业的中小微企业组织职工以工代训的，根据以工代训人数给予企业职业培训补贴
2021年9月15日	发改办就业〔2021〕721号	国家发改委办公厅	《关于推广支持农民工等人员返乡创业试点经验的通知》	提出要结合当地经济发展实际，依托用好各类资源，引进培育发展了一批拉动就业能力强、增收效果显著的县乡特色产业集群；搭建返乡创业孵化基地、返乡创业产业园等平台载体，提供配套服务，降低初创成本，为培育返乡创业市场主体提供有力支撑；聚焦融资难、用地难、引才难等返乡创业面临的"痛点""难点"问题，因地制宜制定政策举措，强化返乡创业要素支持
2022年2月8日	发改高技〔2022〕187号	国家发改委等部门	《关于深入实施创业带动就业示范行动力促高校毕业生创业就业的通知》	各示范基地要将组织示范行动与特色化功能化专业化发展紧密结合起来，与实施示范基地建设三年行动计划紧密结合起来，结合自身发展方向，从社会服务领域双创带动就业、大中小企业融通创新、精益创业带动就业3个专项行动中选择一项承担，聚焦高校毕业生创业就业开展。此外，企业、高校示范基地均要组织实施高校毕业生创业就业校企行专项行动，要与公共就业和人才服务机构加强协调联动，探索拓展结对共建范围，将与高校示范基地探索成熟的典型做法复制推广到其他高校，在促进高校毕业生创业就业中发挥重要作用

续表

颁布时间	政策文号	出台部门	政策名称	政策要点
2021年9月22日	国办发〔2021〕35号	国务院办公厅	《关于进一步支持大学生创新创业的指导意见》	鼓励国有大中型企业面向高校和大学生发布技术创新需求，开展"揭榜挂帅"；落实落细减税降费政策。高校毕业生在毕业年度内从事个体经营，符合规定条件的，在3年内按一定限额依次扣减其当年实际应缴纳的增值税、城市维护建设税、教育费附加、地方教育附加和个人所得税；对月销售额15万元以下的小规模纳税人免征增值税，对小微企业和个体工商户按规定减免所得税。对创业投资企业、天使投资人投资于未上市的中小高新技术企业以及种子期、初创期科技型企业的投资额，按规定抵扣所得税应纳税所得额；落实普惠金融政策。对高校毕业生设立的符合条件的小微企业，最高贷款额度提高至300万元
2021年11月19日	工信部企业〔2021〕170号	国务院促进中小企业发展工作领导小组办公室	《关于印发为"专精特新"中小企业办实事清单的通知》	为贯彻落实党中央、国务院决策部署，进一步支持"专精特新"中小企业（含省级"专精特新"中小企业和国家级专精特新"小巨人"企业）高质量发展，带动更多中小企业走"专精特新"发展之路，加大财税支持力度：2021年年底前，中央财政安排不少于30亿元，支持1300家左右专精特新"小巨人"企业（以下简称"小巨人"企业）高质量发展，为其提供"点对点"服务，同时引导地方财政加大对"专精特新"中小企业支持力度；开展税收服务"春雨润苗"专项行动，开通税费服务直通车，为"专精特新"中小企业提供"点对点"精细服务，建立"一户一档"，实施"一户一策"，进行滴灌式辅导培训，推送红利账单，确保税费政策直达快享、应享尽享

资料来源：本课题组根据http：//www.gov.cn/、http：//www.chinatax.gov.cn等政府网页资料整理。

三 中小企业公共服务平台政策

中小企业公共服务平台是由法人单位建设和运营，经工业和信息化部认定，通过互联互通、资源共享，为中小微型企业提供"一站式"增值服务的高端智慧型价值服务示范平台。对于提高中小企业产品质量，增强自主创新能力，促进数字化转型，推动实现高质量发展具有重要的现实意义。

2021年12月2日，工业和信息化部发布《关于公布2021年度国家中小企业公共服务示范平台名单的通告》（工信部企业函〔2021〕337号），确定了2021年度292个国家中小企业公共服务示范平台名单；并强调示范平台要不断提高服务能力和组织带动社会服务资源的能力，主动为中小企业开展公益性服务，积极承担政府部门委托的各项任务，及时反映中小企业发展面临的困难问题及政策建议，在提升产业链供应链现代化水平、助力制造业做实做强做优等方面发挥好支撑作用。

2021年12月2日，工业和信息化部发布《关于公布2021年度国家小型微型企业创业创新示范基地名单的通告》（工信部企业函〔2021〕336号），确定了2021年度168家国家小型微型企业创业创新示范基地名单，国家小型微型企业创业创新示范基地要不断优化中小企业创业创新环境，改善服务设施和条件，运用现代信息技术创新服务和运营模式，主动开展公益性服务，积极承担政府部门委托的各项任务，及时反映中小企业发展面临的困难问题及政策建议，充分发挥好示范带动作用，为中小企业创业创新提供有力支撑，推动基地内中小企业"专精特新"发展。

2022年3月25日，工业和信息化部发布《关于开展"一起益企"中小企业服务行动的通知》（工信厅企业函〔2022〕58号），以"宣传政策、落实政策，纾解难题、促进发展"为主题，以充分发挥中小企业公共服务平台骨干支撑作用，汇聚和带动各类优质服务资源，组织服务进企业、进园区、进集群，为中小企业送政策、送管理、送技术，稳定市场预期，坚定发展信心，促进中小企业平稳健康发展。精准推送政策、发挥"政企"桥梁作用帮助享受政策，加强专业服务，开展创新培育服务、创新赋能服务、数字化转型等服务。

2021年5月31日，工业和信息化部办公厅发布《关于开展中小企业服务月活动的通知》（工信厅企业函〔2021〕134号），重点开展"三个十"服务活动,充分发挥中小企业公共服务平台网络的骨干架构作用,发挥中小企业公共服务示范平台、小型微型企业创业创新示范基地、各地中小企业服务中心带动引领作用,为中小企业健康发展提供有力的服务支撑。针对"专精特新"中小企业的特色需求开展专项服务,运用云计算、大数据、5G、人工智能、区块链等新一代信息技术创新服务模式,为中小企业提供专业化、高质量的服务产品。

表3-4 2021—2022年国家层面中小企业公共服务平台建设重要政策

颁布时间	政策文号	出台部门	政策名称	政策要点
2021年12月7日	工信部企业函〔2021〕336号	工业和信息化部	《关于公布2021年度国家小型微型企业创业创新示范基地名单的通告》	确定了2021年度168家国家小型微型企业创业创新示范基地名单,国家小型微型企业创业创新示范基地要不断优化中小企业创业创新环境,改善服务设施和条件,运用现代信息技术创新服务和运营模式,主动开展公益性服务,积极承担政府部门委托的各项任务,及时反映中小企业发展面临的困难问题及政策建议,充分发挥好示范带动作用,为中小企业创业创新提供有力支撑,推动基地内中小企业"专精特新"发展
2021年12月7日	工信部企业函〔2021〕337号	工业和信息化部	《关于公布2021年度国家中小企业公共服务示范平台名单的通告》	确定了2021年度292个国家中小企业公共服务示范平台名单;并强调示范平台要不断提高服务能力和组织带动社会服务资源的能力,主动为中小企业开展公益性服务,积极承担政府部门委托的各项任务,及时反映中小企业发展面临的困难问题及政策建议,在提升产业链供应链现代化水平、助力制造业做实做强做优等方面发挥好支撑作用

续表

颁布时间	政策文号	出台部门	政策名称	政策要点
2022年3月25日	工信厅企业函〔2022〕58号	工业和信息化部办公厅	《关于开展"一起益企"中小企业服务行动的通知》	以"宣传政策、落实政策,纾解难题、促进发展"为主题,充分发挥中小企业公共服务平台骨干支撑作用,汇聚和带动各类优质服务资源,组织服务进企业、进园区、进集群,为中小企业送政策、送管理、送技术,稳定市场预期,坚定发展信心,促进中小企业平稳健康发展。精准推送政策、发挥"政企"桥梁作用帮助享受政策,加强专业服务,开展创新培育服务、创新赋能服务、数字化转型等服务
2021年5月31日	工信厅企业函〔2021〕134号	工业和信息化部办公厅	《关于开展中小企业服务月活动的通知》	重点开展"三个十"服务活动,充分发挥中小企业公共服务平台网络的骨干架构作用,发挥中小企业公共服务示范平台、小型微型企业创业创新示范基地、各地中小企业服务中心带动引领作用,为中小企业健康发展提供有力的服务支撑。针对"专精特新"中小企业的特色需求开展专项服务,运用云计算、大数据、5G、人工智能、区块链等新一代信息技术创新服务模式,为中小企业提供专业化、高质量的服务产品

资料来源：本课题组根据 http：//www.gov.cn/、http：//www.chinatax.gov.cn 等政府网页资料整理。

四 其他专项政策

（一）政府采购扶持中小企业健康发展政策

2022年5月30日,财政部发布关于《进一步加大政府采购支持中小企业力度的通知》（财库〔2022〕19号）,提出为做好财政政策支持中小企业纾困解难工作,助力经济平稳健康发展,将加大政府采购支持中小企业力度，严格落实支持中小企业政府采购政策，调整对小微企业的价格评审优惠幅度，货物服务采购项目给予小微企业的价格扣除优惠，由财库〔2020〕46号文件规定的6%—10%提高至10%—20%。大中型企业与小微企业组成联合体或者大中型企业向小微企业分包的，评审优惠幅度由2%—3%提高至4%—6%。提高政府采购工程面向中小企业预留份额。400万元以下的工程采购项目适宜由中小企业提供的，采购人应当专门面向中小企业采购。超过400万元的工程采购项目中适宜由中小企业提供的，在坚持公开公正、公平竞争原则和统一质量标准的前提下，2022年下半年面向中小企业的预留份额由30%以上阶段性提高至40%以上。

2021年4月16日，国家税务总局发布《关于落实政府采购促进中小企业发展管理办法的通知》（税总函〔2021〕67号），为落实《财政部工业和信息化部关于印发〈政府采购促进中小企业发展管理办法〉的通知》（财库〔2020〕46号），发挥政府采购政策功能，促进中小企业发展，要求关于预留采购份额专门面向中小企业采购方面，上一年度由中小企业承担且履约验收合格的延续性项目，视为适宜由中小企业提供，应当按照《政府采购促进中小企业发展管理办法》规定预留采购份额。关于给予小微企业价格评审优惠方面，非专门面向中小企业采购的项目，各单位应当按照《政府采购促进中小企业发展管理办法》规定，对小微企业报价给予扣除，用扣除后的价格参加评审。各单位可结合项目情况，根据采购标的相关行业平均利润率、市场竞争状况等，在《政府采购促进中小企业发展管理办法》规定的幅度内，合理确定价格扣除比例或价格分加分比例，为小微企业中标提供机会。

（二）中小企业营商环境优化政策

2022年4月26日，国家税务总局办公厅中华全国工商业联合会办公厅关于印发《2022年助力小微市场主体发展"春雨润苗"专项行动方案》的通知（税总办纳服发〔2022〕29号），为深入贯彻落实党中央、国务院实施新的组合式税费支持政策决策部署，持续推进落实中办、国办印发的《关于进一步深化税收征管改革的意见》，深入推进落实各项新的组合式税费支持政策，助力市场主体增信心、强创新、解难题为抓手，通过部门间紧密协作发挥合力，为小微市场主体提供"政策暖心、服务省心、解难舒心、护助可心"一系列服务。开展优惠政策精准直达、培训辅导精细滴灌、宣传宣讲协力共治、红利账单推送扩围，实现惠苗有知。开展税费办理快办优办、重点企业赋能助力，实现助苗有感。开展问题诉求快速响应、税银互动以信换贷、数据赋能风险提示，实现扶苗有效。开展行为洞察关注发展、典型调查跟踪成长、网格服务共同护航，实现护助可心。让各项税费支持政策和创新服务举措及时惠及小微市场主体，以"春风化雨"滋润"小微之苗"，助力小微市场主体行稳致远、发展壮大。

2022年1月11日，科技部办公厅发布《关于营造更好环境支持科技型中小企业研发》的通知（国科办区〔2022〕2号），为营造更好环境支持科技型中小企业研发，促进科技型中小企业成长为创新重要发源地。以支持科技型中小企业研发为主线，推动科技、金融、财税等政策加大落实力度，从优化资助模式、完善政策措施、集聚高端人才、创造应用场景、夯实创新创业基础条件等方面，形成支持科技型中小企业研发的制度安排。优化支持科技型中小企业研发的资助模式；优化科技计划支持研发的机制、优化政府引导基金支持研发的机制。落实支持科技型中小企业研发的政策措施；促进鼓励企业研发的政策应享尽享、建立金融资本支持企业创新积分制。提升支持科技型中小企业研发的人才服务；支持科技型中小企业集聚高端人才、鼓励科技型中小企业引进国际人才。创造支持科技型中小企业研发应用场景；创造应用场景驱动研发模式、探索更加适应研发的新型园区治理模式。夯实支持科技创新创业的基础条件；厚植科技型中小企业研发根基、强化支持科技型中小企业研发评价导向。

（三）中小企业管理人才素质提升政策

2021年10月29日，工业和信息化部办公厅发布《关于做好2021—2022年度中小企业经营管理领军人才培训工作的通知》（工信厅企业函〔2021〕256号），2021—2022年度计划培训中小企业经营管理领军人才不少于2000名，培训周期为1年。其中，来自制造业企业的学员不少于30%；培训对象主要针对成长性好、创新能力强、在区域或行业中处于龙头骨干地位的中小企业经营管理者，发展潜力大的初创小微企业经营管理者；培训主要采用集中培训与学习实践相结合、课堂教学与实际应用相结合等方式，围绕中小企业经营管理的重点领域和薄弱环节，着力提升企业经营管理者专业素质和水平。由工业和信息化部人才交流中心联合各地中小企业服务机构、行业组织和龙头企业等分别开展2021—2022年度"专精特新"和"促进大中小企业融通创新"专题培训任务,重点安排专精特新"小巨人"参加。

2022年3月30日,教育部联合工业和信息化部发布《关于开展2022年全国中小企业网上百日招聘高校毕业生活动的通知》(工信厅联企业函〔2022〕62号),为进一步引导和鼓励高校毕业生到中小企业工作,推动中小企业人才结构优化,促进高校毕业生就业,各级中小企业主管部门组织中小企业面向高校毕业生招聘,高校毕业生就业主管部门组织应届高校毕业生求职应聘;中国中小企业信息网、国家24365大学生就业服务平台做好活动组织工作并设立网上百日招聘活动专区;工业和信息化部人才交流中心、中国中小企业发展促进中心开展"专精特新"中小企业硕博巡回招聘、直播带岗等活动;智联招聘、前程无忧、猎聘网、国聘网、实习僧网设立百日招聘活动专栏,并为"专精特新"中小企业设置独立板块,面向中小企业和高校毕业生发放优惠服务包。相关单位和招聘平台共同做好中小企业招聘信息和高校毕业生求职信息发布对接工作。

第二节 各地中小微企业发展扶持政策

一 东部地区

东部地区对于中小企业的扶持政策主要体现在财税金融、创新创业等方面。由于疫情的冲击,以财税金融政策支持的方式直接助力中小企业复苏发展是2021—2022年度东部地区出台最密集的政策举措。北京市印发《北京市中小微企业首次贷款贴息及担保费用补助实施细则》,天津市印发《关于进一步支持中小微企业和个体工商户健康发展若干措施的通知》,河北省印发《河北省促进中小企业"专精特新"发展若干措施》,不同省市结合地方实际均出台了以财政、税收、金融手段为基本工具的政策举措,优化中小企业营商环境,帮助中小企业渡过难关,实现高质量健康发展。创新创业方面,各省市响应国家号召,鼓励支持中小微企业创业创新示范基地建设,充分发挥"双创"基地融通作用。公共服务平台建设方面,东部地区各省份积极开展中小企业公共服务示范平台认定管理工作,通过示范平台为企业提供技术创新、成果转化与应用、数字化智能化改造等各项服务。此外，部分省市还出台专项政策，针对中小微企业营商环境优化提出重点举措和重点工作，尤其强调利用新一代数字技术与中小微企业融合发展，推动企业数字化转型升级。

表 3-5　2021—2022 年东部地区中小企业扶持政策汇总

分类	省份	扶持政策要点
财税金融政策	北京	印发《北京市中小微企业首次贷款贴息及担保费用补助实施细则》的通知，对中小微企业"首次贷款"进行贴息或担保费用补助支持，其中，对经行业主管部门认定的餐饮、零售、旅游、民航、公路铁路运输等行业中小微企业，贴息比例为40%。对贷款企业按照贷款额和实际担保期限给予年化1%的贷款担保费用补助，对于担保费率低于年化1%的，按照实际执行的担保费率予以补助，最长贷款担保费用补助期限为1年
	天津	印发《关于进一步支持中小微企业和个体工商户健康发展若干措施的通知》，持续加大金融支持力度，引导金融机构持续开展小微企业金融服务能力提升工程，推进"贷动小生意，服务大民生"金融支持个体工商户专项行动，深化金融科技赋能，提升对小微企业及个体工商户的金融服务质效
	福建	《关于福建省加大力度助企纾困激发中小企业发展活力的若干意见》，用好融资担保发展专项资金，省再担保加大开展地方版"总对总"批量担保业务，担保代偿率上限从3%提高到5%，取消抵质押反担保，在可持续经营的前提下，引导政府性融资担保机构逐步降低担保费率至1%左右支持我省中小企业经"中征应收账款融资服务平台"或银行业金融机构自建的供应链融资平台开展应收账款融资，省级财政按我省中小企业通过应收账款获得年化融资额不超过1%的比例
	上海	《关于落实2021年小微企业融资担保业务降费奖补项目并下达本市奖补资金的通知》，提出将奖补资金优先用于弥补风险代偿、计提风险准备和未到期责任准备、补充注册资本金、开展能力建设等方面，不断扩大小微企业融资担保业务规模，降低融资担保收费费率
	江苏	印发《关于有效应对疫情新变化新冲击进一步助企纾困政策措施的通知》，扩大小微贷、苏服贷、苏农贷、苏科贷、苏信贷等融资规模，降低融资利率，重点投放信用贷、首贷，符合条件的最高可给予不良贷款金额80%的风险补偿
	浙江	《关于印发提升中小企业竞争力若干措施的通知》，提升纳税服务平台小微企业专栏服务能力，依托大数据手段筛选确定符合政策适用条件的中小企业纳税人、缴费人，及时主动有针对性地推送优惠政策，帮助企业充分享受税费减免红利。发挥知识产权质押信息平台作用，实施知识产权质押融资入园惠企行动，增强中小企业利用无形资产融资能力。深化银担合作，持续完善银行、担保机构对小微企业贷款风险分担机制
	山东	关于印发《山东省"专精特新"中小企业贷款风险补偿实施细则》的通知，合作银行开展的"专精特新"中小企业贷款项目本金逾期达60天或利息逾期达90天，合作银行启动贷款补偿追偿程序。对合作银行确认为不良的部分，给予贷款本金10%—30%的风险补偿，其余损失由合作银行承担

续表

分类	省份	扶持政策要点
创新创业政策	北京	印发《关于加快培育发展制造业优质企业的指导意见》，健全梯度培育工作机制，力争到2025年，发展形成万家"小巨人"企业、千家单项冠军企业和一大批领航企业。提高优质企业自主创新能力。支持参与制造业创新中心、国家工程技术研究中心等创新平台建设，推广经验成果。推动产业数字化发展，大力推动自主可控工业软件推广应用。建设大中小企业融通发展平台载体，联合中小企业建设先进制造业集群、战略性新兴产业集群、创新型产业集群等
	河北	关于印发《河北省促进中小企业"专精特新"发展若干措施》的通知，发挥创新平台支撑作用。支持企业加大研发投入，争创专精特新"小巨人"企业。加强对中小企业原始创新、研发成果中试熟化等方面支持。健全科技资源开放共享机制，推动科研大型仪器向中小企业开放使用；推动大中小企业协同创新，带动产业链上下游中小企业加强协作配套。引导龙头企业、高等院校、科研院所向中小企业开放技术、人才、数据等创新资源，为"专精特新"中小企业提供专业数字化服务
	江苏	印发《关于公布2021年江苏省小型微型企业创业创新示范基地名单的通知》，确定10家单位为"2021年江苏省小型微型企业创业创新示范基地"，并要求各示范基地不断优化中小企业创业创新环境，注重规范运营和服务创新，不断提升基地建设和运营水平；主动开展公益性服务，积极承担政府部门委托的各项任务，及时反映中小企业发展面临的困难问题及政策建议，充分发挥示范带动作用，为中小企业创业创新提供有力支撑，推动基地内中小企业"专精特新"发展
	辽宁	关于印发《2022年辽宁省"一起益企"中小企业服务行动实施方案》的通知，创业方面：举办"创客中国"辽宁省中小企业创新创业大赛，发掘培育一批创新型中小企业。利用各级中小微企业创业创新示范基地，提供创业辅导、商业策划、设立登记、政务商务代理、投融资对接、科技成果转化推广等服务。创新方面：推动省内高校科研院所科技成果本地转化，提高创新技术支撑能力。发挥知识产权服务平台作用，帮助中小企业提升知识产权创造、运用、保护和管理能力
	浙江	印发《浙江省制造业创新中心建设提升实施方案（2021—2025年）的通知》，到2025年，争创国家制造业创新中心2—3家，累计建设省级制造业创新中心30家左右，实现十大标志性产业链全覆盖，基本建成以国家制造业创新中心、省级制造业创新中心、市级制造业创新中心三级为核心节点的多层次、网络化产业创新体系，全面提升制造业创新能力
	福建	《关于开展2022年省级制造业创新中心培育试点工作的通知》，省工信厅将符合行业发展方向和申报条件的申报单位纳入省制造业创新中心培育库，采用"成熟一家、试点一家"的方式，通过现场考察、专家组评议，择优拟定名单，经公示无异议后，认定其为"福建省制造业创新中心试点单位"

续表

分类	省份	扶持政策要点
公共服务平台政策	浙江	《关于公布2021年度省级中小企业公共服务示范平台名单的通知》，确定浙江省中小企业服务中心等52家机构为2021年度省级中小企业公共服务示范平台，省级示范平台要发挥好示范引领作用，集聚服务资源、规范服务行为、完善服务机制、创新服务模式、提升服务能力；积极参加企业发展服务联盟和经信部门组织的公益性服务和志愿者服务活动；积极参与"小升规"企业、省级隐形冠军、国家级专精特新"小巨人"等重点培育企业的服务工作
	福建	印发《"专精特新"中小企业培育库建设工作方案的通知》，到2025年，成为引领我省中小企业高质量发展的排头兵，推动产业基础高级化、产业链现代化。健全完善中小企业公共服务体系，充分发挥中小企业公共服务平台网络、国家及省级中小企业公共服务示范平台和小型微型企业创业创新示范基地引领带动作用，广泛动员和组织各类服务机构聚焦中小企业创业创新、数字化转型、融资支持、管理提升、市场开拓等方面的短板弱项，精准满足企业服务需求
其他专项政策	山东	关于印发《山东省促进民营经济高质量发展2022年十大专项行动方案》的通知，从开展龙头企业"挂帅出征"引领行动、开展"专精特新"企业激发涌现行动、开展创新创业能力提升行动、开展产业生态创新行动、开展"云端迁移"数字化转型行动、开展"山东制造网行天下·拓展年"行动、开展民营经济全生命周期服务行动、开展"三位一体"资本赋能行动、开展中小企业纾困帮扶攻坚行动、开展环境优化行动等各个方面进行了详细规划
	浙江	《关于公布浙江省第一批制造业"云上企业"名单的通知》，为提升企业用云成效，促进企业数字化转型，择优确定新凤鸣集团股份有限公司等75家企业为浙江省第一批制造业"云上企业"

资料来源：本课题组根据 http：//www.gov.cn/、http：//www.chinatax.gov.cn 等政府网页资料整理。

二 中部地区

中部地区对于中小企业的扶持政策主要集中于创新创业方面，其他类型政策相对较少。财政金融方面，各地主要从税收优惠、降低融资成本、金融机构信贷支持等方面提出一系列针对性举措，从而减轻企业负担，优化中小企业营商环境。例如，山西省印发《加大纾困帮扶力度支持中小企业平稳健康发展若干措施的通知》，河南省印发《关于进一步做好惠企纾困工作促进经济平稳健康发展的通知》。创新创业方面，湖北省印发《关于做好"专精特新"中小企业入库培育工作的通知》，安徽省印发《关于组织申报2021年度安徽省小型微型企业创业创新示范基地的通知》，公共服务平台方面，湖北省印发《关于推荐2021年度省级中小企业公共服务示范平台和小型微型企业创业创新示范基地的通知》，积极培育认定省级中小企业公共服务示范平台，进一步壮大优质服务平台群体，优化中小企业公共服务供给。此外，中部地区普遍在工业和信息化部办公厅《关于做好2020—2021年度中小企业经营管理领军人才培训工作的通知》政策指引下，出台支持省域中小企业人才培育工作，进一步提高中小企业经营管理水平，促进中小企业健康发展。

表3-6　　　2021—2022年中部地区中小企业扶持政策汇总

分类	省份	扶持政策要点
财税金融政策	山西	关于印发《加大纾困帮扶力度支持中小企业平稳健康发展若干措施的通知》，推动银行业金融机构搭建"线上+线下"全球跨境撮合服务平台，组织贸易投资对接会，为中小企业提供远程网上交流、供需信息对接等服务，实现精准全球贸易对接。支持省内市场化征信机构归集共享和应用企业信用信息，提供多元化、集成化征信产品和服务，促进银企合作对接。用好"信易贷""银税合作"等平台，推动银行机构给予符合条件的中小企业信用贷款支持
	河南	《关于进一步做好惠企纾困工作促进经济平稳健康发展的通知》，扩大中小微企业出口信保统保覆盖面，鼓励推广小微出口企业"单一窗口+出口信保"模式，扩大保单融资规模。推动中国进出口银行河南省分行全年安排200亿元外贸产业专项信贷额度，分类支持外贸重点企业、龙头生产型企业和中小微企业。鼓励有条件的地方扩大出口退税资金池和外贸贷规模，继续加快出口退税进度
	江西	印发《关于积极应对疫情支持帮扶工业中小企业稳健发展的若干措施的通知》，统筹安排专项资金3000万元注入"工信通"中小企业融资产品风险补偿资本金，由现有3亿元信贷规模扩大到6亿元规模，为中小企业提供低利率信用贷款支持。积极帮助省内为小微企业提供融资担保支持的机构争取国家小微企业融资担保降费奖补资金，降低小微企业融资成本。在疫情期间对承租小微企业双创基地房产的小微企业给予租金减免、缓缴优惠政策
创新创业政策	河南	《关于进一步做好惠企纾困工作促进经济平稳健康发展的通知》，加快组建省级政务服务大厅，实现"一口进、一口出"。推进"证照分离"改革全覆盖。加强省一体化政务服务平台和"互联网+监管"系统建设，推动电子证照扩大应用领域和互通互认。全面推行"一件事一次办""有诉即办"。启动全域营商环境评价，开展重点指标攻坚行动，创建一批优化营商环境创新示范市（区）
	湖北	《关于做好"专精特新"中小企业入库培育工作的通知》，落实国家工信部支持专精特新"小巨人"企业相关政策和要求，对创新能力强、成长性好的专精特新"小巨人"企业给予全周期多角度的支持。各市（州）、县（市、区）经信部门建立完善支持"专精特新"企业发展的财政资金支持制度，通过资金奖励、项目补助、融资服务、人才培训等方式，支持"专精特新"企业发展

续表

分类	省份	扶持政策要点
创新创业政策	安徽	《关于组织申报 2021 年度安徽省小型微型企业创业创新示范基地的通知》，发展为小型微型企业创业创新提供服务的基地、创业园、孵化器；产业集群、中小企业国际合作区、经济技术开发区、高新技术产业开发区、新型工业化产业示范基地等产业集聚区中面向小型微型企业的园中园；依托高校和科研院所的大学科技园；行业龙头骨干企业设立的面向小型微型企业、创业团队、创客的创业创新基地
创新创业政策	江西	《关于开展"一起益企"中小企业服务行动的通知》，举办"创客中国"中小企业江西省创新创业大赛，指导实现省市联动，聚焦赛事成果，对接天使投资和创投机构，促进赛事活动成果转化，促进更多优质创新创业项目落地孵化。结合双创活动周、中小企业服务月等，以工业园区、小微企业双创示范基地为载体，面向中小微企业，提供创业辅导、营销策划、设立登记、政务商务代理、投融资对接、科技成果转化等服务，为中小微企业创新创业提供坚实服务保障
公共服务平台政策	河南	《关于开展企业技术改造提升行动促进制造业高质量发展的实施意见》，对省级以上中小企业公共服务平台，按照省行业管理部门确定的业务考核标准进行考核，根据考核结果给予奖励。其中，一等奖各奖励 50 万元，二等奖各奖励 30 万元，三等奖各奖励 10 万元
公共服务平台政策	湖北	《关于推荐 2021 年度省级中小企业公共服务示范平台和小型微型企业创业创新示范基地的通知》，引导平台和基地加强对本地区中小微企业服务力度，提升服务能力水平，创新服务方法；聚集社会资源服务中小企业"专精特新"发展；鼓励支持为"专精特新"中小企业提供政策咨询、数字赋能、人才培训、投融资等公益性服务
其他专项政策	湖南	《关于征集 2021 年度全省"上云上平台"标杆企业的通知》，为推动云服务机构、平台服务商和企业用户深度交流合作，引导工业企业依托工业互联网平台加快工业设备联网上云、业务系统云化迁移，在全省范围内遴选 40 家左右"上云上平台"标杆企业，为同行业企业、同区域产业链企业、同规模企业提供典型示范
其他专项政策	安徽	《关于举办 2021—2022 年度工业和信息化部中小企业经营管理领军人才（安徽省）"工业互联网"高级研修班的通知》，开展 2021—2022 年度工业和信息化部中小企业经营管理领军人才（安徽省）"工业互联网"高级研修班培训工作
其他专项政策	湖北	《关于组织开展 2022 年选派"科技副总"服务中小微企业工作的通知》，围绕"51020"现代产业集群，从高校、科研院所选派 300 名左右科技人才，对口担任中小微企业"科技副总"，帮助解决技术难题，提升企业创新能力，培养创新人才，推动产业高质量发展
其他专项政策	江西	《关于举办全省专精特新中小企业家研修班（科技九班）的通知》，组织江西省专精特新中小企业、专业化小巨人企业、制造业单项冠军企业、高新技术企业及科技型中小企业的董事长、总经理等集中培训，帮助企业家更新观念、拓宽视野，提升管理和创新能力

资料来源：本课题组根据 http：//www.gov.cn/、http：//www.chinatax.gov.cn 等政府网页资料整理。

三 西部地区

西部地区的中小企业相比于东部和中部明显较少，因此相对而言各省份出台的中小企业扶持政策也较少。但随着近年来国家对西部地区发展的日益重视加上疫情冲击造成的经济波动，相较往年，各省份针对中小企业颁布的政策数量和政策力度方面都有显著增加。西部地区不同省份对中小微企业的扶持政策主要集中于创新创业政策上。在创新创业政策和公共服务平台政策方面，西部地区各省份积极响应国家《关于推荐 2021 年度国家小型微型企业创业创新示范基地的通知》和《关于开展 2021 年度中小企业公共服务示范平台认定工作的通知》的政策号召，出台相应通知，推动中小企业创新创业示范基地和公共服务示范平台培育和认定。除此之外，西部地区各省份还结合地区发展实际，出台相应的专项政策，如贵州省印发《关于支持工业领域数字化转型的若干政策措施的通知》，广西印发《广西加快工业互联网发展 推动制造业数字化转型升级行动方案的通知》，从财政、税收、金融、科技创新、公共服务等不同方面制定针对性举措，降低企业经营压力，推动中小企业健康发展。

表 3-7 　　　　2021—2022 年西部地区中小企业扶持政策汇总

分类	省份	扶持政策要点
财税金融政策	四川	《关于深入实施财政金融互动政策的通知》，对向无贷款记录的我省小微企业发放首笔贷款的银行机构，省级财政按照其当年实际发放此类贷款金额的 0.5% 给予补贴。对融资担保机构年化担保费率低于 1.5% 的小微企业融资担保业务给予分类差异化保费补贴；与国家融资担保基金业务合作的、开展单户融资担保金额 1000 万元及以下的小微企业融资担保业务的融资担保机构，省级财政按照不超过其年化新发生担保额的 1% 给予业务奖补
	陕西	《关于实施重点产业链及"专精特新"中小企业融资服务方案的通知》，建立银政合作机制，强化信息共享和政策协同，在政策、平台、产品和服务方面为企业提供支持，未来五年向我省制造业单项冠军、专精特新"小巨人"、省级"专精特新"、隐形冠军培育库企业以及重点产业链企业，提供综合融资金额 1000 亿元。围绕服务我省重点产业链和"专精特新"企业，建行陕西省分行推出"秦链"系列融资产品
	广西	关于印发《金融支持"专精特新"中小企业若干措施的通知》，为拓宽"专精特新"中小企业融资渠道、降低融资成本，扩大"桂惠贷"精准投放、加强金融服务和产品创新、强化政府性融资担保增信支持、强化股权投资基金综合功能运用、提升工业转贷资金服务能力、提高供应链金融服务水平和搭建系列融资对接服务平台几个方面详细规划

续表

分类	省份	扶持政策要点
创新创业政策	四川	《关于印发四川省制造业企业"贡嘎培优"行动计划的通知》，预计到2025年，100户省级"贡嘎培优"企业营业收入力争实现翻倍，平均研发经费支出占比力争达到4%以上，成为低碳高质量发展的标杆；带动全省累计创建专精特新"小巨人"企业、制造业"单项冠军"企业（产品）、产业链"领航"企业分别达到350家、30家、8家。支持培优企业主导或参与建设产业创新中心、制造业创新中心、技术创新中心、工程（技术）研究中心等创新平台以及概念验证、中试熟化和研发熟化平台
	陕西	《关于组织申报2022年陕西省中小企业发展专项资金（含县域高质量发展专项）隐形冠军企业创新能力提升项目的通知》，开展三个项目，分别为创新能力建设项目：包括购置研发、试验、检测、验证等仪器设备。创新产品开发项目：主导产品迭代升级以及"补短板""锻长板""填空白"创新产品开发项目。产业链协同创新项目：企业联合高校、科研院所、上下游企业开展的产业链协同创新平台建设、关键核心技术创新及成果转化与规模化应用项目
	云南	《关于开展2021年度省级专精特新"成长"企业培育工作的通知》，力争在"十四五"时期，培优培精100户左右国家级专精特新"小巨人"企业、300户以上省级专精特新"小巨人"企业、2000户左右省级专精特新"成长"企业，为推动我省经济高质量发展、构建新发展格局提供有力支撑
	宁夏	《关于开展宁夏"一起益企"中小企业服务行动的通知》，加强小型微型企业创业创新基地建设：发挥168平台众创空间共享平台作用，为企业创新创业发展提供场地、专业技术、大型科学仪器预约等低成本、便利化服务。创新赋能服务：推动大型企业、科研机构、高等院校、检测认证机构等面向中小企业开展技术研发、资源共享、技术成果转化等技术服务，组织工业设计服务机构为中小企业提供产品、功能、结构等设计服务
	广西	关于印发《提升中小企业竞争力若干措施的通知》，发挥创新平台支撑作用，加强对中小企业原始创新、研发成果中试熟化等方面的支持。推动创新合作研发奖补机制，构建龙头企业牵头、区内外高等院校和科研院所支撑、各创新主体相互协同的创新联合体；加强优质企业梯度培育，实施广西中小企业"专精特新"培育提升行动计划，激发涌现一大批"专精特新"企业
	青海	关于印发《青海省"一起益企"中小企业服务行动方案》的通知，提出在全省范围内开展"一起益企"中小企业专项服务行动，对专精特新"小巨人"企业、"专精特新"中小企业及其他中小企业强化精准推送、组织线上服务，落实政策；健全"双创"孵化服务、推动创新赋能服务来纾困解难，促进发展

续表

分类	省份	扶持政策要点
公共服务平台政策	宁夏	《关于组织开展2022年度自治区中小企业公共服务示范平台认定工作的通知》，提出公共服务示范平台需要围绕大众创业、万众创新，以需求为导向，为中小企业提供信息、技术、创业、培训、融资等公共服务，管理规范、业绩突出、公信度高、服务面广，具有示范作用
	西藏	《关于印发西藏自治区中小企业公共服务示范平台认定管理方法的通知》，要求以需求为导向，为中小企业提供信息、技术、创业、培训、融资等公共服务，管理规范、业绩突出、公信度高、服务面广，具有示范带动作用的服务平台，需要具有信息服务功能、技术服务功能、创业服务功能、培训服务功能和融资服务功能
其他专项政策	陕西	《关于开展2021—2022年度中小企业经营管理领军人才"区域发展"培训工作的通知》，重点考虑我省制造业规模以上企业、"专精特新"中小企业、专精特新"小巨人"企业、在区域或行业中处于龙头骨干地位的中小企业、发展潜力大的初创小微企业经营管理者，兼顾生产性服务业企业和中小企业公共服务机构经营管理者，围绕中小企业经营管理的重点领域和薄弱环节进行培训，着力提升企业经营管理者专业素质和水平
	贵州	《关于印发支持工业领域数字化转型的若干政策措施的通知》，支持中小企业普及应用数字技术，重点支持"专精特新"中小企业开展生产管理、营销服务等环节数字化改造，对符合条件的项目，给予不超过总投资30%、最高不超过500万元的补助
	广西	关于印发《广西加快工业互联网发展 推动制造业数字化转型升级行动方案的通知》，推动中小型制造企业数字化普及应用。引导中小企业深化对数字化转型的认识，形成数字化思维能力。加快推动中小型制造企业"上云上平台"，融入产业链供应链
	西藏	《关于举办工业和信息化部中小企业经营管理领军人才培训工作的通知》，对全区各地（市）的龙头骨干企业或具有发展潜质的成长型优秀企业的企业负责人等展开培训

资料来源：课题组根据 http：//www.gov.cn/、http：//www.chinatax.gov.cn 资料整理。

第三节 重点政策解读与评述

一 中小企业疫情纾困政策

中小微企业是国民经济和社会发展的重要组成部分，是市场的主体，是保就业的主力军，是提升产业链供应链稳定性和竞争力的关键环节。在疫情过去一年不断纵深发展的阶段，中国坚持动态清零原则，并发布一揽子政策举措有效扶助中小企业纾困发展。

2020年2月9日，工业和信息化部发布《关于应对新型冠状病毒肺炎疫情帮助中小企业复工复产共渡难关有关工作的通知》（工信明电〔2020〕14号），提出全力保障企业有序复工复产、进一步加强对中小企业的财政扶持、进一步加强对中小企业的金融扶持、进一步加强对中小企业的创新支持、进一步加强对中小企业的公共服务等措施，市场活力得到有效激发，助企纾困成效显著。

2021年11月22日，国务院办公厅发布《关于进一步加大对中小企业纾困帮扶力度的通知》（国办发〔2021〕45号），从9个方面提出政策措施，迎来中小企业纾困"组合拳"。实施"减税降费+缓税缓费"涉税政策，继续执行制度性减税政策，延长小规模纳税人增值税优惠等部分阶段性政策执行期限，实施新的结构性减税举措。并且针对中小微企业和个体工商户，出台减税降费精准"滴灌"政策，助力中小企业渡过难关。

2022年在传统减税降费等补贴政策之上，实施新的组合式税费支持政策，坚持阶段性措施和制度性安排相结合，减税与退税并举。2022年5月24日，国务院发布《关于印发扎实稳住经济一揽子政策措施的通知》（国发〔2022〕12号），从6个方面提出33项具体政策措施，包括7项财政政策、5项货币金融政策、6项稳投资促消费等政策、7项保产业链供应链稳定政策。

表3-8　《关于印发扎实稳住经济一揽子政策措施的通知》
重点任务及措施一览

重点任务	具体措施
财政政策	进一步加大增值税留抵退税政策力度；2022年出台的各项留抵退税政策新增退税总额达到约1.64万亿元。加快财政支出进度；加快地方政府专项债券发行使用并扩大支持范围；加快2022年已下达的3.45万亿元专项债券发行使用进度。用好政府性融资担保等政策；计划安排30亿元资金，支持融资担保机构进一步扩大小微企业融资担保业务规模，降低融资担保费率。加大政府采购支持中小企业力度；将面向小微企业的价格扣除比例由6%—10%提高至10%—20%，将预留面向中小企业采购的份额由30%以上2022年阶段性提高至40%以上。扩大实施社保费缓缴政策；加大稳岗支持力度

续表

重点任务	具体措施
货币金融政策	鼓励对中小微企业和个体工商户、货车司机贷款及受疫情影响的个人住房与消费贷款等实施延期还本付息；加大普惠小微贷款支持力度；将普惠小微贷款支持工具的资金支持比例由1%提高至2%。更好引导和支持地方法人银行发放普惠小微贷款。指导金融机构和大型企业支持中小微企业应收账款质押等融资，抓紧修订制度将商业汇票承兑期限由1年缩短至6个月，并加大再贴现支持力度，以供应链融资和银企合作支持大中小企业融通发展。继续推动实际贷款利率稳中有降；提高资本市场融资效率；加大金融机构对基础设施建设和重大项目的支持力度；政策性开发性银行要优化贷款结构，投放更多更长期限贷款
稳投资促消费等政策	稳定和扩大民间投资；鼓励和吸引更多社会资本参与国家重大工程项目，在供应链产业链招投标项目中对大中小企业联合体给予倾斜，鼓励民营企业充分发挥自身优势参与攻关。2022年新增支持500家左右专精特新"小巨人"企业。促进平台经济规范健康发展；分发挥平台经济的稳就业作用，稳定平台企业及其共生中小微企业的发展预期，以平台企业发展带动中小微企业纾困。引导平台企业在疫情防控中做好防疫物资和重要民生商品保供"最后一公里"的线上线下联动
保产业链供应链稳定政策	降低市场主体用水用电用网等成本；对受疫情影响暂时出现生产经营困难的小微企业和个体工商户，设立6个月的费用缓缴期。2022年中小微企业宽带和专线平均资费再降10%。推动阶段性减免市场主体房屋租金；对服务业小微企业和个体工商户承租国有房屋减免3—6个月租金。优化企业复工达产政策；疫情中高风险地区要建立完善运行保障企业、防疫物资生产企业、连续生产运行企业、产业链供应链重点企业、重点外贸外资企业、"专精特新"中小企业等重点企业复工达产"白名单"制度。加快推进重大外资项目积极吸引外商投资；进一步拓宽企业跨境融资渠道，支持符合条件的高新技术和"专精特新"企业开展外债便利化额度试点

资料来源：本课题组根据 http：//www.gov.cn/、http：//www.chinatax.gov.cn 等政府网页资料整理。

二 中小企业竞争力提升政策

2021年11月6日，国务院促进中小企业发展工作领导小组办公室发布《关于印发提升中小企业竞争力若干措施的通知》（工信部企业〔2021〕169号），为贯彻落实党中央、国务院关于促进中小企业健康发展的决策部署，进一步激发中小企业创新活力和发展动力，提升中小企业竞争力,从11个方面提出34条具体措施。

该政策提出提升中小企业竞争力是构建新发展格局、推动高质量发展的重要基础。具体措施从落实落细财税扶持政策、加大融资支持力度、加强创新创业支持、提升数字化发展水平、提升工业设计附加值、提升知识产权创造、运用、保护和管理能力、助力开拓国内外市场、提升绿色发展能力、提升质量和管理水平、提升人才队伍素质、加强服务体系建设等方面提出提升中小企业竞争力的具体务实举措,为促进中小企业健康发展蓄积长远发展动力。

表3-9 《关于印发提升中小企业竞争力若干措施的通知》
重点任务及措施一览

重点任务	具体措施
落实落细财税扶持政策	加强财政资金支持;高质量落实惠企税收政策;着力推动将"企业找政策"转变为"政策找企业",鼓励地方根据形势变化,出台降本减负、援企稳岗等助企措施。推动税费精准服务;发挥全国12366纳税缴费服务热线"小微企业服务专线"作用,提升12366纳税服务平台小微企业专栏服务能力,帮助企业充分享受税费减免红利
加大融资支持力度	加强信贷支持;持续加大小微企业首贷、续贷、信用贷、中长期贷款投放规模和力度。发挥知识产权质押信息平台作用。深化银担合作,持续完善银行、担保机构对小微企业贷款风险分担机制。创新金融服务模式;提升企业通过动产担保融资的便利度。加强直接融资支持;深化新三板改革,发挥北京证券交易所服务中小企业作用,打造服务创新型中小企业主阵地。加强融资配套体系建设;大力推进地方征信平台建设,支持征信机构发展针对中小企业融资的征信产品和服务
加强创新创业支持	发挥创新平台支撑作用;发挥国家制造业创新中心等产业创新、技术创新、标准创新平台的作用,加强对中小企业原始创新、研发成果中试熟化等方面的支持。推动大中小企业协同创新;发挥大企业作用,带动产业链上下游中小企业加强协作配套。加强优质企业梯度培育;健全由创新型中小企业、"专精特新"中小企业、专精特新"小巨人"企业、制造业单项冠军企业构成的优质企业梯度培育体系
提升数字化发展水平	推动数字化产品应用;加强工业互联网赋能;开展工业互联网平台赋能深度行活动,为中小企业提供数字化转型评价诊断服务和解决方案。提升智能制造水平;开展智能制造进园区活动,帮助中小企业加快制造装备联网、关键工序数控化等数字化改造,建设智能生产线、智能车间和智能工厂,推动实现精益生产、精细管理和智能决策

续表

重点任务	具体措施
提升工业设计附加值	推动工业设计赋能；推动发挥国家级工业设计中心、国家工业设计研究院等机构作用，为中小企业提供覆盖全生命周期的系统性工业设计服务，提升中小企业产品附加值。鼓励设计服务方式创新；推动开展工业设计云服务，鼓励工业设计服务机构与中小企业建立战略联盟，建立市场利益共享和风险共担机制，激发设计成果转化动力和活力
提升知识产权创造、运用、保护和管理能力	引导开展专利布局；充分发挥各地专利导航服务基地作用，鼓励中小企业加强产业关键技术和核心环节专利申请，有效开展专利布局。促进知识产权转化应用；面向中小企业加大知识产权优势企业和示范企业培育力度。加强知识产权保护维权；开展知识产权海关保护指导与服务，打击进出口侵权违法活动，畅通维权渠道
助力开拓国内外市场	发挥展会和平台对接作用；充分发挥中外中小企业合作区、境外经贸合作区、中小企业跨境撮合服务平台作用，帮助中小企业开拓国内外市场。加强采购支持；提高中小企业在政府采购中的份额。引导加强品牌建设；以商标品牌指导站为载体，推动中小企业优化商标品牌管理体系。推动跨境电商发展；引导中小企业利用跨境电商开拓国际市场。促进国际合作；为推动中小企业更好融入区域和全球价值链营造良好环境
提升绿色发展能力	推动节能低碳发展；引导中小企业参与实施工业低碳行动和绿色制造工程，支持开发绿色技术、设计绿色产品、建设绿色工厂，申请和获得绿色产品认证。优化环保评价和执法机制；落实新版环评分类管理名录，简化中小企业项目环评管理，缩小项目环评范围，减少应履行环评手续的中小企业项目数量
提升质量和管理水平	支持提升产品质量；开展质量基础设施"一站式"服务行动，推动质量基础设施统筹建设、综合运用、协同服务，提供认证认可、检验检测等服务和解决方案。引导企业管理创新；完善中小企业管理咨询专家库，鼓励入库专家开展中小企业管理咨询诊断等活动。推动企业合规化建设；引导企业增强合规意识，建立合规管理组织架构、制度体系和运行机制，提升合规管理能力
提升人才队伍素质	培育企业家队伍；优化职称评审机制；建立中小企业职称申报兜底机制，为中小企业专业技术人员职称评定提供绿色通道，支持有条件的地方对中小企业专业技术人才实行单独分组、单独评审，或组织开展中小企业专项评审。促进人才供需对接；开展全国中小企业网上百日招聘高校毕业生、金秋招聘月等活动，通过网络、现场、入校等线上线下各类招聘形式，加强中小企业人才对接，提供优质高效的流动人员人事档案管理服务
加强服务体系建设	健全服务体系；发挥中小企业公共服务平台网络骨干作用，推进中小企业公共服务示范平台、制造业"双创"服务平台、小型微型企业创业创新示范基地建设。加强服务队伍建设；发挥各级中小企业服务中心带动作用，增强服务供给力量和水平。创新服务方式；充分运用大数据、云计算等新一代信息技术，整合线上线下服务资源，形成一批可推广的"数字+"服务模式，为中小企业提供一站式服务

资料来源：本课题组根据 http：//www.gov.cn/、http：//www.chinatax.gov.cn 等政府网页资料整理。

三 产业链融通发展政策

2022年5月12日，工业和信息化部等十一部门发布《关于开展"携手行动"促进大中小企业融通创新（2022—2025年）的通知》（工信部联企业〔2022〕54号），为贯彻落实《中华人民共和国国民经济和社会发展第十四个五年规划和2035年远景目标纲要》以及《"十四五"促进中小企业发展规划》，通过部门联动、上下推动、市场带动，推动大企业加强引领带动，促进产业链上中下游、大中小企业融通创新。

行动从以创新为引领，打造大中小企业创新链、以提升韧性和竞争力为重点，巩固大中小企业产业链、以市场为导向，延伸大中小企业供应链、以数字化为驱动，打通大中小企业数据链、以金融为纽带，优化大中小企业资金链、以平台载体为支撑，拓展大中小企业服务链和以队伍建设为抓手，提升大中小企业人才链等方面提出促进产业链融通发展的具体务实举措，促进大中小企业创新链、产业链、供应链、数据链、资金链、服务链、人才链全面融通，着力构建大中小企业相互依存、相互促进的企业发展生态，增强产业链供应链韧性和竞争力，提升产业链现代化水平。

表3-10 《关于开展"携手行动"促进大中小企业融通创新（2022—2025年）的通知》重点任务及措施一览

重点任务	具体措施
以创新为引领，打造大中小企业创新链	推动协同创新；推动大企业、中小企业联合科研院所、高校等组建一批大中小企业融通、产学研用协同的创新联合体，加强共性技术研发。推动创新资源共享；引导大企业向中小企业开放品牌、设计研发能力、仪器设备、试验场地等各类创新资源要素。推动创新成果转化；完善科研成果供需双向对接机制，促进政府支持的科技项目研发成果向中小企业转移转化。推动标准和专利布局；推动大企业联合中小企业协同全球产业链上下游企业共同树立国际标准。推动绿色创新升级；推动大企业通过优化采购标准、加强节能减排技术支持等措施，引导中小企业深化低碳发展理念，提升产业链整体绿色发展水平
以提升韧性和竞争力为重点，巩固大中小企业产业链	协同突破产业链断点堵点卡点问题；梳理产业链薄弱环节和大企业配套需求，组织专精特新中小企业开展技术攻关和样机研发，引导中小企业精准补链。发挥大企业龙头带动作用；推动大企业建设小型微型企业创业创新基地、高质量现代产业链园区，带动中小企业深度融入产业链。提升中小企业配套支撑能力；梳理专精特新"小巨人"企业产业链图谱，按产业链组织与大企业对接，助力中小企业融入大企业产业链。打造融通发展区域生态；发布产业转移指导目录，构建完善优势互补、分工合理的现代化产业发展格局，推动产业链供应链快速响应、高效协同，优化提升资源配置效率

续表

重点任务	具体措施
以市场为导向,延伸大中小企业供应链	加强供应链供需对接;开展大企业携手专精特新中小企业对接活动,引导大企业面向中小企业发布采购需求,促进中小企业与大企业深化拓展供应链合作关系。完善供应链合作机制;引导征信机构等社会化服务机构探索为大企业提供中小企业信用评价和风险管理服务,激发大企业合作积极性。引导大企业联合中小企业建立完善供应链预警机制,共同提升供应链稳定性和竞争力
以数字化为驱动,打通大中小企业数据链	发挥大企业数字化牵引作用;鼓励大企业打造符合中小企业特点的数字化服务平台,推动开发一批"小快轻准"低成本产业链供应链协同解决方案和场景,推介一批适合中小企业的优质工业APP。提升中小企业数字化水平;深入实施中小企业数字化赋能专项行动,开展智能制造进园区活动,引导中小企业深化转型理念、明确转型路径、提升转型能力、加速数字化网络化智能化转型进程。增强工业互联网支撑作用;深入实施工业互联网创新发展行动计划,培育一批双跨工业互联网平台,加强对产业链大中小企业的数字化分析和智能化监测,促进产业链制造能力的集成整合和在线共享
以金融为纽带,优化大中小企业资金链	创新产业链供应链金融服务方式;完善产业链供应链金融服务机制,鼓励金融机构结合重点产业链供应链特点开发信贷、保险等金融产品,加强供应链应收账款、订单、仓单和存货融资服务。推动直接融资全链条支持;引导各类产业投资基金加大对产业链供应链上下游企业的组合式联动投资,强化对产业链整体的融资支持力度,并发挥资源集聚优势,为中小企业提供各类增值服务。引导大企业加强供应链金融支持;推动大企业支持配合上下游中小企业开展供应链融资,助力缓解中小企业融资难融资贵
以平台载体为支撑,拓展大中小企业服务链	搭建专业化融通创新平台;鼓励各地培育大中小企业融通创新平台、基地,促进产业链上下游企业合作对接。推动各类平台强化融通创新服务;引导国家制造业创新中心、产业创新中心、技术创新中心将促进融通创新纳入工作目标,引导中小企业公共服务示范平台、制造业双创平台设立促进融通发展的服务产品或项目,加强对融通创新的服务支持。培育国际合作服务平台;搭建中小企业跨境撮合平台,依托大企业打造中小企业海外服务体系,带动中小企业共同出海,提高跨国经营能力和水平,融入全球产业链供应链
以队伍建设为抓手,提升大中小企业人才链	加强人才培养引进;实施专项人才计划,选拔一批创新企业家、先进制造技术人才和先进基础工艺人才。推动人才共享共用;推动大企业自建或联合社会力量建立人才学院、网络学习平台、公共实训基地等,打造专业化开放共享培训平台,加强对产业链中小企业人才培养。提升人才队伍融通创新能力;引导大企业开展人才交流、培训活动,加强大中小企业人才理念、技术、管理等方面交流

资料来源:本课题组根据 http://www.gov.cn/、http://www.chinatax.gov.cn 等政府网页资料整理。

第 二 篇

中国中小企业景气指数测评（2022）

第 四 章

中小企业景气指数的评价流程与方法

景气指数（Climate Index）是用来衡量经济发展状况的"晴雨表"。本章首先跟踪国内外有关景气指数研究的理论前沿和最新动态，其次阐述分析中国中小企业景气指数研究的意义，最后介绍研究报告本书采用的中小企业景气指数编制流程及评价方法。

第一节 国外景气指数研究动态

一 经济周期波动与景气指数研究

对于经济周期波动的研究最早可以追溯到 20 世纪初。1909 年，美国巴布森统计公司（Babson）发布了巴布森经济活动指数，这是最早较为完整地分析景气指数的经济评价活动。早期影响最大的是哈佛大学 1917 年开始编制的哈佛指数，其在编制过程中广泛收集了美国经济发展的历史数据，选取了与经济周期波动在时间上存在明确对应关系的 17 项经济指标，在三个合成指数的基础上，利用它们之间存在的时差关系来判断经济周期的波动方向并预测其转折点，对 20 世纪以来美国的四次经济波动都得到较好反映。哈佛指数从 1919 年起定期发布，此后欧洲诞生了各类指数研究小组，从不同角度分析经济、产业与市场等运行景气。

1927 年，米切尔（W. C. Mitchell）总结了历史上对经济景气指数以及经济周期波动测定等方面的应用结果，从理论上讨论了利用经济景气指标对宏观经济进行监测的可能性，提出经济变量之间可能存在时间变动关系，并由此来超前反映经济景气波动的可能性。这些理论为米切尔和伯恩斯（Burns，1938）初步尝试构建先行景气指数提供了基础。他们从 500

个经济指标中选择了 21 个构成超前指示器的经济指标，最终正确地预测出经济周期转折点出现的时间。1929 年美国华尔街金融危机爆发后，学术界认为仅凭借单个或几个指标已经难以全面、准确地反映整个经济运行状况，由此季节调整成为经济监测的基本方法。在对经济周期进行系统性的研究后，米切尔和伯恩斯（1946）在 Measuring Business Cycles 一书中提出了一个关于经济周期的定义："一个周期包括同时发生在许多经济活动中的扩张、衰退、紧缩和复苏，复苏又融入下一个周期的扩张之中，这一系列的变化是周期性的，但并不是定期的。在持续时间上各周期不同。"这一定义成为西方经济学界普遍接受的经典定义，并一直作为 NBER 判断经济周期的标准，也为企业景气指数的研究提供了理论支撑。

从 1950 年开始，NBER 经济统计学家穆尔（J. Moore）的研究团队从近千个统计指标的时间序列中选择了 21 项具有代表性的先行、一致和滞后三类指标，开发了扩散指数（Diffusion Index，DI），其中先行扩散指数在当时能提前 6 个月对经济周期的衰退进行预警。虽然扩散指数能够很好地对经济周期波动的转折点出现的时间进行预测，却不能表示经济周期波动的幅度，没能反映宏观经济运行的效率与趋势，这使扩散指数的推广和应用受到了一定的限制。

为了弥补这一缺陷，希金斯和穆尔（J. Shiskin and G. H. Moore, 1968）合作编制了合成指数（CI），并且在 1968 年开始正式使用，合成指数有效地克服了扩散指数的不足，它不仅能很好地预测经济周期的转折点，而且能够指出经济周期波动的强度。其中，经济周期波动振幅的标准化是构建合成指数的最核心问题，不同的经济周期波动振幅标准化后获得的合成指数也不相同。合成指数为经济周期波动的度量提供了有力的工具，至今广泛应用于世界各国景气指数评价研究中。

20 世纪 70 年代 NBER 建立了西方七国经济监测指标体系，构建基于增长循环开发景气指标体系。由于指标选取会直接影响到最终构建的景气指数，一些经济学家开始尝试利用严谨的数学模型作为分析工具，利用多元统计分析中的主成分分析法来合成景气指数，以此尽量减少信息损失。斯托克和沃森（J. H. Stock and M. W. Watson，1989）还利用状态空间模型和卡尔曼滤波建立了 S—W 型景气指数，这种指数方法也被许多国家用来监测宏观经济周期波动状况。

20世纪80年代末至90年代以后,经济监测体系延伸到多个国家,斯托克和沃森(2002)将系统化回归的方法引入,建立了先行指标和同步指标的总和模型,并论证了建模分析的可实施性;同时,季节调整方法也有较大进展,开发了 X—12—ARIMA 软件,利用自回归移动平均模型进行预测。对合成指数、信息提取方法和多维分析方法的探测取得了较好的成果。总之,景气指数的研究在国外发展趋于成熟,对经济运行状态的预警和行业动态分析起到重要的作用。

二 企业与行业景气研究

经济衰退和经济增长过快都会影响到企业运营与行业发展。而客观判断企业与行业发展景气状况主要是通过企业景气指数分析来实现的。企业景气指数是对企业景气监测调查所得到的企业家关于本企业生产经营状况及对本行业景况判断和预期结果的定量描述,用于反映企业生产经营和行业发展所处的景气状况及发展趋势。1949年德国伊弗研究所首次实施了企业景气调查(IFO Business Climate Index),具体对包括制造业、建筑业及零售业等各产业部门的 7000 余家企业进行月度调查,主要依据评估企业目前的处境状况、短期内企业计划及对未来半年的看法等编制指数。这种企业景气指数评价方法被法国、意大利及欧共体等采用,并受到包括日本、韩国等亚洲国家的重视。

日本是世界上中小企业景气调查机制最为健全完善的国家之一。日本在1957年以后实行了两种调查,即17项判断调查和定量调查。日本的权威性企业景气动向调查主要有日本银行的企业短期经济观测调查(5500家样本企业)、经济企划厅的企业经营者观点调查和中小企业厅的中小企业景况调查。其中,中小企业景况调查和指数编制及研究始于 1980 年,其会同中小企业基盘整备机构,依靠全国 533 个商工会、152 个商工会议所的经营调查员、指导员及中小企业团体中央会的调查员,对全日本近19000家中小企业(2011 年度)分工业、建筑业、批发业、零售业、服务业 5 大行业按季度进行访问调查,并通过实地获取调查问卷信息来实施。2004 年以后,日本还从全国 420 万家中小企业中选出 11 万家,细分10 个行业,在每年 8 月进行定期调查,并发布研究报告。

此外,美国独立企业联合会(NFIB)自 1986 年开始面向全美 47 万家小企业每月编制发布小企业乐观程度指数(The Index of Small Business

Optimism），该指数至今仍作为反映美国小企业景气状况的"晴雨表"。

三　景气监测预警研究

经济预警（Economic Early Warning）基于经济景气分析，但比景气分析预测要更加鲜明，属于经济突变论的概念范畴。其最早的应用可追溯到1888年巴黎统计学大会上发表的以不同色彩评价经济状态的论文。但经济预警机制的确立是在20世纪30年代第一次世界经济危机之后。20世纪60年代引入合成指数和景气调查方法之后，美国商务部开始定期发布NBER经济预警系统的输出信息（顾海兵，1997）。具有评价功能的预警信号指数始于法国政府制定的"景气政策信号制度"，其借助不同颜色的信号灯对宏观经济状态作出了简明直观的评价。

1968年，日本经济企划厅也发布了"日本经济警告指数"，分别以红、黄、蓝等颜色对日本宏观经济作出评价。1970年，联邦德国编制了类似的警告指数。1979年，美国建立"国际经济指标系统（IEI）"来监测西方主要工业国家的景气动向，这标志着经济监测预警系统研究开始走向国际化。到20世纪80年代中期，印度尼西亚、泰国、新加坡、中国台湾和中国香港等国家和地区先后将景气预警作为宏观经济的政策支持基础。

作为反映国际贸易情况的领先指数，波罗的海干散货运价指数（BDI）近年来日益受到企业和行业的重视（周德全、真虹，2017）。该指数是目前世界上衡量国际海运情况的权威指数，其是由若干条传统的干散货船航线的运价，按照各自在航运市场上的重要程度和所占比重构成的综合性指数，包括波罗的海海岬型指数（BCI）、巴拿马型指数（BPI）和波罗的海轻便型指数（BHMI）三个分类指数，由波罗的海航交所向全球发布。其预警功能表现为，如果该指数出现显著的上扬，说明各国经济情况良好，国际贸易火热。

第二节　国内景气指数研究动态

一　宏观经济景气循环研究

在中国，吉林大学董文泉（1987）的研究团队与国家经委合作首次开展了中国经济周期的波动测定、分析和预测工作，编制了中国宏观经济增长率周期波动的先行、一致和滞后扩散指数和合成指数。后来，国家统计局、国家信息中心等政府机构也开始了这方面的研究并于20世纪90年代初正式投入应用（朱军和王长胜，1993；李文溥等，2001）。陈磊等（1993，1997）、房汉国（2022）通过多元统计分析中的主成分分析方法，构建了先行、一致两组指标组的主成分分析来判断中国经济景气循环特征。高铁梅等（1994，1995）通过运用S—W型景气指数很好地反映了中国经济运行状况。毕大川和刘树成（1990）、董文泉等（1998）、张洋（2005）等全面系统地总结了国际上研究经济周期波动的各种实用的经济计量方法，并利用这些方法筛选的指标合成适合中国的景气指数和宏观经济预警机制。李晓芳等（2001）利用HP滤波方法和阶段平均法对中国的经济指标进行了趋势分解，利用剔除趋势因素的一致经济指标构造了中国增长循环的合成指数，并与增长率循环进行了比较。阮俊豪（2013）实证研究了BDI指数风险测度及其与宏观经济景气指数的关系。陈乐一等（2014）运用合成指数法分析了当前中国经济景气走势。史亚楠（2014）基于扩散指数对中国宏观经济景气进行了预测分析。顾海兵、张帅（2016）通过建立国家经济安全指标体系来预测分析"十三五"时期中国经济的安全水平。

近几年来，不少研究者从投资、物价、消费、就业和外贸等宏观经济的主要领域，对转型期中国经济的周期波动进行了实证研究（刘金全等，2017；于洋等，2017；李孝龙等，2017；沈少博等，2017；肖强，2017；刘玉红，2017；陈磊等，2017；冷媛等，2017；卓勇良，2018；刘金全等，2018；邓创等，2018；祝梓翔等，2018；田素华等，2019；陈鑫等，2019；段亚菲，2019；赵文霞，2020；刘金全等，2019；李成等，2020；赵志明等，2021；侯伟凤等，2021；姚远等，2021）。一些学者研究了新常态下中国宏观经济的波动趋势及消费者景气指数（李庆晗，2017；赫永达等，2017；张裕辉，2017；刘金全等，2017；刘卉，2017；石亮惟等，2017，刘金全等，2019；冯国鸿，2020；隋起蛟，2021；田广，2021；罗涛，2021）。部分学者研究了行业发展与宏观经济景气指数的关系（张勇等，2016；胡涛等，2016；伊军令，2017），李琢（2021）基于企业生命周期视角，选取了2013—2019年宏观经济景气程度样本，分析了经济景气程度与物流企业可持续发展的相关性；杨栋（2021）等以经济周期波动理论为基础，通过定量研究揭示重点行业（煤电行业）与铁路货运量的景气关联关系。金融周期与宏观经济周期交互影响成为部分学者的研究点（邓创，2019；李成等，2019；徐曼，2020；杜思逸，2021；蓝天，2022）。还有些学者将视角放在区域经济周期波动以及其与全国经济协同性上（郭路等，2017；何林峰，2019；张绍新等，2020；杨文溥，2021；陈本昌等，2021；王见敏，2021；赵天翊，2021）。2020 年来"疫情经济"受到关注，杨英杰（2021）基于对总需求冲击在宏观经济波动中的长期非中性理论，对疫情冲击下的世界经济波动做了基本的描述和分析，并就中国如何在短期和中长期应对总需求冲击提出了建议；王有新等（2021）重点研究了疫情、国际金融市场波动、外部产出波动和美国贸易政策不确定性四种外部冲击，对不同周期阶段中国经济的差异化影响。

二 企业与行业景气研究

中国人民银行 1991 年正式建立 5000 户工业企业景气调查制度，但所选企业以国有大中型工业生产企业为主。1994 年 8 月起，国家统计局开始进行企业景气调查工作，调查主要是借助信息公司的技术力量，直接对工业和建筑业企业开展问卷调查。到 1998 年，国家统计局在全国开展企业景气调查，编制了企业家信心指数和企业景气指数，分别按月度和季度在国家统计局官网发布。

1997 年，王恩德对企业景气调查方法进行了改进，设计了对问卷调查结果进行统计和分析的计算机软件，对得到的结果进行定性、定量分析，使问卷调查法更加严谨、更加科学。同年，国家统计局建立了一套专门针对中国房地产发展动态趋势和变化程度的"国房景气指数"。从 2001 年开始，国家统计局又根据对商品与服务价格进行抽样调查的结果，编制发布了全国居民消费价格指数（CPI）。王呈斌（2009）基于问卷调查分析民营企业景气状况及其特征，浙江省工商局 2010 年结合抽样调查、相关部门的代表性经济指标，运用合成指数法编制发布了全国首个民营企业景气指数。黄晓波、曹春嫂、朱鹏（2013）基于 2007—2012 年中国上市公司的会计数据信息研究了企业景气指数。中国社会科学院金融研究所企业金融研究室尝试开发编制中国上市公司景气指数。浙江工商大学开发编制了"义乌中国小商品指数"。中国国际电子商务中心中国流通产业网开发编制了"中国大宗商品价格指数"。迄今国内学术界对中小企业景气指数的研究大都集中在工业企业领域。其他相关指数有中国中小企业国际合作协会与南开大学编制的中国中小企业经济发展指数、复旦大学编制的中小企业成长指数、中国中小企业协会编制的中小企业发展指数、中国企业评价协会编制的中小企业实力指数、浙江省浙商研究中心编制的浙商发展指数、阿里巴巴为中小微企业用户提供行业价格和供应及采购趋势的阿里指数以及百度推出的百度中小企业景气指数等。

伴随景气指数分析的进一步深入，关于景气指数的评价对象也逐渐出现了分化，近几年来更多研究将景气指数评价应用于具体区域、具体行业领域的企业及其他组织的分析。关于行业和企业景气的研究主要集中在工矿业（黄伟，2017；杨航，2018；孙云杰，2018；王肃宁等，2018，何健文，2018；王思童，2020；岳福斌等，2021；周遵波等，2022），房地产及建筑（李园等；2017；叶青等，2017；王文胜等，2018；李海，2018；吴传清，2019；陶文晶，2019；黄蕾，2021；伍文中，2021；邹士年，2022），交通及旅游（晁鸿鹏，2017；陈建华等，2017；王璐，2018；陈莉，2018；刘干等，2018；席玮，2019；刘春涛，2019；曹键，2020；张颖；2021；龙祖坤，2021；张晓磊，2021），金融证券及财富（张言伟，2017；张甜等，2018；邓创等，2019；周德才，2019；孔晴，2020；江红莉，2020；刘金全，2021；周泽将，2021；李玉纳，2022；杨华丹，2022），商业、互联网及其他服务业（陈越，2017；朱雅娜，2017；田瑞强等，2018；陈磊等，2019；王艺枞，2019；陈莉，2019；祝梓翔，2019；中国信息通信研究院，2021；郑锦荣，2022），航运贸易（黄伟，2017；芦畅等，2018；周红梅，2018；舒服华等，2018；周德全，2019；陈悠超，2020；李慧，2020；陈东清，2020；周德全，2021；吴善阳，2021；陈悠超等，2022），资源能源（邱向京等，2018；罗阿华，2018；仇红剑等，2018；李赋欣等，2018；李方一等，2018；史雷等，2018；沈西林，2020；俄木叶子，2020；马骏，2021；张林，2021；沈西林等，2022），其他特定行业与企业（曹晓昂，2017；李晓梅，2017；雷英杰，2017；郑广宇等，2018；杨广青等，2018；叫婷婷，2019；李晶等，2019；柳彤，2021；李红莲，2021，2022）等。

最近几年的研究中，刘轶芳等（2017）研究开发了中国绿色产业景气指数；李宝娟等（2017）构建了中国环保产业景气指数体系并开展实证研究；陈国政（2017）研究了上市企业景气指数指标体系；耿林、史珍珍等（2017）基于网络大数据研究了中国就业景气指数的构建、预测及劳动力市场景气状况；许亚岚（2018）研究了产业景气指数助力智慧城市建设状况；杨淼、雷家骕（2019）基于熊彼特的创新周期诠释经济周期理论，对科技创新驱动经济增长景气的机理开展研究；潘捷等（2020）在创新周期的理论基础上，选取2009—2016年的相关数据构建粤港澳大湾区科技创新景气指数，采用主成分分析法，对粤港澳大湾区科技创新能力的景气状态进行研究；张美星等（2021）基于宏观经济理论框架，分析组成服务业的各细分产业的特点，构建服务业先行指数指标体系，同时利用VAR模型预测未来上海服务业整体发展趋势，并借助周期波动特征与区制转移性质分析验证服务业GDP增长率预测的可靠性，较精准有效地预测上海服务业发展趋势；綦勇等（2021）通过构建动态空间杜宾模型来研究医疗体系、公共卫生安全与经济景气程度的空间联动机制。梁鸿旭（2022）选取中国运输生产指数（CTSI）作为基准指标，筛选宏观及产业关联指标合成景气指数，据此构建马尔科夫机制转换模型，实现了运输生产周期状态的识别，验证了不同周期状态下，交通运输增速预期水平和波动特征差异，以及交通运输和外部经济增速波动对运输生产实际增速与预期增速偏离幅度的影响。

三　景气监测预警研究

1988年以前，中国经济预警研究主要侧重于经济周期和宏观经济问题的研究，最早由国家经委委托吉林大学系统工程研究所撰写中国经济循环的测定和预测报告，而首次宏观经济预警研讨会是由东北财经大学受国家统计局委托于1987年9月以全国青年统计科学讨论会为名召开的。1988年以后，中国学者更多地关注先行指标，在引入西方景气循环指数和经济波动周期理论研究成果的基础上，将预测重点从长期波动向短期变化转变。中国经济体制改革研究所（1989）在月度经济指标中选出先行、一致和滞后指标，并利用扩散指数法进行计算，找出三组指标分别对应的基准循环日期。同年，国家统计局也研制了六组综合监测预警指数，并利用五种不同颜色的灯区来代表指数不同的运行区间，从而更直观地表示经济循环波动的冷热状态。

相关早期研究方面，毕大川（1990）首次从理论到应用层面对中国宏观经济周期波动进行了全面分析，顾海兵等（1993）从农业经济、固定资产投资、通货膨胀、粮食生产和财政问题五个方面进行了预警讨论。吴明录、贺剑敏（1994）利用经济扩散指数和经济综合指数设计了适合中国经济短期波动的监测预警系统，并对近年来中国经济波动状况进行了简要评价。谢佳斌等（2007）就系统地介绍了中国宏观经济景气监测的预警体系的建立、统计数据的处理和经济景气度的确定以及描绘等，从总体上客观、灵敏、形象地反映了中国经济运行态势。此外，张新红等（2008）学者构建了基于BP神经网络的经济周期波动监测预警模型系统，并进行了仿真预测预警，在实证应用方面产生了较大影响。

新近的区域景气监测预警研究方面，池仁勇、刘道学团队（2013，2014，2015，2016，2017，2018，2019，2020，2021）连续十年基于浙江省中小企业景气监测数据对浙江11个地市中小企业的综合景气及主要行业景气指数进行了研究分析。王亚南（2014）对全国中心城市文化教育消费需求景气状况进行了测评；孙赫等（2015）探讨了山东省旅游景气指数的构建；吴凤菊（2016）专门研究了南京软件与信息技术服务类中小企业景气指数；庄幼绯等（2016）基于景气循环理论及基本规律，结合上海实际，提出影响上海土地市场景气的指标因素，在此基础上构建上海土地市场当前景气指数、未来景气指数和综合景气指数，并通过主客观赋权法进行赋权；吴卫华、王红玲（2016）基于工业企业景气财务调查数据，对工业企业景气指数和预警信号系统构建进行研究，以此对江苏省工业企业景气状况和未来走势进行了分析预测；陈敏（2017）研究了滞后合成指数在区域经济中的预警作用；任保平、李梦欣（2017）研究了构建新常态下地方经济景气增长质量检测预警系统的理论与方法，从经济增长的动态检测、趋势预测、识别预测以及政策选择四大模块构建系统，且以山西省为例进行了演示分析与指数模拟；韩兆洲、任玉佩（2017）主要针对广东省经济运行监测预警指数进行了研究；许雪（2017）用时差分方法并结合MTV模型研究了陕西投资经济周期波动监测分析；赵天翊等（2020）基于2013—2019年的季度数据，构建了长三角地区经济景气指数，探讨各指数动态变化的内在原因并对未来的经济运行进行预测，为长三角一体化发展提供决策支持；燕佳静等（2020）基于与投资相关的多维大数据，结合宏观经济数据的经济预警分析方法，构建了投资景气预警指数体系，旨在提高江西省经济高质量发展下投资景气预警指数预警的科学性和精确性。王伟峰等（2022）基于浙江省用电信息采集系统采集的各行业用电大数据资源，构建了行业用电市场景气指数模型，分析了行业用电市场景气程度，并根据编制合成的扩散指数的结果对用电市场景气程度做预警分析。

此外，王红云、李正辉（2016）研究构建了虚拟经济运行景气监测指标体系；王金明（2018）基于具有时变转换概率的马尔可夫区制转换模型（MS—TVTP）研究利差能否预警中国经济周期的阶段转换，结果表明国债期限利差的波动对经济周期阶段转换具有显著的预警作用；陈莉（2019）对中国生产性服务业景气监测预警系统的构建与应用进行了研究；周德才、刘尧杰、陈雪娇（2020）使用新构建的多频率MF—MS—DF模型，首次提出并构建了中国混频非对称保险景气指数（中国MFAI-BI）并进行预警分析；桂文林、程慧（2020）基于改进的动态Probit模型对中国经济景气进行预测；杨昊（2021）从经济高质量发展的经济结构、创新驱动、资源配置、市场机制、绿色发展、经济成果六大模块，构建中国经济高质量发展的监测预警系统，提供各模块的方法选择，并进行指数模拟。赵月旭等（2021）通过合成指数编制了浙江省服务业景气指数。同时，选择先行指标和一致指标，利用Bootstrap方法估计置信区间确定检查值以构建预警系统，并通过马尔可夫链模型对浙江省下一季度的经济运行状态进行预测。

在应用网络大数据进行景气监测预测方面，"阿里指数"2012年11月上线以来，根据每天阿里巴巴网站运营的基本数据（包括每天网站浏览量、每天浏览的人次、每天新增供求产品数、新增公司数和产品数），为用户提供企业生产和采购预测及区域、行业商品流通最新动态。"百度指数"2014年上线，以其网民行为数据为基础研发大型数据分享平台，编制发布全国部分地区的中小企业景气指数和宏观经济指数。"微信指数"2017年3月推出以来，基于微信大数据提供关键词热度变化，成为当前组合营销的最新渠道之一。2020年初突如其来的新冠肺炎疫情，给全球经济带来巨大冲击，阿里巴巴罗汉堂构建的全球疫情经济追踪体系（Pandemic Economy Tracking project，PET）及其发布的疫情指数新近备受关注。该监测预警体系基于谷歌社区人流报告、百度迁徙指数和 Bloomberg、Wind、CEIC 数据库等大数据源构建，追踪 131 个国家和地区在疫情经济中的阶段、经济跌落的深度及在低经济状态中停留的时长，运用可视化技术对各国疫情风险以及经济景气动态及时提供直观判断。

在应用景气动态相关理论研究中国中小企业发展实践的新近成果中，池仁勇、刘道学（2020）等的著作《中国中小企业高质量发展与景气动态研究》系统分析了人工智能、数字经济、技术创新、质量基础建设、征信体系建设、电子商务、区域一体化、营商环境优化、企业治理结构优化、高水平对外开放及政策机制创新等对中国中小企业高质量发展带来的影响效应，基于全国 3 万余家中小企业监测调研统计数据及上市企业数据，客观科学地分析了近几年来中国中小企业景气状况与动态趋势，并提出了新发展阶段进一步促进中国中小企业高质量发展的一系列对策建议。

第三节　中国中小企业景气指数研究的意义

一　中国中小企业的重要地位与研究短板

中小企业是中国数量最大、最具活力的企业群体，是吸纳社会就业的主渠道，是技术创新和商业模式创新的重要承担者。但转型期中国宏观经济运行的波动规律越发复杂和难以把握。近年来，企业、特别是中小微企业仍未摆脱"用工贵、用料贵、融资贵、费用贵"与"订单难、转型难、生存难"这"四贵三难"的发展困境，中小微企业所面临的经营风险和不确定性日趋增加。

在中小企业管理方面，中国长期以来实行"五龙治水"，即工信部负责中小企业政策制定与落实，商务部负责企业国际化，农业部乡镇企业局负责乡镇企业发展，工商管理部门负责企业工商登记，统计局主要负责统计规模以上企业，而占企业总数 97% 以上的小微企业总体被排除在政府统计跟踪范围之外。这样，各部门数据统计指标不统一、数据不共享、统计方法各异，经常存在数据不全及数据交叉的混乱状况，缺乏统一的数据口径。这使现行数据既不能客观地反映中小微企业景气现状，也难以用来做科学预测预警，这影响到制定政策的前瞻性和针对性及政策实施效果评价，也会影响到小微企业的健康持续发展。

中国中小企业信息不对称、缺乏科学的监测预警和决策支持系统是当前政产学研共同关注和亟待解决的理论与现实课题。尤其是随着中国中小企业面临的区域性、系统性风险的增大，今后有关区域中小企业和行业景气监测预警的研究更具有重要的学术价值与现实意义。

二　中国中小企业景气指数研究的理论意义与应用价值

如前所述，在经济发达国家，客观地判断企业发展景气状况主要是通过企业景气监测预警分析来实现的。在企业景气指数编制方面，自1949年德国先行实施以来已有70年的研究与应用历史。在企业景气指数预警理论及应用研究上，目前国际通用的扩散指数（DI）和合成指数（CI）受到了广泛应用，各个国家和地区越来越重视先行指数和一致指数的指导作用，这也说明了这两种经典的指数分析方法的可靠性。随着景气指数研究的深入，世界上对中小企业景气指数的评价也日益成为经济景气研究领域的重要内容。

从预警方法看来，基于计量经济学的指标方法和模型方法以及基于景气指数监测的景气预警法是三种比较有效的方法。其中，计量经济学方法是政府部门使用一定的数学计量方法对统计数据进行测算，从而向公众发布对经济前景具有指导性作用的信息；而景气预警方法是利用结构性模型的构建，以及它们之间的相关关系来推测出经济发展的可能区间。目前，在研究宏观经济和企业运行监测预警过程中，多是两种方法相结合。

中国自1998年起才正式将企业景气调查纳入国家统计调查制度，近几年来，中国政府部门、科研机构、金融机构等虽然在经济景气预警方面的研究比较多，但政府和学术界对企业景气指数研究和应用，受长期以来抓大放小的影响，迄今主要以特定行业为对象，而对企业特别是中小微企业的景气波动过程少有系统研究，对于中小企业的监测预警研究更少。本研究报告正是基于上述国内外研究现状，旨在建立和完善中国中小微企业景气指数与预警评价体系，并开展区域中小微企业发展的实证研究。本研究既跟踪国内外企业景气监测预警理论前沿，又直接应用于中国区域中小微企业发展的实践，因此研究具有理论意义和现实应用价值。

三　中国中小企业景气指数评价的经济意义

相对于大企业而言，中小企业一般是指规模较小、处于创业成长阶段的企业。中小企业景气指数是对中小企业景气调查所得到的企业家关于本企业生产经营状况以及对本行业发展景气状况的定性判断和预期结果的定量描述，用于反映中小企业生产经营和行业发展的景气程度，并预测未来发展趋势。由于中国中小企业量大面广，为了尽可能全面地反映中国中小企业的景气状况，本研究报告以中国规模以上工业中小企业、上市中小企业及重点监测调查的中小微企业为评价对象，先根据数据指标的特性基于扩散指数及合成指数的方法分别计算出分类指数，然后基于主成分分析法及专家咨询法等确定各分类指数的权重，最后加权计算，合成得到中国中小企业综合景气指数。

第四节 中小企业景气指数编制流程及评价方法

编制景气指数评价是一项系统工程。本研究报告的中小企业景气指数编制流程主要包括确定评价对象、构建指标体系、数据收集及预处理、景气指数计算与结果讨论等步骤。本报告构建的中国中小企业景气指数评价体系如图4-1所示。

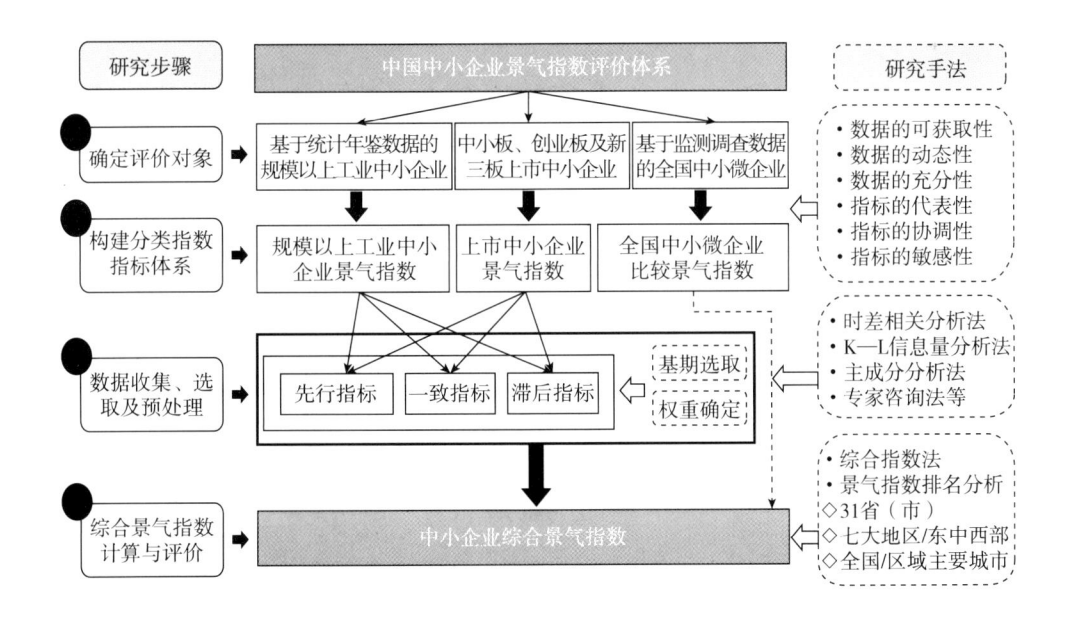

图4-1 中国中小企业景气指数编制流程

图4-1中，虚线框表示该步骤只存在于某些特定的景气指数评价分析中，例如合成指数评价中的先行指标、一致指标与滞后指标分类等。

需要特别指出的是，本研究报告在对中国中小企业景气状况进行分析时，是依据上一年度各省级行政区或地区的中小企业景气指数值作为当年度景气测评依据的。本课题组按以下四个步骤来计算中国中小企业景气指数。

一 确定评价对象

中小企业是指与所在行业的大企业相比人员规模、资产规模与经营规模都比较小的经济单位。中国中小企业量大面广，为了客观全面地反映中小企业景气状况，本研究根据数据的可获取性、动态性及充分性等原则，确定三类中小企业作为评价分析的对象：①规模以上工业中小企业（2010年以前主营业务收入达到500万元及以上，2011年以后同标准提高到2000万元及以上）；②中小板、创业板、新三板及科创板等上市企业；③重点监测调查的中小微企业。

本研究报告根据这三类评价对象分别构建分类指数指标体系，再根据各类数据指标的特性，基于扩散指数及合成指数的方法分别计算出分类指数，然后用主成分分析法及专家咨询法等确定各分类指数的权重，最后进行加权计算得到中国中小企业综合景气指数（Composite Climate Index of Chinese SMEs，CCSMECI）。

二 构建景气指数评价指标体系

本研究报告基于数据的代表性、协调性及对于经济波动的敏感性原则，采用定量与定性相结合、宏观和微观相结合、官方统计和非官方调研相结合的方法，构建中国中小企业景气评价各分类指数指标体系（见表4-1）。

其中，规模以上工业中小企业景气指数（Climate Index of Manufacturing SMEs，ISMECI）基于统计年鉴数据，主要选取反映工业中小企业经营现状和未来发展潜力的13项指标；中小板、创业板及新三板上市企业景气指数（Climate Index of SMEs Board、ChiNext Board & the New Third Board，SCNBCI）基于深交所、上交所、北交所上市企业及全国中小企业股份转让系统（NEEQ）挂牌交易的中小企业数据，主要选取反映中小板、创业板、新三板及科创板等上市中小企业发展景气状况及特征的11项指标；重点监测调查的中小企业比较景气指数（Comparison Climate Index，CCI）基于非官方和研究机构的中小微企业景气监测调查数据，本年度报告选取百度中小企业景气指数和中国中小企业研究院的景气调查问卷数据 2 项指标计算了该分类合成指数。

表 4-1　　中国中小企业景气指数分类指数指标及样本数据

分类指数	主要数据指标项目	样本的选取与数据来源
规模以上工业中小企业景气指数	流动资产/流动负债/财务费用/总资产/主营业务收入/税金总额/利润总额/工业总产值/企业单位数/固定资产/总负债/所有者权益/全部从业人员平均人数/企业综合生产经营指数/企业家信心指数等	样本企业：全国规模以上工业中小企业 21000 家 数据来源： (1) 国家统计局 (2) 各省市统计局 (3) 《中国工业统计年鉴》 (4) 中小企业年鉴等
中小板、创业板、新三板及科创板等上市中小企业景气指数	流动资产/流动负债/财务费用/总资产/主营业务收入/税金总额/利润总额/存货/固定资产/总负债/股东权益合计	样本企业：全国上市中小企业约 1000 家 数据来源： (1) 深圳证券交易所 (2) 上海证券交易所 (3) 全国中小企业股份转让系统及北京证券交易所 (4) 上市中小企业动态信息资料等
中小企业比较景气指数	财务指标约 30 项（月/季度）产品产销存指标（月/季度）景气调查问卷 15 项（年度）	样本企业：全国中小微企业约 4 万家 数据来源： (1) 中国中小企业生产经营运行检测平台（工信部） (2) 中国中小企业动态数据库景气监测平台 (3) 其他非官方监测调查数据（百度、阿里研究院等）

三　数据收集与预处理

2021 年年末，课题组收集了中国 31 个省份的 2 万余家工业中小企业数据，时间跨度为 2001—2020 年；收集了全国 1000 余家中小板、创业板及新三板挂牌企业财务数据，时间跨度为 2001—2022 年第一季度；全国近 2 万家重点监测调查的中小微企业运行及景气监测调查数据，时间跨度为 2011—2021 年。

由于数据庞大，有些年份和地区的数据存在缺失。另外，不同指标的数据在数量级上的级差也较大。为此课题组对收集到的年度数据分别进行了预处理，主要包括无量纲化、消除季节性因素以及剔除非常规数据等。

四 指标权重的确定

对于工业中小企业和三个板块上市企业景气指数，本研究报告根据前述指标权重的确定方法，选择使用主成分分析法，通过 Stata 软件实现。首先，将原有指标标准化；其次，计算各指标之间的相关矩阵、矩阵特征根以及特征向量；最后，将特征根从大到小排列，并分别计算出其对应的主成分。本研究报告关于中小企业比较景气指数的权重采用专家咨询法确定。而对于中小企业综合景气指数，本课题组运用 AHP 法来确定工业中小企业景气指数、上市中小企业景气指数和中小企业比较景气指数的权重。

五 景气指数的计算结果与分析

本研究报告的考察对象期间，中国经济总体仍处于低速增长的新常态阶段，经济的周期性波动特征尚不明显，因此在后续运用合成指数计算时，本课题组将经济周期对于工业中小企业景气指数的影响要因做了忽略处理。课题组根据各类指数指标的特性，先基于扩散指数及合成指数的方法分别计算出各分类指数。具体计算过程中，使用时差相关分析法、K—L 信息量法等并结合咨询专家意见，分别确定了各分类指数的先行指标（流动资产、资本、存货、企业数量等）、一致指标（总资产、产值、利税、费用等）和滞后指标（固定资产、负债、所有者权益、从业人员人数等），根据主成分分析法求出先行指标组、一致指标组和滞后指标组各小类指标的权重，再确定各大类指标的权重，最后进行加权计算，合成得到中国中小企业综合景气指数（CCSMECI）。

中国中小企业综合景气指数取值范围在 0—200，景气预警评价以 100 为临界值。100 上方为景气区间，100 下方为不景气区间，100 上下方又根据指数值的高低分别细分为"微景气/微弱不景气"区间、"相对景气/不景气"区间、"较为景气/不景气"区间、"较强景气/较重不景气"区间及"非常景气/严重不景气"区间。

第五章

2022年中国中小企业景气指数测评结果分析

第一节 2022年中国工业中小企业景气指数测评

一 评价指标的选取

工业中小企业景气指数的计算基于中小企业统计整理汇总数据。本报告根据经济的重要性和统计的可行性选取了以下指标（见表5-1）。

（一）反映工业中小企业内部资源的指标

具体包括三项指标：①总资产。反映企业综合实力。②流动资产。体现企业短期变现能力，确保企业资金链。③固定资产。反映企业设备投资及其他固定资产的投资状况。

表5-1　　　　　　　　工业中小企业景气指标选取

指标类型	指标项目
反映工业中小企业内部资源的指标	总资产
	流动资产
	固定资产
反映工业中小企业股东状况的指标	所有者权益
	国家资本
反映工业中小企业财务状况的指标	税金
	负债
	利息支出

续表

指标类型	指标项目
反映工业中小企业经营状况的指标	主营业务收入
	利润
反映工业中小企业经营规模的指标	总产值
	企业数量
	从业人员数

(二) 反映工业中小企业股东状况的指标

具体包括两项指标：①所有者权益。反映资产扣除负债后由所有者应享的剩余利益，即股东所拥有或可控制的具有未来经济利益资源的净额。②国家资本。反映了工业中小企业得到国家投资的政府部门或机构以国有资产投入的资本，体现了国家对中小企业的扶持力度。

(三) 反映工业中小企业财务状况的指标

具体包括三项指标：①税金。包括主营业务税金及附加和应交增值税，主要体现企业支付的生产成本，影响企业收入和利润。②负债。影响企业的资金结构，反映企业运行的风险或发展的条件和机遇。③利息支出。作为财务费用的主要科目，反映企业负债成本。

(四) 反映工业中小企业生产经营状况的指标

具体包括两项指标：①主营业务收入。企业经常性的、主要业务所产生的基本收入，直接反映一个企业生产经营状况。②利润。直接反映企业生产能力的发挥和市场实现情况，也显示了企业下期生产能力和投资能力。

(五) 反映工业中小企业经营规模的指标

具体包括三项指标：①总产值。体现企业创造的社会财富，直接反映出区域中小企业的发展程度。②企业数量。直接反映了中小企业在一个区域的聚集程度。③从业人员数。反映企业吸纳社会劳动力的贡献率和企业繁荣程度。

二　数据收集及预处理

2022 年工业中小企业景气指数计算数据来自国家及各地的统计年鉴，历年数据来源于《中国工业经济统计年鉴》《中国中小企业年鉴》和《中国统计年鉴》。最新年鉴为 2021 年版，实际统计时间跨度为 2011—2020 年，在指标信息齐全和不含异常数据的基本原则下采集数据。课题组先收集了中国 31 个省份的工业中小企业数据，然后按七大行政区域，即东北、华北、华东、华中、华南、西南和西北地区分别进行了汇总整理。

由于从统计年鉴所获得的数据较为庞大，有些省份和年份的数据存在缺失值。另外，不同指标的数据在数量级上的级差较大，为了保证后续数据分析和数据挖掘的顺利进行，课题组对收集到的年度数据进行了预处理，包括无量纲化、消除季节性因素以及剔除非常规数据等。一方面，尽量保证数据的完整性，避免缺失年份或省份的数据存在；另一方面，考虑到中国各地区经济发展差异性较大，在数据处理过程中，本研究报告还关注了数据样本中孤立数据与极端数值的影响。

三 指标体系及权重的确定

为了确定指标体系，工业中小企业景气指数主要采用时差相关系数法对指标进行分类。最能反映工业中小企业经济状况的指标确定为工业增加值增长率。同时本报告通过考察全国工业中小企业总产值与 GDP、第二产业产值和工业总产值之间的相关性，确定一个能敏感地反映工业中小企业经济活动的重要指标作为基准指标。结果表明，工业中小企业总产值基本和整个经济循环波动保持一致，这种相关性很好地反映了工业中小企业的发展状况，因此选取工业中小企业总产值作为基准指标。其次，本报告沿用上年度报告的计算方法计算得出工业中小企业景气指数的先行、滞后、一致期的期数指标，并根据主成分分析法求出先行指标组、一致指标组和滞后指标组小类指标的权重；然后利用全国规模以上工业中小企业数据，具体计算出了各分类项目评价指标的权重。最后采用专家咨询法确定了先行指标组、一致指标组和滞后指标组大类指标的权重，结果如表 5-2 所示。

表 5-2　　　　　　　工业中小企业景气评价指标的权重

指标类别	指标项目名称	小类指标权重	大类指标权重
先行指标组	流动资产合计	0.339	0.30
	国家资本	0.322	
	利息支出	0.339	

续表

指标类别	指标项目名称	小类指标权重	大类指标权重
一致指标组	工业总产值	0.167	0.50
	企业单位数	0.166	
	资产总计	0.167	
	主营业务收入	0.167	
	利润总额	0.166	
	税金总额	0.167	
滞后指标组	固定资产合计	0.250	0.20
	负债合计	0.250	
	所有者权益合计	0.250	
	全部从业人员平均人数	0.250	
合计			1.00

四 2022年中国省际工业中小企业景气指数计算结果及排名

为使各省份工业中小企业景气指数波动控制在0—200的取值范围，2022年工业中小企业景气指数计算以2010年的全国平均值作为基年数据。由于实际统计的2009—2020年中国经济总体处于平稳减速发展期间，没有明显出现多个上下起伏的经济周期循环，因而本研究报告在运用合成指数算法进行计算时省略了趋势调整。经过计算，分别获得了中国省际与地区工业中小企业先行指数、一致指数与滞后指数，并按三组大类指标的权重（见表5-2），最终合成计算省际和地区工业中小企业综合景气指数。

由于各省份工业中小企业景气指数受各省企业数量影响较大，因此，本研究报告在计算景气指数的过程中考虑到企业数量因素，通过无量纲化处理等进行了修正调整。具体步骤和方法是，首先采用Max-Min标准化将企业数量进行无量纲化处理；其次是根据专家咨询法获得修正调整前的景气指数和企业数量的权重，并与其相对应的权重相乘；最后将获得的乘数相加得到各省工业中小企业景气指数值。表5-3及图5-1为2022年中国省际工业中小企业景气指数评价结果及排名状况。

表 5-3　　　　　　　　2022 年中国省际工业中小企业景气指数

省份	先行指数	一致指数	滞后指数	工业企业景气指数（ISMECI）	排名
广东	142.79	146.59	179.26	151.98	1
江苏	123.03	134.20	145.65	133.14	2
浙江	120.34	135.16	142.97	132.27	3
山东	98.55	93.52	109.51	98.23	4
河南	61.68	50.52	62.83	56.33	5
河北	55.48	43.17	52.26	48.68	6
福建	44.81	42.10	50.63	44.62	7
湖北	44.11	38.27	46.00	41.57	8
四川	44.55	32.60	42.46	38.16	9
上海	34.33	38.66	41.43	37.92	10
湖南	40.16	34.29	42.05	37.61	11
辽宁	51.28	27.62	41.05	37.41	12
安徽	37.03	32.03	38.78	34.88	13
江西	29.31	23.21	28.57	26.12	14
山西	28.56	17.40	28.65	23.00	15
天津	22.99	21.34	24.16	22.40	16
北京	25.57	19.03	22.20	21.63	17
陕西	28.44	16.20	23.28	21.29	18
广西	27.01	15.42	21.20	20.05	19
云南	25.38	11.79	17.58	17.03	20
重庆	19.62	14.23	18.80	16.76	21
吉林	18.79	11.15	17.27	14.66	22
黑龙江	17.91	11.73	17.00	14.64	23
新疆	22.98	8.98	14.15	14.22	24
贵州	17.27	10.20	13.77	13.03	25
内蒙古	18.64	9.00	13.61	12.81	26
甘肃	14.36	9.05	12.11	11.26	27
海南	5.46	2.52	3.49	3.60	28

续表

省份	先行指数	一致指数	滞后指数	工业企业景气指数（ISMECI）	排名
宁夏	3.67	2.08	3.01	2.74	29
青海	2.96	1.60	2.73	2.24	30
西藏	2.35	0.73	1.16	1.30	31

省份	ISMECI(2022)	排名	与上年比较
广东	151.98	1	—
江苏	133.14	2	↑1
浙江	132.27	3	↓1
山东	98.23	4	—
河南	56.33	5	—
河北	48.68	6	—
福建	44.62	7	—
湖北	41.57	8	↑1
四川	38.16	9	↑1
上海	37.92	10	↓2
湖南	37.61	11	↑1
辽宁	37.41	12	↓1
安徽	34.88	13	—
江西	26.12	14	—
山西	23.00	15	—
天津	22.40	16	—

省份	ISMECI(2022)	排名	与上年比较
北京	21.63	17	—
陕西	21.29	18	—
广西	20.05	19	—
云南	17.03	20	—
重庆	16.76	21	—
吉林	14.66	22	—
黑龙江	14.64	23	—
新疆	14.22	24	—
贵州	13.03	25	—
内蒙古	12.81	26	—
甘肃	11.26	27	—
海南	3.60	28	—
宁夏	2.74	29	—
青海	2.24	30	—
西藏	1.30	31	—

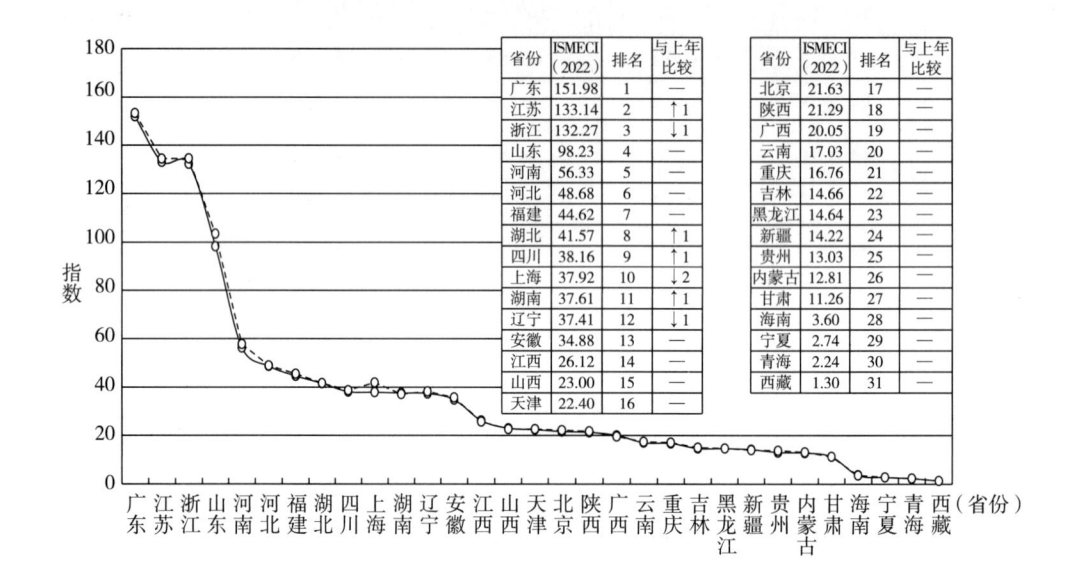

图 5-1　2022 年中国省际工业中小企业景气指数

注："与上年比较"栏："—"表示持平，"↑""↓"的数字分别表示与 2021 年相比升降的位数。

2022 年中国省际工业中小企业景气指数波动趋势具有以下特点。

（一）整体加权指数小幅下降，工业经济变局中显韧性

2022 年以工业总产值为权重的全国工业中小企业加权平均指数为 79.63，较上一年（82.32）仅下降 3.27%，与 2020 年（71.95）相比，涨幅为 10.67%。需求收缩、供给冲击、预期转弱"三重压力"叠加影响，都会直接作用在工业企业的营收和利润上，直观表现为工业营收利润率偏低，内外需求的收缩、原料及产业链供给不足等。

2021 年，大宗商品价格持续上涨、产业转型升级方兴未艾，多方压力亟待应对，但 2022 年的景气指数整体并未产生较大波动，省际整体排

名也都较为稳定，说明中国工业经济发展态势较为稳定。得益于中国工业供应链通畅，产业链完整，工业和信息化综合实力持续提高，结构调整不断优化，创新能力大幅攀升，中小企业实力显著增强。此外，在政府决策部署下，中国工业立足新发展阶段，贯彻新发展理念，构建新发展格局，顶住多重外来压力，大部分省际工业稳定运行。

（二）省际梯队分化格局明显，以点带面呈现块状复苏

广东、浙江和江苏依旧位列前三，实现平稳开局，引领全国中小企业发展。浙江与江苏的排名较上年略有变化。江苏加快推进数字化赋能先进制造业，积极协调保障生产要素供给，确保重点企业平稳增长，工业经济增长质量延续上年走势。2022年全国省际指数整体梯队分化明显，省际间仍存在发展不平衡的现象，指数梯次可划分为四个梯队：广东、浙江、江苏以及山东的指数均高于或接近100，构成第一梯队；河南、河北、福建、上海、湖北等9个省份的指数在30—90，构成第二梯队；江西、山西、天津等6个省份的指数在20—30，构成第三梯队；云南、重庆、吉林等其余12个省份为第四梯队，指数均低于20。第三、第四梯队间差距较小，总体排名最为稳定。

与2021年相比，第一梯队中，广东、浙江和江苏三省的省际指数都小幅度下滑，山东指数下降最为明显，但山东新生优势产业加速凝聚，新兴产业增势良好，工业经济有望强势回暖。第二、第三、第四梯队中，上海景气指数相较上年（41.89）下降了3.97。但在全球通胀的影响之下，大宗商品价格普遍大涨，资源型省份从中受益，山西景气指数不降反升。此外，江苏、陕西、江西等指数都略有上升。

（三）精准纾困助企解难，景气指数有望企稳回升

从整体指数变化来看，中小工业经济平稳运行，总体上保持上年回暖的态势。但工业经济平稳运行中还有不少困难和问题，上海等部分地区工业中小企业指数小幅下降。比如原材料价格上涨、交通运输难与贵、新冠肺炎疫情反复等，对景气指数上升态势造成影响。2022年4月，规模以上工业增加值比上月下降7.08%。其中汽车制造增加值同比下降31.8%，汽车产量同比减少43.5万辆。上海为了强化高端产业引领功能，摆脱"卡脖子"困境，陆续发布政策，加快智能制造的普及，提升上海现有企业的生产水平，为上海工业的景气指数持续增长带来新动力。

在国际竞争加剧，国内经济结构整体转型升级的时代背景下，创新组织形式、生产方式成为制造业未来发展的重要突破口，也是制造业实现高端化、智能化转型的关键所在。当前，景气指数稳定恢复态势没有改变，经济恢复的韧性和内生动能依然强劲。中国工业中小企业需要进一步响应国家重大战略部署，把握机遇，应对风险，抓住重点，切实助力制造业高质量发展和中国工业经济结构转型升级，支持帮扶工业中小企业有效应对冲击，实现稳健发展，增强经济高质量发展和景气指数稳步回升的动能活力。

五 2022年七大地区工业中小企业景气指数计算结果及排名

根据表5-4，按中国七大地理分布的地区划分进行数据整理，得到2022年中国七大地区工业中小企业景气指数评价结果及排名状况（见表5-4和图5-2）。

表5-4　　　　　2022年中国七大地区工业中小企业景气指数

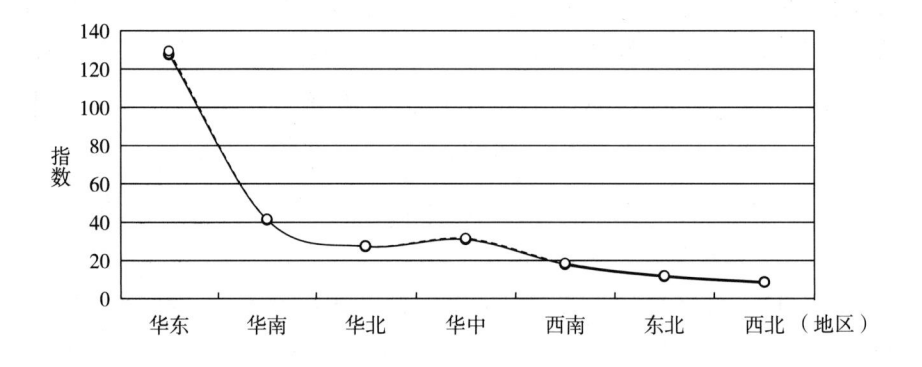

地区	先行指数	一致指数	滞后指数	工业企业景气指数（ISMECI）	排名
华东	123.35	125.72	138.66	127.60	1
华南	41.18	38.83	47.60	41.29	2
华中	33.32	28.18	34.41	30.97	3
华北	32.25	23.24	30.14	27.33	4
西南	23.19	14.24	19.66	18.01	5
东北	16.52	8.12	13.66	11.75	6
西北	13.17	5.44	9.28	8.53	7

图5-2　2022年中国七大地区工业中小企业景气指数

2022年中国七大地区工业中小企业景气指数测评结果显示，七大地区工业中小企业景气指数中华东与华中略有下滑，其余地区的景气指数相对较为稳定，但区域发展仍不均衡，景气指数由华东地区发达省份向中西部地区分层递减。

2022年华东地区景气指数（127.60）与上年（129.4）的分差为1.8，下滑幅度较小，与2021年和2020年（121.30）两年同期平均值（125.35）相比仍较为乐观。全国疫情出现局部地区反复的现象，但华东地区复工复产呈现加速趋势，基本实现连续稳定生产，其中数字技术对助力复工复产，提升工业韧性至关重要。华东地区沿海城市居多，进出口业务占比高，在双循环体系的保障下，即使全球供应链因为疫情、极端天气、国际政治等不可控因素而变得不稳定甚至中断，国内的供给仍然可以满足工业基本需求，但国内工业制造创新能力不强，缺乏核心竞争力。如江浙沪皖是全国汽车产业链的高地，浙江生产的零配件占据一定市场，但替代性强，未来竞争优势还不充分，核心关键零配件产品多由跨国企业投资，在上海生产。受上海疫情影响，自3月以来，国内汽车企业生产一度停滞。但上海及时出台政策，积极化解面临的各种突出问题和潜在风险，提振市场信心，稳定工业增长预期。

与2021年相比，2022年华南地区景气指数（41.29）几乎不变，与2021年和2020年（35.07）的同期平均值（38.18）的分差为3.11，保持了回弹趋势。华南地区位于中国东南沿海，具有传统的轻工业优势，轻工业占工业产值高达65%，形成以汽车、电子制造业等优势产业为代表的高端制造业主导的工业格局。由于投机性资本造成价格的变化往往比实体经济按照供需变化造成的要快，在国际大部分大宗商品的价格涨幅都超过1倍，国内的动力煤价格涨幅超过3倍的情况下，中下游企业无法及时调整库存和订单，导致利润被上游原材料价格挤压，不得不缩减产能，减少供给。但华南作为对外开放的前沿地区，在国内国际双循环的新发展背景下，粤港澳大湾区的产业集群优势明显；海南得益于自贸港政策的加持，未来几年工业经济仍会保持领先态势。

2022年华中地区景气指数（30.97）与上年的分差为0.59，与2021年（31.56）和2020年（26.20）的平均值（28.88）相比，仍略有优势。华北（27.33）、西南（18.01）、东北（11.75）、西北（8.53），和上年景气指数相差无几，但七大地区间仍存在差距。全球大宗商品价格普遍暴涨，尤其是煤炭价格全年平均涨幅超过 70%，动力煤价格翻倍，不同于其他地区，山西则受益于煤炭价格上涨，传统产能罕见迸发出高增长能量。但由于过度依赖煤炭，导致经济发展易受行业周期和宏观政策影响，工业经济险些下滑。但西部地区获得众多政策加持，从西部大开发到西部陆海新通道，从国内大循环到成渝双城经济圈，大投资、产业转移、西部大开发等都形成了关键支撑，西南地区在国家战略中的分量越来越重。

经济增长往往呈现周期性波动，七大地区景气指数曲线较上年呈现局部微幅波动，整体依旧保持平稳的趋势，同时较 2020 年也保持回升态势。对中国工业来说，必须用发展的眼光看问题，不能拘泥于短期的波动，要重视长期稳增长，着眼于推动工业在一个较长时间内的可持续增长，不断培育、打造和转换工业增长的新动能。

第二节 2022 年中国上市中小企业景气指数测评

一 指标体系构建及评价方法

2022 年中国上市中小企业景气指数的评价指标和评价方法沿用 2021 年度报告的指标体系及方法步骤，数据预处理采用扩散指数（DI）的编制方法，最后运用权重法计算综合指数。

据深圳证券交易所、上海证券交易所及全国中小企业股份转让系统（NEEQ）公开数据资料显示，截至 2022 年 5 月底，中国国内共有各类上市中小企业 8325 家，其中创业板上市企业 1145 家、新三板挂牌企业 6765 家，科创板上市企业 415 家。与 2021 年相比，全国上市中小企业总数略有减少（见图 5-3），主要是新三板挂牌数量有较大幅度下降。自 2019 年 6 月 13 日上海证券交易所科创板开板以来，科创板的上市公司持续增长，从最开始的 24 家企业涨到 415 家，且科创板涨势较好，涨幅领先主要市场指数。

由于部分上市企业财务公开数据存在不同程度的缺失，兼顾到抽样企业样本的代表性和财务数据完整性，本研究报告选取了 94 家创业板企业、150 家新三板企业和 156 家科创板企业，共收集 400 家上市中小企业的有

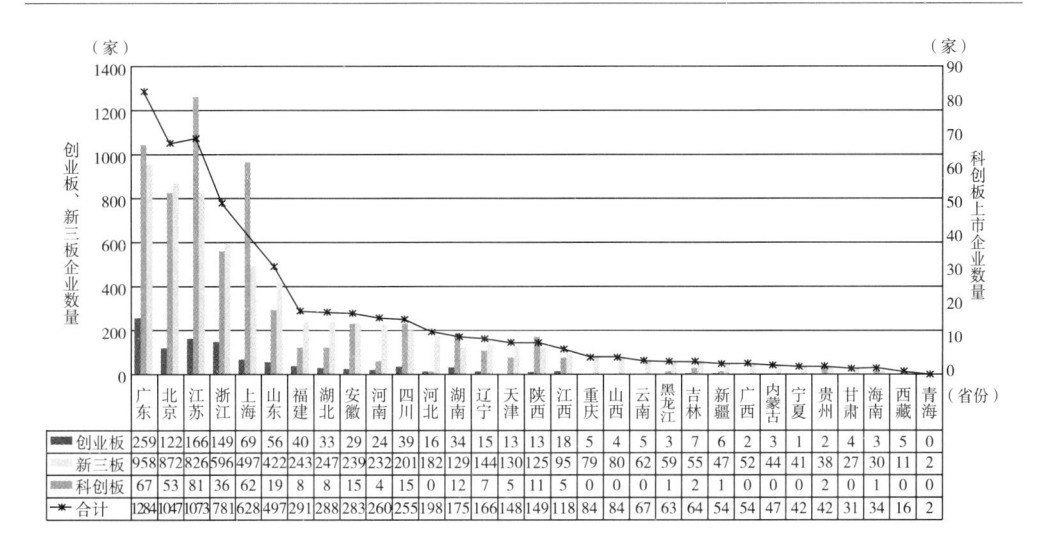

图 5-3　中国上市中小企业省际分布（截至 2022 年 5 月底）

效样本。同时，上市中小企业景气指数受企业数量影响也较大，因此计算上市中小企业景气指数时，也将企业数量作为调整系数尽量对计算结果进行修正。具体方法是：先采用 Max-Min 标准化将企业数量进行无量纲化处理，再将合成的景气指数和企业数量与其相对应的权重相乘，最后将获得的乘数相加作为反映上市中小企业景气指数的值。另外，为更加全面地分析中国上市中小企业景气指数，本年度报告将吉林、广西、内蒙古、黑龙江和西藏 5 个省份纳入计算范围，并对历史年份指数进行调整。

二　2022 年中国省际上市中小企业景气排名分析

2022 年中国省际上市中小企业景气指数测评结果如表 5-5 和图 5-4 所示。总体来看，2022 年全国省际中小企业景气指数回落，省际指数排名有较大的变动，广东省中小企业景气指数继续领跑全国。山东、河南、青海等省中小企业景气指数排名上升较为明显，上海排名下降幅度较大，其余部分省份中小企业景气指数排名略有起伏。从 2022 年中国上市中小企业景气指数的动态趋势分析，主要可以概括出以下几个特点。

表 5-5　　　　　　2022 年中国省际上市中小企业景气指数

省份	先行指数	一致指数	滞后指数	上市中小企业景气指数（SCNBCI）	排名	与 2021 年排名比较
广东	135.50	122.73	127.85	127.58	1	—

续表

省份	先行指数	一致指数	滞后指数	上市中小企业景气指数（SCNBCI）	排名	与2021年排名比较
北京	110.83	104.97	109.83	107.70	2	↑1
浙江	111.86	105.08	107.08	107.51	3	↓1
江苏	86.89	82.92	87.30	84.99	4	—
湖南	84.94	75.38	80.23	79.22	5	↑1
四川	83.69	73.47	77.04	77.25	6	↑1
山东	76.65	74.32	76.37	75.43	7	↑3
福建	80.46	70.09	74.21	74.02	8	—
河南	80.15	71.00	70.79	73.70	9	↑3
安徽	76.45	70.37	73.96	72.91	10	↓1
辽宁	77.70	70.13	72.70	72.91	11	—
陕西	71.14	70.76	76.72	72.07	12	↑1
宁夏	67.27	71.51	75.81	71.10	13	↑1
上海	71.17	69.52	71.64	70.44	14	↓9
青海	80.05	59.32	76.97	69.07	15	↑3
天津	72.22	67.08	68.08	68.82	16	↓1
重庆	77.64	64.08	65.62	68.46	17	↓1
湖北	74.77	66.34	63.47	68.30	18	↑1
新疆	68.43	64.96	72.59	67.53	19	↓2
贵州	68.46	64.93	69.53	66.91	20	↑2
黑龙江	65.86	59.01	73.89	64.04	21	—
吉林	70.83	59.17	64.49	63.73	22	↓2
河北	58.56	67.13	58.67	62.87	23	—
云南	56.45	64.34	68.71	62.85	24	↑2
甘肃	65.81	60.05	65.18	62.80	25	
内蒙古	60.08	67.02	55.41	62.62	26	↓2
海南	62.74	62.88	54.25	61.11	27	—
江西	57.14	62.75	60.71	60.66	28	
山西	61.47	59.40	36.99	55.54	29	↑1
广西	58.24	52.28	56.11	54.84	30	↓1

续表

省份	先行指数	一致指数	滞后指数	上市中小企业景气指数（SCNBCI）	排名	与2021年排名比较
西藏	52.35	50.44	56.43	52.21	31	—

注："与2021年排名比较"一栏"—"表示与2021年排名持平，"↑""↓"的数字分别表示与2021年排名相比升降的位数。

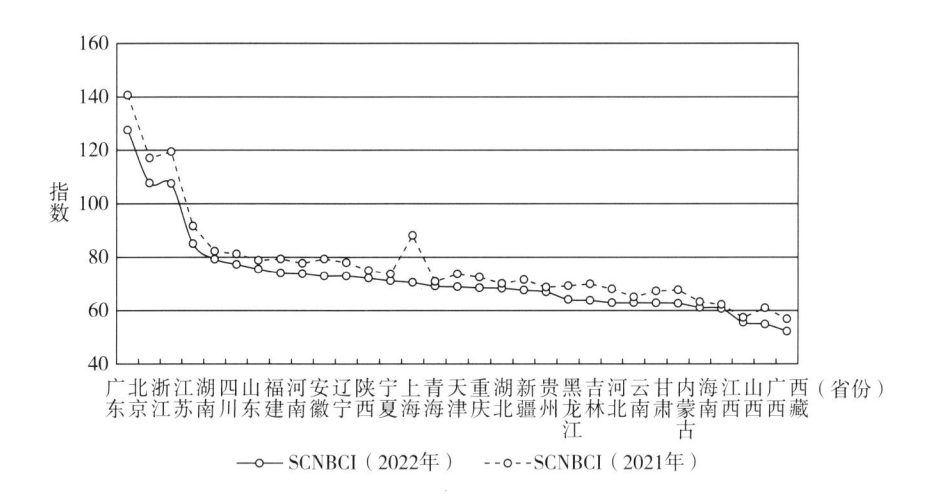

图5-4 2022年中国省际上市中小企业景气指数

（一）省际上市中小企业景气指数整体有所回落

2022年省际上市中小企业景气平均指数为72.23，相比于2021年的77.30，下降了6.56%。所有省份2022年中小企业景气指数均低于2021年，将近2/3省份的中小企业景气指数低于全国平均水平。广东、北京、浙江三省虽然排名靠前，但是下降幅度较大，受疫情反复影响，产业链和供应链受到较大冲击，市场需求难以充分释放，上市中小企业存在开工率和发展信心不足、预期偏弱等问题。上海中小企业景气指数下滑最大，排名从第5名跌至第14名。自2022年3月以来，上海受到疫情严重冲击，全域静态管理对上市企业业绩产生极大影响，使城市整体上市中小企业受到重创，与2021年相比降幅达到20.05%，成为中国各省份上市中小企业指数下降最明显的地区，上海积极为上市中小企业推出金融纾困产品和企业微课等，助力中小企业更好地应对疫情。山东、河南和青海三省景气指数下滑幅度偏小，且景气指数排名均比 2021 年上升 3 位。山东省依托"三个十大"2022 年行动计划建设科技型高质量中小企业；河南重点培育制造业头雁企业，带动建设一批"专精特新"中小企业，同时配合"小升规、规改股、股上市"工作，推动企业加快上市步伐；青海在其股权交易中心青海省四板市场设立"专精特新"专板，进一步发挥多层次资本市场资源配置、价值发现及培育孵化功能，为"专精特新"企业提供专属股权融资、行业路演、上市辅导、财务顾问等综合性金融服务，帮助中小企业打通登陆中国三大全国性证券交易所的"最后一公里"。江西、山西、广西、西藏等省份指数下滑幅度较小，但一直处于低位运行，这些地区中小企业的发展氛围相对比较薄弱，部分省份有些板块上市中小企业为 0，其中科创板缺失最为严重。受产业结构、人才和企业科创水平等限制，内生动力不足，导致其上市中小企业指数景气指数出现下滑。

（二）粤京浙上市中小企业继续保持引领格局

广东、北京和浙江仍位列前三，具体排名较上年略有变动。与 2021 年相比，广东、浙江和江苏三省的省际指数虽有明显下降，但仍然保持在 100 以上，说明粤京浙三省积极创新改革在引领全国上市中小企业高质量转型发展方面积累了诸多先行经验。粤京浙三省份上市中小企业的活力韧性得益于三大全国性证券交易场所的引领辐射作用。新三板深耕京津冀市场，吸引并服务于全国中小企业，是北京完善多层次资本市场的重要平台；深交所一直是粤港澳大湾区资本形成的枢纽，广东地区拥有全国最多的创业板和新三板上市企业，且连续多年上市中小企业总数位列全国第一，同时广东积极深化深交所与港交所开展金融产品与服务的合作，持续提升金融服务水平，2022 年全球首只跟踪深交所创业板系列指数的杠杆类产品在港交所正式上市；浙江作为中国中小企业数量最多的省份之一，浙江省股权交易中心将与全国股转公司开通"绿色通道"对接新三板和北交所，企业通过新三板浙江绿色通道更快登陆北交所，提升浙江中小企业入市数量。粤京浙是数字经济发展的前沿阵地，云计算、大数据、人工智能为代表的新技术快速发展，粤京浙三省份上市中小企业积极谋求数字化转型升级，为自身高质量发展注入新动力。

（三）上市中小企业景气指数梯队分布明显，省际差距略有缩小

从指数梯次来看，2022 年的省际指数分布可划分为四个梯队：广东、

北京和浙江的指数均高于100，构成第一梯队；江苏、湖南、四川、山东、福建、河南、安徽、辽宁、陕西、宁夏、上海11个省份的指数在90—70，构成第二梯队；青海、天津、重庆、湖北、新疆、贵州、黑龙江、吉林、河北、云南、甘肃、内蒙古、河南、江西14个省份在70—60，构成第三梯队；山西、广西、西藏三省份指数均低于60，构成第四梯队。第一梯队领先优势明显，与第二梯队指数之间形成明显断层，两梯队平均指数差距为39.35，但差距较2021年的45.29仍有下降。此外，梯队之间平均指数差距较2021年均有所下降，其中第一梯队和第四梯队之间的差距缩小程度最为明显，与2021年相比两梯队景气平均指数差距减少了7.3，说明在上市中小企业景气指数整体下行的压力下，部分省份通过有效手段保持了稳定的景气水平。云南的金种子计划给予专项政策扶持，支持企业多路径上市；山西省评选出2022年省重点上市后备企业35家，同时发挥沪深交易所山西基地和北交所新三板上市培育库引领作用，为中小企业上市提供全过程咨询服务；海南、江西、广西三省出台不同程度减免税费措施，其中江西落实"减退缓"税费政策，全省中小企业减负近300亿元。

三 2022年七大地区上市中小企业景气指数排名分析

2022年，中国七大地区上市中小企业景气指数的计算结果如表5-6和图5-5所示，2022年中国七大地区上市中小企业景气指数与2021年相比下降明显，主要可以概括出以下几个特点。

表5-6　　　　2022年中国七大地区上市中小企业景气指数

地区	先行指数	一致指数	滞后指数	上市中小企业景气指数（SCNBCI）	排名
华东	131.77	128.79	129.39	129.81	1
华北	99.29	94.70	95.06	96.15	2
华南	98.45	93.53	91.05	94.51	3
东北	78.17	72.30	74.41	74.48	4
西南	73.88	71.03	72.77	72.23	5
华中	75.40	68.70	67.01	70.37	6
西北	65.16	60.52	68.11	63.43	7

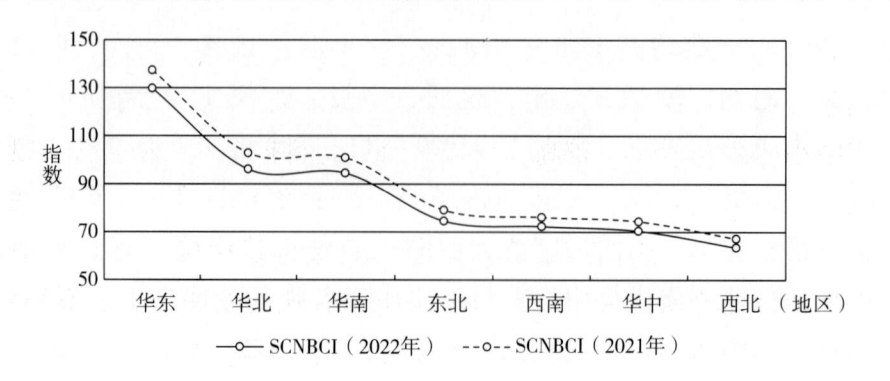

图 5-5　2022 年中国七大地区上市中小企业景气指数

（一）地区上市中小企业景气指数下滑幅度较大

2022 年七大地区上市中小企业景气指数除华东地区外均处于 100 以下，平均指数为 85.86，相比于 2021 年（91.08）下降了 5.22，降幅为 5.73%，略低于 2020 年（86.62）水平，呈现整体下滑态势。2021 年下半年以来，国内外环境复杂严峻，对创业板、新三板和中小板中的上市中小企业产生了较大的冲击，对制造业、旅游业、餐饮服务业等行业经济影响较大。2021 年年底，只有 65% 的新三板挂牌制造业公司基本恢复疫情前水平，而近三年挂牌新三板的旅游企业摘牌超过 100 家，达到挂牌旅游企业数量的半数。华北、华南地区虽然排名靠前，但是下滑幅度超过其他地区。华北地区的内蒙古和山西上市中小企业景气指数在全国排名长期靠后，严重影响了华北地区上市中小企业景气指数，结合国内整体经济环境存在下行压力、疫情冲击等问题，导致 2022 年华北地区景气指数同比下降 6.54%；华南地区中的广东作为对外开放的枢纽，在内外部环境不稳定等多种因素影响下面临订单下降、需求锐减的困境，海南和广西两地面临产业转型升级的阵痛，导致 2022 年华南地区景气指数同比下降 6.34%。

（二）区域景气指数梯队保持稳定，平均差距逐级缩小

与 2021 年相比，七大地区上市中小企业景气指数排名保持不变，华东地区景气指数（129.81）超过 100，构成第一梯队；华北（96.15）和华南（94.51）景气指数跌破 100，平均指数为 95.33，构成第二梯队；东北（74.48）、西南（72.23）、华中（70.37）和西北（63.43）四地区平均指数为 70.13，构成第三梯队。第一梯队领先优势明显，从第一梯队到第三梯队之间平均水平差距逐级缩小。长三角是中国最发达的地区之一，富集人才、资金、技术、产业等诸多优势，上海、江苏、浙江、山东各省对上市中小企业扶持力度较高，均拥有众多高科技上市中小企业，创新能力较强，凸显出华东地区较大的市场活力，如图5-3所示，华东地区的科创板上市地区占全国的54.46%，但长三角也是中国最开放的地区之一，面临较大的疫情输入压力，对上市中小企业的发展产生了不利影响。华北和华南两地依托京津冀协调发展和粤港澳大湾区两大发展战略，实现上市中小企业高质量发展，但是两地区除了北京和广东发挥引领作用外，其余省份景气指数均连续处于中下位置，且大多地区排名下降，不利于景气指数的提升恢复。东北、西南、华中、西北等地在各类资源方面落后于东部沿海地区，华东地区的景气指数是西北地区的2倍，上市中小企业的数量质量也远远落后于东部沿海。

（三）上市中小企业复苏基本面长期向好

2022年上市中小企业景气指数整体下滑，下行压力明显加大，但是立足稳字当头、稳中求进的工作基调，上市中小企业长期向好的基本面不会改变。北交所的成立使京津冀、珠三角和长三角分别有了全国性的交易所，北方资本市场影响力增强，京、沪、深三大交易所协调发展，组成了一个相互依存、有序衔接的创业板块市场体系，进一步提升了资本市场服务高质量发展能力。上交所科创板发展形势良好，一批代表未来发展方向的高新技术企业登陆科创板，上市中小企业结构明显改善，科技、医药、消费、新能源等类型公司占比显著提升，2022年第一季度科创板公司共计实现营业收入2162.86亿元，同比增长45.19%。上交所还决定免收2022年陕西省、河南省、天津市等近期受疫情影响地区的上市公司上市初费和上市年费。此外，自科创板和创业板试点注册制以来，中小企业融资功能进一步完善，更好地发挥市场在资源配置中的决定性作用。面对下行压力，各地区针对上市中小企业陆续出台社保减免、原材料保供稳价、税费优惠和提高金融支持等措施，同时多地区纷纷加大企业上市奖励力度，设定上市企业目标数量，增强中小企业上市动力和质量活力。

第三节 2022年中国中小企业比较景气指数测评

一 2022年中国省际中小企业比较景气指数波动分析

中小企业比较景气指数反映了中小企业家对当前微观层面企业经营状况的信心、宏观层面经济经营环境的判断和预期结果等进行量化加工整理得到的景气指数，是对基于统计年鉴的工业中小企业景气指数和基于上市公司数据的中小企业景气指数的必要补充。为了获得2022年中小企业比较景气指数，本课题组根据最新的大数据资料获得了31个省份的中小企业综合发展数据；同时，面向中小企业家、创业者及中小企业研究专家等实施了中国中小企业景气问卷调查，然后根据专家权重法，合成计算得到2022年中国省际中小企业比较景气指数（见表5-7和图5-6）。测评结果反映出的动态趋势与特征如下：

表5-7　　2022年中国省际中小企业比较景气指数

省份	比较景气指数（CCI）	排名	与2021年排名比较	省份	比较景气指数（CCI）	排名	与2021年排名比较
浙江	105.19	1	—	湖南	99.17	17	↑3
广东	103.20	2	—	甘肃	98.87	18	↑6
福建	101.48	3	—	内蒙古	98.75	19	↑4
江苏	101.15	4	↑7	西藏	98.53	20	↑9
河北	100.68	5	↑2	山西	98.34	21	↑6
湖北	100.60	6	↑11	北京	98.11	22	↓16
重庆	100.59	7	↑1	新疆	98.01	23	↑7
四川	100.33	8	↑2	陕西	97.70	24	↓8
天津	100.20	9	↓4	云南	97.27	25	↓6
河南	100.03	10	↑5	宁夏	96.87	26	↓1
海南	99.73	11	↑10	青海	95.61	27	↑1
安徽	99.72	12	↓3	黑龙江	89.28	28	↑3
广西	99.62	13	↓1	辽宁	88.98	29	↓3

续表

省份	比较景气指数（CCI）	排名	与2021年排名比较	省份	比较景气指数（CCI）	排名	与2021年排名比较
江西	99.53	14	↑4	吉林	84.46	30	↓8
贵州	99.40	15	↓2	上海	80.65	31	↓27
山东	99.28	16	↓2				

注：排名比较一栏"—"表示与2021年排名持平，"↑""↓"的数字分别表示与2021年排名相比升降的位数。

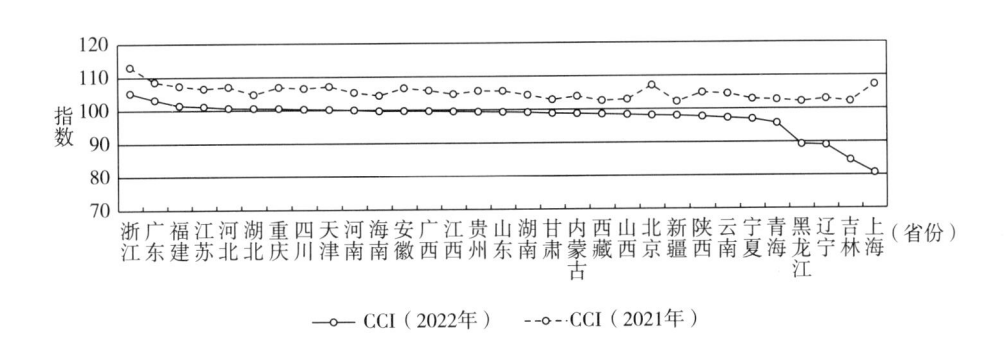

图 5-6 2022 年中国省际中小企业比较景气指数

（一）比较景气指数整体下滑

2022年，中国省际中小企业比较景气指数较上年总体呈下降趋势，平均指数为97.78，较上年平均指数下降了7.48，同比下降7.65%，呈现显著下滑态势。近三年来，浙江排名稳居第1位，但浙江由2021年的113.03下降到2022年的105.19，同比下降7.46%，下降幅度较大，当下经济发展仍面临很多的不确定性，浙江产业链供应链面临重构重塑，中小企业面临"缺芯""缺柜""缺工"和原材料价格上涨等问题，在一定程度上影响了浙江中小企业的发展。而黑龙江由2021年的102.16下降到2022年的89.28，同比下降14.43%；辽宁由2021年的102.95下降到2022年的88.98，同比下降15.70%；吉林由2021年的104.17下降到2022年的84.46，同比下降23.33%，均大幅下降。2021年黑龙江工业对经济增长的贡献率偏低，科技成果转化率不高，招商引资和营商环境建设还需加力，服务企业发展意识不强，抓落实"最后一公里"还存在堵点；

辽宁经济下行压力加大，工业增长后劲不足，有效投资规模偏小，市场主体数量偏少、活力不足，中小微企业生产经营困难加大且营商环境亟须优化，科技创新对经济发展的支撑作用不够；吉林部分中小企业面临着入不敷出的生存压力和市场萎靡的发展困境，导致产业链梗阻、用工紧张、成本上升等诸多困难。2022年，中国省际比较景气指数同比下降7.65%，国际经济环境的不确定性日益加剧，贸易环境恶化，全球产业链的安全遭受了严重威胁和外部冲击，叠加新冠肺炎疫情给中小企业带来了一定程度的影响，中小企业暂时性停摆，生产受阻，生存压力明显增加，中小企业家对当前微观层面企业经营状况的信心明显受挫。同时，2022年中小企业比较景气指数仍未恢复到疫情前水平，表明国内疫情防控仍有薄弱环节，经济恢复基础尚不牢固，居民消费仍受制约，投资增长后劲不足，中小微企业和个体工商户困难较多，稳就业压力较大，使景气指数上升受限。长远来看，2022年全球经济状况更加脆弱，全球经济复苏势头预计将有所减弱，中小企业生存发展将面临更大的不确定性。

（二）中小企业比较景气指数各梯队差异加大

2022年中小企业比较景气指数大致可分为四个梯队，较2021年相比，各梯队间差距进一步扩大。2022年浙江中小企业比较景气指数为105.19，大于105，构成第一梯队。浙江争创社会主义现代化先行省，高质量发展建设共同富裕示范区，坚定不移把数字化改革作为全面深化改革的总抓手，有力推动省域治理质量变革、效率变革、动力变革，浙江省中小企业家信心较强。广东、福建、江苏、河北、湖北、重庆、四川、天津、河南共9个省份的中小企业比较景气指数在100—105，构成第二梯队；海南、安徽、广西、江西、贵州、山东、湖南、甘肃、内蒙古、西藏、山西、北京、新疆、陕西、云南、宁夏、青海共17个省份的比较景气指数在90—100，构成第三梯队；黑龙江、辽宁、吉林、上海共4个省份的中小企业比较景气指数在90以下，构成第四梯队。第四梯队的4个省份中，黑龙江、辽宁、吉林均属于东北地区，与中国其他地区不尽相同，深层次体制机制问题仍然存在，工业结构失衡、企业步履艰难、效益严重下滑、接续产业匮乏，转型升级、动能转换任务繁重，结构调整任重道远，而且中西部农业也存在问题。同时，河南由第三梯队跃至第二梯队，2022年河南坚持以供给侧结构性改革为主线，锚定"两个确保"，实施"十大战略",统筹疫情防控和经济社会发展,继续做好"六稳""六保"工作,推动经济发展提质提速;而安徽由第二梯队跌至第三梯队,表明安徽中小企业发展仍存在问题,如资金不足、中小企业土地供应不足以及原材料上涨等。较2021年,第三、第四梯队比较指数较第二梯队差距加大,且比较指数下降幅度相对较大,反映出第三、第四梯队的中小企业家信心指数有所下降,对企业未来的发展定位不够明确。此外,近三年间各省份所在梯队虽有所变化,但浙江却稳居第一梯队,表明浙江省营商环境较好,中小企业家的生产经营信心总体较高;而黑龙江、辽宁、吉林却仍处于第四梯队,表明东北三省营商环境建设还需加力,民营经济发展滞后的问题亟待解决。从总体来看,中小企业比较景气指数分布跨度较上年扩大,梯队间差距也有所增加,在经济下行以及新冠肺炎疫情的影响下,中小企业发展相对较不景气省份的抗突发风险的能力较弱,中小企业家经营信心受挫。

(三) 部分省份比较景气指数排名上下波动明显

比较景气指数排名的结果显示,2022年省际排名起伏波动较频繁,其中湖北上升11名、海南上升10名,而北京下降16名、上海下降27名。具体来看,湖北印发《纾解全省中小微企业融资难融资贵问题的若干措施》,有助于引导更多资金支持中小微企业发展,着力纾解中小微企业"融资难、融资贵"的问题,给中小微企业发展带来了新生机;海南分别从稳定企业用工、降低运营成本、减轻税费负担、强化金融支持等方面出台具体扶持措施,重点支持受到疫情影响,生产经营遇到困难的企业,极大地增强了中小企业家的信心和预期。上海经济全面持续恢复的基础尚不牢固,制造业投资增长后劲不足,部分受疫情影响较大的行业和领域复苏艰难,特别是中小微企业生产经营困难增多,关键核心技术"卡脖子"问题仍然突出,企业主体创新活力和动力仍然不足;北京受原材料价格上涨、订单不足、用工难用工贵、应收账款回款慢、物流成本高以及新冠肺炎疫情散发等影响,中小企业成本压力加大、经营困难加剧,中小企业家对当前微观层面经营状况的信心明显受挫。整体来看,企业家对宏观层面经济经营环境不利和预期结果呈悲观预期,各省份中小企业景气指数均出现大幅下滑。当前国际环境日趋复杂,不稳定性、不确定性明显增强,外需依赖的潜在风险越来越大,尽管常态化疫情防控措施持续优化，国内经济运行已基本恢复正常，但是经济复苏的基础尚不牢固，各部门迈入正常化的步伐也不尽一致。

二 2022年中国七大地区中小企业比较景气指数分析

以中国七大地理分布的地区划分标准为依据，对区域内省份数据进行合成，得到2022年中国七大地区中小企业比较景气指数评价结果及排名状况（见表5-8和图5-7）。

表5-8　2021—2022年中国七大地区中小企业比较景气指数

地区	2021年比较景气指数	2021年排名	2022年比较景气指数	2022年排名	排名变化
华东	107.27	1	98.14	5	↓4
华南	106.24	2	100.85	1	↑1
华北	105.62	3	99.22	4	↓1
华中	104.79	5	99.94	2	↑3
西南	105.24	4	99.22	3	↑1
东北	103.10	7	87.57	7	—
西北	103.13	6	97.41	6	—

注：排名比较一栏"—"表示与2021年排名持平，"↑""↓"的数字分别表示与2021年排名相比升降的位数。

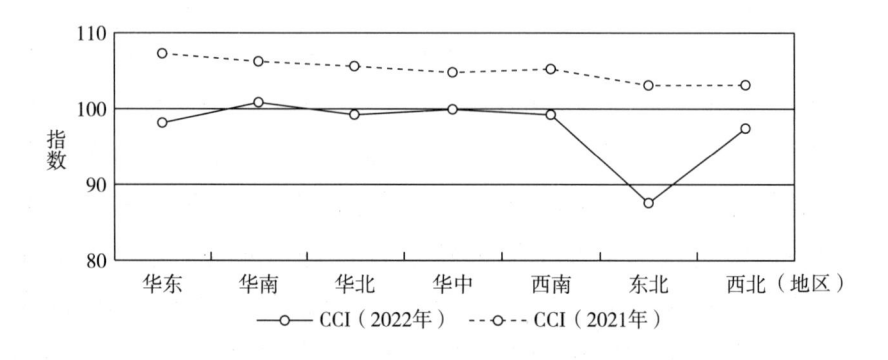

图5-7　2022年中国七大地区中小企业比较景气指数

2022年七大地区中小企业比较景气指数结果表明，七大地区比较景气指数均有不同幅度的下降，平均指数为97.48，同比下降7.77%，整体呈现下滑态势。尤其是排名相对靠前的华东（98.14）、华北（99.22）地区下降幅度较大，与其他地区差距逐渐缩小；而排名靠后的东北（87.57）地区下降幅度最大。这表明中国中小企业的整体发展态势受挫，各地中小企业经营者经营信心不足，也显示出部分中小企业家对于宏观经济发展及企业经营环境的判断未能达到预期效果。

从各区域间下滑幅度来看，2022 年七大地区平均比较景气指数为 97.48，而 2021 年为 105.06，较 2021 年相比同比下降 7.77%。2022 年华东地区（98.14）同比下降 9.30%，华南地区（100.85）同比下降 5.34%，下滑幅度最小，华北地区（99.22）同比下降 6.45%，华中地区（99.94）同比下降 4.85%，西南地区（99.22）同比下降 6.07%，西北地区（97.41）同比下降 5.87%，东北地区（87.57）同比下降 17.73%，下滑幅度最大。东北地区的社会结构与经济结构的基础不利于轻工业和商贸的发展，东北的装备制造业总体的技术水平与发达国家相比，差距不断拉大，特别是装备制造业的研发投入不足，无法带动工业投资增长，技术进步也相对缓慢；各地财政出现严重危机，导致人才外流、投资机会少、投资商转移等一系列连锁反应。2022 年排名第 2 位的华中（99.94）地区下降幅度最小，但已恢复到疫情前景气水平，表明华中地区中小企业家对未来经营状况预期较好，中小企业家经营信心不断上升。2022 年七大地区平均比较景气指数为 97.49，较 2021 年（105.06）下降幅度较大，较 2019 年（99.53）虽仍有下降，但下降幅度较小，整体向好，这得益于政府采取各种措施：加大纾困资金支持力度帮助企业"回血"、再贷款再贴现政策工具精准"滴灌"、保障产业链关键环节中小企业用电需求、清理拖欠中小企业账款等，给中小企业带来实实在在的获得感，使得经济恢复好于预期，全年国内生产总值增长 8.1%，宏观调控积累新经验，以合理代价取得较大成效。总体来看，疫情冲击是短期的、外在的，中国经济稳中向好、长期向好的基本面没有改变，转型升级、高质量发展的大势没有改变，在高效统筹疫情防控和经济社会发展各项政策措施的支持下，中国经济能够克服疫情的影响，逐步企稳回升，保持平稳健康发展。

从差异指数来看，2022 年居于首位的华南地区（100.85）和居于末尾的东北地区（87.57）相差 13.28，显著高于 2021 年的 4.17，差异较

2021年相比，同比上升68.60%。华南地区中，广东在"一带一路"建设中一直发挥着先锋和桥头堡作用，不仅拥有与东盟、"一带一路"沿线国家的贸易市场，而且每年两度的广交会吸引众多来自东盟、"一带一路"国家的商人，为广东企业带来了巨大商机。广西惠享国家全面深化开放合作战略带来的红利：《区域全面经济伙伴关系协定》（RCEP）正式签署，中国（广西）自由贸易试验区、面向东盟的金融开放门户等一批国家级重大开放平台推进建设，为广西充分发挥"一湾相挽十一国、良性互动东中西"的独特区位优势，深度融入国内国际双循环、全方位深化开放合作带来重大机遇，也为中小企业营造了良好的发展环境。海南自贸港建设开放力度不断加大，营商环境显著改善，发展动能持续加强，注重有效利用自身优势，重点培育包括旅游业、现代服务业和高新技术产业在内的现代产业体系，进一步激发中小企业活力和发展动力，为中小企业健康发展提供了有利条件。由此可见，华南地区经济增长动力强劲，中小企业、民营经济蓬勃发展，企业家信心不断提升，总体而言发展趋势良好。

从指数排名来看，华东地区在2019年、2020年、2021年均稳居第1位，但2022年，华东地区由2021年的第1位跌至2022年的第5位，表明中小企业家对该地区的经济发展和经营环境判断相对不尽如人意。具体来看，华东地区因其一定的地理优势和政策优势，保持着较高的贸易水平，营造了良好的商业环境，随着贸易保护主义抬头、内需下降、疫情反复等，上海、福建等工业生产、基建施工、商业和服务业经营的中断，对国内市场的供应端、需求端、物流及仓储等方面都产生了不同程度的影响。2022年华中地区排名第2位，与上年相比，排名上升了3位，湖北推动经济重振、高质量发展，把优化营商环境作为重要突破口，对标国际一流标准，持续推进营商环境革命，不断优化制度供给，密集送出"政策红包"，激发市场活力，为中小企业发展提供了进一步的保障。2022年西南地区排名第3位，与2021年相比，排名虽上升了1位，较2020年仍下降1位，可以看出西南地区的经济社会发展仍面临着一些问题，如对外开放水平偏低、生态环境脆弱，短板区域基础设施、环境条件及中小企业公共服务水平略微落后等，中小企业家对该地区的经济发展和经营环境判断与预期相比存在一定偏差。华北地区排名较上年下降1位，北京对津冀的辐射带动作用仍未凸显，河北的经济发展和公共服务水平与京津两市形成强烈反差，同时京津冀收入差距日益扩大，人口不断由河北向北京、天津集聚；而内蒙古自治区经济仍以批发零售、文化旅游、住宿餐饮、交通运输业等传统服务业为主，受疫情等影响严重。

第四节 2022年中国中小企业综合景气指数测评

一 计算与评价方法

鉴于数据扩充和方法完善，本课题组在评价2007—2009年中小企业景气指数时，采用工业中小企业景气指数作为中小企业景气指数。在此基础上，在2010年后加入了中小板及创业板企业景气指数和中小企业比较景气指数，2017年中小企业景气指数是基于工业中小企业、中小板、创业板及新三板上市中小企业和比较景气指数三部分指数，根据专家咨询法确定权重，最终按合成指数的计算方法进行综合测评。2018年之后的每年中小企业景气指数均沿用2017年的测评方法。

二 2022年中国省际中小企业综合景气指数排名分析

2022年中国省际中小企业综合景气指数的计算结果及景气排名见表5-9、图5-8。通过分析最新综合指数波动趋势，得出以下三大特征：

表5-9　　　　　2022年中国省际中小企业综合景气指数

省份	综合景气指数（CCSMECI）	排名	与2021年排名比较	省份	综合景气指数（CCSMECI）	排名	与2022年排名比较
广东	139.78	1	—	江西	43.82	17	—
浙江	122.14	2	—	重庆	40.65	18	—
江苏	115.50	3	—	山西	40.29	19	—
山东	91.49	4	—	云南	38.80	20	—
河南	65.91	5	—	新疆	38.59	21	↑2
福建	59.13	6	↑1	广西	38.45	22	↓2
河北	58.14	7	↑1	贵州	37.83	23	↑2
湖南	56.25	8	↑3	黑龙江	36.92	24	—

续表

省份	综合景气指数(CCSMECI)	排名	与2021年排名比较	省份	综合景气指数(CCSMECI)	排名	与2022年排名比较
四川	56.10	9	↑1	吉林	36.37	25	↓3
湖北	55.49	10	↑3	内蒙古	36.35	26	—
北京	55.10	11	↓2	甘肃	35.48	27	—
辽宁	53.21	12	—	宁夏	32.66	28	—
安徽	52.77	13	↑1	青海	31.62	29	—
上海	51.95	14	↓8	海南	30.46	30	—
陕西	44.16	15	↑1	西藏	26.30	31	—
天津	44.11	16	↓1				

注：排名比较一栏"—"表示与2021年排名持平，"↑""↓"的数字分别表示与2021年排名相比升降的位数。

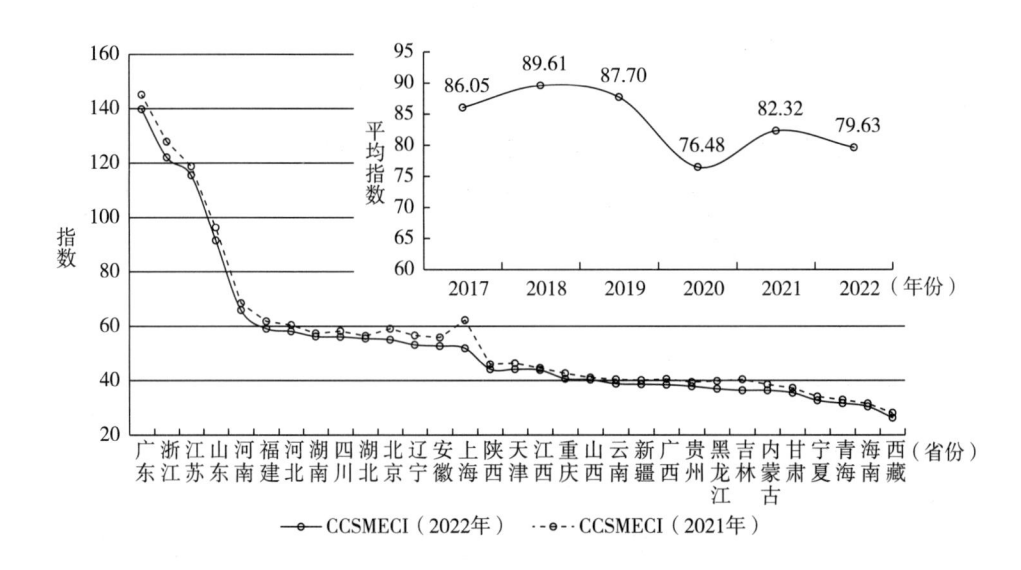

图5-8　2022年中国省际中小企业综合景气指数及平均指数

（一）省际中小企业景气指数略有回落，中小企业多重压力有所增大

通过分析图5-8的综合景气指数发现，整体区域景气格局趋于稳定，波动变化幅度较小，维持在79.63的运行区间。虽然2022年中国省际中小企业综合景气相较于2020年的景气指数有所回升，上升幅度为4.1%，但相较于2021年所有省份的景气指数均略有回落，下降幅度为3.3%。通过分析发现景气指数出现回落主要受国内疫情多点散发、扩散风险加大、能源原材料价格上涨，芯片"卡脖子"问题等因素交织影响，导致中小企业生产和内需恢复动能继续减弱，供需两端同步放缓，经济下行压力明显加大。

除此之外，中小企业面临的多重压力有所增大，例如，一是制造业扩张逆季节性放缓，产需两端同步回落，其中俄乌冲突对全球供应链造成了负面影响，疫情和地缘冲突双重因素对制造业供应链稳定性造成较大冲击，使部分企业的出口订单有所减少，市场需求减弱；二是原材料、石油等价格走高造成企业成本压力增大，中下游制造业企业经营和财务继续承压；三是受新一轮疫情拖累，景气指数明显下降，导致铁路运输、餐饮等接触性聚集性服务行业景气水平明显回落。但从总体来看，当前指数回落幅度不大，主要得益于中央及地方政府科学统筹疫情防控和经济社会发展，强化宏观政策跨周期调节，积极应对经济新的下行压力和市场主体新困难等多重考验。在各项政策支持下，国民经济将会加快恢复，实现企稳回升，进一步打造大企业与中小微企业共生共荣的发展生态，推动中小企业走专精特新道路。因此，虽然省际中小企业景气指数略有回落，经济体复苏势头放缓，中小企业经营压力有所增大，但这种影响是短期的、外在的，中国经济稳中向好、长期向好的基本面没有改变，经济发展韧性持续显现，发展质量将不断提升。

（二）粤浙苏中小企业凸显韧性，部分省份受疫情冲击较大

从图5-8的省际中小企业综合景气指数波动幅度可以看出，粤浙苏三省2022年中国省际中小企业综合景气虽略有回落，但仍维持在100以上，依旧牢牢占据榜单前三，保持齐头并进态势。其中，浙江省（122.14）继续以微弱差距险胜江苏省（115.50），两省呈现出拉锯战态势，景气指数差距仅6.64，分别位居综合指数第二和第三，凸显其经济韧性。粤浙苏作为东部沿海省份各具发展特色，新基建的竞争力与发展潜力在全国也处于领先地位，以其先进的数字技术和明显的科技创新等优势独占鳌头，正加快打造世界级先进制造业产业集群，引领着各地中小实体经济发展。但受疫情对经济运营造成的短期冲击，下滑波动最为明显的是上海市，排名下滑八位，降幅为16.6%。其大幅下滑原因大致可以包括两个方面：一方面上海作为重要港口，由于疫情防控措施收紧，会使通关

进程和物流周转受阻；另一方面，内需仍然相对疲弱，受疫情冲击，居民消费持续下滑，市场需求继续寻底。从基本面来看，当前疫情防控有序推进，上海社会面清零进程加快，有望出现指数回升。从目前发展情况来看，伴随着中央、部委连续下达的一系列文件，上海等地疫情已经得到控制，复工复产正有序推进，发用电量等一些先行指标已出现积极变化，经济指标有望向好。综上所述，粤浙苏三省筑牢实体经济的发展根基，打造战略性新兴支柱产业，带动各地区中小企业发展，部分受疫情冲击较大的省份景气指数虽呈下降趋势，但后期有望复苏。

（三）全国景气区域分层明显，地区间不平衡现象突出

2022 年，全国中小企业综合景气指数整体分层状况同上年一致，以四个层次划分，呈现出东南沿海发达地区向中西部欠发达地区分层递减的趋势。第一层次为较高位的综合景气指数，区间为 56—140，较上年最低区间下降明显。第一层次包括广东、浙江、江苏、山东、河南、福建、河北、湖南、四川九省，主要分布在中国东南沿海以及部分中部地区，其中广东、浙江、江苏、山东、河南五省排名不变仍稳居前列，除了粤浙苏三省景气指数领跑全国外，山东在聚焦新旧动能转换，以及黄河流域生态保护和高质量发展两大战略上取得了不错的成绩，而上海（51.95）因受疫情影响，综合指数降低到与安徽较为接近的水平，故划分到第二层次；第二层次综合指数较上年也有所下降，区间为 50—55，包括湖北、北京、辽宁、安徽、上海五省份，集中于中部地区及部分东北地区，湖北排名上升明显，显示出良好的发展势头；第三层次综合指数在 37—45，包括陕西、天津、江西、重庆、山西、云南、新疆、广西和贵州九省份，分散于中南部地区及西北部地区，其中新疆排名的上升得益于近年来不断趋于稳定的局势以及"一带一路"倡议的支持。此外，贵州（37.83）近年来依靠发展大数据等新兴产业一度成为"弯道超车"的典范；第四层次综合指数在 37 以下，主要包括黑龙江、吉林、内蒙古、甘肃、宁夏、青海、海南、西藏八省份，主要为中国两大长对角区，东北及西南地区，其中，海南（30.46）是尾部区域唯一的东部省份，吉林（36.37）下滑至黑龙江（36.92）后位，排名略有变化。

从指数整体分层状况来看，尽管近年来在脱贫攻坚以及缩小贫富差距上取得了巨大成就，但处于第一层次中景气指数最高的广东（139.78）

与第四层次中景气指数最低的西藏（26.30），指数相差高达113.48。除此之外，只有广东、浙江、江苏以及山东四个省份的景气指数超过全国平均景气指数，而其他地区均远低于平均值。因此省际中小企业发展差距较大的局面仍有待改善，区域发展不平衡问题长期存在。想要解决区域发展不平衡不充分问题关键是在深入分析区域经济分化特征的基础上确定解决问题的突破口，此外应鼓励各地区以创新为抓手大力推动中小企业高质量发展，大力引导资源型地区差异化转型发展，鼓励不同地区结合自身比较优势和发展条件探索差异化转型路径，大力发展文化旅游、现代农业、智能装备、绿色能源、大数据等特色产业来缩小差距。从总体来看，面对错综复杂的国内外经济环境，除了部分层次综合指数最低区间有所下降外，区域之间分化明显，地区间不平衡现象仍然突出，重点领域关键环节改革任务仍然艰巨。

三 2022年中国七大地区中小企业综合景气指数排名

测评结果显示，2022年，中国七大地区中小企业综合景气指数排名同上年分布一致（见表5-10、图5-9），具体可划分为四大阵营来分析其特征。

表5-10　　2022年中国七大地区中小企业综合景气指数

地区	指数	排名	与2021年排名比较
华东	125.31	1	—
华南	63.21	2	—
华北	55.16	3	—
华中	49.69	4	—
西南	42.40	5	—
东北	38.15	6	—
西北	33.89	7	—

注：排名比较一栏"—"表示与2021年排名持平。

（一）综合景气指数回升受阻，整体呈现小幅回落态势

受国际环境更趋复杂严峻和国内疫情冲击明显的超预期影响，导致七大地区综合景气指数回升受阻。从图5-9七大地区中小企业综合景气指

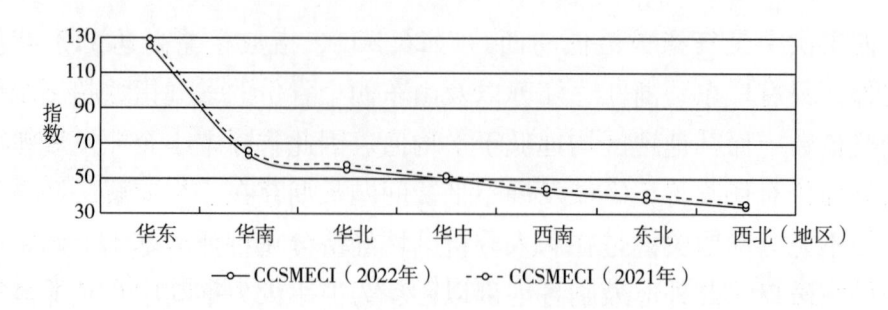

图 5-9　2022 年中国七大地区中小企业综合景气指数

数变化幅度上看，整体较上年呈现波动下行态势。七大地区综合景气指数较上年降幅波动处于 2.0%—7.4%，其中东北地区降幅最大，降幅高达 7.4%，西南地区降幅最小，仅 2.0%。在全球疫情和俄乌危机持续影响下，全球能源和粮食供求关系紧张，产业链供应链面临较大压力，初级产品价格高位运行，各国通胀压力显著上升。由外部因素带来的七大地区景气指数小幅波动是阶段性和外在的，中国经济稳中向好、长期向好的基本面没有变，支撑高质量发展的生产要素条件没有变，韧性足、潜力大、空间广的特点也没有变。随着各地区全面落实各项减税降费政策，多举措降低中小企业用工、用能、物流、融资成本，中小企业经营状况明显得以改善，培育国家级专精特新"小巨人"企业 4762 家，带动省级"专精特新"中小企业 4 万多家，入库企业 11.7 万家。此外，针对中小企业面临的疫情因素和成本上涨双重压力、技术人才占比下降、企业内生创新动力不足和金融资源供给不足等问题，部分地区监管局将发挥牵头抓总作用，会同各地各部门，多举措并施，提升减负政策精准度，以政策引领、校企合作、产教融合等多途径多模式培育人才，营造良好的投资环境，助力景气指数平稳回升。综上所述，2022 年综合景气指数虽然回升受阻，但七大地区综合景气指数整体仍保持恢复态势。下一步各大地区应坚持稳中求进工作总基调，完整、准确、全面地贯彻新发展理念，深化供给侧结构性改革，加快构建新发展格局，促进中小企业高质量发展。

（二）景气指数地区分布格局稳定，华东地区景气优势依旧明显

从整体七大地区指数分布情况上看，七大地区的景气指数排名自 2016 年以来，一直保持稳定，未出现排名变化。华东地区中小企业景气指数在 2020 年出现大幅下跌后，在 2021 年逐步恢复活力，中小企业景气

指数达 129.55，在 2022 年回落至 125.31，降幅为 3.27%，仍处于绝对领先的第一阵营。2022 年综合景气指数处于第二阵营的地区仍为华南地区、华北地区、华中地区，三个地区的景气指数均有小幅回落。华南地区（63.21）中小企业综合景气指数较上年下降 3.9%，华北地区（55.16）中小企业综合景气指数较上年下降 4.7%，华中地区（49.69）中小企业综合景气指数较上年下降 3.9%。总体来看，华南、华北、华中这三个地区景气指数排名先后并未发生变化，综合景气指数水平也较为接近，但与华东地区的水平差距仍十分明显，其中华东地区和华中地区景气指数相差高达 75.62，区域差距问题仍不可小觑。此外，第三阵营与第四阵营的地区仍保持不变，第三阵营为西南地区，第四阵营仍为东北地区和西北地区。

华东地区作为表现最为突出的地区，其景气指数领跑全国，经济实力雄厚，由沪、苏、浙、皖组成的长三角地区是中国第一大经济区，是全球重要的先进制造业基地，现已跻身为世界级城市群。在上海疫情冲击下，长三角地区产业链、供应链运行受阻，对未来中国进出口产生较大负面影响，对中小企业景气指数恢复也造成了一些不利影响。但从整体来看，随着诸多利好政策发力，华东地区正努力克服不利因素，例如，江苏省加快推进新旧动能转化，大力打造先进制造业集群，率先发展新医药产业、高端软件和信息服务业等产业，2021 年 GDP 增量就高达 1.3 万亿元，成为中国各省份中 GDP 增量最大的省份；浙江省作为区域发展最均衡的省份，被国家率先赋予共同富裕示范区称号，稳中求进，引领各地区中小企业发展；福建省通过出台 28 条措施，加大对中小企业纾困帮扶力度，给予企业更大的融资支持，为高质量发展提供有力支撑。而其余六个地区同比指数均有所回落，经济下行压力有所加大，但随着疫情防控取得阶段性成效，稳定经济政策措施持续显效，经济运行有望逐步复苏。综上所述，目前应正视国内外环境带来的困难和挑战，坚持稳字当头，高效统筹疫情防控和经济社会发展，加大宏观政策调节力度，扎实稳住经济，确保经济运行在合理区间。

（三）地区间景气指数极不平衡，区域发展差距问题严峻

由图 5-9 及表 5-10 可知，七大地区中仅华东地区处于平均景气指数之中。此外，位列第一的华东地区（125.31）与第二位的华南地区

（63.21）差距较大，相差62.1，相比位列末尾的西北地区（33.89）相差91.42，呈断崖式领先状态。西北地区在西部大开发政策的推动下取得有目共睹的进步，但仍持续处于末位，综合景气指数持续低迷。由此可见，当前中国各大地区之间的景气指数发展极不平衡，区域间发展差距问题依然严峻，具体原因如下：西北、西南及东北地区经济规模小等现象突出；华东与华南地区经济水平高，但也面临人口密度大、生态环境恶化，产业结构急需转型等问题，华中地区人口众多，发展潜力大，当前主要任务是加速工业化的推进和城市化的建设。因此，近年来国家为进一步缩小区域发展间的差距做出一系列努力，例如，随着"一带一路"倡议、西部大开发、海陆新通道、长江经济带、中部崛起等战略的叠加效应不断累积，中部与西南地区经济实力稳步提升，基础设施保障能力全面增强，不断承接东南沿海产业转移，特色优势产业发展壮大，"网红经济"效应显著，区域增长新动能不断集聚。除此之外，成渝、长江中游、中原、北部湾等城市群区域一体化进程不断加快，带动相关板块融合发展，使得中部与西南地区经济保持复苏状态，缩小落后地区与发达地区间的差距。总之，如何合理调整各地区之间的产业转移，促进区域之间协调发展将是中国各大地区中小企业经济发展面临的重大挑战和机遇。

第 六 章

中国中小企业景气指数变动趋势分析
（2018—2022 年）

本章根据 2022 年中国 31 个省份和七大地区中小企业综合景气指数排名的先后顺序，具体分析中国中小企业综合景气指数的发展趋势，考察近五年中国内地各省份各地区中小企业发展动态，总结中国中小企业景气指数波动规律和特征。

第一节 中国省际中小企业景气指数变动趋势分析

一 广东省

2022 年，广东省中小企业综合景气指数较上年下降 3.65%，较 2020 年上升 6.81%，与 2020 年相比提升较为显著。排名同 2021 年一致，依然稳居全国第 1 位。从分类指数看，2022 年，广东省上市中小企业景气指数较上年下降 9.31%，工业中小企业景气指数较上年下降 0.89%，反映企业信心的比较景气指数较上年下降 4.96%，如图 6-1 所示。

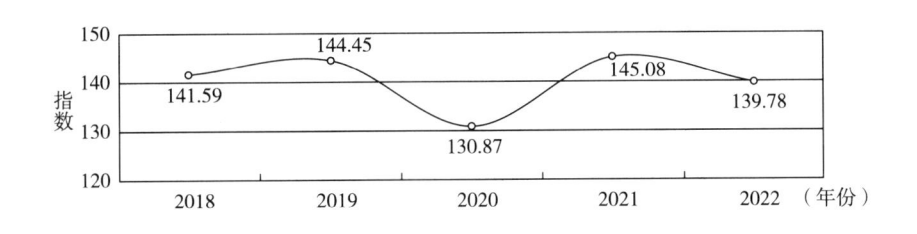

图 6-1 广东省中小企业综合景气指数走势

广东省中小企业面对需求收缩、供给冲击、预期转弱的三重压力，以及普遍存在规模小、实力弱、抗风险能力不强等短板，阻碍了中小企业的稳健发展。为解决企业燃眉之急，1—5月广东为中小企业降低税收、社保、用工、物流、租金等各项运营成本超过2400亿元，政府采购支持中小企业份额超过700亿元，规模均为历史之最。广东省坚持扩内需，大力推进贸易在国内和国内外双循环持续、稳定进行，保证中小企业积极参与国内循环、国内外双循环，进出口额度回升1.6%，对东盟、美国、欧盟等主要贸易伙伴进出口分别增长2.8%、15.0%、6.3%；先后出台"助企25条""稳工业32条""稳经济131条"等一系列政策措施，同时开展防范和化解拖欠中小企业账款的专项行动，建设中小企业诉求响应平台，不断优化中小企业发展环境，帮助中小企业渡过难关。广东省还对中小企业有针对性地纾困解难：面对芯片短缺问题，深入实施制造业"六大工程"，推进战略科技力量和关键核心技术发展，实施"广东强芯"工程、核心软件攻关工程，出台"制造业投资十条"，实施"链长制"，使广东省累计2万家规模以上工业企业实现数字化转型，全省规模以上工业增加值增长9%。面对能源紧缺问题，广东省强化电煤、天然气供应保障，综合施策降低中小企业用电成本，有效应对电力供需矛盾，推动中小企业进行绿色经济转型。从长远来看，广东省经济已经恢复稳定区间，深圳综合改革试点首批40项授权事项大部分落地并在全国推广，广深"双城"联动扎实推进，使得中小企业逐渐从珠三角向周边扩散。预计未来广东省中小企业经济发展将逐渐趋于平稳。

二 浙江省

2022年，浙江省中小企业综合景气指数较上年下降4.50%，较2020年上升2.08%，与2020年相比略有提升，排名下降至全国第3位。从分类指数看，2022年，浙江省上市中小企业景气指数较上年下降9.96%，工业中小企业景气指数较上年下降1.74%，反映企业信心的比较景气指数较上年下降6.94%，如图6-2所示。

浙江中小企业核心竞争力较弱，龙头企业带头作用较小，企业面临"缺芯""缺柜""缺工"和原材料价格上涨等问题，使2022年浙江中小企业景气指数有所下降。为此，浙江省为缓解需求收缩和原料上涨等问题，全面落实各项惠企政策，实施减税降费直达快享，2021年为企业减

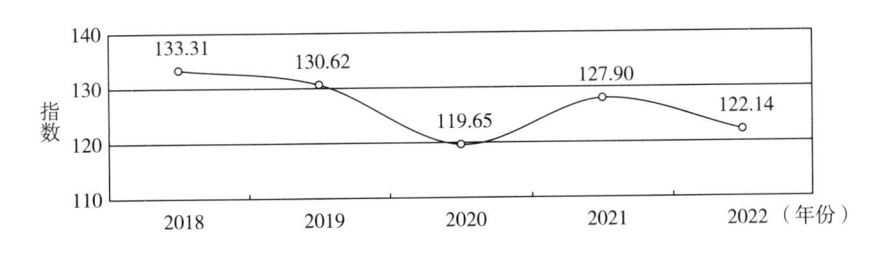

图 6-2　浙江省中小企业综合景气指数走势

负超过2500亿元，民营经济、普惠型小微企业、制造业中长期贷款分别增长18.2%、30.1%、47.1%；另外，积极参与共建"一带一路"，使外资实际使用水平同比增长16.2%，对"一带一路"沿线国家、其他RCEP成员国进出口分别增长24.2%和10.5%，占比35.7%和24.5%。重塑制造业高质量发展政策体系，省级整合存量资金99亿元、新增20亿元，集中力量推进新一轮制造业"腾笼换鸟、凤凰涅槃"攻坚行动，强化龙头企业引领带动，深入实施"凤凰""雄鹰""雏鹰""放水养鱼"和单项冠军培育行动，预计新增上市公司70家，培育雄鹰企业10家、专精特新"小巨人"企业100家、单项冠军企业20家。从数字化转型来看，数字经济核心产业制造业、高技术产业制造业、战略新兴产业和健康产品制造业等分别增长14.4%、18.5%、12.5%和22.4%；"5G+工业互联网"工程启动实施，36个产业集群新智造和33家"未来工厂"试点使数字经济核心产业增加值增长20%。浙江省中小企业虽受疫情影响上下波动，但波动整体较为平缓，预期未来发展将进一步向好。

三　江苏省

2022年，江苏省中小企业综合景气指数较上年下降2.81%，较2020年上升0.68%，总体水平虽不及2021年，但略高于2020年水平，排名上升一位，位列全国第二。从分类指数看，2021年，江苏省上市中小企业景气指数较上年下降7.23%，工业中小企业景气指数较上年下降1.02%，反映企业信心的比较景气指数较上年下降5.05%，如图6-3所示。

江苏省内需潜力较大，中小企业科技和工业创新略有欠缺，固定资产投资量增加，受到上海疫情影响，长三角一体化速度滞缓，致使其景气指数较2021年略有下降。为此，江苏省政府先着手挖掘内需潜力，使全省固定资产投资同比增长3.5%，高技术产业投资同比增长20.5%；把科

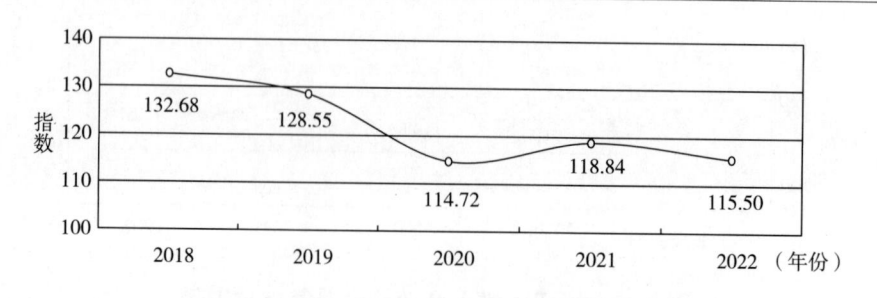

图 6-3　江苏省中小企业综合景气指数走势

技自立自强作为战略支撑，进一步完善现代工业体系，推进自我创新能力，全省规模以上工业增加值同比增长1.4%，其中高技术制造业增加值同比增长6.9%，产业结构持续优化升级，高新技术企业累计超过3.7万家，新增国家专精特新"小巨人"企业172家。协同打造沿沪宁产业创新带、G60科创走廊、环太湖科创圈，共同开展"满意消费长三角"行动，积极实施一体化示范区水乡客厅等重点项目，推动构建省际毗邻区域协调发展机制；支持苏州参与虹桥国际开放枢纽建设，支持南通建设沪苏跨江融合发展试验区，支持盐城建设长三角一体化产业发展基地。江苏省积极推动先进制造业与现代服务业融合发展，提升相关服务业营业收入；坚持优势互补、协同联动的原则，加快构建现代综合交通运输体系，促进中小企业实体经济向外拓展。江苏省坚持"一带一路"交汇点建设高质量推进，完善和落实惠企政策，新增减税降费超1000亿元，新登记市场主体258.5万户，总量达1358.9万户，市场主体活力不断增强，减轻中小企业发展压力。经济运行状况虽略有下滑，但整体稳中向好。

四　山东省

2022年，山东省中小企业综合景气指数较上年下降4.98%，较2020年下降1.43%，相对于2020年也有小幅下降，排名暂无变化，仍位列全国第四。从分类指数看，2022年，山东省上市中小企业景气指数较上年下降4.20%，工业中小企业景气指数较上年下降5.11%，反映企业信心的比较景气指数较上年下降5.95%，如图6-4所示。

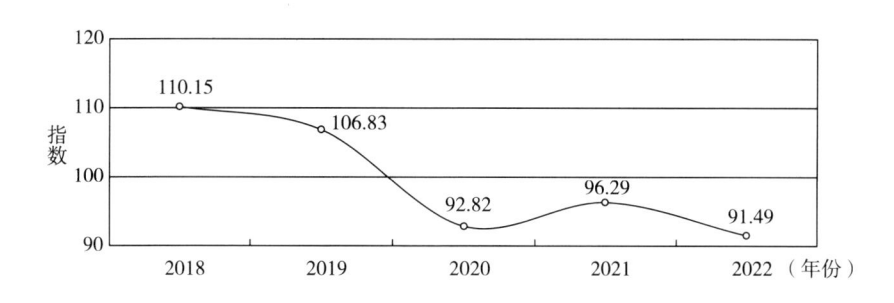

图 6-4 山东省中小企业综合景气指数走势

山东省经济运行呈持续下降态势，自主创新能力薄弱、产业传统经济动能结构单调、需求发掘程度低等问题，制约着山东省中小企业发展。全球局势震荡，如俄乌冲突使能源价格上涨，中小企业产能压力间接增加。为推动增强创新能力，山东省加快培育创新主体，高新技术企业突破 2 万家，入库科技型中小企业 2.8 万家，新增专精特新"小巨人"企业 221 家、国家制造业单项冠军 39 个，居全国前列。为推进传统经济动能突破，山东省加快实施技改提级行动计划，1—4 月，工业技改投资项目数同比增长 16.8%，完成投资增长 15.2%；占全部投资的比重达 18.7%，同比提升 1.1 个百分点，"四新"经济投资增长 18.7%，占全部投资比重为52.1%，同比提高 4.4 个百分点，并新增 12 个省级战略性新兴产业集群。全面推行链长制，绘制 9 大产业领域、42 条产业链图谱，确定 112 家链主企业，推动成立 35 家产业链共同体，产业链韧性进一步增强。为解决能源价格问题，山东半岛建设千万千瓦级海上风电基地、中国海上风电国际母港，开工渤中、半岛南 500 万千瓦海上风电项目，推进胶东半岛千万千瓦级核电基地建设，开工海阳核电二期，投运高温气冷堆示范工程，打造"国和"先进三代核能基地。为完善民生保障，深入推进推出四批"六稳""六保"高质量发展政策清单，实施"十强"产业高质量发展突破行动，加快培育产业形态好、技术支撑好、综合效益好的引领性标志性项目。预计山东省未来中小企业景气指数将会稳步提高。

五 河南省

2022 年，河南省中小企业综合景气指数较上年下降 3.75%，较 2020 年上升 2.60%，略高于 2019 年水平，排名保持不变，位列全国第五。从分类指数看，2021 年，河南省上市中小企业景气指数较上年下降 5.07%，工业中小企业景气指数较上年下降 2.50%，反映企业信心的比较景气指数较上年下降 4.96%，如图 6-5 所示。

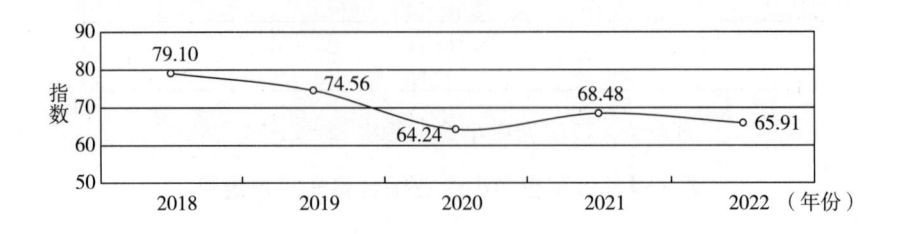

图 6-5　河南省中小企业综合景气指数走势

受短期的防汛重大险情影响和长期的创新发展缺失、城乡发展失调、生态环境发展不可持续等潜在问题影响，河南省中小企业产生了较大的损失，但从整体上看，经济态势较为稳定。河南省坚持"项目为王"，实施"万人助万企"，开展"三个一批"，扎实做好"六稳""六保"，出台灾后重建一揽子措施，帮助企业解决问题 4.9 万个，新增减税降费 255 亿元，灾后工业投资增长 11.5% 左右，货物运输量增长 18%。积极推进郑洛新自创区发展，创新主体显著增加，自创区拥有省新型研发机构 67 家，使"大众创业、万众创新"纵深推进。针对中小金融机构和企业债务风险问题，新增省级工业互联网平台 13 个、上云企业 5 万家，设立 1500 亿元新兴产业投资引导基金，提供资金供中小企业创业贷款，战略性新兴产业对规模以上工业增加值增长贡献率累计超过 40%。同时，推动城乡统筹协调发展，实施县域放权赋能、财政直管和"一县一省级开发区"改革。对于生态环境改革，则实施重点用能单位节能降碳改造，单位生产总值能耗下降 3%，可再生能源发电装机占比达到 35%。河南省中小企业发展仍稳中求进，预计河南省中小企业景气指数将进一步提升。

六　福建省

2022 年，福建省中小企业综合景气指数较上年下降 4.38%，较 2020 年上升 0.77%，与 2020 年水平相比稍有回升，排名上升一位，位列全国第六。从分类指数看，2022 年，福建省上市中小企业景气指数较上年下降 6.64%，工业中小企业景气指数较上年下降 1.98%，反映企业信心的比较景气指数较上年下降 5.46%，如图 6-6 所示。

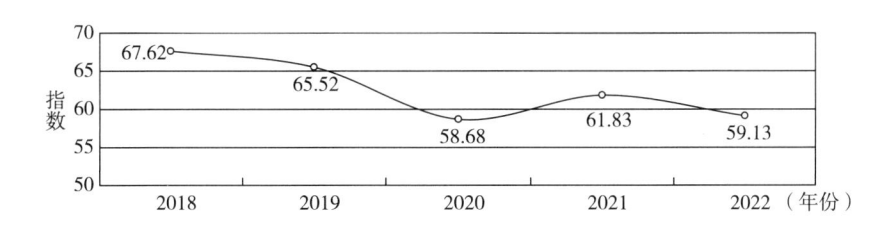

图 6-6　福建省中小企业综合景气指数走势

福建省是中国"海上丝绸之路"的主要出口地之一。面临着市场主体需求的降低、人才支撑不足等深层次矛盾影响，中小微企业和个体工商户经营困难增多。为此，福建省落实增值税留抵退税政策，加快财政支出进度，加大融资担保支持力度；坚持发展先进制造业和数字技术渗透赋能，做大"海上福建"，海洋生产总值超1.1万亿元，使投资消费稳步增长。对于短期需求冲击，福建省稳步推进普惠金融、绿色金融改革，新设200亿元纾困专项贷款，加强对中小微企业、个体工商户、货车司机、受疫情影响人群等的金融支持，帮助5400多家中小微企业渡过难关。同时，福建省对外深度融入共建"一带一路"，加大对物流枢纽和物流企业的支持力度，搭建两岸行业标准共享信息平台，建设两岸能源资源中转平台，打造台湾大宗散货转运中心，支持平潭进一步健全全链条采信体系，打造两岸物流贸易枢纽。积极支持我省有条件的企业发行外债，有效利用境外低成本资金降低融资成本，使中小企业出口充分发挥其优越的地理位置优势，实际使用外资增长6.1%，出口增长27.7%，首次突破1万亿元，货物贸易规模创历史新高；对内闽台融合持续发展，经贸往来持续提升，闽台贸易额逆势增长26.1%。福建省总体发展虽受新冠肺炎疫情冲击略有波动，但整体逐渐趋于平缓，中小企业发展将会越来越好。

七　河北省

2022年，河北省中小企业综合景气指数较上年下降3.82%，较2020年下降2.29%，相较于2019年仍有小幅下跌，排名上升一位，位列全国第七。从分类指数看，2022年，河北省上市中小企业景气指数较上年下降7.59%，工业中小企业景气指数较上年下降0.43%，反映企业信心的比较景气指数较上年下降5.95%，如图6-7所示。

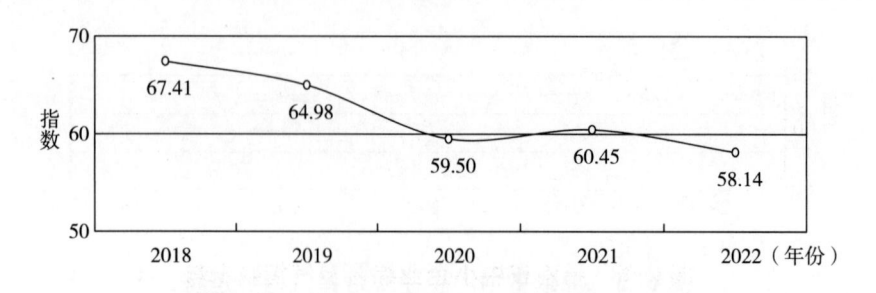

图 6-7　河北省中小企业综合景气指数走势

河北省营商环境相对薄弱，知识产权保护意识较差，工业采矿业发展停滞导致能源供应不足，未能给中小企业发展提供良好的发展环境。为此，河北省积极调整经济结构和区域布局，加快高技术制造业和信息技术服务等生产性服务业发展，产业链韧性初步提升，外资持续增长。实施稳健的货币政策，两次全面降准，推动降低贷款利率，积极推进减税降费政策，新增减税降费超过 1 万亿元；河北省还对制造业中小微企业、煤电和供热企业实施阶段性缓缴税费，小微企业贷款延期还本付息和信用贷款支持政策，银行业金融机构普惠小微企业贷款增长 27.3%。河北省突出抓好"六带"建设，打造大运河文化带，打造太行山—燕山生态保护和绿色发展带，打造沿海经济崛起带，打造石保廊创新发展引领带，打造冀中南转型升级示范带，通过特色经济推动环带中小企业联动发展。稳定产业链供应链，扩大科研自主权，强化知识产权保护，开展重点产业强链补链行动，加快传统产业数字化智能化改造。预计未来河北省中小企业景气指数将会有所回升。

八　湖南省

2022 年，湖南省中小企业综合景气指数较上年下降 1.95%，未恢复到 2019 年景气水平，较 2019 年相差 8.05%，与 2019 年的景气水平仍有较大差距，排名上升三位，位列全国第八。从分类指数看，2022 年，湖南省上市中小企业景气指数较上年下降 3.66%，工业中小企业景气指数较上年上升 1.37%，反映企业信心的比较景气指数较上年下降 4.96%，如图 6-8 所示。

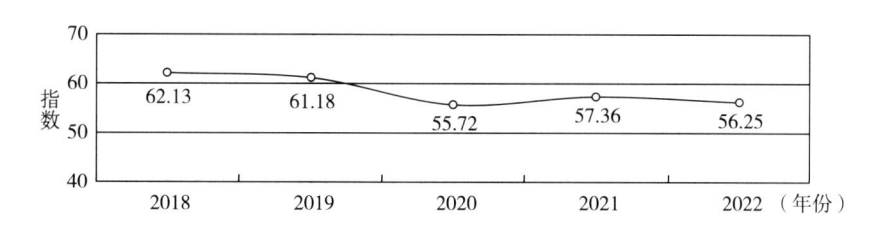

图 6-8　湖南省中小企业综合景气指数走势

湖南省作为中国中部内陆省份，中小企业产业集群化发展不够，分散化经营现象严重，且家族式企业多，经营管理方式落后，由于新旧原因叠加，湖南省2022年景气指数较2021年有所下降。为此，湖南加快推动外贸高质量发展，深度参与"一带一路"建设，主动融入区域全面经济伙伴关系协定（RCEP），推进《中国（湖南）自由贸易试验区条例》立法，推进中非经贸合作创新示范园等七大平台建设，主攻东盟市场，开拓非洲市场，拓展中亚、西亚、中东欧等新兴市场，推动中小企业更好地"走出去"。长期来看，湖南省景气指数处于稳定区间，且全国排名有所上升，中小企业将会越来越好。

九　四川省

2022年，四川省中小企业综合景气指数较上年下降3.69%，较2019年上升1.10%，与2020年水平相比有略微回升，排名上升一位，位列全国第九。从分类指数看，2021年，四川省上市中小企业景气指数较上年下降4.84%，工业中小企业景气指数较上年上升1.49%，反映企业信心的比较景气指数较上年下降5.83%，如图6-9所示。

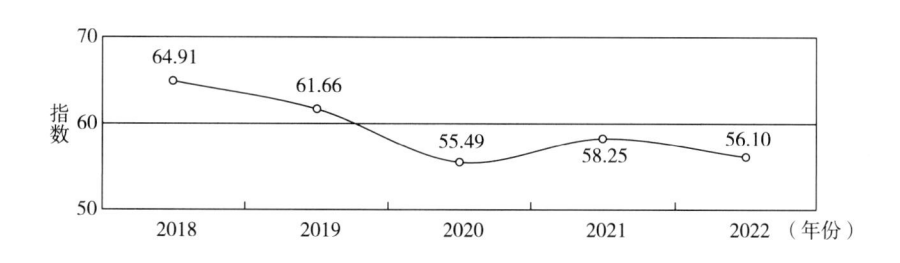

图 6-9　四川省中小企业综合景气指数走势

四川省长期以来依靠重点领域支撑产业链，中小企业现代产业体系不够完善，在内需紧缩、对外合作水平不够高的情况下，中小企业发展有些低迷。为此，四川省围绕"双城""四极""三带"，加快现代产业体系建设，稳定供应链产业链竞争力，重点培育国家级专精特新"小巨人"企业、制造业单项冠军企业等；加快科技成果转移转化示范项目和创新产品项目落地，实施"天府科创贷"试点。另外，四川省实施创业带动就业行动，建立常态化援企稳岗帮扶机制，强化新就业形态劳动者权益保障，实施全民参保计划，持续扩大社会保险覆盖面，积极改善人才就业环境，留住人才发展中小企业。四川省中小企业景气指数呈波动式逐渐下滑，2022年指数略高于2020年，但仍有较多的潜在难点需攻克。

十　湖北省

2022年，湖北省中小企业综合景气指数较上年下降1.76%，未恢复到2019年景气水平，较2019年相差9.26%，位列全国第十，排名上升三位。从分类指数看，2022年，湖北省上市中小企业景气指数较上年下降2.55%，工业中小企业景气指数较上年下降0.17%，反映企业信心的比较景气指数较上年下降3.97%，如图6-10所示。

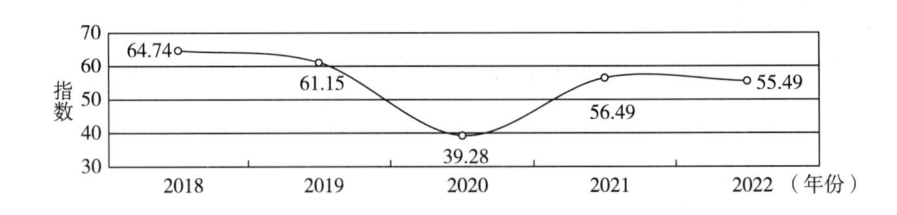

图6-10　湖北省中小企业综合景气指数走势

湖北省面对"补回来""追回来"的艰巨任务，坚持把稳增长作为头等大事，加快实施疫后重振补短板强功能"十大工程"，千方百计扩投资、促消费、稳企业、强化助企纾困政策落实，湖北省规模以上工业中小企业数达到历史新高。由于信贷需求与供给不相匹配的矛盾非常突出、中小企业生产成本快速增加等问题，2022年湖北省中小企业景气指数较2021年略有下降。2022年，湖北省大、中、小企业贷款需求指数分别为59.13%、63.56%、74.79%，但大中企业和小微企业实际贷款占比分别为69%、31%；同时，一季度工业生产者购进价格上涨12.7%，导致生产经营出现困难。为此，湖北省安排 5000 亿元以上专项信贷资金，促进中小微企业融资增量、扩面、降价；保持援企惠企政策连续性，推进"减免缓退抵"政策落地，实行"免申即享"。同时推动深层次改革与高水平开放互促共进，全力打造一流营商环境，使湖北省加速成为内陆开放新高地，提高中小企业的国际竞争力。总体来看，湖北中小企业综合景气指数走势呈"V"形反转，预计未来景气指数水平趋于稳定。

十一 北京市

2022 年，北京市中小企业综合景气指数较上年下降 6.78%，相对于 2021 年景气水平稍有下降，较 2020 年上升 3.34%，排名下降两名，仍位列全国第十一。从分类指数看，2022 年，北京市上市中小企业景气指数较上年下降 7.96%，工业中小企业景气指数较上年下降 2.41%，反映企业信心的比较景气指数较上年下降 8.39%，如图 6-11 所示。

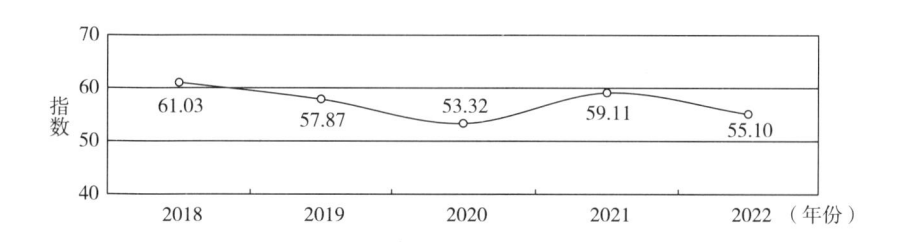

图 6-11 北京市中小企业综合景气指数走势

北京全市经济下行，市场需求紧缩，压力加大，工业生产降幅有所扩大，全市规模以上工业增加值出现下降，中小企业景气指数表现低迷。虽然新能源汽车、民用无人机、集成电路等高端产品生产增长较快，但汽车制造业、医药制造业等均有较大幅度下滑。同时市场消费受疫情冲击较大，需求减缩，消费额由增转降；商品零售、餐饮收入等社会消费品零售总额下降较快，中小企业面临着严峻的挑战。为解决市场需求紧缩问题，北京市实施新一轮推进"一带一路"高质量发展行动计划，深化京港、京澳、京台交流合作，紧紧扭住供给侧结构性改革，重视需求侧管理，顺应数字化趋势，持续实施"五新"政策，不断催生新产业、新业态、新模式，以数字化应对实体需求紧缩问题。2022 年中小企业景气指数虽略有下滑，但整体波动不大，未来将逐渐趋于平稳。

十二 辽宁省

2022年,辽宁省中小企业综合景气指数较上年下降6.01%,未恢复到2019年景气水平,较2019年下降5.49%,排名不变,仍位列全国第十二。从分类指数看,2022年,辽宁省上市中小企业景气指数较上年下降6.41%,工业中小企业景气指数较上年下降2.21%,反映企业信心的比较景气指数较上年下降13.57%,如图6-12所示。

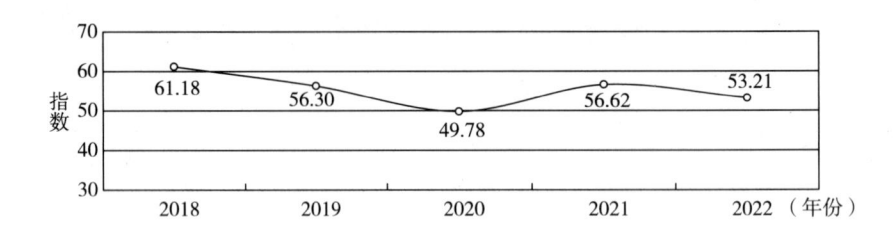

图6-12 辽宁省中小企业综合景气指数走势

辽宁省中小企业存在着融资缺口大、融资渠道单一的问题,通过股票和债券等方式进行的直接融资大约占比7%,远远低于来自银行等金融机构的间接融资。同时,作为"东北电网负荷中心",在国际原材料上涨的背景下,辽宁省用电用能方面存在困难,中小企业生产经营面临多重挑战,致使2022年辽宁省中小企业景气指数较2021年有所下降。为此,辽宁省积极对产业链和供应链进行优化,倾力做好结构调整"三篇大文章",支持产业链大中小企业打造共性技术平台;加大助企纾困力度,引导金融机构加大信贷投放力度,提升中小微企业融资获得性和便利度;深度融入共建"一带一路",高水平建设辽宁自贸试验区,抓住RCEP实施契机,指导企业用好零关税、原产地累积等规则,拓展外贸新空间,极大程度增加了中小企业的开放水平和竞争力。另外,辽宁大力推进科技成果省内转化,科技型中小企业数量长势旺盛。截至2022年3月底,新增科技型中小企业1284家,比去年同期增长26%。预计未来辽宁省中小企业景气指数水平将会有所提升。

十三 安徽省

2022年,安徽省中小企业综合景气指数较上年下降5.63%,未恢复到2019年景气水平,与2019年相差值仍在扩大,较2019年相差17.02%,位列全国第十三，排名上升一位。从分类指数看，2022年，安徽省上市中小企业景气指数较上年下降8.04%，工业中小企业景气指数较上年下降2.57%，反映企业信心的比较景气指数较上年下降6.41%，如图6-13所示。

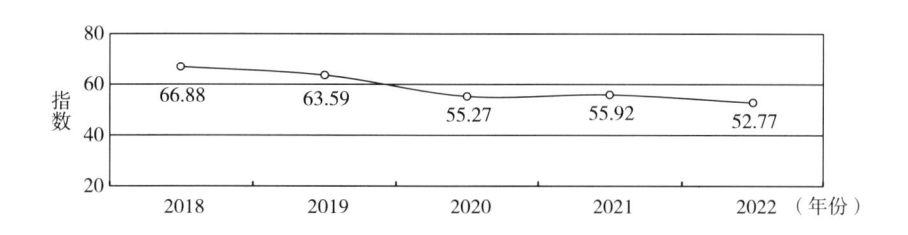

图6-13 安徽省中小企业综合景气指数走势

由于产业结构不合理、创新能力不强、地理分布不均衡等问题，2022年安徽省中小企业综合景气指数下降幅度较大。2022年1—4月，全省规模以上工业企业利润同比下降7.6%，降幅比1—3月扩大5.5个百分点。安徽省中小企业主要分布在合肥、芜湖和阜阳，区域分布差异拉大，导致市场准入壁垒限制仍然存在，中小企业用地困难，对中小企业长期发展影响较大。为此，安徽省把"双招双引"作为经济工作"第一战场"，坚持"顶格倾听、顶格协调、顶格推进"，在更大市场空间汇聚资源，推进"亩均论英雄"改革，对全部规模以上工业企业实施亩均效益评价，建立十大新兴产业省级专班推进机制；坚持创新驱动，推动合肥综合性国家科学中心能级实现新提升，加快重大科技基础设施建设步伐，能源、人工智能、大健康研究院组建运行；强化市场导向，扎实推进长三角一体化发展，提高对接沪苏浙体制机制和营商环境；全面实施自贸试验区专项推进行动计划，推进合肥、芜湖、安庆跨境电商综试区建设。多措并举纾困中小企业的发展困难，打通中小企业走出去拓展通道。

十四 上海市

2022年，上海市中小企业综合景气指数较上年下降16.60%，较2020年景气水平相对更低，下降8.62%，排名下降八名，位列全国第十四。从分类指数看，2022年，上海市上市中小企业景气指数较上年下降20.05%，工业中小企业景气指数较上年下降9.48%，反映企业信心的比较景气指数较上年下降24.76%，整体下降较大，如图6-14所示。

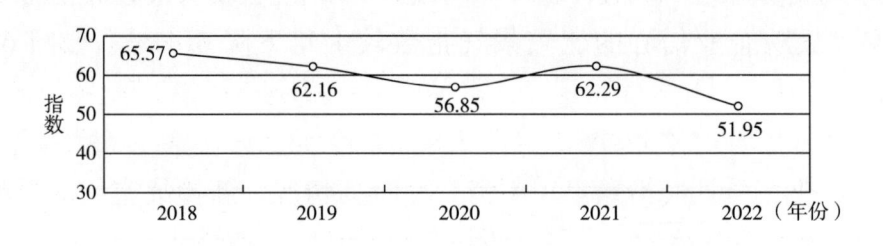

图6-14　上海市中小企业综合景气指数走势

受新冠肺炎疫情影响，上海市大部分中小企业陷入停工停产的困境，中小企业景气指数下滑幅度较大。为此，上海市织密织牢疫情防控安全网，坚持"外防输入、内防反弹"，强化人、物、环境同防，压实"四方责任"，因时因势、精准有效完善疫情防控各项措施，坚持封城管理，防止疫情进一步扩散。为降低本市中小企业生存压力，政府实行退税、社保费缓缴、减房租一揽子政策，将面向小微企业采购的价格扣除比例由6%—10%提高至10%—20%，并且利用平台企业带动经济发展。随着上海疫情逐渐好转，上海经济下降趋势也逐渐趋于缓和，预计未来上海中小企业景气指数将转向快速增长阶段。

十五　陕西省

2022年，陕西省中小企业综合景气指数较上年下降3.97%，未恢复至2019年景气水平，与2019年相差6.56%，排名较上年上升一位，位列全国第十五。从分类指数看，2022年，陕西省上市中小企业景气指数较上年下降3.77%，工业中小企业景气指数较上年下降1.98%，反映企业信心的比较景气指数较上年下降6.85%，如图6-15所示。

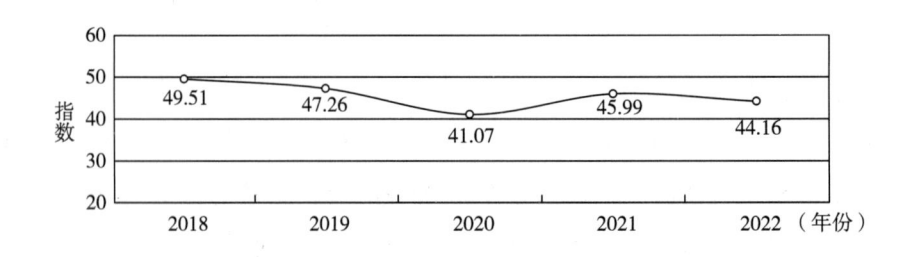

图6-15　陕西省中小企业综合景气指数走势

陕西省传统产业转型升级较缓，战略性新兴产业支撑不强，合理的产业结构短期内还难以形成。2022年第一季度，社会消费品零售总额也同比下降9.8%，能源工业增速回落，其中石油、煤炭及其他燃料加工业下降9.1%，降幅扩大8.5个百分点，工业生产者购进价格上涨16.0%，中小企业生产成本上升，企业经营压力增加，利润空间被进一步压缩，2022年中小企业综合景气指数出现下滑。面对新情况、新挑战交织的严峻考验，陕西省将深入实施秦创原建设三年行动计划，加快创新促进中心、平台公司建设，提高链条式孵化、高效能转化水平；加大中小微企业、个体工商户帮扶力度，积极帮助解决原材料供应、产品生产等方面的突出问题；坚持"稳控转"调优能源工业；强化多式联运促贸易，拓展"长安号+境内外城市港口"模式，加密"+西欧"线路，提升制度型开放水平，帮助中小企业更好地"走出去"，预计陕西省中小企业景气指数将趋于稳定。

十六　天津市

2022年，天津市中小企业综合景气指数较上年下降4.95%，未恢复至2019年景气水平，与2019年相差6.34%，排名较上年下降一位，位列全国第十六。从分类指数看，2022年，天津市上市中小企业景气指数较上年下降6.56%，工业中小企业景气指数较上年下降1.15%，反映企业信心的比较景气指数较上年下降6.45%，如图6-16所示。

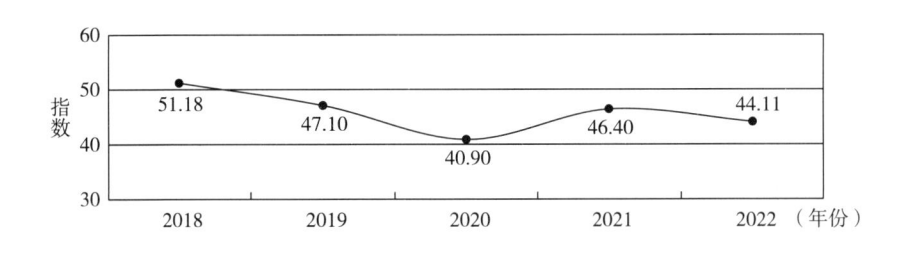

图6-16　天津市中小企业综合景气指数走势

天津市作为中国京津冀世界级城市群的核心节点，是拉动中国经济的重要引擎和增长极。由于天津新旧动能转换动力不足，数字经济与实体产业融合不足；科技成果转化机制落地不够到位；民营经济实力偏弱；商业新业态新模式发展滞后，消费潜力未充分释放；金融生态环境还比较脆弱等，天津市2022年中小企业综合景气指数较上年下降明显。2022年第一季度天津市固定资产投资同比下降4.5%，社会消费品零售总额同比下降3.9%，规模以上工业增加值同比下降0.6%，制造业下降3.3%。为此，天津市以智能科技产业为引领，着力壮大生物医药、新能源、新材料等新兴产业，巩固提升装备制造、汽车、石油化工、航空航天等优势产业，加快构建"1+3+4"现代工业产业体系；通过"一制三化"改革升级版加快实施，广泛开展"我为企业减负担"行动，进一步增强民营经济和中小微企业活力；坚持科技创新与体制机制创新，打造"海河英才"行动计划升级版，实施高新技术企业倍增计划，优化中小企业梯度培育机制，为中小企业创新发展融入动力；加快构筑开放合作新高地，中埃·泰达苏伊士经贸合作区、天津意大利中小企业园等重点项目加快推进，积极助力中小企业开拓国际市场。总体来看，天津市中小企业发展未来可期。

十七 江西省

2022年，江西省中小企业综合景气指数较上年下降1.65%，未恢复至2019年景气水平，与2019年相差6.79%，排名较上年未有变化，位列全国第十七。从分类指数看，2022年，江西省上市中小企业景气指数较上年下降2.44%，工业中小企业景气指数较上年上升1.56%，反映企业信心的比较景气指数较上年下降4.96%，如图6-17所示。

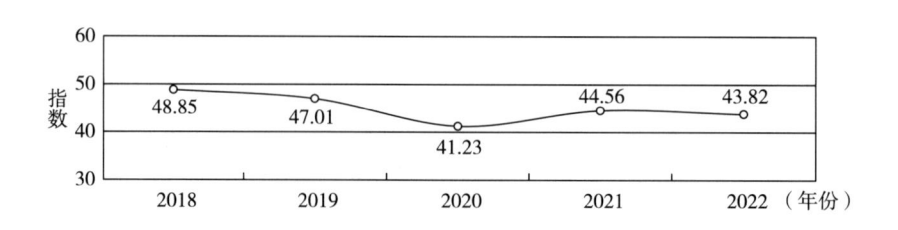

图6-17 江西省中小企业综合景气指数走势

江西省是全国重要的电子信息制造集聚区。以吉安市为例，全市14个开发区中有10个将电子信息作为首位产业，与南昌市等地的电子信息产业链相似度达95%以上，市域范围内产业细分领域相似度也达88%左右，致使县域之间"血拼"优惠政策的现象较为普遍，削弱了区域整体竞争力，产业布局不合理，同质竞争严重。在多因素叠加影响下，2022年江西省中小企业景气指数较上年略有下降。为此，江西省将继续抓实数字经济做优做强"一号发展工程",结合万人助万企及"专精特新万企行"活动,深入摸排"2+6+N"产业"卡脖子"问题,健全"1+5+N"政府性融资担保体系,出台《关于有效应对疫情帮助中小企业纾困解难的若干政策措施》,推出 28 条扶持措施,为广大中小企业和个体工商户赶走"倒春寒",全力保障中小企业健康发展,预计未来江西省中小企业景气指数水平将稳定增长。

十八　重庆市

2021 年,重庆市中小企业综合景气指数较上年下降 4.75%,与 2019 年相差 9.55%,排名较上年未有变化,位列全国第十八。从分类指数看,2022 年,重庆市上市中小企业景气指数较上年下降 5.49%,工业中小企业景气指数较上年下降 1.94%,反映企业信心的比较景气指数较上年下降 5.95%,如图 6-18 所示。

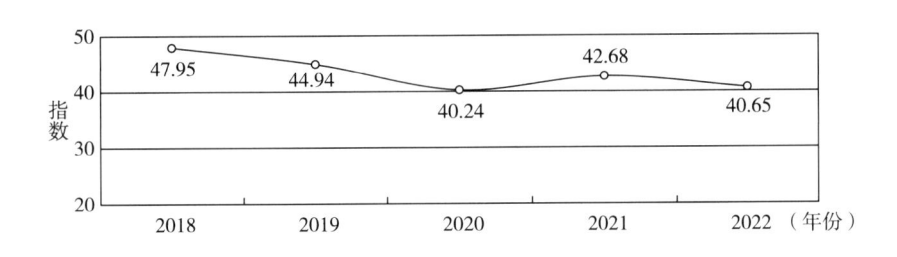

图 6-18　重庆市中小企业综合景气指数走势

重庆作为一个老工业基地,正处于传统产业与新兴产业快速结合的转型升级阶段,同时又迎来了成渝地区双城经济圈建设机遇,以大数据智能化为引领的创新驱动发展战略行动计划进展明显,成为全国首个同时拥有港口型和陆港型国家物流枢纽的城市,开放通道持续拓展。但重庆中小企业高质量发展还面临科技创新能力不强、进出口增幅放缓、创新高端人才稀缺等不少困难和问题,2022 年重庆中小企业综合景气指数较上年下降明显。为此,重庆市加速融入共建"一带一路"和长江经济带发展,加快建设内陆开放高地,抓住国际消费中心城市培育建设契机,深化"巴渝新消费"八大行动,激发市场主体活力;实施"专精特新"中小企业高质量发展专项行动计划,培育发展优质中小企业;加大助企纾困力度,落实国家新的组合式减税降费政策,继续执行现行纾困政策,实施中小微企业助力工程等促进中小企业快速健康发展。在多重政策的支持下，预计重庆市中小企业景气指数将缓慢恢复。

十九 山西省

2022年，山西省中小企业综合景气指数较上年下降1.90%，未恢复至2019年景气水平，较2019年相差0.69%，排名较上年未有变化，位列全国第十九。从分类指数看，2022年，山西省上市中小企业景气指数较上年下降3.03%，工业中小企业景气指数较上年上升1.45%，反映企业信心的比较景气指数较上年下降4.46%，如图6-19所示。

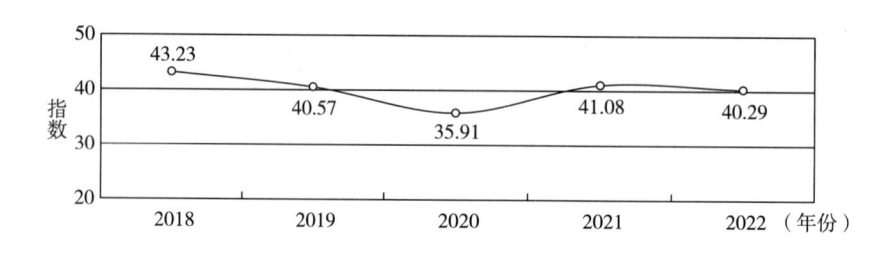

图 6-19 山西省中小企业综合景气指数走势

山西省虽为能源大省，但产业结构单一，缺乏优势产业。正所谓山西兴于煤，累于煤，产业转型较难，加之山西省资本市场发展相对较慢，对中小型企业融资问题的缓解有限，从而导致2022年山西省中小企业综合景气指数较上年下降。为此，山西省面向市场主体，在创优环境中充分激发中小企业活力；统筹有效市场和有为政府协同发力，精准落实国家更大规模减税降费政策；启动实施市场主体倍增工程，精准推出促进市场主体倍增"1+N"支持政策，高规格召开民营企业家座谈会，滚动实施高新技术企业倍增计划，切实解决制约中小企业发展的突出问题。着力推动传统优势产业内涵集约发展，以能源革命综合改革试点为牵引，着力稳产保供，促进优化升级，推动绿色发展，构建普惠性融资担保体系，促进中小企业融资增量、扩面、降价。预计未来山西省中小企业景气指数水平将趋于稳定。

二十 云南省

2022年，云南省中小企业综合景气指数较上年下降4.01%，未恢复至2019年景气水平，与2019年相差5.55%，排名上升一位，列全国第二十。从分类指数看，2022 年，云南省上市中小企业景气指数较上年下降 3.37%，工业中小企业景气指数较上年下降 2.27%，反映企业信心的比较景气指数较上年下降 6.94%，如图 6-20 所示。

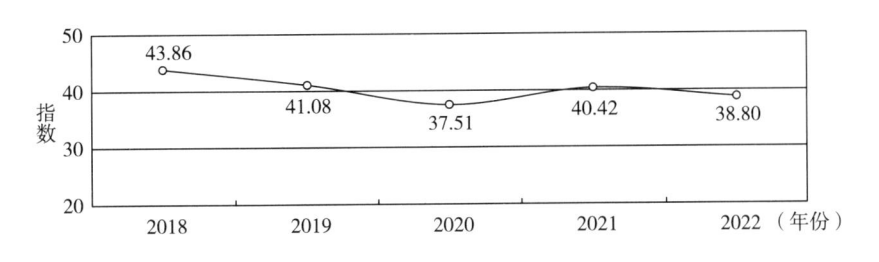

图 6-20　云南省中小企业综合景气指数走势

由于产业集聚发展不充分、产业链附加值不高、企业生产经营困难增加，2022 年云南省中小企业综合指数呈现下降趋势。2022 年第一季度，全省规模以上工业企业每百元营业收入中的成本较 1—2 月增加 2.82 元，营业收入利润率较 1—2 月下降 0.45 个百分点，亏损面较 1—2 月扩大 0.51 个百分点。全省市场主体数量偏少，民营经济占比低，民营经济增加值总量不大，仅相当于四川、重庆的 41.7%、77.9%。为此，云南省全力推进产业强省建设，加快新旧动能转换，持续深化改革扩大开放，信息网络建设不断加快，"数字云南"建设取得积极进展，云南正在由"边疆"转向改革开放前沿。2022 年，云南省加快培育市场主体，实施"8+2"配套培育计划，大力发展民营经济，积极培育省级专精特新"小巨人"企业，促进"四上"企业较快增长；将科技型中小企业研发费用加计扣除比例提高到 100%，持续推进中小企业科技创新、产业创新；扩大对内对外开放，深入实施高质量对接 RCEP 行动计划和中老铁路沿线开发建设三年行动计划，参与周边国家物流体系建设，使中小企业形成高水平开放型经济体制。

二十一　新疆维吾尔自治区

2022 年，新疆维吾尔自治区中小企业综合景气指数较上年相差了 3.80%，与 2020 年相比上涨了 8.16%，排名上涨两名，位列全国第二十一。从分类指数看，2022 年，新疆维吾尔自治区上市中小企业景气指数较上年下降了 5.62%，反映企业信心的比较景气指数较上年下降了 4.10%，工业中小企业景气指数较上年上升了 1.18%，如图 6-21 所示。

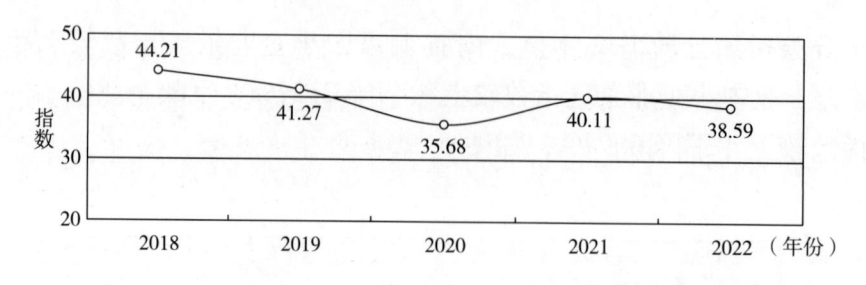

图 6-21　新疆维吾尔自治区中小企业综合景气指数走势

新疆中小企业总体科技创新水平不足，产业转型升级速度较缓，生态环境约束问题突出，且新疆域内产业发展极不平衡，截至 2021 年年底，乌鲁木齐市的登记在册中小企业占新疆总数的 34.2%，超过新疆登记在册企业的 1/3，其余地区所占比重均在 10% 以下，且登记在册中小企业主要集中于批发和零售业、住宿和餐饮业、居民服务业，占比分别为 49.5%、13.9%、11.7%。为此，新疆制订《新疆金融服务小微企业和个体工商户暖心行动方案》，聚焦提升小微企业和个体工商户金融服务效能，助力市场主体稳产经营并实现区域均衡发展。2022 年新疆维吾尔自治区中小企业综合景气指数较 2021 年同比小幅下降，从长期来看，新疆中小企业景气指数相对稳定，无大幅波动，预计未来新疆中小企业景气指数将稳中有升。

二十二　广西壮族自治区

2022 年，广西壮族自治区综合景气指数较上年相差 5.27%，已恢复至 2020 年景气水平，超过 2020 年的 2.4%，但排名下降两名，列全国第二十二。从分类指数来看，反映企业信心的比较景气指数较上年下降 5.84%，工业中小企业景气指数较上年上升 2.60%，如图 6-22 所示。

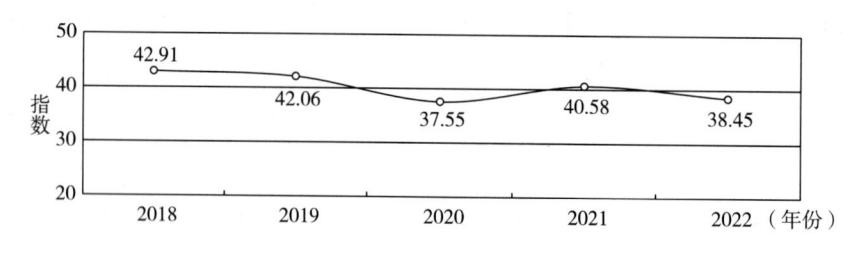

图 6-22　广西壮族自治区中小企业综合景气指数走势

工业是广西壮族自治区稳定增长的重中之重,由于能源电力供应紧张、供应链关键产品紧缺、企业融资依旧存在隐蔽性壁垒等问题,2022年广西壮族自治区中小企业综合景气指数有所下滑。为此,广西实施"工业强桂"战略和工业振兴三年行动,推进工业生产复苏,2022年工业中小企业景气指数小幅上涨。同时,积极迈出开放步伐,为中小企业采取跨境电商贸易模式提供有利环境,并深入实施"千企开拓"基础工程,促进外贸外资稳中提质。另外,广西积极筹措"桂惠贷"贴息资金,为中小企业提供融资优惠。未来广西壮族自治区营商环境将持续优化,中小企业景气指数将有所回升。

二十三 贵州省

2022年,贵州省综合景气指数较上年下降4.06%,未达到2020年景气水平,与2020年相差2.65%,但排名上升两位,列全国第二十三。从分类指数来看,反映企业信心的比较景气指数较上年下降5.89%,上市中小企业景气指数较上年下降2.61%,工业中小企业景气指数较上年下降5.37%,如图6-23所示。

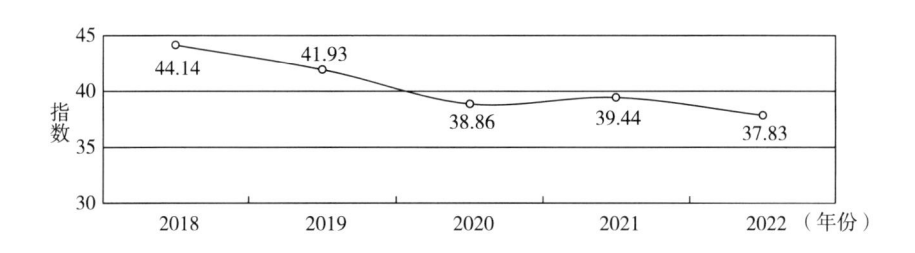

图6-23 贵州省中小企业综合景气指数走势

由于资金保障能力不足、科技创新起步晚基础差、工业节能与资源综合利用问题突出等,2022年贵州省中小企业综合景气指数有所下降。为此,贵州省加速推进市场化改革,设立中小企业信贷通,帮助中小企业解决融资环境问题。深入实施"万企融合""百企引领"战略,大力推动中小企业产业数字化。贵州省创办"信贷通",缓解贵州中小企业融资难、融资贵的问题。贵州省集中精力大抓产业,改造提升传统产业,延长产业链提高附加值,加快发展新兴产业提升贵州产业能级,并且大力实施"引金入黔""险资入黔""基金入黔",开展常态化政金企融资,大力扶持中小企业。预计未来贵州省中小企业景气指数将摆脱下滑趋势。

二十四 黑龙江省

2022年，黑龙江省中小企业综合景气指数较上年相差7.15%，达到了2020年景气水平，与2020年相比上升4.38%，排名保持不变，列全国第二十四位。从分类指数看，2022年，黑龙江省工业中小企业景气指数较上年下降0.14%，反映企业信心的比较景气指数较上年下降12.61%，如图6-24所示。

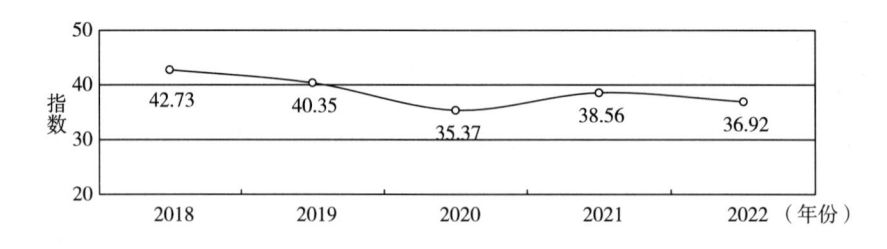

图6-24 黑龙江省中小企业综合景气指数走势

黑龙江省经济结构以重工业为主，在大宗商品如铁矿石、钢材、铜、铝等价格出现大幅上涨的情况下，下游中小企业承受较大的成本压力，甚至在一定程度上扰乱了正常产销循环；同时黑龙江省数字化产业投资不足等，使2022年黑龙江省中小企业综合景气指数较上年有所下降。以齐齐哈尔市为例，2021年全市企业信息化投入比上年下降11.1%，信息化投入占营业收入比重同比减少4.2个百分点。为此，黑龙江加速提升现代服务业，深入挖掘新消费需求，激发批零住餐、营利性服务业中小企业活力；推出《2022年省级中小企业稳企稳岗基金担保贷款风险补偿实施办法》，为中小企业提供资金贷款支持并加大中小企业的抗风险能力；加快培养民营企业梯度成长，保障民营企业依法公平使用生产要素，组建龙商总会建立常态化沟通机制帮助中小企业解决共性和个性难题。总体来看，黑龙江省中小企业综合景气指数走势趋于稳定。

二十五 吉林省

2022年，吉林省综合景气指数较上年相差10.02%，达到2020年景气水平，与2020年相比上升9.13%，但排名下降三位，列全国第二十五位。从分类指数来看，反映企业信心的比较景气指数较上年下降18.92%，工业中小企业景气指数较上年下降2.53%，如图6-25所示。

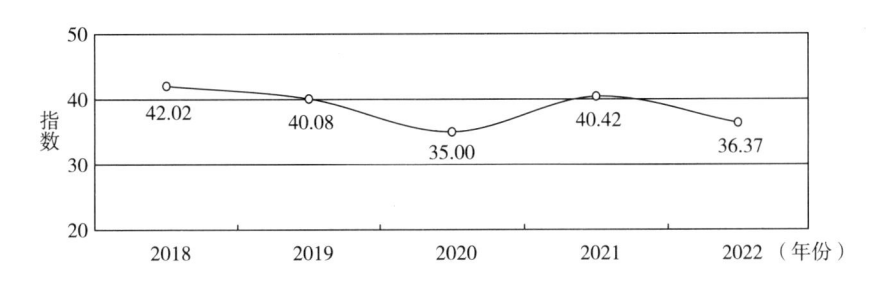

图6-25 吉林省中小企业综合景气指数走势

吉林省整体经济呈下滑趋势，产业结构偏向重工业，集中在汽车产业、石化和新材料产业，营商环境与市场主体期望还有一定差距，在疫情反复的背景下，2022年吉林省中小企业综合景气指数较去年依然有所下降。为此，吉林省大力开展技术攻关，培育创新主体，出台"双创"再升级政策，实行企业"网上办、一天办、免费办"，提升企业从建立到经营的便利度；进一步激发市场主体活力，依法保护民营企业合法权益，深入实施"吉翔"计划，推动解决中小微企业融资难题，并且引导企业加大科研经费提高自身创新能力。长春市出台《支持培育"专精特新"中小企业加快发展的若干措施》并有针对性地提出9个方面37条举措，加大财政资金支持、助力企业创新发展、强化金融服务保障、鼓励对外开放合作，支持中小企业做优做强、鼓励智能化转型。预计未来吉林省中小企业综合景气指数将会有所反弹。

二十六 内蒙古自治区

2022年，内蒙古自治区中小企业综合景气指数较上年相差5.74%，达到2020年景气水平，超过2020年的5.09%，但排名保持不变，列全国第二十六位。从分类指数看，2022年，内蒙古自治区工业中小企业景气指数较上年下降2.29%，反映企业信心的比较景气指数较上年下降4.96%，如图6-26所示。

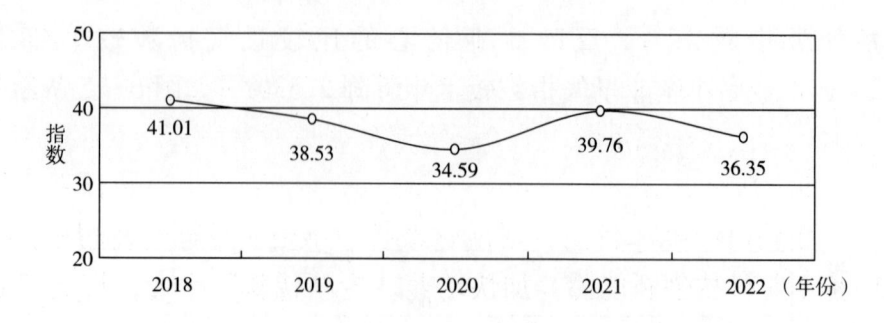

图 6-26　内蒙古自治区中小企业综合景气指数走势

内蒙古缺乏创新技术支撑的经济循环体系，传统高投入、高排放、高污染的发展模式，导致中小企业竞争力低下，面临着严峻的生态环境危机和转型升级挑战，使2022年内蒙古自治区中小企业综合景气指数较上年有所下降。为此，内蒙古自治区全面深化"科技兴蒙"行动，实施研发投入攻坚行动，印发《自治区促进服务业高质量发展实施方案》，制定支持中小微企业发展政策包50条；持续打好污染防治攻坚战，加强节能减排力度，加快大宗货物运输"公转铁""散转集"，建设呼和浩特、包头"千兆城市"，推进中小企业数字化转型，同时实行"天骏计划"，支持中小企业开展信贷融资。预计未来内蒙古自治区中小企业景气指数将企稳回升。

二十七　甘肃省

2022年，甘肃省综合景气指数较上年相差4.82%，达到2020年景气水平，与2020年相比上升2.4%，但排名保持不变，列全国第二十七位。从分类指数来看，反映企业信心的比较景气指数较上年下降3.97%，上市中小企业景气指数较上年下降6.63%，工业中小企业景气指数较上年下降0.07%，如图6-27所示。

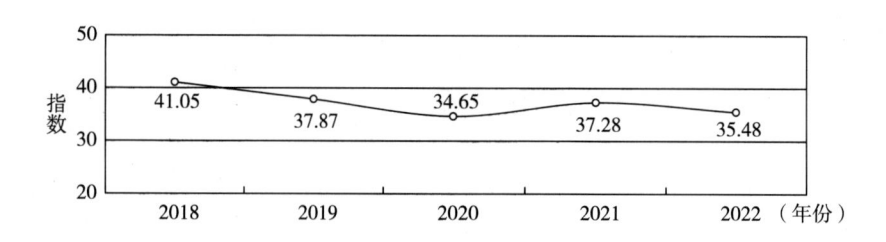

图 6-27　甘肃省中小企业综合景气指数走势

由于甘肃省经济结构不合理、市场体系不完善、企业自主创新能力弱等问题，在消费需求低下内需不足的背景下，2022年甘肃省中小企业综合景气指数较上年小幅下降。为此，甘肃省坚持产业兴省、工业强省，聚焦龙头产业，加快构建现代产业体系，制定"1+N+X"政策体系，同时开展"千企调研纾困"行动，帮助甘肃省中小企业缓解资金问题；继续强化中小企业科技创新能力，加快培养"专精特新"企业，打造"甘快办""甘政通"特色品牌，让广大中小企业享受数字化红利。预计未来甘肃省中小企业综合景气指数将有所回升。

二十八　宁夏回族自治区

2022年，宁夏回族自治区中小企业综合景气指数较上年相差4.18%，达到2020年景气水平，与2020年相比上升6.8%，但排名保持不变，继续列全国第二十八位。从分类指数看，2022年，宁夏回族自治区上市中小企业景气指数较上年下降3.5%，反映企业信心的比较景气指数较上年下降5.91%，工业中小企业景气指数较上年下降2.5%，如图6-28所示。

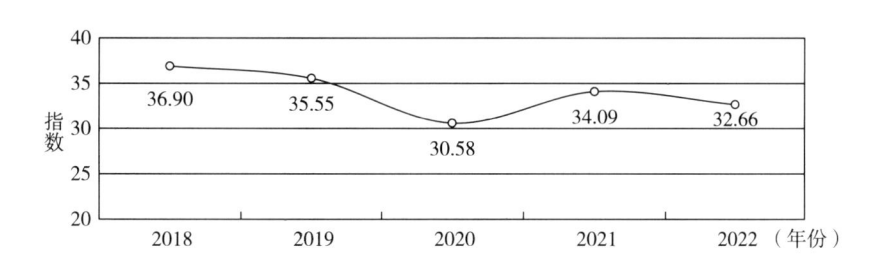

图6-28　宁夏回族自治区中小企业综合景气指数走势

由于消费需求不旺，市场预期不稳，经济结构性矛盾突出，宁夏中小企业转型升级任务繁重，机制创新、环境创新、科技创新步伐滞后，没有形成集约化、规模化、专业化生产的组织模式，2022年宁夏回族自治区中小企业综合景气指数较去年相比小幅下降。为此，宁夏回族自治区坚持以改革促开放，以开放促发展的战略，制定优化营商环境"新80条"；实行《宁夏回族自治区中小企业促进条例》，着重解决中小企业融资难融资贵问题。宁夏还举办第五届阿博览会、首届中国（宁夏）国际葡萄酒文化旅游博览会，以刺激进出口规模，加大招商引资规模等。总体来看，预计宁夏回族自治区中小企业综合景气指数走势将趋于稳定。

二十九 青海省

2022年，青海省中小企业综合景气指数较上年下降3.88%，达到2020年景气水平，与2020年相比上升12.89%，但排名保持不变，列全国第二十九位。从分类指数看，2022年，青海省上市中小企业景气指数较上年下降2.44%，反映企业信心的比较景气指数较上年下降6.89%，工业中小企业景气指数较上年下降3.45%，如图6-29所示。

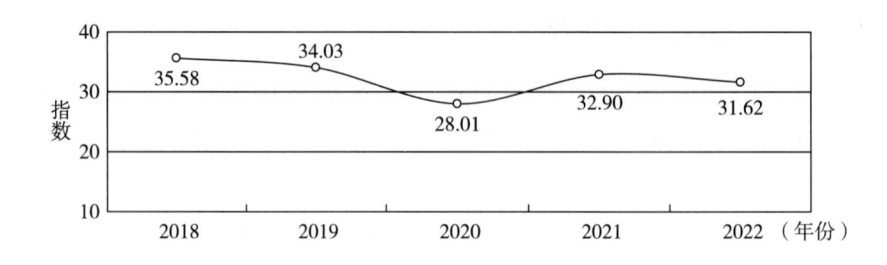

图6-29 青海省中小企业综合景气指数走势

受地区环境约束、消费内需动力不足等影响，青海省中小企业运营成本高居不下，融资难、融资贵的问题突出，转型升级任务艰巨，使2022年青海省中小企业综合景气指数较上年相比小幅下降，处全国低位水平。为此，青海省制定落实减税降费等相关政策，激发企业高质量发展的动力；依据《青海省中小企业发展专项资金管理办法》，创办"青信融"平台，激发企业创新活力，运用市场化机制引导企业，提高中小企业自主创新水平，参与共建"一带一路"高质量发展，扩大高水平对外开放。预计未来青海省中小企业综合景气指数将保持稳定。

三十 海南省

2022年，海南省中小企业综合景气指数较上年相差3.45%，达到2020年景气水平，与2020年相比上升12.32%，且排名保持不变，列全国第三十位。从分类指数看，2022年，海南省上市中小企业景气指数较上年下降3.37%，反映企业信心的比较景气指数较上年下降4.43%，工业中小企业景气指数较上年上升0.56%，如图6-30所示。

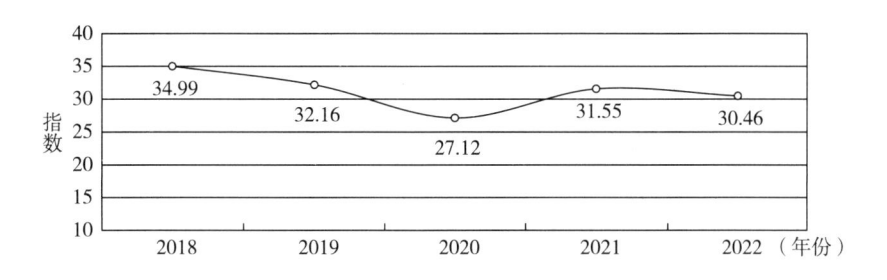

图 6-30　海南省中小企业综合景气指数走势

海南省属于典型的海岛经济,生态环境脆弱、资源稀缺,在经济下行压力增大下,企业经营成本、融资成本高,中小企业发展困难重重,使2022年海南省中小企业景气指数较去年相比小幅下降。为此,《海南省优化中小企业发展环境奖励资金管理实施细则》对省内每年中小企业发展环境排名前五的市县给予资金奖励;持续大力发展开放型经济,启动建设海口、三亚琼港经济合作发展示范区,逐步实现"百家央企进海南"的目标,优化风险管控机制,精准高效管控市场主体非实质运用风险,助力海南省中小企业高质量健康发展。预计未来海南中小企业景气指数上升空间较大。

三十一　西藏自治区

2022年,西藏自治区综合景气指数较上年相差6.37%,达到2020年景气水平,与2020年相比上升8.19%,但排名保持不变,列全国第三十一位。从分类指数来看,反映企业信心的比较景气指数较上年下降3.95%,工业中小企业景气指数较上年上升0.76%,如图6-31所示。

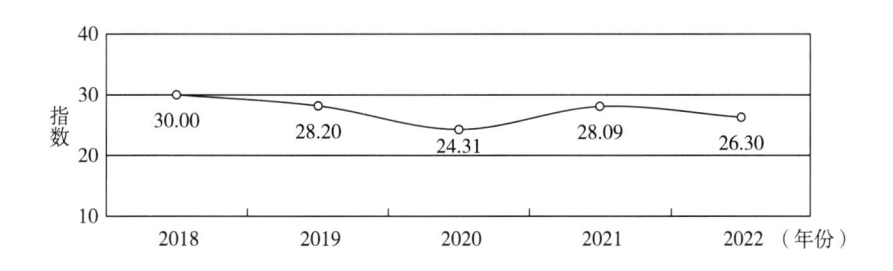

图 6-31　西藏自治区中小企业综合景气指数走势

由于西藏域内发展不平衡不充分问题依旧突出,特色产业基础薄弱、规模较小，有效投资增长乏力，且公共基础设施及公共服务仍需提高，对中小企业的重视程度及福利政策不足；同时，受西藏地区文化、教育的影响，中小企业管理理念落后，信息化管理水平低下，2022年西藏自治区中小企业综合景气指数较上年有所下滑。为此，西藏极力推动为中小企业提供良好的营商环境，清理拖欠民营和中小企业款项，建成运行西藏自治区中小企业公共服务平台，颁布《西藏自治区小型微型企业创业创新示范基地建设管理办法》等文件精准帮扶中小企业，鼓励创新创业、示范带动；加快发展高原特色农牧产业、高新数字产业、边贸物流产业、现代服务产业，健全信用服务市场监督体系，落实减税降费政策，对中小企业销往区外的加工特色产品给予50%单边运输补贴，优化营商环境。预计西藏自治区中小企业综合景气指数走势将趋于稳定。

第二节　七大地区中小企业综合景气指数变动趋势分析

一　华东地区

华东地区包括山东省、江苏省、安徽省、浙江省、福建省、江西省以及上海市。从2019年开始，华东地区中小企业综合景气指数呈下降趋势，于2020年下降至最低点后呈现上升趋势并在2022年下降3个百分点。（见图6-32）。华东地区中小企业综合景气指数较上年下降3.27%，已超过2020年水平，相较于2020年涨幅3.76%，但其排名仍居首位。

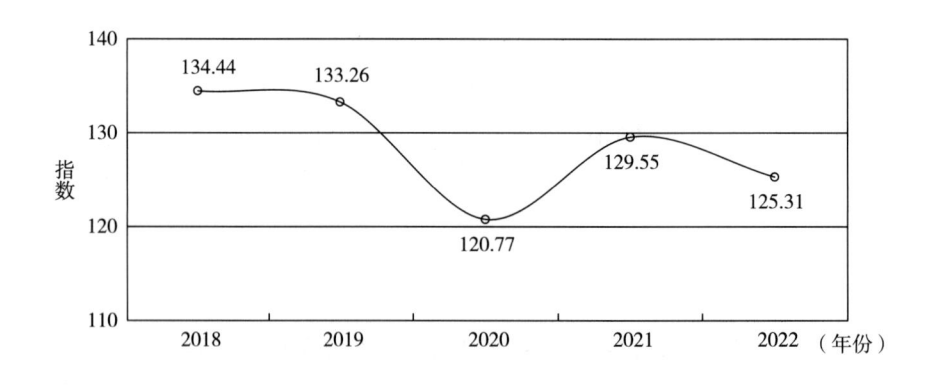

图6-32　华东地区中小企业综合景气指数走势

长三角是中国经济活力竞争力、科技创新竞争力、营商环境竞争力、社会包容竞争力最强的区域之一，拥有资源集中、人文荟萃、产业化程度高和经济发达等诸多优势。2022年第一季度长三角区域生产总值突破6.6万亿元，较2021年同期的6.12万亿元同比增长7.27%，占全国第一季度GDP比重约24.47%，贡献了全国经济总量1/4规模，是全国重要的发展引擎。但由于疫情对华东地区产业链供应链造成冲击、工业企业投资效益下滑以及外贸出口额大幅下降等原因导致2022年华东地区中小企业景气指数下降。但近年来皖苏浙积极响应国家中小企业发展战略，加快融入长三角区域一体化发展，努力打造中小企业高质量发展格局。安徽省和福建省作为华东地区中小企业综合景气指数排名上升幅度最大的两个省份，直接影响华东地区中小企业综合景气指数升降的幅度。华东地区各省市为中小企业发展提供了强大的支持，例如，安徽省印发《优化税营商环境"十做到""十严禁"》持续深化税收"放管服"改革，不断提升纳税缴费便利度，更好地服务安徽中小企业经济社会发展，为中小企业高质量发展营造良好的营商环境。福建省印发《金融支持常态化疫情防控加快促进经济社会发展若干措施》和《实施"榕升"计划》优化中小微企业综合金融服务基础设施，助力畅通中小企业产业链；江苏省出台《关于优化小微企业融资期限管理通知》，确保中小企业融资收费标准，降低小微企业融资风险和资金周转成本，为中小企业提供完善的融资机制。因此，预计未来华东地区中小企业景气指数将趋于平稳。

二 华南地区

华南地区包括广东省、海南省以及广西壮族自治区。从2018年开始，华南地区中小企业综合景气指数趋势变动幅度较大，在2019年增长4个百分点于2020年下跌到最低点后迎来上升态势，并于2020年恢复至稳定区间（见图6-33）。华南地区中小企业综合景气指数较上年下降3.92%，已超过2020年水平，与2020年相比涨幅达9%，但排名保持不变，列全国第二位。

华南地区经济增长动力强劲、创新创业方兴未艾，区域内中小企业数量众多、业态丰富、粤港澳大湾区高质量发展，有助于提升华南地区中小企业的在地化服务能力和区域内新经济发展。2022年广西壮族自治区和海南省中小企业综合景气指数排名实现了大幅度提升，因而华南地区中小

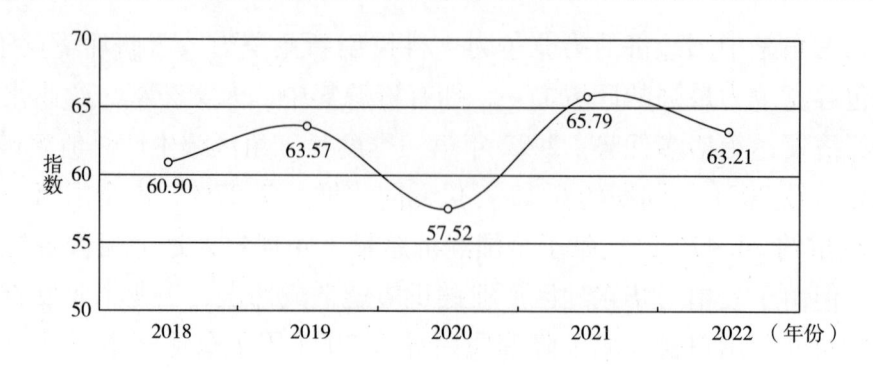

图 6-33　华南地区中小企业综合景气指数走势

企业综合景气指数基本恢复至疫情前水平，居全国七大地区第二位。由于华南地区外贸出口值大幅下降、地区区域经济发展严重不平衡以及能源严重短缺导致 2022 年华南地区中小企业综合景气指数略有下降。但西江经济带纵贯广西和广东，与北部湾经济区江海联动，构建出跨地区、多元化的开放格局。广东省打造世界级沿海经济带，创建国际化开放型创新体系、打造金融科技新高地、构建"双城联动"现代金融体系，为中小企业数字化、智能化转型创造了良好的市场氛围；广西发布《珠江—西江经济带总体规划》，实施"双核驱动"战略，打造综合交通大通道，推进各省份协调发展，为中小企业高质量发展提供了强有力的支撑。2022 年，海南提出构建"三极一带一区"区域发展新格局，培育新一代信息技术产业，打造海南自由贸易港科创高地，这标志着海南省对外会吸引更多人才和企业，为中小企业"走出去"提供了良好的市场环境，缓解了疫情对于中小企业的冲击，促使中小企业健康平稳地发展。预计未来华南地区中小企业综合景气指数将迎来新高。

三　华北地区

华北地区包括北京市、天津市、河北省、山西省以及内蒙古自治区。从 2018 年开始，华北地区中小企业综合景气指数呈下降趋势，2020 年下跌至最低点后迎来大幅度上升，于 2021 年上升至最高点后出现下降态势。（见图 6-34）。华北地区中小企业综合景气指数较上年下降 4.75%，已超过 2020 年水平，与 2020 年相比上涨 4.59%，其排名不变，位列全国第三。

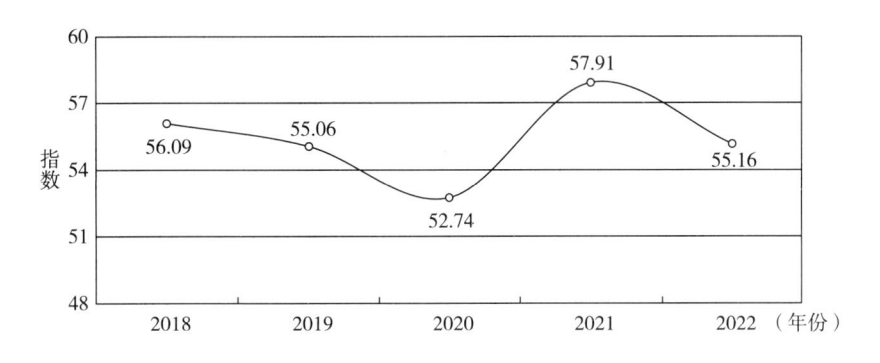

图 6-34 华北地区中小企业综合景气指数走势

华北地区各省份协同发展，各区域产业链有所完善，区域合作协调性明显上升。《京津冀协同发展报告2022》表明"一核"首都核心功能优化提升，辐射带动作用进一步显现，"双城"联动引擎作用不断凸显。但华北地区受疫情影响GDP大幅下降、经济结构不合理以及新兴产业发展动力不足造成2022年华北地区中小企业综合景气指数略有下降。北京市紧紧围绕京津冀协同发展战略，加快构建现代化"通勤圈""功能圈"和"产业圈"，推动新能源汽车、生物医药、工业互联网等领域产业协同发展，巩固完善京津冀联动工作机制；天津市自贸区改革创新助力京津冀协同发展，把服务京津冀协同发展国家战略作为天津战略定位，把城市发展放在京津冀协同发展的大系统中，产融结合态势明显，通关便利化水平提升，有利于中小企业高质量发展。河北省政府印发《京张体育文化旅游带建设规划》，提升产业能级、强化服务保障功能，推动多元业态融合，实现产业协作互补、公共服务健全联动，构建"两核引领、三廊串联、四区联动"的空间格局，为中小企业高质量发展注入更多活力。此外，华北地区各省份也制定各种措施助力中小企业发展。例如，内蒙古自治区从金融支持、减轻企业负担、优化审批服务、做好企业服务四个方面出台15条措施，为中小企业在内蒙古发展保驾护航；山西省开展"转化知识产权、助力专精特新"主题活动，引导企业利用区域创新服务的新功能新途径走"专精特新"发展道路，为中小企业提供多元化、集成化的线上服务，帮助大家找准定位、立足本位、打好基础，走对聚焦细分领域、创新赋能发展的新路子。预计华北地区中小企业综合景气指数将趋于平稳发展。

四 华中地区

华中地区包括河南省、湖北省和湖南省。从 2018 年开始，华中地区中小企业综合景气指数呈下降趋势，2020 年下跌至最低点后出现上升态势，上升到 2021 年后呈下降趋势（见图 6-35）。华中地区中小企业综合景气指数较上年下降 3.89%，已超过 2020 年景气水平，与 2020 年相比上涨 13.5%，其排名保持不变，位居全国第四。

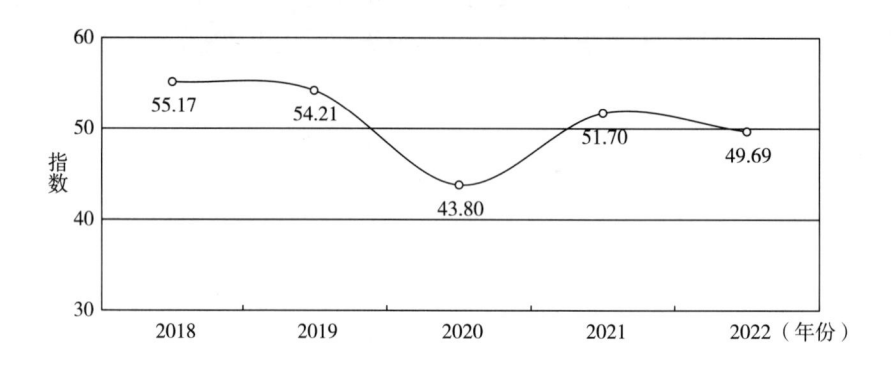

图 6-35 华中地区中小企业综合景气指数走势

华中地区各省份具有内部经济差异大。产业发展不平衡。创新能力低、企业缺乏活力等特点。因此要适应需求结构变化，调整产业结构，推动区域产业链、供应链和创新链合理布局与持续优化，加快制造业向数字化、智能化、绿色化方向转型升级，营造统一开放市场，打造适合中小企业健康发展的平台。2020 年受疫情影响较大的华中地区中小企业综合景气指数均下降至最低点，但 2021 年和 2022 年各省份出台一系列政策从减税降费、融资渠道、金融支持等方面助力中小企业渡过难关，华中地区各省份中小企业景气指数均有所上升，且都超过 2020 年景气水平。其中，湖北省坚持以高质量发展为主题，深化"一主引领、两翼驱动、全域协同"区域发展布局，大力推动产业集群化、高端化、数字化、融合化、绿色化发展，推进现代服务业和先进制造业深度融合、生产性服务业和生活性服务业深度融合、数字经济和实体经济深度融合，加快建成中部地区崛起重要战略支撑点，为中小企业转型发展提供战略方向；湖南省落实《〈中共中央国务院关于新时代推动中部地区高质量发展的意见〉的实施意见》，深入推进长株潭一体化，实施长株潭"十同"行动，积极建设高铁经济带，主动对接融入"一带一路"、粤港澳大湾区建设，着力为中小企业打造稳定公平透明的营商环境；河南省坚持以河南高质量发展为中部地区崛起作贡献，推行产业链链长和产业联盟会长"双长制"，促进产业链、供应链、创新链、要素链、制度链深度耦合，加快未来产业谋篇布局，推进现有产业未来化和未来技术产业化，在氢能储能、量子通信、新型人工智能等前沿技术领域蓄势突破，助力中小企业产业链、供应链融合。2022年由于华中地区供需失衡、工业结构不合理以及疫情造成企业投资信心降低等原因导致华中地区中小企业综合景气指数小幅下降，预计未来景气指数运行将趋于稳定。

五 西南地区

西南地区包括四川省、贵州省、云南省、西藏自治区以及重庆市。从2018年开始，西南地区中小企业综合景气指数呈下降趋势，2020年下跌至最低点后呈上升态势，上升到2021年后出现下降趋势（见图6-36）。西南地区中小企业综合景气指数较上年下降4.63%，高于2020年景气水平。但排名不变，列全国第五位。

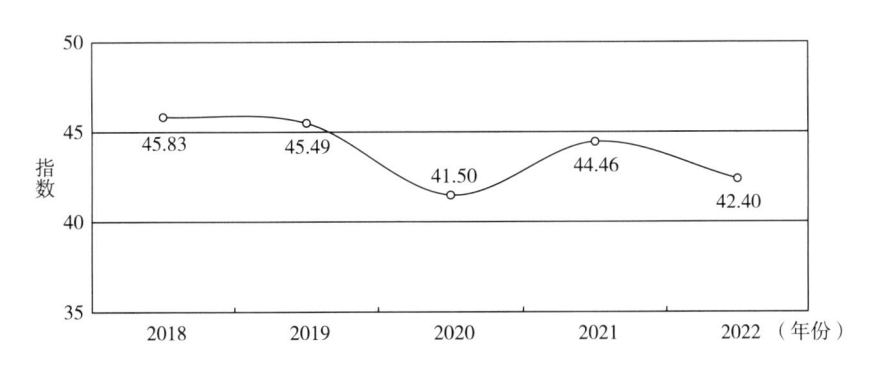

图6-36 西南地区中小企业综合景气指数走势

西南地区是衔接"一带一路"的核心枢纽、是西部大开发的重要战略支点，也是"一带一路"面临地缘环境风险的重要缓冲区。近年来，西南地区在国家级战略带来的规划红利和资源倾斜下，打造supOS工业操作系统，为中小企业提供轻量化的、低成本、快速复制的数字化转型路径。但中国西南地区中小企业在人才、高新技术等方面远不及华东地区。与此同时，由于西南地区企业创新创业活跃度较低、制造业不发达以及上市公司少等原因导致西南地区 2022 年中小企业综合景气指数下降明显，略高于 2020 年的最低值。但近几年四川省和重庆市共建国家数字经济创新发展实验区。四川省大力发展数字经济，打造数字经济创新发展的标杆，构建"4+6"现代服务体系，有力支撑中小企业高质量发展；重庆市依托新型数字基础设施，创新智能化应用模式，极大地推动了中小企业数字经济创新的发展；贵州省是中国首个国家大数据综合实验区，以标准化助力大数据产业化，通过"产业链+价值链+标准链"的"三链融合"，探索"大数据+标准化"的数字经济高质量发展模式；云南省印发《云南省数字经济发展三年行动方案（2022—2024 年）》聚焦制造业、服务业、农业等领域数字化转型需求，大力推广 5G、人工智能、物联网、区块链等技术应用，带动经济社会各行业数字化转型；西藏自治区推进高新数字产业创新发展。建设自治区级数字经济示范园，搭建中小微企业公共服务平台，构建网络化协同创新体系，共同谱写高质量发展新格局。因此，预计未来西南地区中小企业综合景气指数将有所反弹。

六 东北地区

东北地区包括辽宁省、吉林省和黑龙江三省。从 2018 年开始，东北地区中小企业综合景气指数呈下降趋势，2020 年下跌至最低点后迎来上升态势，2021 年上升到最高点后呈下降趋势（见图 6-37）。东北地区中小企业综合景气指数与上年相比下降 14.68%，已超过 2020 年景气水平，与 2020 年相比上涨 5.65%，其排名保持不变，列全国七大地区的第六位。

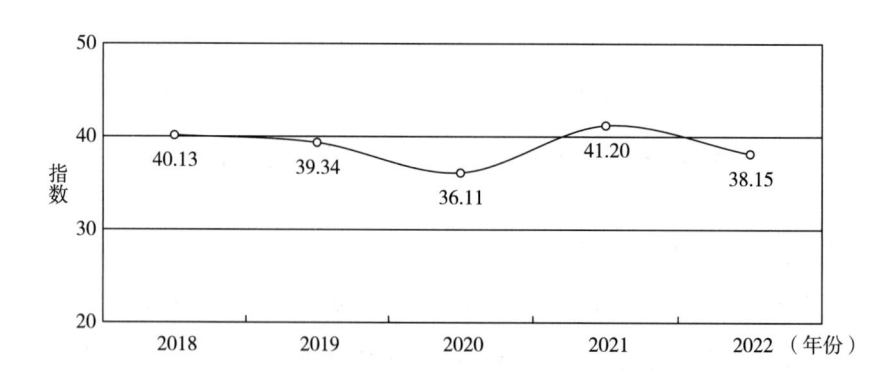

图 6-37 东北地区中小企业综合景气指数走势

东北地区中小企业迅速成长，成为经济活动中最活跃、发展最快的力量，成为实现经济增长、增加财政收入重要的生力军，成为推动区域经济发展的主动力。2022 年，由于东北地区人口外流严重、本地企业创新创业意欲低以及本地企业家投资信心减弱等原因导致东北地区 2022 年中小企业综合景气指数略有下降。与此同时，东北地区进一步助力广大中小企业渡难关、增后劲、保就业。实施中小企业强链、补链、固链、稳链行动，加强优质中小企业对产业链、供应链的支撑，围绕"市场、资金、人才"加大服务供给方面，积极培育扩大消费需求，推动金融科技创新，完善融资服务体系，加强校企协同、产教融合，更好地服务中小企业"获资金""扩市场"和"招人才"。其中，辽宁省深入落实《辽宁省"十四五"以工代赈实施方案》，聚焦沿边开发开放，大力发展落地加工产业，加快农副产品精深加工业、特色轻工业和先进制造业升级，培育壮大新兴产业；黑龙江省发布《黑龙江省促进中小企业发展条例》，在服务保障、创新创业、人才支持、投资融资、市场开拓等方面创新体制机制，为中小企业营造更为宽松的发展环境；吉林省开展中小微企业复工复产法律服务对接活动，推动中小企业复工复产，全面助力中小微企业健康发展，精准、优质、高效地为中小微企业复工复产提供法律服务。但是东北地区仍存在区域产业单一、制度创新滞后等问题，这也导致东北地区中小企业综合景气指数一直处于低位状态。

七　西北地区

西北地区包括陕西省、甘肃省、青海省、宁夏回族自治区和新疆维吾尔自治区。从 2018 年开始，西北地区中小企业综合景气指数呈下降趋势，2020 年下跌至最低点后迎来上升态势，上升至 2021 年后呈下降态势（见图 6-38）。西北地区中小企业综合景气指数与上年相比下降 4.83%，已超过 2020 年景气水平，与 2020 年相比上涨 8.52%，其排名不变，位居全国七大地区的第七。

近年来，西北地区对接"一带一路"建设，打造环喜马拉雅经济带，为中小企业外贸发展注入动力。但西北地区中小企业生产效率偏低、融资渠道狭窄等问题突出，这也导致了西北地区中小企业综合景气指数一直处于全国七大地区的末位。2022 年，由于企业投资下降、市场营商环境差以及产业结构不合理等原因导致西北地区中小企业综合景气指数略有下

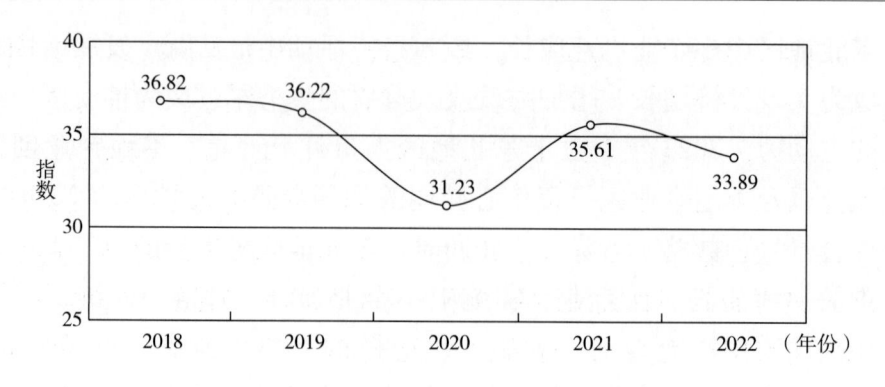

图 6-38　西北地区中小企业综合景气指数走势

降。因此，要推动企业产业链和供应链的转型优化，加强对中小企业的扶持力度，提升中小企业产业竞争力。陕西省开展 2022 年中小企业服务月活动，聚焦中小企业在疫情冲击下的痛点、难点、堵点问题，营造中小企业发展良好环境，健全优质企业梯度培育体系，促进中小企业平稳健康发展；甘肃省继续落实《甘肃省促进中小企业发展条例》，鼓励各类金融机构开发和提供适合中小企业特点的金融产品，为中小企业营造稳定、透明、可预期和公平竞争的营商环境；青海省深入实施创新驱动发展战略，采取有力举措激励企业加大科研投入，强化企业创新主体地位，激发企业内在创新活力，培育壮大市场主体，加快构建以企业为主体、市场为导向、产学研深度融合的协同创新体系；宁夏回族自治区出台了"民营经济 20 条"、优化营商环境"1+16"政策体系，为民营经济和中小企业健康发展构建了更加完善的政策体系，有力推动民营经济和中小企业发展向高质量转型；新疆维吾尔自治区打造了"二核五轴五区"中小微企业发展产业格局，聚焦专精特新领域，引导中小企业塑造核心竞争力。预计未来西北地区景气指数将有所回升。

第三节　2022 年中国中小企业景气状况综合分析

2022 年的中国中小企业景气平均指数与 2021 年的 82.32 相比有所下降，降至 79.63，降幅为 3.3%，与 2020 年的 76.48 相比则上升了 3.15（见图 6-39），以上数据反映出中国经济仍在维持"探底回升、有限复苏"的态势。2022年，受国际环境更趋复杂严峻和国内疫情冲击明显的超预期影响，中国多项经济数据大幅回落，经济新的下行压力进一步加大，生产、消费、房地产投资均出现同比下降。生产端，长三角和东北地区工业生产受到较大冲击。需求端，房地产投资增速转负，基础建设和制造业增速回落；消费大幅降温，出现两位数的负增长；出口增速回落幅度较大。价格方面，国际大宗商品价格上涨和国内疫情影响推升物价，中下游行业信用风险值得关注。疫情冲击导致经济短期内波动较大，叠加国际形势更趋复杂严峻，经济稳增长压力仍然较大。但同时也要看到，随着局部疫情得到控制、逐步有序推进复工复产以及扩大内需、助企纾困、保供稳价、保障民生等一系列政策措施效果不断显现，未来经济有望逐步企稳。人工智能、量子信息、集成电路、生命健康、脑科学、航天科技、网络通信、现代能源系统等硬科技前沿领域均受到不同程度的政策鼓励，多种融资渠道将持续赋能中小企业，助力中小企业转型升级，化危为机。

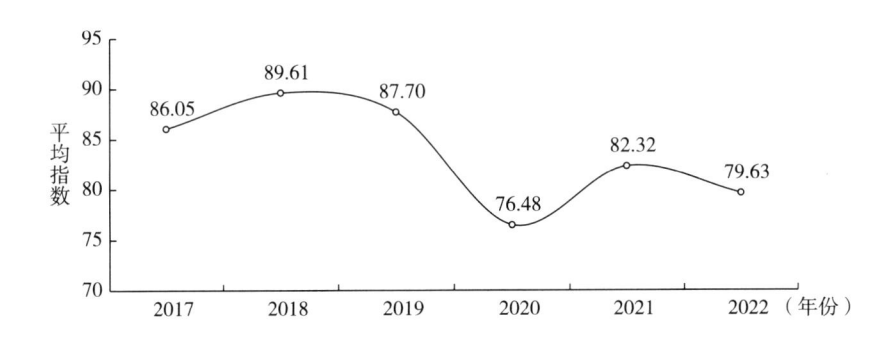

图6-39　中国中小企业景气平均指数波动趋势（2017—2022年）

一　后疫情时期中国中小企业高质量发展面临的新机遇

（一）数字化赋能中小企业高质量发展

全球数字化浪潮正在快速推进，"数字中国"战略发展进入关键期。云计算、工业互联网、大数据、人工智能、区块链等新一代信息技术广泛应用，表明数字技术赋能产业转型蓬勃发展的趋势，为中小企业加快转型提供了前所未有的发展机遇和技术手段。体量庞大的中小企业数字化发展程度直接影响中国数字经济发展进程，以及创新业态的培育水平。工信部印发《中小企业数字化赋能专项行动方案》，明确13项重点任务和4项推进措施，以数字化赋能中小企业发展。在5G、工业互联网等数字技术赋能下，加快推进产业数字化转型，培育制造业上下游企业及服务机构、大中小企业协同发展的新模式新动能，是推进产业高级化、产业链现代化，加快企业转型升级，促进企业迈向中高端的必然要求。各省开展系列行动，例如，湖南省打造100个省级工业互联网平台，建成3—5个省级工业互联网创新中心，智能化制造、网络化协同、个性化定制等新模式、新业态广泛普及。随着新兴技术更新加快，应关注以下几点：一是积极关注区块链与工业互联网平台融通发展机会；二是积极关注"5G+工业互联网"融合发展业务机会；三是积极关注中国制造业发达且工业互联网渗透较深的长三角和粤港澳大湾区的区域业务机会。中小企业高质量发展离不开自身努力，同时也需要外部力量的全力扶持与助力，借助5G+工业互联网功能，中小企业必将为建设现代化工业体系、推动中国经济高质量发展注入强大动能，贡献新的更大的力量。

（二）"专精特新"引领中小企业发展潮流

"专精特新"概念逐渐取得共识，政策支持日趋完善，制造类企业以及硬科技企业面临更多的政策机遇，引导中小企业走"专精特新"发展道路是推动中小企业高质量发展、巩固壮大实体经济根基的战略性举措。中国"专精特新"中小企业发展韧性和引领作用不断增强。工业和信息化部数据显示，2022年5月，国家启动第四批专精特新"小巨人"企业培育认定工作。同时，围绕产业链促进大中小企业融通发展，形成协同、高效、融合、顺畅的大中小企业融通创新生态，激发涌现一批协同配套能力突出的"专精特新"中小企业。当前消费复苏仍有较大提升空间，需要维持针对性支持政策，使中小企业为产品供给和消费助力，支持更多中小企业向专业化、精细化、特色化、新颖化方向发展；要充分发挥金融机构对相关企业的融资支持作用，扶持制造业中小企业发展；维持前期针对中小企业减税降费、定向融资等相关政策，支持中小企业高质量发展。

（三）跨境电商造就中小企业国际化新机遇

世界经济逐步进入疫情后恢复关键期，消费对经济的拉动作用越发显著。中国消费市场积极把握数字化发展新需求，展现出了强大韧性。中国消费品零售行业恢复速度有所放缓，但复苏态势明显，总体销售逐步赶超疫情前同期水平。但新冠肺炎疫情对消费需求及营销模式的影响是强烈且深远的,线上消费比重持续走高,新消费品牌乘势快速崛起,互联网平台企业上市数量快速提升。在消费升级和中国供应链优势下,数字化零售新业态成功打开销售市场,为中国跨境电商带来了逆势增长的机会。除此之外,一系列利好政策不断释放,中国正式签署区域全面经济伙伴关系协定(RCEP)。中国将保持对外开放格局,并支持产业转型与升级,助推经济一体化。与此同时,国家推行跨境电商综合试验区的趋势仍在继续,促进跨境电商发展是中国外贸转型升级的重要方向。

(四)"精准纾困"助力中小企业渡过难关

为帮助中小企业顺利渡过难关,2022 年,各级政府进一步加大精准纾困力度。国务院印发《加力帮扶中小微企业纾困解难若干措施》,提出各地积极安排中小微企业和个体工商户纾困专项资金,要求国有大型商业银行新增普惠型小微企业贷款 1.6 万亿元;发挥政府性融资担保机构作用,扩大对中小微企业和个体工商户的服务覆盖面,对受疫情影响较大行业的中小微企业和个体工商户加大服务力度;中小微企业宽带和专线平均资费再降 10%等。中国人民银行也采取稳健的货币政策加大对实体经济的支持力度,发挥好货币政策工具的总量和结构双重功能,落实好稳企业保就业各项金融政策措施,聚焦支持小微企业和受疫情影响的困难行业、脆弱群体。从 2022 年起到 2023 年 6 月底,央行对地方法人银行发放的普惠小微企业和个体工商户贷款,按余额增量的 1%提供资金,鼓励增加普惠小微贷款。加大对中小企业的信贷支持,缓解中小企业的流动性风险,利于经济平稳;加大对中小企业的财税支持,减轻成本上行对中小企业造成的经营压力,一定程度上支撑制造业投资。

(五)"统一大市场"激发中小企业活力

2022 年 4 月,国务院发布《关于加快建设全国统一大市场的意见》,明确加快推进全国统一大市场建设,促进竞争、鼓励创新、推动增长,激发大国市场潜力,实现国民经济良性运行。中小企业作为促进经济发展的活力之源、维持大市场稳定的中坚力量,在"全国统一大市场"发展背景下,由于市场和资源两头在外的国际大循环动能明显减弱,如果中小企业能抓住国内庞大市场需求个性化、多层次的历史机遇,聚焦主业、精准定位,走"专精特新"内生式发展道路,就能更加充分地激发出市场活力。中小企业在"全国统一大市场"背景下应坚持科技创新,坚持走专业化、精细化、特色化、新颖化路线，努力在细分市场和产业链关键环节占有不可替代的地位，提升我国产业链、供应链稳定性和竞争力，成为驱动经济高质量发展的强劲引擎。

二 后疫情时期中国中小企业高质量发展面临的新挑战

（一）"三重压力"犹存，企业家信心疲软

我国经济发展面临的需求收缩、供给冲击、预期转弱"三重压力"犹存，在俄乌地缘政治局势震荡和不确定性增加的影响下，一些中小企业出口订单减少或被取消，继续对中国经济复苏形成扰动。停工停产、停商停市等导致工业增加值和服务业发展同比收缩；居民消费能力和消费意愿受损，导致社零大幅负增长；产业链阻滞和订单外流，出口增速明显回落；物价方面，通胀预期有所上升，但核心通胀率仍然低迷；金融方面，实体融资大幅减弱，"宽信用"进程出现停滞，人民币汇率大幅贬值。经济发展不确定性犹存，企业家经营信心疲软。短期来看，经济发展仍将在地缘政治冲突、美联储加息和政策收紧的预期中震荡前行；中期来看，虽然中国中小企业发展面临环境不确定性，但随着更多稳增长政策预期出台，市场信心也将随之重塑。

（二）产需两端同步回落，制造业扩张放缓

2022年，制造业扩张放缓，产需两端同步回落：生产端主要受疫情影响，局部地区的部分企业减产停产，拖累上下游相关企业的正常生产经营；需求端受疫情和国际地缘政治冲突加剧多重因素影响，部分企业的出口订单有所减少或直接被取消，制造业市场需求有所减弱。一方面，国内疫情导致人员到岗不足，物流运输不畅，交货周期延长；另一方面，俄乌冲突也对全球供应链造成负面影响，疫情和地缘冲突双重因素对制造业供应链稳定性造成较大冲击。除此之外，在输入性通胀和疫情防控对供应链的抑制作用下，价格上涨也导致企业原材料库存收缩以及企业生产经营活动预期指数下滑。在内需收缩和外需下滑的背景下，价格走高造成企业成本压力增大，中下游制造业企业经营和财务继续承压。

（三）全球产业链重构，进出口贸易增速减缓

作为"世界工厂"，中国深度融入全球产业链，制造业相关进出口行业近年受到较大冲击。结合产品和出口地来看，导致出口增速出口回落的

原因包括：一是随着海外发达经济体货币政策转向紧缩，外需正逐步减弱；二是其他外向型经济体生产能力逐步恢复，正在挤占中国出口市场份额。从量价关系看，除原油、煤之外的商品进口数量均出现同比回落，其原因主要是内需仍然相对疲弱，居民消费持续下滑，房地产市场继续探底，且国际大宗商品价格的高涨也可能对进口需求形成抑制。应统筹兼顾短期应急纾困与中长期产业升级，从供求两端同时发力，利用好国际国内两个市场，协同制定财政、金融、产业政策，支持受疫情冲击较大的进出口行业平稳发展，借力 RCEP 生效实施积极参与全球供应链产业链重构，巩固提升中国在全球产业链中的优势地位。

第 三 篇

中国区域中小企业景气指数实证研究
——浙江小微篇

第 七 章

2022年浙江省小微企业景气指数测评

本章通过收集浙江省11市小微企业2021年最新统计数据、小微企业景气问卷调查数据及财务状况动态监测数据计算各市工业小微企业景气指数、小微企业经营信心指数和动态监测小微企业景气指数三个分类指数，再基于专家咨询权重法计算得到2021年浙江省11市小微企业综合景气指数，并运用加权预测法预测得到2022年各市的综合景气指数。通过编制浙江省小微企业景气指数，对浙江省小微企业成长发展状况进行全面深入的剖析，有助于及时把握当前浙江省小微企业发展的最新动态趋势及存在的问题，有助于建立浙江省小微企业健康持续发展的长效机制，为推动浙江省小微企业实现创新发展提供决策参考。

第一节 浙江省小微企业发展指数编制流程

浙江省小微企业景气指数的编制流程共分四个步骤：一是确定评价对象；二是构建分类指数指标体系；三是数据收集、选取及预处理；四是综合景气指数计算与评价（见图7-1）。

浙江省小微企业广义上包括小型企业、微型企业、家庭作坊式企业和个体工商户四类。为了尽可能全面地反映浙江省小微企业发展状况，本书将以下两类企业作为评价分析对象，即基于政府统计数据的规模以上工业小微企业以及基于问卷调查和动态监测数据的小微企业。

本研究报告主要以数据的充分性、可获取性、动态性和指标的协调性、灵敏性及代表性为构建指标评价体系的基本原则，以浙江省11市历年统计年鉴及最新官方调查统计数据为浙江省工业小微企业景气指数的主

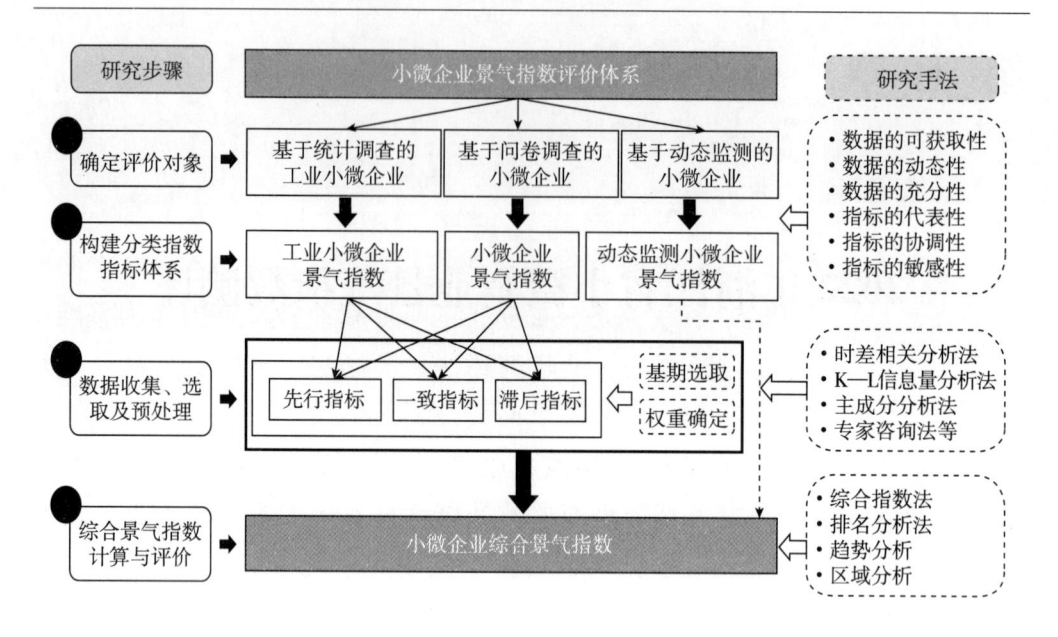

图 7-1　小微企业景气指数评价体系

要依据。其中，企业经营信心指数、动态监测企业的原始数据分别来源于浙江省小微企业培育监测平台的景气问卷调查数据和小微企业财务状况监测数据。数据预处理的关注点一方面在于尽量保证数据的完整性，避免缺少某一年份或某一地区的具体数据；另一方面在于孤立数据和极端数据造成的影响。由于收集的数据规模较大，本研究报告在数据整理过程中对所收集的数据进行了无量纲化、消除季节性因素以及剔除非常规数据等统计学处理。本研究报告主要采用专家咨询法与主成分分析法确定指标权重，通过层次分析法和专家咨询法确定分类指数权重，合成小微企业综合景气指数。浙江省小微企业综合景气指数以纯正数表示，取值范围在 0—200，景气指数评价以 100 为临界值。100 以上为较强景气、微景气区间，100 以下为微弱不景气、较不景气区间。

第二节　浙江省工业小微企业景气指数测评

一　指标选取及测评方法

浙江省工业小微企业景气指数是基于浙江省统计局提供的规模以上工

业小微企业统计数据计算得出。根据经济的重要性和系统数据收集的可行性，本课题组从获取的工业企业相关统计数据中选取了总资产、流动资产、固定资产、所有者权益、实收资本、税金、负债、利息支出、主营业务收入、利润、总产值、企业数量、从业人员 13 个指标反映工业小微企业内部资源、股东状况、财务状况、生产经营效益和企业规模 5 个方面的情况。然后，采用时差相关系数法，选取工业小微企业总产值作为基准指标。综合 K—L 信息量分析法、文献综述法、马场法、聚类分析法、定性分析法和专家意见，确定浙江省工业小微企业的先行、一致和滞后指标，并根据主成分分析法求出先行指标组、一致指标组和滞后指标组小类指标的权重。最后采用专家咨询法确定先行指标组、一致指标组和滞后指标组大类指标的权重。

二 测评结果与特点分析

本课题组根据权重法计算得出浙江省 11 市 2021 年工业小微企业的先行指数、一致指数与滞后指数以及工业小微企业景气指数。进而，基于迄今累计的 2013—2021 年的系列数据，运用加权预测法预测得到 2022 年工业小微企业景气指数。测评结果如表 7-1 所示。

表 7-1　　2022 年浙江省 11 市工业小微企业景气指数排名

地区	指数	排名	地区	指数	排名
1	宁波	173.41	7	金华	65.22
2	杭州	167.28	8	湖州	53.47
3	温州	93.75	9	丽水	19.25
4	嘉兴	93.28	10	衢州	17.54
5	绍兴	85.30	11	舟山	9.08
6	台州	68.30	全省平均	76.90	

浙江省 11 地市工业小微企业景气指数呈现出类金字塔式的分层现象。第一层次为宁波市和杭州市，两市指数较 2021 年均呈小幅回落态势，虽有所差值但仍旧高于 2020 年疫情初期的景气水平，依然保持在 165 的高位线上。宁波市近年来潜力强劲，2022 年依然作为浙江省工业小微企业景气指数的"领头羊"，开年积极防范疫情，出台优渥政策扶持小微企业

复工复产，开年后持续助力工业小微企业优化产业结构，坚持推动智能制造赋能传统工业制造；杭州市尽管受到多点散发疫情反复的影响，但依托其自身强大的数字经济产业，高端装备制造业小微企业均衡发展，灵活推动工业小微企业集聚化发展。两市在疫情反复的阴霾中表现坚韧，为浙江省工业小微企业的发展做出了良好的示范。

第二层次的温州市、嘉兴市和绍兴市亦呈小幅回落态势，小微企业景气指数排名依旧居全省前列，绍兴市虽排名在温州、嘉兴两市之后，杭州湾协同创新中心的发展使小微企业表现为长期利好，小微企业景气指数较2021年有所下滑，但仍高于2020年同期水平。第三层次依旧为台州、金华和湖州三地市，台州市和金华市景气水平基本持平于2021年，位于长三角一体化中心辐射圈的湖州市，发挥区位优势，持续为小微企业的发展注入活力，但同样受到第一季度多地疫情反复的干扰，2022年工业小微企业景气指数较大幅度回落，指数数值下跌超过2。丽水、衢州和舟山三市构成了工业小微企业景气指数金字塔的第四层次，三地市景气指数均有小幅度的回落，丽水市位于浙江省西南地区，受新冠肺炎疫情冲击较小，小微企业景气指数回落较小。衢州和舟山仍处于低位水平运行，且受疫情反复影响，衢州有较为明显的跌幅，指数数值下跌超过2。衢州和湖州市成为2022年两个指数下跌超过2的城市。总体来说，2022年浙江省11市工业小微企业景气指数相较于2021年整体下跌，但在各地市政府的积极努力推动下，工业小微企业整体处于有序可控的复工复产之中，再加上浙江省建设共同富裕示范区的政策导向，工业小微企业已基本摆脱新冠肺炎疫情反复的阴霾，处于良好的恢复状态。

三 浙江省工业小微企业景气指数走势分析

国际贸易通路的断裂，使小微企业面临前所未有的生存压力，浙江省工业小微企业景气指数由2020年前的持续攀升态势，到疫情"黑天鹅"开始后的断崖式下滑，再到2022年的疫情反复下的持续波动，浙江省工业小微企业呈现出强劲活力。通过浙江省省政府和各地市政府的迅速反应，相继出台《关于支持小微企业渡过难关的意见》等政策助力小微企业复工复产，在双方的共同努力下，浙江省2022年第一季度生产总值17886亿元，同比增长5.1%。浙江省进出口总额1.08万亿元，同比增长42.42%。机电、高新技术产品出口快速增长，贸易结构不断优化。对外贸易全面复苏，沿海各地市外向型小微企业迅速扩张，持续带动浙江省小微企业的整体发展。但由于2022年浙江受新冠肺炎疫情多地散发影响，严重干扰企业正常生产秩序安排，造成在反复疫情时代背景下景气指数的再次下跌。

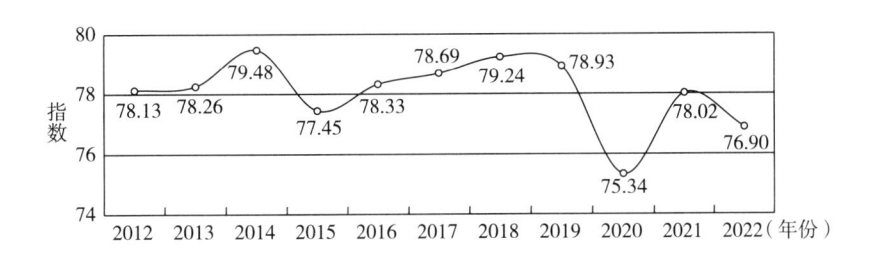

图7-2　2012—2022年浙江省工业小微企业景气指数走势

浙江省政府多措并举帮助工业小微企业稳步走上高质量发展道路，为工业小微企业的提质升级带来强劲潜力。浙江省政府深化持续推进新一轮《浙江省小微企业三年成长计划（2021—2023年）》中提到要聚焦小微企业创新能力的提高、质量管理体系的建设等，发挥全省百个质量提升特色产业、百个先进质量管理单位的辐射作用和标准化战略专项资金的引导作用，有序带动小微企业实施标准化战略，开展对标达标活动，导入先进质量管理方法，争创"品字标"浙江制造品牌；同时要推动传统制造业小微企业进行数字化改造，实施"十百千万"智能化技术改造行动，推进5G、人工智能、物联网在小微企业的应用，支持小微企业建设智能生产线、数字化车间。2021年，浙江小升规新增规模以上工业企业6000多家，工业小微企业表现出强劲潜力。2022年4月，浙江受疫情多源多点散发影响，防控形势严峻复杂，多地先后启动二级响应。上下游工业企业出现了限产停产情况，造成浙江工业企业在生产组织、物流运输、产品销售等方面遇到了极大的困难。浙江省各级政府组织开展工业企业断供情况排摸，吸取经验教训，通过建立重点企业"白名单"，重点对产业链供应链突出问题企业进行协调保障、工业企业通行证"应办尽办"、开展省际间工作协调，全力以赴保供保畅问题，帮助工业小微企业渡过难关。

第三节 浙江省小微企业经营信心指数测评

小微企业经营信心主要体现企业家对当前微观经营状况和宏观经济环境的信心。基于浙江省小微企业发展景气问卷监测数据，并运用德尔菲法打分得到浙江省小微企业2022年经营信心指数。

一 测评结果与特点分析

2022年浙江省11个地市小微企业经营信心指数的测评结果及详细排名情况如表7-2所示，11市平均指数为107.32，与2021年相比虽略有下滑态势，但降幅仅为1.81%，小微企业经营信心指数整体呈平稳运行态势。在各地市具体情况分布上，台州市以116.13的经营信心指数再度蝉联浙江省第一，基本持平于2021年同期水平，杭州、宁波、湖州、嘉兴、金华五地市紧随其后，经营信心指数均超过110高位线，差值较小；同时，排在后几位的温州、绍兴、舟山、衢州的经营信心指数也持续保持在100以上的中高水平，仅有丽水一地市指数低于100，表明在浙江省政府和社会各界的努力下，2022年浙江省小微企业主虽遇波折但仍持续保持经营信心，小微企业发展态势整体向好。

表7-2 **2022年浙江省11市小微企业经营信心指数排名**

排名	地区	指数	排名	地区	指数
1	台州	116.13	7	温州	105.78
2	杭州	111.63	8	绍兴	105.06
3	宁波	111.01	9	舟山	101.30
4	湖州	111.00	10	衢州	100.56
5	嘉兴	110.30	11	丽水	98.75
6	金华	108.98	全省平均		107.32

二 主要地市测评结果分析

台州市2022年小微企业经营信心指数为116.13，与2021年相比略有下降，但相较2020年仍有20.33%的涨幅，表明在新冠肺炎疫情常态化防控和不断反复的特殊时期,台州市小微企业经营仍呈稳中向好态势。2022年,台州市政府积极响应浙江省建立健全中小企业精准纾困政策体系的号召,在《浙江省税务局关于浙江省实施小微企业"六税两费"减免政策的通知》的基础上,对小微企业增值税按50%幅度减征资源税、城市维护建设税、房产税、城镇土地使用税、印花税等,同时推出多项金融扶持相关政策,持续推进构建多层次、多元化的金融保障体系,大力支持金融行业服务于中小微企业、服务于实体经济,并提出加强金融行业数字化改革创新,加大企业融资需求与金融行业供给信息对接,更好地支持金融需求侧改革。台州市政府以聚焦"三个减少",铺好融资"快速车道"、破解"三个难题",畅通惠企"信贷活水"、锚定"三个降低",压缩融资实际成本以及加强"数字赋能",搭建数字金融平台四大融资政策深化小微企业融资和金融服务改革,在加强融资畅通工程建设的同时致力于打通民企融资"最后一公里",是台州市小微企业经营信心指数连续两年蝉联浙江省第一的可靠保障。

杭州市2022年小微企业经营信心指数以111.63持续保持在浙江省第二位,虽有下滑但降幅仅为2.46%,相较2020年仍有大幅回升,且高于2019年同期水平。2022年,杭州市小微企业多次受到新冠肺炎疫情小规模反复的冲击,但得益于市委市政府和社会各界的多方合作联动,小微企业整体经营仍呈稳中向好趋势,停工停产窘境未再发生。2022年4月,杭州市政府持续实施"融资畅通工程",力图缓解小微企业融资难、融资贵问题,杭州市财政局"三步走"推进政府性融资担保机构一体化建设工作,以数字化赋能重塑小微企业融资流程,打造"杭云担"政策性融资担保品牌,以大数据辅助风控决策,为小微企业和"三农"主体提供服务"零距离"、融资"一站通"的政策性担保服务。同时,为缓解新冠肺炎疫情常态化防控背景下小微企业的税收压力,杭州市政府延续实施制造业中小微企业延缓缴纳部分税费的政策,制造业中型企业可以延缓缴纳相应税费金额的50%,制造业小微企业可以延缓缴纳相应全部税费,延缓期限最高为6个月,极大程度上为小微企业减负纾困,保证了疫情反复阶段下小微企业主持续经营的信心。

宁波市2022年小微企业经营信心指数为111.01,较2021年也呈小幅下滑态势,但降幅仅为1.13%,为浙江省11地市中降幅最小,这也使宁波市小微企业经营信心指数反超湖州市，重回浙江省第三。2022年，宁波市持续推进第三轮"小微企业三年成长计划"（2021—2023年），通过持续深化"个转企、小升规、规改股、股上市"工作，实施"小巨人"培育行动、"雄鹰行动"、"凤凰行动"和企业技术创新赶超工程，培育"单项冠军"和"专精特新"企业，同时提出构建更高效便捷的准入环境、维护公平竞争的市场秩序、健全完善金融赋能有效机制、健全完善人才赋能培育机制、健全科技平台赋能共享机制、建立高质量企业信用指标体系、推进并保护创新发展、大力推进集聚发展行动、落实小微企业税收赋能行动。扎实的工业经济基础和新兴的数字经济产业是宁波市小微企业发展的底气，而宁波市政府开展的"春雨润苗"专项行动，不断推进落实各项税费优惠政策，以税惠红利浇灌小微之苗的举措也在很大程度上保证了宁波市小微企业经营信心指数的平稳运行。

舟山市、衢州市和丽水市的小微企业经营信心指数持续徘徊在100附近，受限于传统工业结构和地理条件等多方因素，三地市在指数层面上的表现一直居于浙江省之末。舟山市作为工业基础落后，以传统海洋渔业和旅游业为主的地市，在新冠肺炎疫情全球影响持续存在的阶段下仍受阻较大，小微企业经营信心指数低位运行也在情理之中。衢州市与丽水市自2020年以来在小微企业复工复产和减负纾困方面做出了诸多努力，即使三地市的小微企业经营信心指数整体低位运行，但与2021年相比，三地市小微企业经营信心指数并未产生较大变化，总体仍呈稳中向好态势，相信随着新冠肺炎疫情防控和小微企业纾困政策体系的逐渐完善，三地市彻底摆脱阴霾，走向高质量发展道路指日可待。

三 浙江省小微企业经营信心指数走势分析

如图7-3所示，受新冠肺炎疫情小规模反复和国际政治局势动荡的影响，2022年浙江省小微企业经营信心指数整体较2021年呈现略微下滑态势，降幅为1.81%，11地市平均指数为107.32，略高于2019年同期水平，与2020年相比仍有较大幅度的上升，表明浙江省小微企业经营信心指数虽有所下降但整体向好。2022年，浙江省新一轮精准纾困政策的出台，对小微企业扶持力度进一步加大，有望改善当前小微企业面临发展压力大的现状，为小微企业发展注入强劲的新活力。

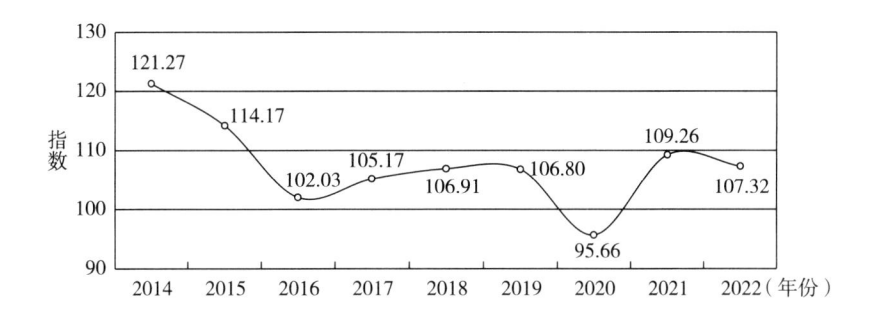

图 7-3 浙江省小微企业经营信心指数波动趋势

截至 2022 年年初，浙江省共有国标小微外贸企业 82800 余家，超过外贸企业总数 60%，当前国际政治环境的不安定因素持续影响浙江省外向型小微企业的健康发展，加之疫情小规模反复，杭州市、宁波市、嘉兴市、绍兴市、金华市等地实施疫情管控政策一定程度上也阻碍了小微企业的生产步伐和贸易通路。虽然在各级政府的政策支持和社会各界的全力配合下，浙江省小微企业迅速摆脱了阴霾，但难免会影响到小微企业主的经营信心，反映在指数趋势上有所下滑也在情理之中。而针对小微企业在疫情小规模反复阶段下融资难融资慢的现状，浙江省政府也及时出台《关于发挥政府性融资担保体系作用支持小微企业汇率避险增信服务的实施意见》，提出在企业端，由政府性融资担保机构根据企业年度进出口额，为国标小微企业办理汇率避险时提供担保；在财政端，由省担保集团为地方性融资担保机构提供再担保，0.12% 的再担保费由省财政给予补贴。该项政策极大缓解了小微企业当前的融资难题，进一步增强了小微企业发展信心，减轻了资金压力。

浙江省人民政府办公厅于 2022 年 1 月发布《关于减负强企激发企业发展活力的意见》，提出构建中小微企业精准纾困政策体系，以加大帮扶资金精准支持力度、减轻电力等能源用能负担、持续降低企业用工成本、加快降低企业物流成本等八大方面共计四十五条举措全面助力中小企业减负纾困，是浙江省 2022 年推进中小企业精准纾困的纲领性政策。4 月，浙江省政府配套发布《关于进一步减负纾困助力中小微企业发展的若干意见》，在抓好"5+4"政策包落实的基础上，进一步加大对中小微企业的减负纾困力度，提出扩大"六税两费"适用范围，对增值税留抵税额实行大规模退税，落实服务业领域增值税减免有关政策，制造业中小微企业缓缴部分税费，实施降费率和缓缴失业保险费等共计四方面 27 条举措，涉及减税降费、融资服务、用工稳岗、防疫支持和稳企支持五大方面，进一步完善了小微企业成长发展的政策支持体系，全方位助力中小微企业减负纾困，成为中小微企业发展活力的重要支撑。除此之外，基于《小微企业三年成长计划（2021—2023 年）》中 2022 年的成长目标也在稳步推进落地中，相信在浙江省政府科学合理的政策组合拳之下，小微企业定能摆脱各项负面因素影响，稳步走向高质量发展道路。

第四节　浙江省动态监测企业景气指数测评

一　浙江省 11 市动态监测小微企业景气指数

动态监测小微企业发展指数的基础数据来自浙江省小微企业培育监测平台，从近 20 项监测项目中，最终选取了工业总产值、产成品、财务费用、资产总计、主营业务收入、利润总额、应收账款、负债合计、从业人员平均数 9 个监测指标作为评价指标，同时确定以小微企业工业总产值为基准指标，再根据主成分分析法，确定先行指标、一致指标和滞后指标及其权重，最后计算 2022 年浙江省 11 市动态监测小微企业景气指数，如表 7-3 所示。

表 7-3　2022 年浙江省 11 市动态监测小微企业景气指数排名

排名	地区	指数	排名	地区	指数
1	杭州	141.05	7	温州	81.79
2	台州	139.45	8	宁波	79.13
3	嘉兴	127.24	9	舟山	56.45
4	绍兴	118.90	10	湖州	49.55
5	金华	110.01	11	衢州	46.37
6	丽水	101.81	全省平均		95.61

2022 年浙江省 11 地市动态监测小微企业景气指数整体呈上升态势，全省平均指数为 95.61，较 2021 年下降 2.54%。各地市的监测指数均略

呈回落趋势，在排名方面则未发生变化，杭州市与台州市仍以141.05和139.45的高位指数占据前两位，嘉兴、绍兴、金华和丽水四地市的指数也都在100以上的较高水平线运行，且动态监测小微企业景气指数均有3点以上的下跌，波动较为明显。舟山市、湖州市和衢州市则分别以56.45、49.55和46.37的低位指数居于末尾，与头部地市差距十分明显，排名首位的杭州与排名末尾的衢州之间仍有近100的差额，表明在动态监测景气指数上，浙江省内地区间的差异仍旧十分显著，指数分布极为不均衡，如表7-3所示。

杭州市作为浙江省的省会城市，是长三角一体化发展的核心，是浙江省小微企业发展创新的领航员。杭州市有序推进《浙江省杭州市促进特色小镇高质量发展实施方案（2021—2023年）》，进一步推动杭州市小微企业产业集聚能力的提升，以示范应用延长产业链、以数字赋能培育新业态新模式的发展路径持续为小微企业的发展注入创新活力。杭州市政府在年初疫情刚刚稳定，即出台助企开门红"杭十条"，鼓励增加生产安排，全力推动工业经济稳步向前。并依托数字化改革牵引，打造政策性融资担保品牌，有效缓解小微企业和"三农"融资难、融资贵问题。杭州市各区出台纾困助企意见，统筹好疫情防控和经济社会发展，进一步减轻企业负担，全力帮助各市场主体恢复发展。《杭州市加快中小企业"专精特新"发展行动计划》，进一步激发杭州中小企业创新创造活力，激发杭州产业澎湃活力。杭州市政府也着力培育数字经济产业，持续引导小微企业转型升级、提质增效。同时，杭州市大力培育创新主体的发展，特色小镇、众创空间、小微企业园等创新创业平台如雨后春笋般不断涌现。

台州市的小微企业也一向十分活跃，民营经济是台州发展的一张特色名片。台州市金融办采取"政府出资为主、银行捐资为辅"的方式，设立中国大陆首个小微企业信用保证基金，构建地方政府性融资担保体系，用以破解小微企业融资困难问题。首创金融服务信用信息共享平台，构建数字化征信体系，破解银企信息不对称问题，提升金融机构服务效率和精准度，较好解决了小微企业融资难、融资贵问题，持续助力台州市小微企业在国内国际双循环发展格局下走高质量发展之路。除此之外，台州市持续在全市范围内推行准入专项服务，加速产业转型升级，积极构建新的发展增长极，不断优化营商环境，助力小微企业的良好发展。

舟山市、湖州市和衢州市近年来受传统工业发展限制，小微企业产业基础薄弱，结构单一，加上2021年受新冠肺炎疫情反复的影响，三地市尚处于恢复阶段，动态监测小微企业景气指数依然处于较低水平。但是伴随着2022年疫情阴霾的逐渐退去以及滚滚的数字化改革浪潮，相信三地市小微企业定能摆脱传统产业的束缚，走上有地方特色的生态化发展道路，动态监测指数的回升可期。

二 浙江省动态监测小微企业景气指数走势分析

如图7-4所示，浙江省动态监测小微企业景气指数在2015年以后总体呈现缓慢下行趋势，自2019年有所回升，但2020年受新冠肺炎疫情和诸多外部因素影响呈现出断崖式下滑态势，2021年疫情基本稳定后指数迅速回升，但在2022年，面对新冠肺炎疫情多点散发带来的冲击，再次下跌。伴随疫情的反复，自2019年至今整体呈"M"形变化。然而，2022年已显著高于疫情初期水平，这主要得益于浙江省对于疫情防控的迅速应对和支持小微企业复工复产的多项政策。浙江省发布《浙江省小微企业三年成长计划（2021—2023年）》，提出了"五位一体"协同发展的成长目标体系，是小微企业成长发展的纲领性政策。其中，到2023年年底，浙江省计划累计新增小微企业60万家以上，其中重点培育发展的"八大万亿产业"小微企业拟增至18万家以上；计划累计新增规模以下升规模以上工业小微企业3000家以上，新增知识产权管理规范化小微企业1000家；计划累计新增科技型小微企业1万家，新增专利申请量1.5万件以上；计划新增小微企业贷款1.2万亿元，累计发放小微企业信用贷款1万亿元；计划小微企业园建设总数超过1200个，累计培训小微企业劳动者30万人次。这些目标政策不仅为浙江省小微企业的成长发展指明了方向，还向浙江省全域范围内的小微企业主和创业者传递了对于发展民营经济的强大决心。伴随着数字化改革的深入推进和浙江省共同富裕示范区的建设，浙江省小微企业要持续在转型升级的道路上不断前进，要积极参与数字经济、生命健康、新材料等战略性新兴产业和未来产业谋划布局，打造未来发展新优势。2022年1月，浙江省进一步出台《关于减负强企激发企业发展活力的意见》，从"五个聚焦"（聚焦稳增长促生产、聚焦抓投资抢进度、聚焦稳产业链保畅通、聚焦稳预期强信心、聚焦减负担降成本）进一步激发市场主体活力，全力保障工业经济平稳运行。

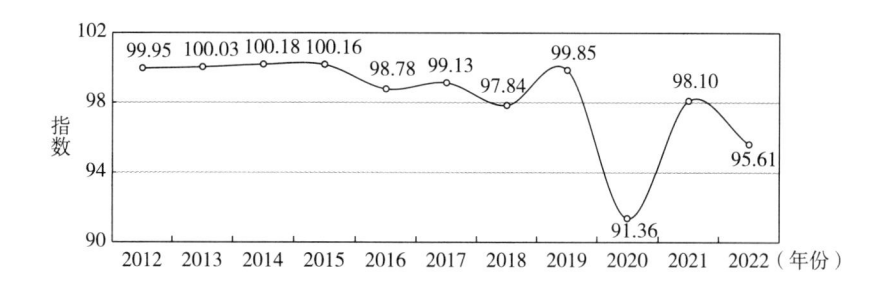

图 7-4　2012—2022 年浙江动态监测小微企业景气指数走势

第五节　浙江省小微企业综合景气指数测评

本节对工业小微企业景气指数、小微企业经营信心指数和动态监测小微企业景气指数这三种分类指数进行加权计算，最终得到 2022 年浙江省 11 市小微企业综合景气指数。

一　计算结果

浙江省历来是小微企业大省，小微企业是浙江经济高质量发展的活力来源。2022 年浙江省各地市小微企业综合景气指数均呈略微下降态势，其中杭州市、宁波市、嘉兴市、绍兴市和台州市五地指数仍保持 99 以上的较高水平，显示出强劲韧性。受疫情多点散发影响，全省平均指数略微下跌，但以 88.60 的全省平均景气指数略高于 2020 年疫情初期的同期水平，表明经过两年的努力，浙江省小微企业已基本摆脱面对新冠肺炎疫情的恐慌情绪，复工复产复销韧性强劲，抗疫战疫防疫有条不紊。但同时，浙江省小微企业综合景气指数各地市的差距依旧较大，位列领先位置的杭州、宁波两市的综合景气指数是处于末位的衢州、舟山的 3 倍以上，地区小微经济不平衡的局面仍旧十分凸显。杭州、宁波作为杭州湾地区两大经济支点，前者凭借强大的数字经济产业基础大力推动科技型新兴产业高质量发展，持续推进小微企业转型；后者则依赖优越的港口资源发展外向型产业，并在国内国际双循环格局下积极开拓国内市场。两者的发展条件各有优势，已形成了杭州湾大湾区辐射效应，带动省内周边地市共同助推浙江省小微企业的高质量发展，因而综合景气指数持续领跑。衢州、舟山两市则受制于薄弱的经济基础，加之人才、区位、环境等因素，小微企业在转型升级的道路上面临较多的难点和痛点，因此综合景气指数排名一直居于浙江省之末。

表7-4　　2022年浙江省11市小微企业综合景气指数排名

排名	地区	指数	排名	地区	指数
1	杭州	148.28	7	金华	87.41
2	宁波	132.64	8	湖州	63.80
3	嘉兴	106.87	9	丽水	59.92
4	绍兴	99.33	10	衢州	42.79
5	台州	99.21	11	舟山	41.73
6	温州	92.57	全省平均		88.60

表7-4显示，浙江省11市综合景气指数可分四个区间进行分析。第一区间为杭州市和宁波市，小微企业综合景气指数都在130以上，处于"较强景气"区间；第二区间包括嘉兴、绍兴、台州、温州、金华五市，小微企业综合景气指数在80—110，处于"微弱景气"区间；第三区间为湖州、丽水两市，小微企业综合景气指数在50—80，属于"微弱不景气"；第四区间为衢州市、舟山市，小微企业综合景气指数在50以下，处于"较不景气"区间。区域间景气程度的差异与各地经济基础密切相关，也反映了近几年浙江各地小微企业转型升级和高质量发展所面临的不同机遇与挑战。2022年1月浙江省出台《关于减负强企激发企业发展活力的意见》，坚持"稳字当头、稳中求进"工作总基调，从"五个聚焦"进一步激发市场主体活力，全力保障工业经济平稳运行，推进实施新一轮"小微企业成长计划"（2021—2023年），2022年4月浙江省又专题召开了助企纾困暨重大项目建设工作会议，以进一步减轻企业负担，增强企业发展的信心，小微企业发展综合景气指数有望逆转重新恢复上升态势。

二　浙江省11市小微企业综合景气指数走势分析

（一）杭州市

2022年杭州市小微企业综合景气指数由2021年迅速回升后的150.57下降至148.28，下降2.29，跌幅为1.52%，基本持平于2018年同期水平。杭州市政府在新冠肺炎疫情多点散发发生后迅速应对，充分发挥疫情防控数字化优势，并进一步完善出台小微企业利好政策，杭州市着眼疫情防控与经济社会发展"两手抓"，小微企业综合景气指数有望逆转恢复到回升态势（见图7-5）。

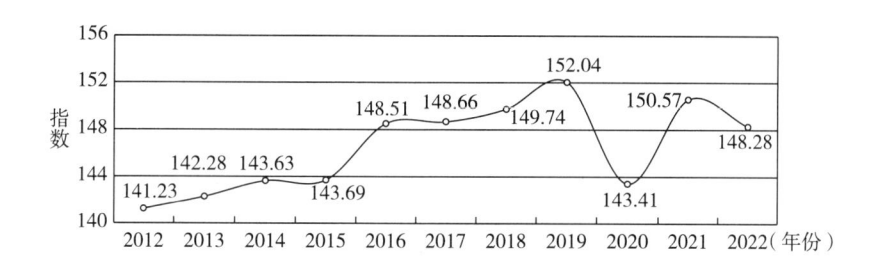

图 7-5　杭州市小微企业综合景气指数走势

2022年第一季度，杭州市长时间处于多点多地"三区"防疫状态，线下实体企业遭受冲击较大，传统行业压力陡增，呈现持续下行趋势。第一季度，杭州市服务业发展尤为暗淡，服务业受到较大波动。其中特别是餐饮业、旅游业等行业，餐饮又作为典型的接触型消费，遭受的冲击最为直接。此外，作为制造业新星的新能源企业也受到了较大影响。第一季度，新能源企业保持高速增长，销售额增长71.5%，但涨幅与2021年第一季度（近两倍的涨幅）相比，已出现较大回落。前期由于国外对中国科技和产业封锁的加重，导致"缺芯"、产业链供应链不稳定；后期电池原材料涨价、疫情导致配件工厂停工、物流运输不畅等因素叠加，消费供需矛盾日益突出，新能源车企的发展遭遇"浪遏飞舟"的困局。这使得杭州小微企业，在产业结构上暴露出对明星企业依赖度过高、产业布局不均衡和小微企业经济基础不扎实等问题。杭州市迫切需要将自身优势突出的技术创新带来的新经济，进一步落地为抗风险、更稳定的可持续新业态，让关键技术、前沿科技、高新技术、智能制造等切实落地，走上可持续发展道路。2022年第一季度，杭州市疫情持续不断，尽管市政府发布了"服务业40条"等系列惠企纾困政策，但小微企业还是受到不确定因素的冲击。工业企业在一季度整体一改颓势、逆势增长。杭州市规模以上工业增加值1082亿元，同比增长11.3%；生物医药是杭州着力打造的战略性新兴产业之一，医药制造业增加值142亿元，增长84.0%，出口交货值增长402.7%。杭州发布助企开门红"杭十条"等，鼓励增加生产安排，全力推动工业经济稳步向前。杭州依托数字化改革牵引，以市融资担保公司为载体，打造"杭云担""掌上担"政策性融资担保品牌，破解小微企业融资问题，深入实施"融资畅通工程"，有效缓解小微企业和"三农"融资难、融资贵问题。截至2021年，杭州市融资担保有限公司政策性担保业务累计担保金额65.15亿元，惠及户数1.49万户。杭州市各区也纷纷出台纾困助企业意见，统筹好疫情防控和经济社会发展，进一步减轻企业负担，全力帮助各市场主体恢复发展。上城区针对餐饮、旅游等不同行业，更大力度帮助辖区服务业领域困难行业渡过难关、恢复发展。西湖区各部门全力聚焦企业资金难题，加快涉企资金兑现进度、推动免租政策落实落地，积极落实减税降费减轻企业负担，全力帮助各市场主体恢复发展，渡过困难时期。2022年第一季度已落实减税降费6.42亿元。5月，杭州市政府公布《杭州市加快中小企业"专精特新"发展行动计划》，进一步激发杭州中小企业创新创造活力，加快推动"专精特新"企业梯队培育和高质量发展。全市目前拥有的53家"小巨人"企业，主导产品属于关键领域"补短板"的企业有48家，填补国内空白的有38家，填补国际空白的有9家。"小巨人"企业瞄准掌握核心关键技术，激发杭州产业澎湃活力。综上，导致了杭州市小微企业综合景气指数的略微下跌。

（二）宁波市

2022年，宁波市小微企业综合景气指数为132.64，较2021年下降0.84，跌幅仅为0.63%，排名维持浙江省第二位，是全省跌幅最小的地区。外向型经济的复苏持续利好使宁波市小微企业的整体发展环境，综合景气指数的下跌趋势平缓（见图7-6）。

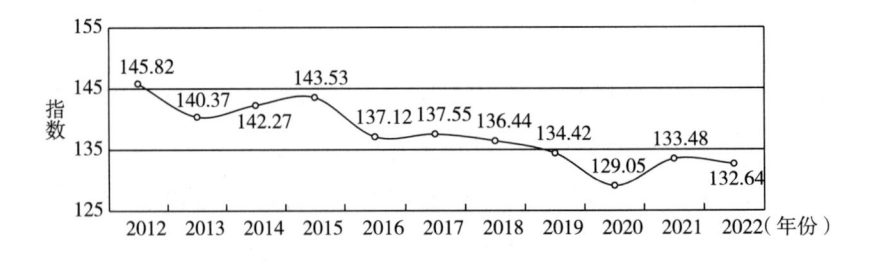

图7-6 宁波市小微企业综合景气指数走势

宁波市民营经济依托优越的港口区位条件，发展出了众多的外向型小微企业。宁波同时也是全国重要的先进制造业基地，拥有全国最大的石化产业基地和新材料产业基地。2022年，宁波市小微企业面临着较大经营困难。第一，企业经营压力加大，受原材料供应困难、厂商推迟复工、交通运输受限等因素影响，宁波制造业企业面临订单和营收减少的挑战，经营压力陡增。第二，疫情对产业链供应链冲击加大，小微企业常常面临自身产能不足、上游企业供应不稳等问题。第三，疫情导致消费市场低迷且恢复受阻，第一季度汽车的消费支撑作用减弱；服装消费呈现明显放缓的趋势，服装鞋帽类零售比1—2月下降10个百分点，消费市场持续低迷，社会消费品零售、餐饮增速不及预期。2022年，宁波市推出《宁波市稳链纾困助企若干措施》，提出九方面47条措施，加大纾困支持力度，提振市场信心，外向型小微企业迎来了新的恢复契机。宁波市着力稳定产业链供应链，促进国内国际双循环，保持经济运行稳定。2022年第一季度宁波市实现进出口额7654.2亿元，比2021年同期增长28.2%。其中，出口额5471.7亿元，同比增长29.7%；进口额2182.4亿元，同比增长24.5%；民营企业对宁波口岸外贸增长贡献率近七成。前4个月，民营企业进出口5276.5亿元，同比增长27%，占同期宁波口岸进出口总额的68.9%，对宁波口岸进出口整体增长贡献率达66.6%。基于此，宁波市政府和小微企业应把握好国内国际双循环发展新格局，精准施策，通力协作，开启宁波市小微企业发展新篇章。在宁波市政府和小微企业的出色努力下，小微企业在新冠肺炎疫情形势复杂多变中呈现出其强劲韧性，宁波市小微企业综合景气指数也是全省跌幅最小的地区。

（三）嘉兴市

2022年，嘉兴市小微企业综合景气指数为106.87，排名依旧列浙江省第三位，较上年下跌1.88%，已恢复至2019年同期水平，见图7-7。

嘉兴市接邻上海、江苏，是浙江省接轨长三角的"桥头堡"，拥有浙江省集聚程度最高的皮革和服装产业小微企业。2022年嘉兴小微企业遭遇了巨大的压力挑战。从服装产业园分布状况来看，嘉兴市以16个服装产业园排名浙江省第一位，纺织产业也是嘉兴的第一支柱产业，形成了化纤、纺织、印染、服装完整的产业体系。2022年嘉兴纺织企业面临着订单波动大、物流成本上涨、市场需求波动、汇率波动加剧等多重压力。纺

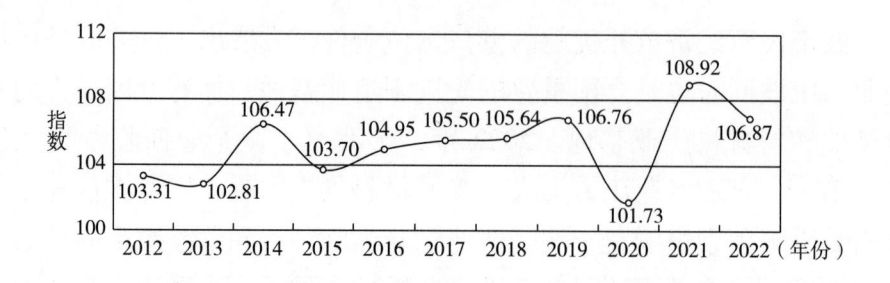

图 7-7　嘉兴市小微企业综合景气指数走势

织企业物资运输，生产原材料、产成品流通出入均受到不同程度限制，"外循环"受阻，尤其在仓储和交货处面临较大压力。疫情多点散发防控趋严，使国际订单转移至其他已复工复产的新兴经济体，比如越南、印度。同时相比国内，东南亚等地人力成本相对较低，产业配套能力正逐渐增强，对纺织业订单造成相当大的分流压力。桐乡市占据着嘉兴纺织业的"半壁江山"，2022 年 4 月桐乡启动重大突发公共卫生事 Ⅱ 级响应全市停工停产，也对嘉兴市整体的小微企业造成巨大冲击。面对新冠肺炎疫情的多点散发冲击，2022 年嘉兴市继续稳步推进《小微企业三年成长计划》，帮助小微企业迅速实现复工复产。嘉兴先后出台了《关于进一步加大惠企纾困帮扶力度的若干意见》《关于金融支持激发市场活力的实施意见》等一揽子金融助企纾困政策，为中小微企业发展保驾护航。为了加大对外贸企业帮扶力度，嘉兴积极推广特色数字平台的应用。截至 4 月末，嘉兴市已累计为外贸企业提供年度政策性出口信用保险保障 125 亿美元。第一季度，嘉兴市银行机构已累计发放无还本续贷 315.58 亿元，同比增长 90.08%；累计为 12513 户企业、6612 名个人办理延期还本付息 71.9 亿元，其中房贷延期还款 784 笔、2.88 亿元。嘉兴市政府推动小微企业"增氧计划"和金融服务"滴灌工程"，提高小微企业融资可得性和覆盖面，为小微企业的成长发展扫除融资障碍，使嘉兴市小微企业综合景气指数呈现强劲活力并有望进一步回升。综上，嘉兴市小微企业综合景气指数较上年下跌超过 2，下跌较为明显。

（四）绍兴市

2022 年绍兴市小微企业综合景气指数为 99.33，较上年下降 2.07%，下跌了 2.1%，总体排名列浙江省第四位，见图 7-8。

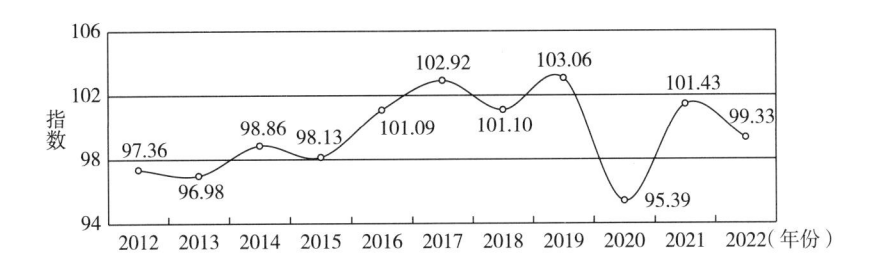

图 7-8 绍兴市小微企业综合景气指数走势

绍兴市东连宁波，西接杭州，是长三角城市群重要城市、环杭州湾大湾区核心城市。绍兴纺织印染小微企业数量众多，发展历史悠久，已形成产业集聚效应。优越的地理位置使其在人才吸引、产业转移等方面受到明显的辐射效应。然而，2022年绍兴小微企业发展面临着较大冲击，印染企业产能利用率水平整体偏低，且截至2022年5月调查显示，目前柯桥区印染企业开工率仅有50%—60%。由于内销市场终端消费疲软，企业普遍遭遇了订单不足、订单转移、后续订单不确定性等问题。同时企业生产所需的天然气、蒸汽、电力等能源价格涨幅较大；原材料价格明显上涨，棉纱、染料及部分基础化工原料价格涨幅已接近30%；物流成本也大幅增加，进入4月以后，多数企业面临订单不足的困境，现有的产能利用率普遍维持在六七成，部分企业只有五成左右，企业经营效益普遍下滑，绍兴小微企业综合景气指数下跌也较为明显。2022年2月，绍兴市政府印发《绍兴市小微企业三年成长计划（2021—2023年）》，加强统筹协调，进一步建立工作机制，切实帮助小微企业解决实际困难，促进其健康成长、高质量发展。对受新冠肺炎疫情严重冲击的行业、中小微企业，实施一揽子纾困帮扶政策，为服务稳进提质提供更大的正向拉动作用，全力支持保供保畅稳链固链。综上，绍兴市小微企业综合景气指数较上年下跌2.1，下跌较为明显。

（五）台州市

台州市2022年小微企业综合景气指数为99.21，下跌2.01，跌幅为1.98%，虽然与2019年相比仍有一定差距但小微企业发展趋势仍有较大潜力，见图7-9。

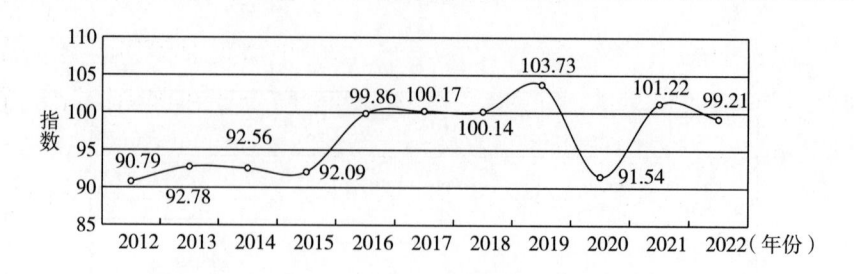

图 7-9 台州市小微企业综合景气指数走势

台州市地处浙江中部沿海，是区域性中心城市和现代化港口城市，被称为"制造之都"。但从全球制造业分工体系来看，台州小微企业中制造业多以代加工为主，还处于产业价值链"微笑曲线"的中低端，这就必然要求台州制造产业转型升级，走向更高水平的集群发展。2022年台州市特色传统产业，"三疲软一复苏"，其中泵与电机、汽摩配件、机床工具等主导产业增长乏力。台州小微企业量大面广、遍布各行各业，是吸纳就业的主渠道。但其中餐饮、零售、旅游、交通运输等低门槛行业，受疫情冲击较大。同时多点散发的新一轮疫情也对台州的外贸出口、外资吸纳、投资建设、消费等重点领域产生较大波动。受1月宁波北仑港口疫情导致台州企业出货受阻；进入3月，因俄罗斯、乌克兰分别为台州市单一国别出口排名前列国家，俄乌局势也对台州市小微企业产生较大影响。自2021年开启新一轮台州制造业"腾笼换鸟、凤凰涅槃"攻坚行动，也对台州制造业基础造成一定波动。台州抓住建设小微企业金融服务改革创新试验区，积极找补金融短板、完善金融服务体系，降本增效，力挺小微企业创新发展。2022年第一季度，台州外贸实现进出口总额665.7亿元，居全省各地区第7位，同比增长30.9%，进出口增长率居全省第4位。其中出口606.1亿元，增长29.8%；进口59.6亿元，增长42.9%。台州市简化退税流程，释放大规模增值税留抵退税政策红利，共惠及小微企业1.2万家，直接增加企业现金流，有助于企业纾困发展；同时也能鼓励企业增资扩产转型升级，有助于提振企业发展信心，稳定企业发展预期。台州市探索建立"一基金两平台"，首创金融服务信用信息共享平台，构建数字化征信体系，破解银企信息不对称问题，降低银行贷前调查成本，达成小微征信服务的"台州模式"，提升金融机构服务效率和精准度，较好解决了小微企业融资难、融资贵问题，支持了小微企业提质升级，提高了金融服务实体经济的能力，持续助力台州市小微企业在国内国际双循环发展格局下走高质量发展之路。在转型的阵痛中，台州向构建"产业大脑+未来工厂"新智造体系稳步前进，而台州市小微企业综合景气指数略有下滑。

（六）温州市

温州市 2022 年小微企业综合景气指数为 92.57，较上年下跌 1.48%，列浙江省第六位，景气水平虽有一定差距，但基本持平于 2019 年，见图 7-10。

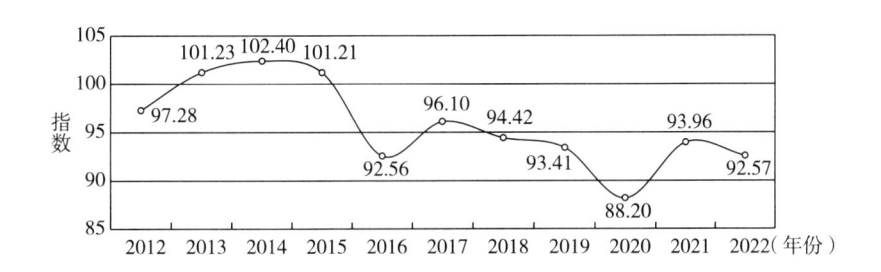

图 7-10 温州市小微企业综合景气指数走势

温州市以民营企业为主，形成了企业门类多样化的大市场格局，素有"浙南门户"之称，是浙江省乃至中国最具经济活力的城市之一，特色产业集聚效应明显。2022 年温州市受国内疫情影响导致市场消费不足，温州市消费品进口 5.2 亿元，下降 21.3%。从出口市场来看，温州对东盟、美国出口高速增长，但受 3 月俄乌冲突影响，温州对欧盟、俄罗斯出口显著下滑，温州小微企业受到较大影响，对欧盟出口 30.7 亿元，增长 16.4%，对俄罗斯出口 6.2 亿元，下降 11.7%。对此温州市出台了包括推动外贸新业态新模式发展、着力开拓多元化市场、做大进口贸易规模等在内的一系列举措，帮扶企业共克时艰。2022 年第一季度，温州市进出口总值 641.6 亿元，外贸形势稳中有升，主要与市内外贸经营主体韧性足、头部企业发展稳定有关。有进出口实绩的外贸企业数量为 8097 家，同比增长 8.9%。其中，民营企业贡献巨大，进出口 603.4 亿元，增长 30.9%，占全市进出口总值的 94.0%，且仍呈上升态势。截至 2022 年 5 月，小微企业总数33.9万家，净增长率连续五年在30%以上。综上，温州市小微企业综合景气指数略有下降，总体下跌1.39。

（七）金华市

金华市2022年小微企业综合景气指数为87.41，较上年下跌1.92%，但仍基本持平于2019年同期水平（见图7-11）。

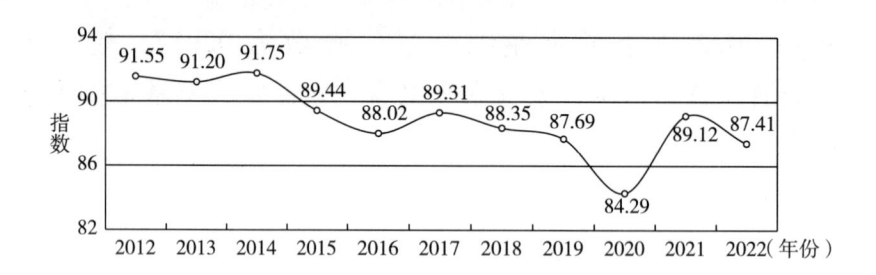

图 7-11　金华市小微企业综合景气指数走势

金华市位于浙江省中部，是G60科创走廊中心城市。2022年第一季度，金华实现GDP为1288.5亿元，同比增长6.3%，增速名列全省第二位，主要经济指标实现稳定开局，生产需求平稳增长，质量效益稳步提升。但金华的小微企业因其市场远离产业带，在2022年面临着客流减少及内需增长乏力的困局，外商进不来、货也出不去、订单碎片化等带来了内外贸难以融合的新痛点。尽管国内第一季度疫情较为可控，供应链完整，还能让外贸保持着持续增长，但也面临着采购商来华减少，原材料与物流成本持续上升，供应链向外转移，传统外贸形态加速线上化，以及2022年人民币持续升值对金华出口带来了不小挑战，因而使金华市小微企业综合景气指数略有下降。

（八）湖州市

近年来，湖州市小微企业综合景气指数平稳运行，波动较小，2022年景气指数为63.80，呈缓慢下降态势，见图7-12。

湖州市地处浙江北部，东邻嘉兴，南接杭州，是环杭州湾大湾区核心城市、G60科创走廊中心城市。湖州受长三角一体化区位辐射效应明显。作为"绿水青山就是金山银山"理念的诞生地，2022年湖州文化和旅游产业发展面临困难，旅游餐饮住宿等小微企业运营遭遇较大挑战。受疫情

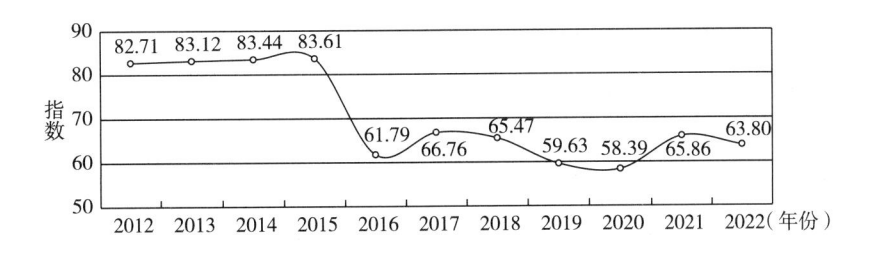

图 7-12　湖州市小微企业综合景气指数走势

影响，湖州服务业的小微企业和个体工商户受到了不同程度的冲击，面临订单少、获客难、房租负担重等问题。这也导致湖州的绿色发展、文旅产业发展受限制，绿水青山旅游特色的发展红利难以释放。2022年4月，发布《湖州市关于促进服务业领域困难行业恢复发展的三十条政策意见》，根据行业难题，加大帮扶力度、提升服务效率，助力困难企业渡过难关、恢复发展。2022年，截至3月底，湖州市登记在册小微企业121682户，同比增长7.23%；产业分布上，湖州持续往绿色低碳高质量发展方向发力，旅游产业新设企业数量同比增长27.27%，比全省增速2.4%高出24.87%。综上，湖州市小微企业综合景气指数整体略有下降。

（九）丽水市

丽水市近几年小微企业综合景气指数一直处于低位运行状态但总体保持平稳，2022年景气指数略有下跌，小微企业综合景气指数为59.92，跌幅为1.79%，基本持平于2019年同期水平，见图7-13。

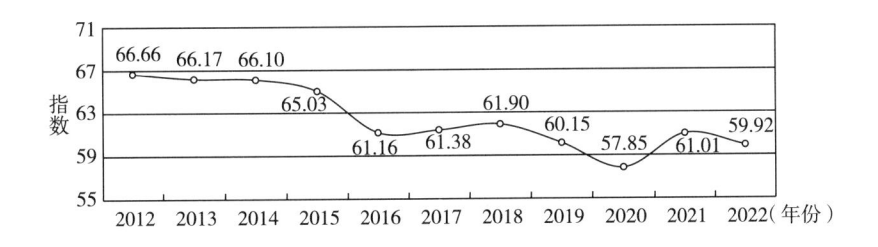

图 7-13　丽水市小微企业综合景气指数走势

丽水市不仅是浙江省森林城市，而且是浙江省辖陆地面积最大的地级市，地势以中山、丘陵地貌为主。天然的地理条件的限制，使丽水市小微企业难以形成集聚优势，工业基础薄弱，产业链较为落后，工业经济增长中表现出动能不足，缺乏新增长极。市政府坚持"工业强市"，狠抓平台"二次创业""双招双引"，大幅缩减平台数量，扩建主力平台规模，但仍旧处于转型之中。第三产业中，以生态旅游为龙头的餐饮、零售等行业由于受第一季度疫情多点散发影响，受到较大冲击，总体遇冷，丽水市政府也出台政策，帮助服务业困难行业渡过难关，积极地响应"绿水青山就是金山银山"的理论号召，大力发展绿色经济、低碳经济，推动传统重工业向智能制造方向转型升级。2022 年第一季度，丽水实现 GDP 为 411.66 亿元，按可比价格计算，比上年增长 4.8%。2022 年新一轮增值税留抵退税政策实施，丽水市释放改革红利，帮扶企业渡过难关，全辖国库共计办理留抵退税 2000 余笔，金额 13.69 亿元，惠及全市 1700 余家小微企业，刺激提升丽水市小微企业竞争力，但退税政策也使得全市财政总收入由增转降，同比下降 1.6%。综上，第一季度丽水市小微企业综合景气指数整体小幅下降 1.09。

（十）衢州市

衢州市小微企业综合景气指数自 2016 年来多年保持低位运行，景气指数处于较低水平，整体波动较小，2022 年综合景气指数下跌至 42.79，下跌 1.97，跌幅为 4.41%，因指数基数较小，为全省跌幅最大的城市，处于"较不景气"状态，但综合景气指数水平仍旧超过 2019 年同期综合景气指数水平，见图 7-14。

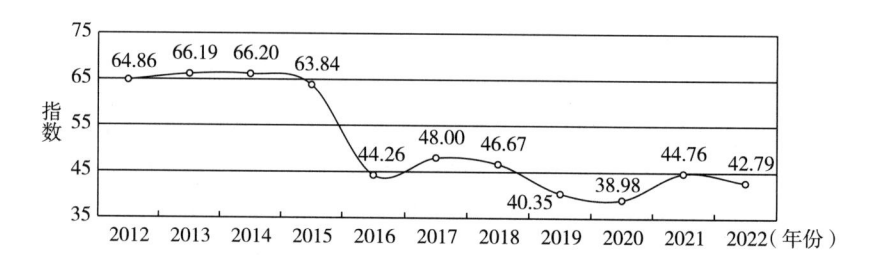

图 7-14 衢州市小微企业综合景气指数走势

衢州市地处浙江省最西部，钱塘江源头、浙闽赣皖四省交界，素有"四省通衢"之称。衢州的产业结构以钢铁、化工、水泥等高排放、高能耗、高碳型的重工业为主，产业结构相对单一，小微企业相对创新能力不足，转型升级困难且较为缓慢，全市生态环境保护工作也面临巨大的压力。2022年第一季度，衢州实现GDP为437.0亿元，按可比价格计算，同比增长4.1%。同期，衢州市规模以上工业增加值127.16亿元，同比增长3.9%。在规模以上工业中，新材料、数字经济核心产业制造业、高技术制造业增加值同比分别增长27.5%、16.0%、13.9%。虽然受3月突发疫情影响，但是衢州全市经济运行总体平稳。此外，衢州市积极推进《衢州市小微企业三年成长计划（2021—2023年）》，大力实施"雏鹰行动"，更好地服务小微企业经营，更快地推动小微企业实现高质量发展。衢州以"工业强市、产业兴市"为导向，深入实施六大产业链提升工程行动方案，全力打造新材料、新能源、集成电路、智能装备、生命健康、特种纸六大标志性产业链。同时，衢州确定产业链式思维、优化环境吸引人才、工业强市绿色发展，但衢州的支柱企业仍旧以高能耗和重污染产业为主，转型升级困难且较为缓慢，因而2022年衢州市小微企业综合景气指数略有下降。

（十一）舟山市

舟山市背靠上海、杭州、宁波等大中城市，面向太平洋，具有较强的地缘优势。舟山市小微企业综合景气指数近年来持续低位运行，2022年小微企业综合景气指数为41.73，较之上年下跌1.16，高于2019年综合景气指数水平，处于"较不景气"区间，见图7-15。

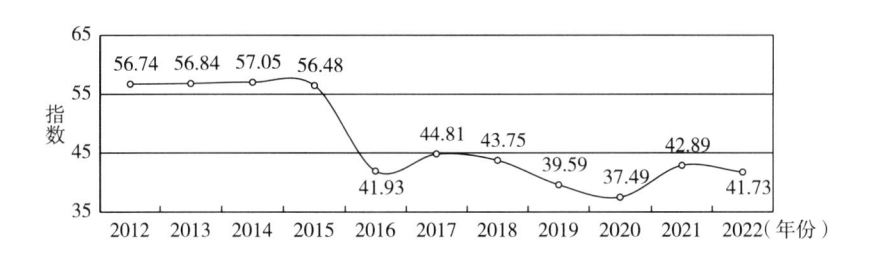

图7-15 舟山市小微企业综合景气指数走势

舟山市受制于其特殊区位条件，陆地面积狭小，淡水资源有限。舟山市小微企业产业结构较为单一、产业基础薄弱，以水产品加工为主的产业链附加值较低，其船舶制造业也存在对市场依赖程度高、生产周期长且订单不确定性强等问题。由于疫情对全球航运业连带冲击巨大，舟山船舶维修相关政策多次调整，船舶企业被要求暂停受理11个国家的船舶维修订单。同时由于第一季度国内疫情的多点散发，使得本来坐拥丰富生态旅游资源的舟山旅游业整体遇冷持续低迷，其中以旅游业为支柱的嵊泗县，继续处在舟山第一季度财政垫底位置。面对纷繁复杂的国内国际形势和各种风险挑战，舟山市统筹经济发展和疫情防控。2022年第一季度，舟山依托岱山县浙石化一期带来的工业经济的高速增长，完成GDP为440.9亿元，以10.6%的GDP增速位列全省首位，高出全省平均5.5个百分点。同时，舟山第一季度基于油气产业链高质量发展，新增油品企业381家，累计集聚油品企业9684家。舟山市政府也十分重视与小微企业协作，建设高水平舟山自贸试验区，加快小微企业转型升级步伐。综上，舟山市小微企业综合景气指数整体略有下降。

第六节　2022年浙江省小微企业综合景气指数综合分析

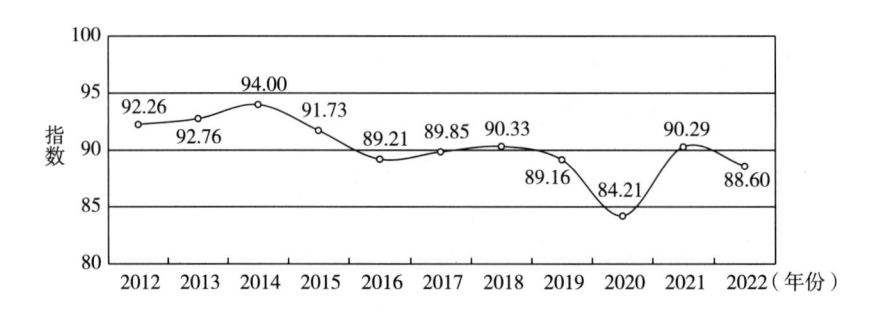

一　浙江省小微企业综合景气指数走势分析

2022年浙江省小微企业综合景气指数为88.60，同比下降1.92%，整体呈小幅下滑态势，景气水平基本持平于2019年同期（见图7-16）。

图7-16　浙江省小微企业综合景气指数走势

作为中国民营经济活力之省，小微企业发展大省的浙江历来将各行各业小微企业的健康成长放在经济社会发展的重要位置，可以说小微企业景气与否直接关系到浙江省经济发展的命脉。浙江省小微企业培育政策体系自 2011 年前后开始逐渐构建并颁发施行，2013—2014 年，"个转企、小升规、规改股、股上市"的方向率先由浙江省政府提出并推进落地，在全国范围内掀起了一场小微企业转型升级的蔚然之风。2015 年，浙江省发布第一轮《小微企业三年成长计划》，涵盖小微企业融资、升规、税收等全方位的政策支持体系，构建了小微企业健康成长的坚实基础。2016—2018 年，在宏观经济下行压力大，小微企业融资难、融资贵等多重负面因素等影响下，浙江省政府以《浙江省小微企业发展"十三五"规划》的纲领性政策深入实施创新驱动战略，同步提出的深化政府服务改革，完善市场竞争机制等政策为小微企业提供了更肥沃的发展土壤，使浙江省小微企业在全国范围内实现了逆势增长。2019—2020 年，国际政治经济环境的动荡加上新冠肺炎疫情在全球范围内暴发，浙江省小微企业迎来了发展道路上的重大挑战，超过 46% 的小微企业面临复工难融资难等问题，小微企业综合景气指数更是呈现十年来最大降幅。2021 年，随着疫情防控常态化，浙江省小微企业发展逐渐回到正轨，在新一轮《小微企业三年成长计划》和《浙江省全球先进制造业基地建设"十四五"规划》等政策支撑下，小微企业整体稳住了下滑颓势，重新走向高质量发展道路。

2022 年，伴随着局部疫情反复和国际贸易环境的持续变化，浙江省小微企业迎来新一轮发展挑战。为应对新环境下小微企业发展难题，坚持稳字当头、稳中求进的发展方针，浙江省人民政府办公厅发布《关于减负强企激发企业发展活力的意见》，是构建中小微企业精准纾困科学政策体系的纲领性文件，其中涉及融资成本方面提出统筹加大纾困帮扶资金精准支持力度并发挥好央行政策性低息资金支持作用，切实保障小微企业融资畅通；涉及用能负担方面提出对低压小微企业电力接入工程实施优惠政策，切实保障制造业中小企业能源安全稳定供应；涉及用工成本方面提出落实稳岗就业政策以及落实缓减工会经费政策，并加强中小企业员工住房保障。除此之外，还包含降低企业物流成本、进一步减免涉企收费以及加快推动技术改造等方面共计 45 条详细举措，为小微企业纾困提供了全方位的政策保障，是小微企业稳中向好谋求进一步成长的坚实后盾。

二 浙江省小微企业综合景气指数研究评述

（一）新冠肺炎疫情局部反复阶段小微企业挑战犹在

2022 年，大规模疫情暴发和小微企业停工停产的窘境未再出现，但市场经济复苏和境外疫情持续等复杂因素仍然引起浙江省内多次局部反复。2021年年底绍兴市、温州市相继受到波及，2022年杭州市、嘉兴市以及金华市也因为疫情导致小微企业小规模停工停产。国际贸易预期受阻，对外向型小微企业提出了新的挑战。与此同时，国内市场基本复苏、国家和地方层面政策全力支持的利好条件也是浙江省小微企业发展的强心剂。持续拓展产品覆盖面，谋求产业链高端布局，以新产品、新服务、新业态持续加大创新力度，是浙江省小微企业未来高质量发展道路的主要方向。

（二）精准纾困政策体系助力小微企业重振旗鼓

2022年年初，浙江省发布《浙江省人民政府办公厅关于减负强企激发企业发展活力的意见》，在"六稳、六保"的政策大方针下提出八个方面45条举措，为处于不同行业面临不同困境的小微企业精准纾困，融资措施包括统筹加大纾困帮扶资金精准支持力度、发挥好央行政策性低息资金支持作用，降成本措施涵盖专项帮扶资金、降低用能负担、降低用人成本、降低物流成本等，其他措施涵盖加强小微企业员工住房保障、加快推动技术升级等，是浙江省省级层面第一次全方位促进小微企业精准纾困减负强企的纲领性政策，相较于过往的相关政策更全面也更深入，为疫情局部反复大环境下小微企业的持续健康发展注入了强劲的动力，是小微企业重振旗鼓的重要保障。

（三）全球化逆流倒逼浙江小微企业适应新格局

当前国际环境的持续动荡不断对全球经济大循环造成冲击，全球化逆流凸显，对于外向型小微企业占比超过半数的浙江省持续提出新的要求。适应国内国际双循环的新发展格局成为未来推动浙江省民营经济高质量发展的必然选择。与此同时，随着国民收入的不断增长和全面建成小康社会目标的实现，民众需求朝着多样化、分层化的方向演化，浙江省小微企业需要凭借灵活性、柔性化和适应性等新优势成为满足新时代新需求的有效市场载体。小微企业的灵活性和柔性化特征是满足客户个性化需求的主要支撑，通过提供定制化乃至"一对一"的服务，小微企业可以获得独特的市场竞争优势。

（四）新兴产业小微企业引领数字时代发展浪潮

浙江省不断崛起的数字新经济新产业，为小微企业技术改造升级、创新商业模式、把握市场机会创造了良好的条件，尤其是在数字经济、智能经济、生物经济、绿色经济、海洋经济等多领域发展提供了诸多机会。2022年5月，浙江省市场监管局发布的《2021年浙江省小微企业成长指数报告》显示，健康产业、高端装备制造业以及数字经济产业小微企业分别以166.18、159.10和155.84的成长指数位列浙江省八大产业前三甲。以创新、集聚、融合、提升为主线的三大产业引领了新时代下浙江省小微企业的发展龙头，产业规模快速扩大，为浙江省小微企业的整体发展注入了新活力。

第八章

2022年浙江省小微企业行业景气指数

浙江省小微企业行业景气指数测评有助于及时了解和把握浙江省小微企业主要行业发展的现状和趋势，因国内新冠肺炎疫情控制较好，小微企业发展逐渐回温，但始终存在发展阻力。分析浙江省主要行业小微企业的景气指数趋势，找出阻碍小微企业恢复的因素，有利于小微企业持续发力，使基数处在"稳定"区间上部。2022年浙江小微企业行业景气指数测评数据主要来源于浙江省小微企业培育监测分行业数据。

第一节　行业景气指数评价指标体系

浙江省小微企业分行业监测指标主要包括工业总产值、出口交货值、用电量、营业收入、营业成本等16个项目。为了使监测数据能够得到充分利用，运用峰谷对应法对16个项目进行时差分析，在确定各指标的时间性质后，再从同一类型指标中剔除相关性较强的指标，从而最终确定了10个监测指标，并根据指标特性确定了先行指标、一致指标和滞后指标及其权重，具体如表8-1所示。

表8-1　　　　浙江省小微企业行业发展评价指标

指标类别	行业发展监测指标	小类指标权重	大类指标权重
先行指标	固定资产投资额	0.484	0.30
	财务费用	0.516	

续表

指标类别	行业发展监测指标	小类指标权重	大类指标权重
一致指标	工业总产值	0.203	0.50
	用电量	0.191	
	营业收入	0.203	
	利润总额	0.203	
	应交税费	0.200	
滞后指标	负债总计	0.339	0.20
	应收账款	0.339	
	从业人员	0.322	
合计			1.00

第二节 主要行业景气指数测评

一 数据收集及样本选取

浙江省小微企业数量众多，行业分布广泛。浙江省小微企业行业景气指数测评数据基于浙江省小微企业培育监测平台的财务数据及问卷调查。在收集和处理监测数据时，首先，参考国家工信部、国家统计局以及各类以行业、产业为研究对象的行业监测调查指标，比对浙江省小微企业培育监测平台监测数据中的行业类别及企业数量，将各细分行业归类为纺织产业、原材料工业、装备制造业、轻工业和其他行业五大类行业。其次，按大类将各月报表中的行业企业明细进行汇总整理，统计各细分行业的月度监测企业样本数量，最终选取了12个月中监测企业数最多的行业作为本章研究的行业样本（见表8-2）。

表 8-2　2022 年浙江省小微企业分行业月均监测企业数量

行业大类	行业细分	企业数量	行业大类	行业细分	企业数量
纺织业	纺织业*	524	轻工业	农副食品加工业	119
纺织业	纺织服装、服饰业	245	轻工业	食品制造业	68
纺织业	化学纤维制造业	61	轻工业	酒、饮料和精制茶制造业	54
原材料工业	石油加工、炼焦和核燃料加工业	11	轻工业	皮革、毛皮、羽毛及其制品和制鞋业	351
原材料工业	化学原料和化学制品制造业	253	轻工业	家具制造业	197
原材料工业	非金属矿物制品业	184	轻工业	造纸和纸制品业	214
原材料工业	黑色金属冶炼和压延加工业	115	轻工业	文教、工美、体育和娱乐用品制造业	235
原材料工业	有色金属冶炼和压延加工业	124	轻工业	橡胶和塑料制品业*	697
装备制造业	通用设备制造业*	878	轻工业	金属制品业*	714
装备制造业	专用设备制造业	265	其他	木材加工和木竹藤棕草制品业	254
装备制造业	汽车制造业	311	其他	印刷和记录媒介复制业	134
装备制造业	铁路、船舶、航空航天和其他运输设备制造业	164	其他	医药制造业	124
装备制造业	电气机械和器材制造业	387	其他	其他制造业	677
装备制造业	计算机、通信和其他电子设备制造业	156	其他	废弃资源综合利用业	24
装备制造业	仪器仪表制造业	78	其他	金属制品、机械和设备修理业	35

注：*表示 2021—2022 年浙江小微企业培育与监测平台月均监测企业数量较多的行业。

二　数据整理及预处理

根据表 8-2 的数据，选择浙江省小微企业培育与监测平台监测企业数量最多的通用设备制造业（878 家）、金属制品业（714 家）、橡胶和塑料制品业（697 家）以及纺织业（524 家）四大行业作为研究行业景气指数的测评对象。

在整理四大主要行业监测数据时，先将四个行业每月的数据筛选出来，再按行业归并，得到每个行业连续 24 个月的源数据。然后将源数据按照每月上报企业占最大企业数的比例进行放大，得到一致化的数据，并且将四个行业每月的 16 个指标数据汇总成季度数据，进行景气指数的计算。在数据处理过程中，对于异常指标，如指标值异常大，运算得到的季度数据出现负值等情况，按统计学方法进行预处理。同时，确认企业数据是否存在误报，对误报数据多的企业样本做剔除处理。

三 行业景气指数的计算方法

本章采用合成指数的方法，分以下三步计算浙江省小微企业行业景气指数。首先，运用峰谷对应法确定备选的 16 个指标与参与指标的峰谷对应情况，选用工业总产值作为参照指标，绘制折线图，观察各指标上升和下降的变化趋势，与参照指标的变化趋势做比较，将指标进行归类，最终筛选了 10 个指标，具体如表 8-1 所示。然后，运用层次分析法计算得到每个指标的权重，用于合成指数的计算。其次，运用合成指数方法计算每个行业的先行指数、一致指数、滞后指数，并按照 3∶5∶2 的权重合成计算出浙江省小微企业行业景气指数。将小微企业行业景气指数与企业家信心指数按照 4∶6 的权重进行合成计算，得到小微企业主要行业景气指数。

四 行业景气指数的计算结果及总体特征

根据以上方法，计算得到 2012—2021 年浙江省小微企业主要行业景气指数，基于 2022 年半年度数据计算得到 2022 年行业景气指数（见表 8-3）。

表 8-3　　　　浙江省小微企业四大主要行业景气指数

主要行业	2012 年	2013 年	2014 年	2015 年	2016 年	2017 年	2018 年	2019 年	2020 年	2021 年	2022 年
纺织业	114.62	114.25	108.91	112.88	115.65	113.47	116.59	116.43	105.72	119.13	116.11
金属制品业	134.56	130.86	121.37	124.96	108.53	106.67	104.18	100.58	93.61	96.77	94.81
通用设备制造业	137.55	127.55	114.54	123.80	99.37	96.53	90.87	88.31	81.62	82.13	81.66
橡胶和塑料制品业	128.96	128.71	141.73	132.27	85.27	98.24	84.35	82.29	72.06	70.17	65.61
四大行业平均	128.92	125.34	121.64	123.48	102.20	103.73	98.99	96.90	88.25	92.05	89.55

从表 8-3 可以看出，2022 年浙江省小微企业行业平均指数呈小幅度下滑趋势，同比下滑 2.50%。同时，四大主要行业也均呈下滑态势，首先，橡胶和塑料制品业下滑幅度最大，同比下滑 4.56%，且与 2012 年相比下滑 63.35%，在四大行业中衰落尤为明显；其次是纺织业，景气指数同比下滑 3.02%，与 2018 年和 2019 年相差甚小，说明该行业逐步回归疫情前状态；最后是金属制品业和通用设备制造业，2022 年景气指数同比下滑 1.96% 和 0.47%。

第三节　浙江省主要行业景气指数波动趋势分析

2022 年是浙江省深化传统制造业改造提升，建设国家传统制造业改造提升示范区的攻坚年，对标高质量发展建设共同富裕示范区、现代化先行、碳达峰碳中和等新目标新要求，开展新一轮制造业"腾笼换鸟、凤凰涅槃"攻坚行动，要求传统制造业加快数字化、绿色化、高端化步伐。但是，在疫情反复冲击的影响下，2022 年浙江省四大行业景气指数整体呈小幅度下滑。其中，橡胶和塑料制品业受影响最深，下降最明显，纺织业表现逊于 2021 年，金属制品业与通用设备制造业仍持续下滑。

一　纺织业

浙江自古就有"丝绸之府"的美誉，纺织业作为浙江省支柱产业和传统优势产业，在全省经济当中起着举足轻重的作用。"十五"时期以来，轻工纺织行业占全省工业总产值的比重一直保持在 40% 左右，是浙江省国民经济中税收、出口、就业的重要贡献者。由于疫情与国际环境的影响，纺织业曾一度低迷，如今正在逐渐恢复。如图 8-1 所示，2013 年以前纺织业发展稳定，2014 年指数小幅度下滑，2015—2019 年整体呈上升趋势，2020 年行业发展突遇冰点，却在 2021 年实现逆转，小微企业景气指数从谷底跃然至顶峰，2022 年纺织业发展回落到疫情前水平。回看近五年，纺织产业发展亮点凸显，创新驱动、数字转型、品牌培育等工作成效明显，总体呈现"触底回升、承压上行"的良好局面。

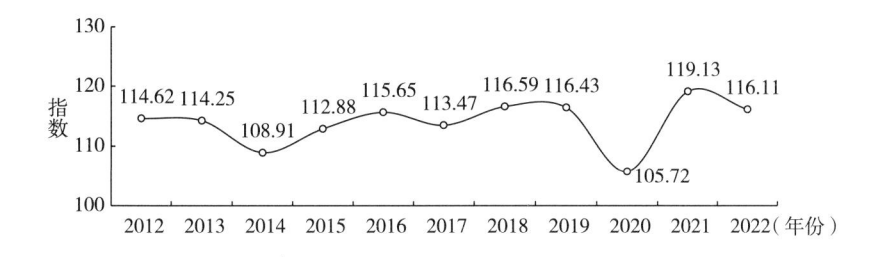

图 8-1　浙江省纺织业景气指数波动趋势

为了有效地调整产业结构，降低高耗能、高排放、高污染企业的比例，有效地提升产业附加值，2021 年 9 月浙江省发改委、浙江省能源局下发《关于启动有序用电方案的通知》，重点限制违规用能项目、高耗能高排放企业及其他重点监测工业企业等。同时，浙江省拟实施高耗能行业阶梯电价及超限额加价机制。加弹、喷气等下游织造环节的设备都属于高能耗范畴，浙江省对纺织小微企业实施阶段性的限电举措。例如，曾开启"限电"措施的浙江萧山是中国的三大化纤产业基地之一，该地区纺织工业用电价格比峰期电价高出 0.1 元/千瓦时。对纺织厂而言，电费是仅次于原料的比例很高的成本支出，这直接增加了织造企业的生产成本，对资金缺乏的小微企业影响甚大。又如，有着中国家纺第一镇之称的浙江省海宁市许村镇是个中小型纺织企业集中的地区，为落实"限电令"许村镇把相关企业分为 A、B、C、D 四种限电等级，D 类工厂实行"开 5 停 2"的政策，许多小微企业因为限电无法维持正常运转。另外，绍兴柯桥印染、化纤各类工厂的电闸几乎被同时拉下，在嘉兴海宁，长安镇的所有染厂宣布关停。受限电影响，浙江省小微纺织企业开机率不足 70%。11 月后，限电措施有所放松，企业产能逐步恢复，订单却没有大幅上升。对纺织服装中小企业而言，产品的出厂价格出现上涨，交货周期不断延长，缺货的压力开始通过供应链传导。原材料暴涨之下，坯布、面料、印染等也闻风而动，纺织市场上游出现涨价潮，价格普遍上涨了 30%。自 2021 年四季度以来，国内涤纶长丝价格震荡上扬，远超 2019—2020 年同期价格，涤纶长丝持续拉涨引发下游抵触情绪，产销持续低迷，10 月国内涤纶短纤均价 7900 元/吨，虽有所下调，但较 9 月仍上涨 530 元/吨，涨幅达 7.19%，此次涨价波及绍兴 100 余家中小企业，全部为印染、化纤行业企业。作为浙江印染行业的主力军，绍兴印染产能占到了浙江省一半以上，是整个浙江印染中小企业的缩影。中小企业在原材料采购和产品售价方面的议价能力不强，被动接受原材料价格上涨的同时，无法将成本压力转嫁，大部分成本需要企业自身消化，利润受到挤压，导致纺织小微企业景气指数下降。

但是，在全球市场和政策支持双向向好的状态下，浙江省纺织业整体呈现向好趋势，行业发展恢复到疫情前水平。2021年，浙江省纺织和服装行业规模以上企业实现工业总产值10003亿元、营业收入10716亿元，双双首破万亿大关，规模居全国首位；实现纺织品服装出口额822亿美元，居全国第一。2022年1—2月，浙江服装出口52.6亿美元，同比增长21.4%，远超全国平均增幅，浙江省成功超越广东重新成为服装出口第一大省。这主要得益于浙江省产业链完整，生产有序恢复、质效明显回升、出口明显好转、数字化转型步伐加快等有利因素。2021年国家"十四五"规划提出要"加快数字化发展，建设数字中国"，浙江全面部署数字化改革，纺织行业数字化纳入了省重点实施计划，以织造行业数字化改造为主攻抓手，探索一条智能"织"造的转型升级之路。改革试点总结出"4+X"的"普适+个性"智改经验。4即"四打通"：打通生产设备间基础数据，打通生产经营全过程应用数据，打通实时化、可视化、无纸化的数字化管理数据及打通人机协同数据。"X"则代表根据各企业发展需要和资金实力，增加个性智改可选内容，例如智能物流仓库、AGV小车系统、设备数控化更新、智能验布等。2022年，浙江省对纺织行业的发展决策部署，将以顺应科技、时尚、绿色发展趋势为主，以数字化改革和"双碳"战略为牵引，推进产业链、创新链、价值链"三链"协同，实现高端化、数字化、绿色化发展，全力打造世界级现代纺织先进制造业集群和现代纺织标志性产业链。综上，在纺织业绿色智能化发展下，预计2023年浙江省纺织业景气指数将会稳中有升。

二 金属制品业

与国内其他省份相比较，浙江省在铜材和铝材加工领域优势较大，尤其是铜材产量多年处于全国前列，是铜加工行业的强省。其次，浙江省临海，地理位置优越，运输成本低，适合金属产品出口。再者浙江省互联网技术发展迅猛，对金属加工智能化和规模个性化发展有天然的优势。虽然国内外市场向好，但诸多不确定因素影响该行业稳定发展。如图8-2所示，2012—2014年，中小企业景气指数缓慢下落，2015年出现短暂回暖情况，2016年则呈断崖式下降，2017—2022年，该行业进入发展瓶颈期，景气指数持续下滑。

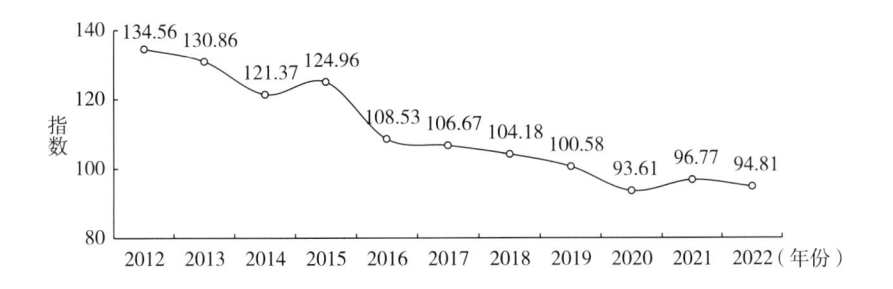

图8-2 浙江省金属制品业景气指数波动趋势

在国家"双碳"政策的背景下，限制"两高"行业是当前主要思路之一。2021年7月浙江省发展改革委省能源局印发《浙江省节能降耗和能源资源优化配置"十四五"规划》，文件指出严格落实产业结构调整"四个一律"，对地方谋划新的高耗能行业项目进行严格控制。有色金属行业的碳排放主要来自冶炼环节。除电线电缆等压延加工的碳排占比相对较低，在有色金属行业的碳排占比为10%，其余有色金属加工行业均为高能耗产业。对铜产业链而言，电解铜冶炼是碳排最高的环节，也是受到"双碳"政策影响最明显的环节。浙江诸暨店口镇拥有4000多家铜加工中小企业，铜管产量占全国总量的70%，在体量庞大的同时，产业存在环保不达标、产能过剩、效益低下等短板。在政策指导下，店口镇引导铜加工企业提高原材料利用率和资源综合利用水平，增加产品附加值。清理、整顿和提高，成为店口以铜为重点的金属加工低小散企业必须经历的道路，但大部分小微企业因力量薄弱，无法提高效能，遭遇冲击，导致景气指数出现小幅度下滑。此外，金属矿品从发现到投入生产需要很长的周期，例如，铜矿从发现到投入生产所需的时间平均为22年，中位数是16年，在可预见的未来几年，金属矿产将受制于开发前端长期低投入带来的产出增速下滑，供给弹性逐步趋弱。同时近几年疫情反复、"双碳"政策、俄乌冲突、能源危机等均对资源供给释放形成较强限制，延长了资本开支转化周期。多种因素导致金属价格整体将维持高位运行，中小企业在高成本压力下经营生产活动开展困难。2022 年 6 月中旬，全球铝锭显性库存持续减少，支撑铝价，同时市场对需求复苏有较强预期，但实际需求增速缓慢，叠加欧美加息预期增强，美元创新高，预计短期内铝价将维持偏弱震荡。中长期来看，国内供应端压力仍存，随着淡季到来或出现累库现象，湖州地区铝棒库存较上旬增加 0.6 万吨，增幅 40%。对于需求，中国经济发展面临需求收缩、供给冲击、预期转弱"三重压力"，在金属制品需求结构方面，房地产行业、基建、制造业"三驾马车"短时间内处于冷静期。所以，浙江省金属制品业面临"限两高"、成本高、需求低等多重问题，企业困境短时间内无法得到改善，使小微企业长期低迷。

三 通用设备制造业

通用设备制造业已经成为支撑浙江省经济发展的支柱性产业，也是推动工业结构优化和产业升级的重要引擎。如图 8-3 所示，2012—2015 年，通用机械行业显示了较好的发展态势，2016—2020 年，政治经济贸易环境的不确定性和国际范围疫情持续对行业经济运行的影响逐步显现，中小企业景气指数持续下滑。根据浙江省制造业高质量发展领导小组办公室、省经信厅、省统计局发布的《2021 年浙江省制造业高质量发展评估报告》，2021 年通用设备高质量发展指数为 78.0，较 2020 年提高 1.2 个百分点，景气指数出现小幅度增长。2022 年，通用设备制造业整体运行水平变化不大，仍然处于低迷期。

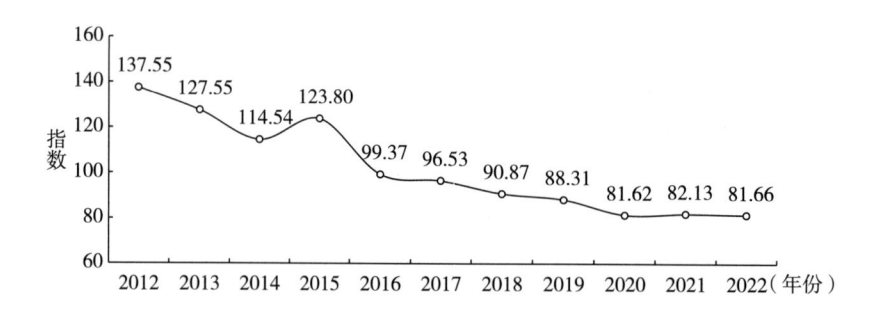

图 8-3 浙江省通用设备制造业景气指数波动趋势

2021 年 4 月浙江省经济和信息化厅印发《浙江省高端装备制造业"十四五"发展规划》，提倡装备制造业数字转型。但行业发展被动、缺乏自主创新、产业结构不合理、信息化薄弱等问题严重，通用设备制造业与数字化融合之路存在阻碍。8月，浙江省装备制造业亏损企业多达4109家，绝大部分为中小企业，亏损面18.3%。随着下半年经济恢复，项目市场相继启动，对行业企业的产品订货合同特别是大型设备交货都集中在一起，使应收账款大幅增长，造成企业生产流动资金短缺，特别是加剧了中小企业运营的资金困难。设备制造小微企业面临市场平台期，管理创新、控本增效，就显得尤为重要。其次，通用设备制造业以往的短板仍然未解决，通用设备制造业持续低迷。尽管全省装备自给率达80%左右，但主要集中在中低端领域，集成电路制造装备、大型石化装备、汽车制造关键设备及先进集约化农业装备等核心部件和重大先进装备依赖进口，中小企业核心技术积累不足，部分产业链关键环节核心技术存在"卡脖子"问题。与国际先进水平相比，浙江省通用设备制造业主体为中小企业，低端装备产品较多，高精加工度高附加值产品较少，单机、零配件产品较多，重大成套产品较少，在高端数控机床、集成电路制造设备等领域存在技术短板。与广东、江苏等装备制造强省比较，浙江省产业层次和集中度不够高，尤其是计算机通信设备制造业与之相比总量和占比还有较大差距。2022年1—2月浙江省各地区装备制造业增加值增速明显，其中金华市、绍兴市和湖州市分别以25.3%、21.3%和20.2%的同比增长领跑全省，舟山市则同比出现下降。宁波市、杭州市装备制造业增加值稳居全省前二，总额约占全省增加值一半。从拉动工业增长贡献看，计算机通信设备、汽车制造业、电气机械和通用设备4大行业规模居前，拉动作用显著，对规模以上工业增加值增长贡献率分别为14.4%、8.7%、7.9%和5.2%。按照此态势发展下去，预计2023年浙江省通用设备制造业中小企业景气指数会出现小幅度增长。

四 橡胶和塑料制品业

浙江省发展橡胶和塑料制品业的区位优势明显，塑料加工业主要集中在杭州、宁波、温州、绍兴、台州地区，全省塑料行业形成八个区域产业集群。坐拥全国多个橡塑业发展特色，例如，温州被称为"中国合成革之都"，宁波被誉为"塑机之都"，舟山有"中国塑机螺杆"之称等，橡塑小微企业得到迅猛发展。在景气指数波动趋势上，2012—2015年，该行业呈现持续上升趋势，尤其是2014年发展如火如荼，2016年指数急剧下降，自此橡塑业整体态势下行，2022年降至谷底。

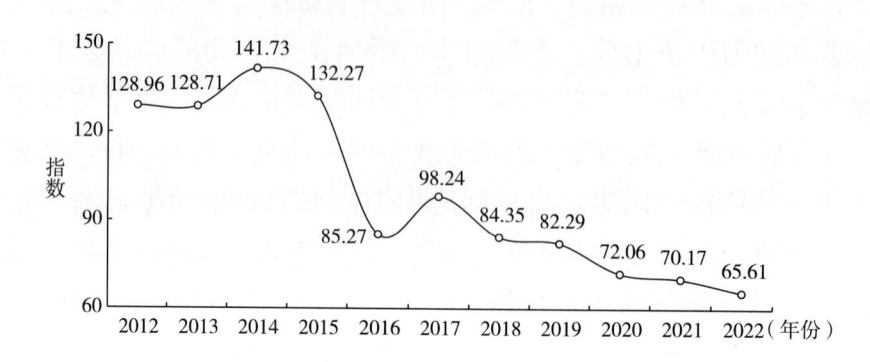

图 8-4 浙江省橡胶和塑料制品业景气指数波动趋势

浙江省、山东省、江苏省、上海市、广东省是中国最重要的合成橡胶出口省份，占合成橡胶出口量的85%以上。浙江省分布着丁苯橡胶、顺丁橡胶、SBS、丁基橡胶重点出口的品种，浙江合成橡胶产能占中国合成橡胶总产能的近15%。随着澳洲、北美等市场逐渐饱和，国际经济形势不稳定加剧，2021年橡胶制品出口订单削减近两成。2022年2月起，因需求低迷拖累，境内天然橡胶市场震荡，橡胶价格下行，浙江省受监测样本企业的橡胶销售量约为2.20万吨，环比减少17.4%，同比减少28.3%。对浙江省中小型外贸企业来说，面临不确定、不稳定、不均衡因素增多。一方面，生产必需的进口原材料因物流限制而输入困难。中国本土疫情形势严峻，各省市防疫管控政策作用下，物流运输遇阻，下游小微企业生产成本及成品储存负担较大，被迫降负减产，对橡胶原料采买情绪消极。天然橡胶现货消化速度缓慢，价格震荡走低，胶市跌幅扩大，除本身弱势外，全世界股市、商品市场下跌，也是加速橡胶行情低迷的主要原因。另一方面，因疫情导致部分上游企业停产，国产原材料价格上涨，不可避免地对小微企业造成订单交付延误甚至丢失订单的影响。上海地区封锁，仓库提货、物流运输受限，下游工厂及中间贸易商补货多选用就近货源地，使青岛、宁波等地与越南胶价钱相对抗跌。尽管下游工厂及当中贸易商逢低补货，但多以小单为主。后续行情走低，市场情绪受挫，小微企业景气指数持续下滑。

2021年9月中国塑料加工业协会七届六次理事扩大会议审议后，《塑料加工业"十四五"发展规划指导意见》（以下简称《意见》）正式发布。《意见》指出"十三五"时期塑料制造业取得了一系列辉煌成绩，但行业面临诸多发展困难与问题，存在一些不充分不平衡的问题。一方面，行业集中度不高、创新机制不畅、总体装备水平与先进国家仍有差距、产业结构不尽合理和出口难度和风险加大。另一方面，原材料价格的剧烈波动、严格并持续性的环保要求、加强废旧塑料污染治理工作等塑料加工业面临的新老问题，给行业持续发展和转型升级带来挑战。据统计，2022年上半年以来全国倒闭注销、破产重整的塑料包装企业共计5984家，这些企业覆盖广东、浙江、江苏、山东等多个塑料大省，经营范围从再生颗粒加工到塑料制品制造、销售均有涉及，注册资本最小到2万元，80%为中小型企业。浙江省中小塑料包装企业倒闭受到更高环保要求的影响，"限塑令"自2021年颁布以来得到严格执行。在可再生塑料全面进入市场以前，浙江省塑料小微企业景气好转还需要相当长的时间。未来浙江省塑料行业应该积极应对废旧塑料污染，推动可循环、易回收、可降解产品和技术，推动降解塑料替代部分一次性塑料，加快推进塑料减量化、资源化，加强塑料回收及高值化利用，推进多项工作、开展多项研究以提高绿色制造比重，推进塑料行业绿色低碳发展。

第四节　浙江省主要行业景气指数综合分析

一　近几年浙江省主要行业景气指数波动的总体特征

通过分析并处理浙江省小微企业的动态监测数据，得到了浙江省橡胶和塑料制品业、纺织业、金属制品和通用设备制造业四大主要行业小微企业的景气指数。如图8-5所示，四大主要行业的小微企业在2012年发展如火如荼，之后景气指数整体下滑，2016年橡胶和塑料制品业、金属制品业和通用设备制造业的景气指数遭遇"滑铁卢"，尤其是橡胶和塑料制品业的景气指数急转直下。2017—2020年四大行业指数呈现稳步下滑态势，2021年得益于新冠肺炎疫情有效控制，行业整体回暖，2022年由于多方面的影响，小微企业指数再次下滑，橡胶和塑料制品业受影响最深。

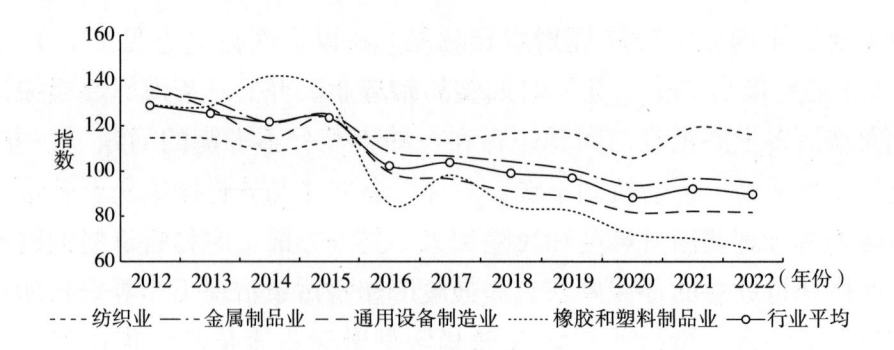

图 8-5 浙江省四大行业景气指数波动趋势

二 行业景气指数波动的原因与对策

据浙江省小微企业云平台发布的《2021年度全省小微企业和个体工商户生产经营情况分析》，截至2021年12月底，全省小微企业在册数量为282.61万户，同比增长13.00%，全年新设49.59万家，同比增长12.45%，全年注销25.68万家，同比增加21.40%；从全年情况看，全省小微企业、个体工商户季度新增、注销数量基本稳定，各项指标维持在合理区间，但与前两年相比，小微主体退出数量呈增长趋势，小微企业销注比（销注比=注销数量/新设数量）达到了0.52。同时，浙江省纺织业的企业规模普遍较小。据《浙江统计年鉴》显示，浙江省纺织业小型企业数量占比八成以上，小型企业产值占比达到四成以上。小型企业成为浙江省纺织业的市场主体，纺织业市场主体的规模普遍较小，企业的注册资金总量不大。对于金属、通用设备、橡胶、塑料的小微制造业来说，小微制造业企业利润率有所下降。因此，相较于2021年的缓步增长，2022年浙江省主要行业景气指数呈现下降的趋势，其中橡胶与塑料制品业下降较为显著，可以从以下几个方面来解释下降原因：

首先，2022年年初的疫情冲击对小微企业产生了消极影响，浙江各地数量众多的小微企业属于劳动密集型企业，是人口流入地区，管控会在多个层面对小微企业主要行业的生产经营产生较大冲击，需求与生产明显下降。小微企业由于产能未完全恢复，已有订单面临着违约风险，对企业的产能和信誉都是很大的损失，同时，小微企业制造业在原料供给、流通等一些关键环节存在不小的短板。一些制造型企业缺乏原材料，而下游的销售市场又持续低迷，在劳动力未完全到位、企业复产进度不一致的背景下,小微企业主要行业景气指数呈下降趋势。

其次,全省小微企业和个体工商户联系点监测数据显示,小微主体认为未享受到财政补助、房租减免、社保减免、水电气费用减免、税收减免等政策的比例较高,其中21.05%的小微企业认为房租减免优惠政策未享受到,为各项之最。政策适用性不强、不够通俗易懂、知晓途径比较难找是小微主体反映较多的问题,惠企政策的精准度有待进一步提升。实际上不同小微企业本身也存在巨大的差异,金融类小微企业市场化生存能力强,而制造型小微企业更需要政策扶持给予成长空间。尤其在地方实施层面,一定程度上出现了政策资源分配的"马太效应",即越是能通过市场化手段解决融资问题的企业越会成为政策的扶持对象,而真正需要政策扶持的小微企业制造业由于商业可持续性相对较差,无法真正享受政策扶持。

最后,各种政策的出台也对其产生积极影响。对于小微纺织业,为减轻小微纺织企业经济压力,省轻工业质检院开放实验室还提供了针对棉纱、本色布、牛仔布等产品的共计11批次免费检测服务。对于其他小微制造业,鼓励小升规,例如,"杭州余杭百丈第二铸造厂"等92家2021年余杭区小微企业上规升级财政奖励资金共计920万元,同时,《浙江省金融业发展"十四五"规划》指出,要加大对制造业数字化、智能化、绿色化改造的支持力度,推动制造业中期流动资金贷款增量扩面。根据《国家税务总局财政部关于制造业中小微企业延缓缴纳2021年第四季度部分税费有关事项的公告》,符合本公告规定条件的制造业小微企业,在依法办理纳税申报后,制造业中型企业可以延缓缴纳本公告第三条规定的各项税费金额的50%,制造业小微企业可以延缓缴纳本公告第三条规定的全部税费。延缓的期限为3个月。延缓期限届满,纳税人应依法缴纳缓缴的税费。

针对以上分析,对浙江省小微企业主要行业发展提出以下建议:

面对疫情的冲击,政府从税务、财政、金融和稳岗等方面为企业提供良好的营商环境,但是自负盈亏的企业才是市场的真正主体。小微企业应该有效地利用政策而不是依赖政策。经过疫情洗礼后存活的小微企业应该在后疫情期围绕"小和微"的特点,做好与自身资源相匹配的"小"决策。一方面,各地可在全国统一政策的框架下,探索开展更具体、更深层次的差异化小微企业扶持，根据企业类别制定有针对性的宏观调控政策；制定差异化考核与奖惩机制，引导金融机构创新针对不同类型小微企业特色的金融产品，对扶持企业力度更大的金融机构给予更多的政策倾斜。另一方面，应提升政策扶持的实施水平，真正惠企政策资源，如补贴等直接发放至企业，而并非通过金融机构作为政策"二传手"，这样既能提升效率，也能降低政策资源损耗，能起到更好的政策效果。

同时，在完善金融基础设施建设的前提下，各地应充分利用大数据等手段，根据数据库中企业的相关信息，依据盈利能力、社会贡献率等异质性特征指标，建立分类别的企业库，并实时更新，定期推送，提高小微企业扶持的针对性，提高社会对小微企业运行监测效率，降低信贷风险等。面对国家推出的各种政策帮扶，小微企业首先应熟知并将其用于实际生产运营活动中，不应因烦琐过程而放弃本身发展的优势，例如，对于小微企业享受的所得税延缓缴纳政策时，对于该政策的适用范围、预缴申报时对小微企业的判断方法、该政策的时间要求、享受政策的办理方法都应该有一定的了解。在政策以及时代环境逐渐贴近小微企业的情况下，了解政策的内容，熟悉政策的流程规范，小微企业便能抓住发展时机；认清政策的同时，对于浙江省最主要践行的政策《浙江省"小微企业三年成长计划"（2021—2023年）》应着重落实，该政策从重点任务上有三个"新"：一是全力打造小微企业未来发展新优势，核心是提升小微企业的创新能力。二是全力构建小微企业发展所需的资源要素供给新体系，核心是畅通小微企业生产经营所需的资源要素流动。三是全力建设营商环境新高地，核心是让浙江成为小微企业营商最佳省。因此，应针对小微企业不同类型，制定不同的政策对策。

对制造业小微企业发展而言，数字化转型已不是选择，而是关乎生存和长远发展的必修课。作为首批数字化转型试点企业之一的浙江鑫兰纺织有限公司，2019年以来，企业生产管理和服务得到全面提升。该企业车间验布速度已由两年前的25米/分钟提升到60米/分钟，每万米布人工检测费降低100元，人工成本节省90%以上。抓住数字化转型的机遇，培育一批小微企业数字化服务平台，为小微企业提供数字化发展综合评价诊断服务，有针对性地提升数字化能力，统筹省工业与信息化发展及振兴实体经济（传统产业改造）等专项资金，允许龙头骨干企业为其供应链上小微企业捆绑申请技术改造和智能化改造资金，引导制造业小微企业加快实施网络化、数字化和智能化改造。当前新发展格局下可以运用一些激发的新业态，促进企业生产朝着智能化、数字化发展。对于制造业来说，更要以此为切入点进一步推动整体制造业智能化升级，促进制造业总体产能提升、实现高质量发展。以创新方式为制造业小微企业"减压"。对一些生产经营困难的小微企业给予援助，通过针对性的税收减免、临时性短期融资，为冲击较大的困难企业赢得缓冲时机。同时，对制造业小微企业实施更加精准的放贷、续贷，缓解其流动性资金压力，提高金融机构对小微企业敢贷、愿贷的积极性，并将融资成本保持在合理水平。

第四篇

2022年中国中小企业发展热点专题研究

第 九 章

"专精特新"中小企业高质量发展研究报告

"着力培育'专精特新'企业,在资金、人才、孵化平台搭建等方面给予大力支持。推进质量强国建设,推动产业向中高端迈进。"在2022年3月5日召开的第十三届全国人民代表大会第五次会议上,"专精特新"首次被写入政府工作报告,使"专精特新"中小企业进一步成为政策、产业、资本关注的焦点。本章将首先介绍新时期培育"专精特新"中小企业高质量发展的背景与意义,其次分析"专精特新"中小企业高质量发展的政策体系,再次归纳"专精特新"中小企业高质量发展现状与面临的制约因素,最后提出培育"专精特新"中小企业推动高质量发展的相关对策建议。

第一节 "专精特新"中小企业发展背景与意义

一 培育"专精特新"中小企业的动因

(一)国内发展内因

1. 中国制造业短板突出,亟须提升中小企业自主创新能力

中国制造业一直以来难以摆脱"大而不强"局面现实,自创新驱动战略实施以来,中国制造业正处于技术追赶与超越的关键转型期。中小企业作为制造业产业链中的重要参与者,对市场需求反应灵敏,适应需求进行创新的愿望强烈,是创新的主力军和重要源泉,工信部数据显示,占企业总数99%的中小企业提供了大约65%的发明专利、75%的企业创新和80%以上的新产品开发。但自2020年新冠肺炎疫情暴发以来,中小企业发展指数总体下行,截至2022年第一季度,发展指数仍未达到疫情前水

平。因此，激发中小企业创新活力，提升自主创新能力是填补中国制造业短板空白的重要手段。

2. 适应"国内国外双循环"发展体系，提升中小企业核心竞争力

构建"国内国际双循环"发展格局是国家重大发展战略，根本要求是提升供给体系的创新力和关联性，解决各类"卡脖子"和瓶颈问题，畅通国民经济循环。通过扶持专精特新企业、提升科技创新能力，是服务"双循环"格局的重要举措。

（二）国际环境外因

1. 全球贸易通道受阻，"逆全球化"趋势加重中小企业生存压力

目前，受新冠肺炎疫情以及俄乌冲突影响，全球总体经济下行趋势明显、单边贸易主义盛行、国际贸易制裁不断，给中国企业，尤其是中小企业的发展带来较大不利影响，甚至已经威胁到企业生存，促使中国中小企业不得不在全球价值链中寻求突围之路。

2. 中小企业创新发展遭遇"技术卡脖子"瓶颈

"中兴芯片事件""华为芯片事件"都显示出中国在高端科技制造业遭受技术封锁、技术瓶颈等"卡脖子"问题，从而制约中国企业高质量发展。中小企业作为中国企业的主要创新源，要想突破"技术卡脖子"，就必须坚持创新驱动发展战略，攻克技术难关，走"专精特新"发展之路。

表9-1　　　　　　中国"卡脖子"技术点位梳理

序号	"卡脖子"技术	工程科学	卡点
1	光刻机	微电子技术，先进制造工艺与装备	加工精度十几纳米，同步运动工作台误差2纳米以下
2	光刻胶	精细和专用化学品	成分复杂，工艺技术难以掌握
3	芯片	微电子技术	精度不够，高速光电芯片空白
4	真空蒸镀机	先进制造工艺与装备	误差精度在5微米以内
5	手机射频器件	微电子技术，通信技术	4G射频芯片空白，电路设计复杂，滤波器和晶体震荡器性能指标不足，材料性能不理想

续表

序号	"卡脖子"技术	工程科学	卡点
6	高端电容电阻	微电子技术	用于消费级、大批量生产的一致性不够。多层片式陶瓷电容层数不足,材料质量不满足高端产品需求
7	触觉传感器	微电子技术	生产工艺不足,材料纯度不够
8	超精密抛光工艺	工业生产过程控制系统	超精密、大尺寸的抛光机磨盘材料构成和制作工艺未掌握
9	微球	先进制造与工艺装备	基础原料质量差,生产设备性能不够
10	操作系统	软件,信息安全技术	计算机和手机操作系统空白
11	数据库管理系统	软件,信息安全技术	稳定性、性能无法让市场信服
12	核心工业软件	软件	EDA软件对先进技术和工艺支持不足
13	机器人核心算法	软件	缺少高稳定性和精确性的核心算法
14	航空设计软件	软件	自主研发的软件缺乏适用性
15	航空发动机短舱	航空技术,先进制造工艺与装备	短舱技术空白
16	iCLIP技术	医药生物技术,药物新剂型与制剂创制技术	条件摸索耗时耗力,没有核酸接头,缺少靶点基础研究
17	重型燃气轮机	金属材料,先进制造工艺与装备	设计技术不转让,核心的热端部件制造技术不转让,缺失工匠经验

资料来源:参考夏清华(2020)等资料整理。

二 "专精特新"的内涵

"专精特新"一词正式被定义是在国务院发布的《关于进一步支持小型微型企业健康发展的意见》(国发〔2012〕14号)中,该意见首次提出"鼓励小型微型企业发展现代服务业、战略性新兴产业、现代农业和文化产业,走'专精特新'和与大企业协作配套发展的道路,加快从要素驱动向创新驱动的转变",并强调"专精特新"指"专业化、精细化、特色化、新颖化"四方面,而"专精特新"中小企业指的是具有以上四方面特征的中小企业。具体来说,"专"代表专业化,是指通过工艺制造专业手段设计出具有鲜明特点、使用门槛高、使用场景细分化等特征的产品，且在细分市场具有独特性优势。"精"代表精细化，指的是通过秉承精益求精的创作信念，在企业生产管理与产品设计环节都体现出精致性，保证产品符合精良精致特征。"特"代表特色化，指的是通过特殊工艺与原料等设计生产出具备个性化、定制化或地域化特征的产品。"新"代表新颖化，指的是通过自主创新、引进再创新等创新方式研发出具有高附加值、创新活力足、技术含量高的产品，具备一定的市场影响力。

专精特新具有多层含义。首先，布局"专精特新"是中国政府大力扶持与支持的新兴战略，也是中小企业转型的必由之路。其中，"专精"与波特竞争战略中的"聚焦战略"相对应，"特新"与"差异化战略"相匹配，"专精特新"战略是"聚焦战略"与"差异化战略"的高度融合，这就注定"专精特新"走的并不是一条一蹴而就的道路，而是一条超长赛道。其次，"专精特新"并不是培育一个个独立的个体，而是一个具有整体性的梯度培育系统，在国务院专项领导小组的挂帅指挥下，由工信部中小企业局直接推动的"百十万千"工程，在2025年前后，将中国量大面广的中小企业重组成一个金字塔体系，从上到下分别为大冠军企业、单项冠军企业、小巨人企业、普通"专精特新"企业、创新中小企业及一般性企业。

三 培育"专精特新"中小企业的重要意义

国家以极大决心培育"专精特新"企业发展，具有重要战略意义，本章主要从国家宏观、产业中观、企业微观三个角度阐述其意义。

（一）"专精特新"中小企业是促进经济增长、构建和谐社会、提升国家竞争力的重要力量

中小企业一直以来是中国企业的主体力量，一方面中小企业贡献70%的GDP、60%的利润和50%的税收，为中国经济增长提供有力保障。另一方面中小企业提供了80%的城镇就业岗位，解决大部分人口的就业安置问题，是构建和谐社会的重要支撑。另外，随着数字化浪潮席卷而来，企业面临转型困境，中小企业相对于大企业更具有创新活力与灵活性，更能发挥出创新效益，更能实现创新成果转化，当前中小企业能贡献中国70%的技术创新成果，是提升中国国家竞争力的重要力量。"专精特新"中小企业是创新引领者，是促进经济增长、保障社会稳定、提升国

家竞争力等方面的生力军。

(二)培育"专精特新"中小企业是加快产业链升级、提升产业链韧性的催化剂

长期以来,产业链、创新链短板以及技术"卡脖子"问题成为制约中国国家竞争力提升的重要因素,"专精特新"中小企业特点一方面在于通过关注不同细分市场做出具有专业化与精细化的产品,能够加强"补短板""锻长板"克服产业链、创新链短板问题;另一方面在于通过创新驱动发展战略,生产出具有特色的高附加值创新产品,突破技术"卡脖子"问题,增强中国产业链韧性,提高国家竞争力。

(三)培育"专精特新"中小企业是推动企业高质量发展的重要支撑

长期以来,中国企业依赖人口红利与国家政策扶持,侧重提升企业规模与增长速度,但这种粗放式增长模式导致中国经济发展后劲疲软、市场话语权不足、产品附加值不高等问题频出。"专精特新"中小企业以创新为底蕴,聚焦细分市场,强调专业化与特色化,在相关领域建立起独特优势,具有极大发展潜力,能够成为新一轮中小企业高质量发展的新引擎。一是"专精特新"中小企业以创新为发展核心,具有较高成长性,在相关领域建立相对优势,具有一定市场话语权,能够持续以创新驱动企业高质量发展。二是"专精特新"中小企业在细分市场能够发挥一定声誉效应,引领其他相关企业共同加入发展转型之路,共同建构产业生态圈,为高质量发展添砖加瓦。三是"专精特新"中小企业在产业链价值链中占据关键位置,能够有效疏通国内国际大循环背景下贸易堵点,带动产业系统发挥整体效应,提高中小企业资源配置效率。

第二节 "专精特新"中小企业发展的政策培育体系

一 "专精特新"中小企业培育政策演进

随着中国国际竞争力提升,以往粗放式方式模式逐渐难以满足经济高质量发展内在要求,培育"专精特新"中小企业成为必然选择。"专精特新"中小企业于2012年被首次正式提及以来,受到国家大力扶持,相关扶持政策相继出台,依据政策推出的效果与紧迫性,目前出台政策可按时

间划分为政策体系构建期与推进期两个阶段。

（一）"专精特新"中小企业培育政策体系构建期

该阶段主要从多方面构建培育"专精特新"中小企业健康发展的整体政策体系，演进脉络为概念提出到促进发展，再从总体引领到具体实施路径，具体相关政策如表9-2所示。

表9-2　　"专精特新"中小企业培育初始期的主要政策

发布时间	政策（报告）名称	发布单位	主要内容
2011年9月	《"十二五"中小企业成长规划》	工业和信息化部	正式提出中小企业向"专精特新"方向发展
2012年4月	《关于进一步支持小型微型企业健康发展的意见》	国务院	强调"专精特新"企业与大企业协同发展，提出从要素驱动向创新驱动转变
2013年7月	《关于促进中小企业"专精特新"发展的指导意见》	工业和信息化部	提出促进"专精特新"中小企业发展的总体思路、重点任务及推进措施，并进一步明确了"专精特新"的内涵
2016年	《工业强基工程实施指南（2016—2020年）》《促进中小企业发展规划（2016—2020年）》	工业和信息化部	提出推动中小企业朝"专精特新"方向发展，并将培育一批专精特新"小巨人"企业作为重要目标
2016年3月	《制造业单项冠军企业培育提升专项行动实施方案》	工业和信息化部	提出引领带动更多企业走"专精特新"发展道路
2018年8月	《关于支持打造特色载体推动中小企业创新创业升级的实施方案》	工业和信息化部等三部门	提出要引导关键技术领域和细分市场中小企业发展为"小巨人"
2018年11月	《关于开展专精特新"小巨人"企业培育工作的通知》	工业和信息化部	将"专精特新"中小企业中的排头兵企业列为专精特新"小巨人"企业，并计划利用三年时间培育600家左右

资料来源：参考王桤伦（2022）等资料整理。

(二)"专精特新"中小企业的政策推进期

近年来,国际形势动荡,产业链创新链韧性问题被上升到国家战略层面,"专精特新"中小企业在补链强链中起到至关重要作用,因此政府不断加强"专精特新"中小企业的政策培育力度,"专精特新"中小企业培育政策体系进入推进期,具体政策如表9-3所示。

表9-3　　"专精特新"中小企业培育推进期的主要政策

发布时间	政策(会议)名称	发布单位	主要内容
2019年8月	中央财经委员会第五次会议	中央财经委员会	强调要发挥企业家精神与工匠精神来培育"专精特新"企业
2020年7月	《关于健全支持中小企业发展制度的若干意见》	工业和信息化部等17部门	明确"专精特新"企业发展机制、健全企业梯度培育体系、完善各类主体间协同体系
2021年1月	《关于支持"专精特新"中小企业高质量发展的通知》	财政部、工业和信息化部	重点支持"小巨人"企业创新投入、数字化转型、与产业链上企业协同共进、开展国际合作等
2021年3月	《"十四五"规划纲要》	全国人大会议	将培育"专精特新"中小企业作为推动现代产业体系建设和实现产业链供应链现代化水平的重要抓手
2021年4月	《关于2021年进一步推动小微企业金融服务高质量发展的通知》	中国银保监会办公厅	为掌握产业"专精特新"技术企业提供个性化、定制化金融服务规划
2021年6月	《关于加快培育发展制造业优质企业的指导意见》	工业和信息化部等六部门	提出加快培育发展专精特新"小巨人"企业、制造业单项冠军企业、产业链领航企业等优质企业
2021年7月	中共中央政治局会议	中共中央政治局	强调开展补链、强链专项行动,培育"专精特新"中小企业
2021年11月	《为"专精特新"中小企业办实事清单》	工业和信息化部	针对"专精特新"中小企业发展堵点、痛点问题提出具体要求并落实主体责任
2022年3月	《第十三届全国人民代表大会第五次会议》	国务院	"专精特新"首次被写入政府工作报告

资料来源:参考王桤伦(2022)等资料整理。

二 "专精特新"中小企业培育政策内容分析

近年来,为加速解决技术"卡脖子"和制造业短板突出问题,中国政府加大政策扶持力度来提升产业链、创新链韧性,助推经济高质量发展,具体政策措施主要分为产业政策、财税政策、金融政策与平台建设四方面,具体如表9-4所示。

表9-4 "专精特新"中小企业培育政策导向与政策内容

政策类型	政策导向	政策内容
产业扶持	加大创新投入支持力度	加快企业技术成果产业化应用,减半收取专精特新"小巨人"企业非强制测试认证服务费,助力企业提升自主创新能力,鼓励企业参与国家制造业创新中心建设,包括动力电池创新中心、增材制造创新中心、信息光电子创新中心、机器人创新中心、印刷及柔性显示创新中心、集成电路创新中心、智能传感器创新中心等
	加强补链强链锻链	鼓励支持"小巨人"企业增强与大型企业的产业链上下游协作机制,通过政府组织构建的企业互通协作平台,加快推动"小巨人"企业产品及服务形成市场竞争优势,提升产业链稳定性
	搭建企业合作平台	为中小企业提供国际交流合作展会,组织跨境企业撮合活动,推动中小企业"走出去",进一步增强发展潜力和国际竞争力
	改善企业营商环境	为中小企业建立线上服务平台,减少中小企业在行政审批中的门槛,通过构建服务专员体系,精准化培育、精细化管理,实现政府政策举措切实落到每家专精特新"小巨人"企业。为不少于10万家中小企业提供数字化转型评价诊断服务和解决方案,引导企业向高端化、智能化、绿色化方向发展
财税支持	加大财政补助力度	"十四五"时期,中央财政通过中小企业发展专项资金累计安排100亿元以上奖补资金,不断加强地方政府对中小企业的扶持力度,完善地方公共服务体系,重点支持"专精特新"企业发展,分三批支持1000多家国家级专精特新"小巨人"企业,充分发挥"小巨人"企业的示范带动效应
	加大降税减费力度	一方面延续支持中小微企业的减税降费政策,保障政策落到实处,阶段性免征小规模纳税人增值税,引导地方强化税费减免措施落地,预计2022年中国退税减税额度将达到2.5万亿元;另一方面加大留抵退税力度,在2022年《政府工作报告》中,强调留抵退税的1.5万亿元资金全部直达企业,对小微企业的留抵退税优先处理,重点支持制造业、高新技术产业、绿色环保产业等,着力解决这些产业的留抵退税问题

续表

政策类型	政策导向	政策内容
财税支持	加大中小企业政府采购力度	在政府采购中多给予"专精特新"中小企业订单，疏通企业发展瓶颈。按照法律法规严格规范政府采购流程，及时公开政府采购相关信息，建立公开、公平、公正的政府采购机制，消除中小企业申报流程门槛，落实评审优惠等具体措施，促进"专精特新"中小企业高质量发展
金融支撑	提高有效持续的金融供给	围绕科技企业贷款余额、有贷款户数持续增长的"两增"目标，确保商业银行对小微企业的信贷支持力度，保持对科技企业、中小微企业及"专精特新"企业稳中有进的信贷供给总量。依据不同类型金融机构特点和市场定位，完善综合化、差异化、竞争化的金融供给机制。扩大普惠金融范围，切实降低小微企业实际贷款利率，降低小微企业融资的相关费用，规范融资收费管理流程，提升融资便利度，降低综合融资成本。加强对中小企业、"专精特新"企业的贷款期限管理，保障"惠企纾困"政策有序开展和有效衔接
金融支撑	优化调整金融供给结构	针对新一代信息技术、先进轨道交通装备、生物医药、节能与新能源汽车等重点产业领域提供中长期信贷支持，优化对战略性新兴产业和先进制造业的金融供给结构。加强金融服务创新力度，利用金融科技手段，为科创企业和"专精特新"企业搭建产业链金融平台，完善"线上+线下"金融服务体系。对掌握产业"专精特新"技术的小微企业，量身定做金融服务方案，及时给予资金支持
平台建设	构建完善上市制度	北交所为"专精特新"中小企业提供简洁、包容、精准的发行条件，构建符合"专精特新"中小企业发展特点的承销机制，积极推动企业科技创新
平台建设	实施灵活多样的融资方式	坚持"小额、快速、灵活、多元"的再融资制度，通过提供多元的融资方式实现"专精特新"中小企业直接融资的便捷性，建立的灵活发行机制能够在一定程度上降低企业融资成本
平台建设	建立严格持续的监管机制	借鉴新三板精选层的监督管理经验，充分发挥市场化的引导作用，减少行政干预，促进投资者在北交所充分竞争，进一步优化对北交所上市企业的监管

资料来源：参考王桤伦（2022）等资料整理。

第三节 "专精特新"中小企业发展现状与制约因素

一 "专精特新"中小企业发展现状

(一)"专精特新"企业数量多,规模小

目前,浙江省专精特新"小巨人"企业数量居全国第1位,国家级专精特新"小巨人"企业共有4762家,浙江省三批专精特新"小巨人"企业共470家,数量位居全国第一。粤苏鲁三省国家级专精特新"小巨人"企业数和贡献的经济规模为前三,分别为:422家/110760.9亿元,284家/102719亿元,361家/73129亿元,同时浙江省专精特新"小巨人"企业2021年贡献的经济总量却仅为64613.3亿元。

(二)"专精特新"行业分布制造业多,现代服务业、数智化企业少

专精特新"小巨人"企业在电子信息、装备工业、化工、能源4个产业领域集聚度较高。其中,浙江省4个产业领域的专精特新"小巨人"企业数量分别为110家、82家、59家、55家,占总数的65.11%。二是现代服务业领域专精特新"小巨人"企业数量分布为:北京77家,广东66家,上海47家,江苏32家,浙江仅29家。三是全国共有"专精特新"小巨人数智化企业490家,数量较少,主要聚焦于大数据、云计算、人工智能、信息通信、物联网、智慧城市等领域。其中,山东27家,上海23家,浙江、江苏和广东各21家。

(三)"专精特新"企业有效发明专利数量多,研发强度低,专利龙头少

一是"专精特新"小巨人企业拥有有效发明专利前三名分别是广东、北京和浙江,分别为7366件、6962件、6460件。而"专精特新"小巨人企业户均发明专利排序为:北京、江苏、广东、浙江,分别为26.37件、20.79件、17件、14件。二是专精特新"小巨人"企业研发经费支出占营业收入比重平均低于4%,研发强度较低,其中,广东、江苏、浙江专精特新"小巨人"企业研发强度分别为8%、6.2%、4.9%。三是创新链顶端的龙头企业少。从拥有授权发明专利数量排名前20的企业数量来看,北京5家,广东5家,浙江仅1家。在已上市的国家级"专精特

新"企业中,82家企业因参与制定国家级标准、DPI专利价值平均分65分以上、专利获奖和PCT海外布局居于创新链顶端,其中,浙江仅5家(主要集中在医药生物、电子和基础化工行业),居于前列的分别有广东16家,江苏13家,北京8家,上海6家。

(四)"专精特新"企业上市三板多,主板少,市场成长性弱

一是全国共358家专精特新"小巨人"企业在新三板上市,其中,排名第1位的是广东37家,第2位是浙江29家。但是,在未上市的国家级专精特新"小巨人"企业中,有262家企业获得"国家高新区瞪羚企业"标签,江苏61家,北京47家,广东42家,上海30家,浙江省11家。二是主板上市的专精特新"小巨人"企业数量相对较少。国家级专精特新"小巨人"企业主板上市仅351家,江苏63家,广东43家,上海34家,浙江32家。三是浙江专精特新"小巨人"上市企业净资产收益率(ROE)偏低,市场成长性较弱。上市企业ROE前三名为广东(5.69%)、江苏(5.63%)、浙江(5.6%),与德国学者赫尔曼·西蒙提出"隐形冠军"税前净资产收益率25%,税后销售利润率8%相比仍有较大的差距。

二 "专精特新"中小企业发展制约因素

(一)顶级科创要素集聚度不高,高能级创新平台支撑不足

一是中国缺少构建"国家战略科技力量"的创新高地,聚合高能级创新要素的基础研究平台少。在新能源、新材料、电子化学、生命健康等基础研究领域,支撑"专精特新"企业创新发展的战略后备力量不足,助推经济高质量发展的创新能级有待提升,中国亟须构建高水平原创技术策源地。二是中国"专精特新"企业缺少国字号高能级创新平台支撑。缺少以"大冠军企业"和行业领军企业为主导的国字号创新中心,应用基础研发扶持力度不足,缺少突破关键技术环节"卡脖子"的中坚力量,企业创新驱动不足,发展后劲受限。

(二)"四链"协同程度低,融通发展的格局尚未形成

一是"专精特新"企业面临创新链、产业链、价值链、供应链"四链"协同程度低的困境。"专精特新"企业仍处于从"四链"的"重要环节"向"关键环节"迈进的成长期,链主企业少。链主企业协同中小

企业，向"四链"中高端跃迁的势能不足。二是大中小企业融合发展的格局还未形成。现代服务业支撑弱，专精特新"小巨人"企业在供应链集约化服务、信息系统集成服务等方面产业支撑较弱，"专精特新"企业发展壮大受限。

（三）企业面临"数智鸿沟"制约，数字化转型动力和能力不足

一是"专精特新"企业受制于数字化转型"投入成本高、迭代周期长、回收见效慢""用数"风险大等原因，提升数字能力的意愿不强。二是"专精特新"企业缺少数智化转型专门人才，推动企业数字化转型和融入全球数智创新生态的能力偏弱。数智赋能"专精特新"企业发展的潜力受限。

第四节 "专精特新"中小企业发展的对策建议

一 加快构建全球顶级科创要素汇聚的体制机制，打造"航母级"科创平台

一是建立"国家级平台+大冠军企业+大项目"科技创新制度，构建制度创新和科技创新"双轮驱动"的创新格局。充分发挥科创制度顶层设计助推"专精特新"企业高质量发展的作用。二是以高能级国字号科创平台和创新中心落地为牵引，加强航空航天、新能源、新材料、电子化学、生命健康等领域的基础研究，加快汇聚全球顶级科创要素。三是坚持应用基础研究推动产业发展的市场导向，充分发挥民营经济市场主体活跃优势。充分发挥民营企业在科技创新领域的市场主体地位，鼓励建设科技创新协作平台，加快实现科研创新成果"样品—产品—商品"的"三级跳"。

二 充分释放链主型企业的创新动能，发挥领军企业创新"领航"作用

一是依托领军企业和大冠军企业建立创新中心，致力于解决"卡脖子"难题和"卡脖子"关键技术攻关。鼓励链主型企业，围绕高技术产业和战略性新兴产业，建立企业国家重点实验室、工程研究中心、国际合作基地等，锚定"卡脖子"关键技术攻关。二是鼓励链主型企业重点协

同专注于关键核心技术和"未来前沿科技"领域的科技型中小企业,尤其是在细分市场上已取得全球领先地位的中小企业。打通"四链"特定环节,培育新产业、新业态、新模式,带动"四链"向中高端跃升。三是引导链主企业优先选择"专精特新"中小企业产品,充分发挥"专精特新"中小企业补链固链强链"稳定器"的作用。推动关键产品实现进口替代,带动提升"专精特新"中小企业市场竞争力。

三 大力鼓励企业融通创新,构建领军企业"牵手"中小企业联合"启航"创新格局

一是以"未来产业先导区建设"为载体,集中孵化和加速未来产业先导区内产业链上中下游"专精特新"中小企业。积极鼓励先导区内的链主企业开展源头创新,大力扶持产业链上中下游"专精特新"中小企业依托创新源,开展面向市场的"成果转化—产品开发—场景应用",形成未来产业培育链。二是以国家重大战略需求、产业重大需求、民生重大应用场景项目联合攻关为牵引,实施"重大公共项目大中小企业联合揭榜"。鼓励大冠军企业和领军企业主动协同中小企业,联合高校科研院所等创新主体和优势科研力量组建融通创新联合体,协同攻关。

四 发挥市场力量助推企业专精特新化发展,打造提升企业数字战斗力的"数智补给"平台

一是推动建立"'专精特新'企业数字化转型服务供应商(线上)市场",建立"'专精特新'数字化转型服务供应商"动态清单。以市场化手段为"专精特新"企业数字化转型提供专业化服务。二是组建"'专精特新'数字化转型服务和人力资源平台",为企业数字化转型提供全方位、全过程的人力资源支撑,有效降低企业数字化转型成本和风险。三是支持数字化平台型的科技领军企业,实施数智赋能战略。鼓励数字化平台型企业,面向上下游中小企业提供一批成本低、见效快、适用性强的数字化解决方案,推动"专精特新"中小企业融入大企业的数字创新生态。

五 改善"专精特新"企业营商环境,重点"护航"科技型中小企业加速成长

一是充分利用"浙里办""数字"等政府公共服务资源,着力降低科技型中小企业营商成本,带动科技型中小企业提质增效。助推科技型中小企业向"专精特新—小巨人—单项冠军"的跨越式成长。二是着力改善聚焦"未来前沿科技"领域的科技型中小企业营商环境,主动为科技型中小企业提供战略、技术、投融资和法律等领域的"一对一"便利化服务。三是构建"绿色通道"助力科技型中小企业迈入资本快车道。打造科技型中小企业赴北交所上市和新三板"转板"的绿色通道,为企业提供定制化、全程化、精细化的融资服务。

第十章

中小企业减税降费纾困政策实施研究报告

中小企业作为市场主要参与力量,在吸纳就业、激发创新、稳定经济发展等方面发挥着重要作用。据国家统计局报告显示中小企业发展与经济增长之间相关系数高达 0.83,呈现出较强正相关。然而,中小企业因规模有限、技术创新能力薄弱、资金不足、人才缺乏等先天缺陷,应对外在突发事件能力较弱。税收既有强制不可抗的刚性属性,也具有调整经济的灵活弹性。减税降费作为中国促进经济高质量发展问题的重要举措,可降低企业运营成本,激发市场主体活力,助推经济增长。

第一节 中国中小企业减税降费政策演化

一 中国中小企业减税降费政策演化脉络

减税作为国家宏观调控的重要工具,是指依照相关法律法规降低纳税人税负的行为。王鑫(2020)综合前人研究成果认为减税与税收优惠关系紧密,但范畴不能等同,税收优惠包括特定行业和特定地区的税收优惠政策,形式包括税率优惠、减免税额、加计扣除,而减税范围更广,除特定地区、特定行业的税收减免外,还有税率下调以及结构性减税。

作为经济发展的重要调节器,税收政策的变化与经济发展密切关联。整体来看中国减税政策根据不同时期经济发展面临的问题与困境分阶段推进调整。关于减税降费时间起点国内学界有不同界定,有人以 2003 年开始实施的减税为起点,部分学者以 2008 年结构性减税为起点,还有研究者以 2016 年全面推进"营改增"为时间节点,作为减税降费的起点。王鑫(2020)认为企业所得税与增值税对企业发展影响最为密切、影响最大。在对企业所得税和增值税分别进行梳理后，他以时间为分割点，将重点聚焦在1990年后，根据中外企业所得税税率不同将企业所得税发展划分为1994—2007年、2008年以后两个阶段；增值税减税政策他认为自1993年颁布《中华人民共和国增值税暂行条例》后变化不大，一直到2004年国家正式在东北地区启动增值税转型改革试点。王润（2020）认为区域性减税政策的起点可追溯至2000年实施的西部大开发政策，之后是2003年东北老工业基地振兴以及2006年将各项政策扩至中部六省。李经路等（2020）将减税降费划分为四个阶段，第一阶段始于2003年的减税，持续至2007年；第二阶段是结构性减税时期，时间跨度为2008—2011年；2012—2017年为第三阶段，主要内容围绕"营改增"减税时期展开；2018年以后的大规模减税降费，为第四阶段。

（一）第一阶段：2003—2007年结构性减税实践起始期

2000年中国中央政府启动西部大开发政策时就已针对特定地区和特定行业实施以税收优惠为主要形式的减税，2000—2005年，中央政府出台六项针对西部特定行业的税收优惠政策，从企业所得税、增值税方面给予鼓励类企业优惠，部分学者认为这是最早的区域性减税政策。2003年召开党的十六届三中全会提出体现减税战略思想的税收改革原则。同年为解决东北老工业基地面临的困境，国家在税收方面给予调整资源税、豁免税款、扩大增值税抵扣范围等多种税收政策，并且将东北地区作为增值税改革的试点地区。结合2003年开始的税制改革实践看，虽然没有使用结构性减税这一说法，但因其蕴含结构性减税思想，被部分学者认为是结构性减税的起点。

（二）第二阶段：2008—2011年结构性减税为主

长期以来国内企业背负税收与政府收费双重压力，负担较重。为应对全球金融危机影响，减轻企业负担，稳定经济增长，中国将税收作为重要调控手段，实施结构性减税，以此刺激经济发展。所谓结构性减税是指有增有减的内部税制调整，此阶段降低增值税、关税税率的同时调高资源税、成品油消费税等税种的税率。企业所得税方面，2008年实施的企业所得税法将企业所得税税率规定在25%，在此基础上对小型微利企业和重点高新技术企业实行更优惠的税率，并明确企业部分免征、减征收入范围。增值税方面主要是完善增值税制度，一是规规范增值税抵扣；二是明确特定行业增值税税率,出台扶持特定行业如高新技术、动漫、集成电路等行业的增值税支持政策;三是进一步降低小规模纳税人门槛,调低小规模纳税人增值税税率。此外,还出台多项出口退税政策。结构性减税并不意味着财政收入减少,一是结构性减税有增有减,一些税种适当减税的同时,另外一些税种则提高税率,财政收入得以平衡;二是长远看,减税政策有利于企业降低生产成本,扩大生产规模,提升企业盈利能力,起到涵养税源的作用。

表 10-1　　　　2008—2011 年中国中小企业减税主要政策

税种	起始年份	相关政策内容
企业所得税	2008	一般企业税率下降至 25%,达到条件的小型微利企业税率下降至 20%,高新技术企业税率下降至 15%
	2008	对企业所享受的所得税优惠政策设置五年过渡期。对原企业享受的"两免三减半""五免五减半"继续享受至期满
	2009	2010 年,对 3 万元以下年应纳税所得额的小型微利企业,其所得按 50% 计入应纳税所得额,税率按 20% 计
	2009	高新企业预申报所得税可按 15% 税率或者享受过渡性优惠政策。同时对创业投资企业所享受的企业所得税作出明确规定
	2010	21 个服务外包示范城市为认定为技术先进型企业的企业所得税按 15% 税率征收
增值税	2008	规范增值税抵扣,允许从销项税额中抵扣一般纳税人自己制造或购买固定资产发生的增值税进项税额
	2009	小规模纳税人的税率降至 3%
	2009	2010 年 12 月 31 日前,作为一般纳税人的动漫企业按照 17% 征收增值税,即征即退实际税负超过 3% 的增值税部分
	2011	通过增值税期末留抵税额退还的方式解决集成电路企业增值税进项税额占用资金问题

资料来源:根据国家税务总局网站公开资料整理。

(三) 第三阶段:2012—2017 年营改增为主的结构性减税

2012 年营改增试点工作在上海开启,主要涉及现代服务业和交通运输业。随后扩大范围，推广至更多行业。上海营改增试点明确不同行业的计税方式，规定计税依据为发生应税交易的全部收入，同时明确合理扣除部分。税率方面，营改增之前一般纳税人执行的为17%标准税率和13%低税率，营改增后，将一般纳税人执行的17%和13%税率调整为17%、13%、11%、6%四档，同时将小规模纳税人税率调整至3%，其中一般纳税人13%的增值税税率在2017年调整为11%。2017年7月1日后，增值税税率调整为17%、11%、6%。继上海之后，部分现代服务业和交通运输业行业的营改增试点扩展至北京等8个省级行政区。2013年营改增扩大范围，将铁道运输和邮政业纳入试点。2014年4月，电信业纳入试点行业范围，同年营改增试点地域扩展至全国。2016年财政部、国家税务总局联合下发《关于全面推开营业税改征增值税试点》，自该年5月1日起，在全国范围内将所有纳税人纳入试点，全面推行营改增。2017年正式取消存在了66年的营业税。

（四）第四阶段：大规模综合性减税降费时期（2018年后）

2018年，中国经济进入由高速发展转换高质量发展的关键时期，同期外部贸易保护主义势力抬头，美国推行的减税政策引起其他国家跟进，世界掀起减税潮，经济发展面临复杂挑战。为应对经济下行压力，稳定市场主体，促进企业创新发展，中国开始实施大规模减税行动。针对企业的主要措施包括：一是界定增值税小规模纳税人范围，通过增值税改革，降低部分行业增值税税率，允许部分行业的企业期末留抵退税。二是出台支持小微企业发展的一系列优惠政策，如减半征收的小型微利企业年应纳税所得额上限提高到100万元。三是通过扩大享受范围、扩展试点范围、降低政策门槛等形式实行普惠性的减税政策。四是降低关税水平，提高部分产品出口退税率。2019年国家实施的减税政策，既有普惠性减税，又有结构性减税，主要措施包括提高小规模纳税人增值税起征点、加大优惠力度并放宽小型微利企业认定条件、减半征收小规模纳税人缴纳"六税两费"、扩展初创科技型企业优惠政策适用范围。当年新增减税1.93万亿元，其中企业减税1.26亿元，占比超过六成，针对小微企业减税2823亿元，其中625万纳税人享受企业所得税减免，新增456万户纳税人享受到增值税免税，实现普惠性减税。分行业看增值税减税额度最大的是制造业及其相关环节，达到5928亿元，税率降低幅度达到24.1%。

二 中国企业降费政策回顾与梳理

中国企业面临较高税费的同时,也背负较大费用压力。王素荣和袁芳(2020)将降费与降低社会保障费用等同。李夏欣(2020)认为降费是指取消或减免行政事业性收费,李经路等(2020)总结降费主要是指降低政府收入中的"非税收入"以及社保基金的规模。政府非税收入主要包括行政事业性收费、专项收入、政府性基金收入、罚没收入、国有资本经营收入、国有资源有偿使用收入以及其他收入。综合以上学者的研究及降费实践,目前阶段针对企业的降费主要是指减少企业负担的社会保障费比例以及行政事业性收费、国有资源有偿使用费、政府基金和其他费用等内容。

2009年中国首次实施取消行政性收费的降费措施。国家发改委和财政部全面清理百余项国家层面行政事业性收费,其中取消包括92项,停止征收8项,内容主要涉及审查费、工本费和登记费等。2015年,国家发改委、财政部发文取消或暂停12项中央级行政事业性收费,并要求各省全面清理省级行政事业性收费项目,取消存在重复收费以及收费养人的收费项目。2016年中央政府继续清理涉及企业收费项目,政府基金方面有2项基金征收标准将为零,停止征收基金1项,归并基金7项,同时取消地方政府违规设立的政府基金项目。行政事业性收费方面提高小微企业负担的多项费用额度标准,同时将小微企业享受的18项免征行政事业性收费扩大至所有企业。2017年降费涉及工程建设领域、能源领域、金融领域。工程建设领域以清理规范保证金为重点,金融领域主要是暂时免征银行业和保险业2项监管费,能源领域的工作重点则放在政府非税收入电价附加的清理规范,此外还降低无线电频率占用费。2018年,中央政府以清理规范物流、能源行业非税收入、工商业电价平均降低10%为主要工作,推进减费工作等收费。2019年降费涉及政府性基金、行政事业性收费、社会保险费、经营服务性收费、工程建设领域保证金等,将重大水利工程建设基金征收标准再降低25%,8月叫停专利登记费等,并延长专利年费减缴期限。

"十三五"规划纲要提出,要适当降低社会保险费率。2015—2017年人力资源和社会保障部三次调整失业保险费用,以减轻企业负担。2016年,人力资源和社会保障部将基本养老保险费率降低至20%。2019年国务院办公厅印发《降低社会保险费率综合方案》，降低单位缴纳的养老保险比例至16%，延长阶段性降低失业保险、工伤保险费率的执行期限。

表10-2　　2015—2017年国家层面涉企社保费用降费主要政策

社保类别	年份	相关政策内容
养老保险	2016	2016年人社部发文单位缴纳的基本养老保险费率根据情况调低至20%或19%
	2019	单位缴纳养老保险比例降低至16%
失业保险	2015	失业保险金费率由3%降至2%
	2016	允许失业保险总费率在上一年降低1%的基础上阶段性降低至1%—1.5%。费率由3%降至2%
	2017	总保费率超过1.5%的省份可降至1%，期限至2018年4月30日
	2018	延长实施失业保险总费率1%的省（区、市）执行期至2019年4月30日
	2019	失业保险费率阶段性降低正常延长至2020年4月20日
工伤保险	2015	2015年人社部发文不同工伤风险类别行业执行不同工伤保险基准费率，每个行业内的费率通过浮动办法确定，根据变化动态调整
	2018	继续实施养老保险、失业保险、工伤保险阶段性降费政策
	2019	工伤保险费率阶段性降低正常延长至2020年4月20日

资料来源：根据人力资源和社会保障部公开资料整理。

第二节　新冠肺炎疫情后中小企业减税降费政策安排与成效

一　2020年减税降费情况

受新冠肺炎疫情和贸易保护主义等国内外多重复杂因素叠加影响，2020年中小企业处境艰难，主要发展指标增速放缓，生产经营面临巨大压力。激发市场主体活力，通过帮企业稳就业保经济，成为政府部门工作的重点。中国在继续实施以往大规模减税降费政策的同时，又及时推出临时性、应急性政策，减税降费政策呈现出阶段性与制度性安排相结合的特点。

为有效应对新冠肺炎疫情冲击，政府通过减征缓征免征企业所得税和增值税、降低社会保险费率、免收国有房屋租金等措施对企业进行扶持，缓解其面临的压力。2020年在采取减税降费的同时又实施阶段性缓税缓费措施，国家税务总局1月30日发文将纳税申报延长至2月24日，2月10日下发的《关于充分发挥税收职能作用助力打赢疫情防控阻击战若干措施的通知》中对于申报人有困难的纳税人再次延长申报纳税期限，允许受疫情影响严重的企业延期缴纳税款。新冠肺炎疫情初期，政府给予疫情防控重点企业及重点物资的生产特殊政策照顾，对于捐赠及卫生部门组织的直接用于疫情防控物资实施免关税、进口环节增值税及消费税，允许疫情防控重点物资生产企业新购置的用于扩大再生产设备费用一次性计入当期成本在企业所得税税前扣除，湖北省小规模纳税人，免征增值税，暂停预缴增值税。其他省份减按1%征收率征收增值税。实施阶段性降费政策纾困企业，根据受疫情影响实际情况，中小微企业享受三项社保单位缴费部分不超过5个月的免征政策；大型企业不超过3个月减征期享受减半征收，分类分情况减半征收单位缴费部分的医保费用。降费政策中首次出现降低或者免收国有资源有偿使用费用措施。

2020年，中国实施7批次28项减税降费措施，纾困中小微企业，保障疫情防控物资生产，促进困难行业企业复工复产以及稳就业、保民生成为政策的重点。当年新增减税降费2.5万亿元，全国近九成小规模纳税人享受免征增值税，剩余小规模纳税人增值税税率从3%降为1%。中小微企业占阶段性减免养老、工伤、失业保险费单位缴纳部分全部减免额的近90%。得益于减税降费政策，疫情防控重点物资生产企业共少缴纳税费652亿元。

二 2021年减税降费情况

得益于疫情的快速有效控制和及时有效的宏观调控政策，2021年中国经济呈现了稳定恢复增长的态势，但外在复杂因素依然存在，经济下行压力仍然较大。面对经济运行复杂形势，2021年中国继续实行大规模减税降费政策，具体举措包括：一是强化制度性减税降费政策，不同于2020年以阶段性政策为主的做法，2021年减税政策强化制度性安排，例如将小规模纳税人增值税税率提高至15%，进一步扩大减税范围；二是有序退出阶段性、临时性疫情期间减税政策；三是政策倾斜小微企业，政府将稳定小微企业作为稳就业、稳经济的重要举措，全年出台多项政策减轻小微企业纳税负担，如在以往政策基础上，减半征收小型微利企业低于100万元部分年应纳税所得额的企业所得税；四是加强对科技创新的支持力度，新出台的《关于做好2021年降成本重点工作的通知政策》明确研发费用75%的加计扣除政策继续延期执行，给予制造业100%加计扣除的优惠。

2021年新增减税降费1.1万亿元，其中小微企业新增减税2951亿元，进一步减轻小微企业负担，促进就业稳定，夯实经济发展基础。同期，通过提前享受研发费用加计扣除，企业成本降低，创新投入增加，企业呈现向好发展趋势。2021年，3.1万户制造业企业享受留抵退税1322亿元，进一步缓解制造业企业面临的资金压力。

三 2022年组合式减税降费纾困政策

2022年新冠肺炎疫情尚未消退，俄乌冲突又使艰难复苏中的世界经济蒙上一层阴影，同时国内面临仅次于2020年疫情的冲击。受国内国际复杂因素叠加影响，中国经济面临需求收缩、供给冲击、预期转弱三重压力。李克强总理在《政府工作报告》中提出2022年将实施大规模、阶段性、组合式减税降费政策，预计退税减税约2.5万亿元，其中，约1.5万亿元留抵退税全部直达企业，规模之大为中国历史之最。组合式减税降费是指更加注重政策的系统性，既包括阶段性临时措施，又包括增值税留抵退税的制度性安排；既有减税退税政策，又有缓缴措施；既有普惠性的减负政策，又有特定行业的专项帮扶；既延续以往安排，又有新增加的部署；既有中央统一实施的政策，又有地方降低"六税两费"措施。2022年减税政策将注重减税与退税并举、重点扶持中小企业和个体工商户、进一步加大增值税留抵退税力度。

第三节 当前存在的主要问题与政策建议

一 当前存在的主要问题

（一）政府各部门协同机制不完善

减税降费涉及税务、发改、市场监管、工信、人力资源和社会保障等多个政府部门,长期实践看政府内部存在协同机制不完善的问题,加大了减税降费政策执行难度,主要表现在两方面:一是缺乏统筹协调,各部门职责不清,影响效能发挥;二是减税降费主要由税务部门负责,并反映统计数据,降费数据的收集还涉及社保部门,各部门间存在统计口径不一致、数据采集标准不统一的问题,经常导致不同部门间数据"打架"。

(二) 配套扶持政策措施不完善

减税降费政策实施以来在减轻企业负担,稳定就业,激发创新,促进经济稳定发展方面效用明显。减税降费政策实施多年,"十三五"时期共减税降费 8.6 万亿元,2020 年减税降费 2.5 万亿元,2021 年减税降费超 1 万亿元,长期大规模的政策实施让减税降费乘数效应呈现出边际效益递减趋势。另外,疫情对社会产生多方面的深度影响,大多数行业受到冲击,除税负、资金压力外,还面临用工、供应链等多方面的困难,中小企业面临的融资难问题依然未得到解决,同时高校毕业生再创新高,而失业率攀升。税收政策虽然对经济发展起到正面拉动稳定作用,但仅靠减税降费并不能完全解决疫情带来的问题。帮助市场主体走出困境,需完善其他配套政策措施。

(三) 小微企业相应积极性不高

小微企业首要关注点在于生存问题,企业管理人员更多地关注市场变化,为节减成本,人员规模被严格限制,财务专业人员工作负担大,精力有限,减税降费工作已开展十多年,政策变动调整较为频繁,小微企业内部内化掌握需要时间。加之政策宣传不到位,部分小微企业和个体工商户对于减税降费政策知之甚少,且涉及的税额较小,导致受惠主体关注度不高。

二 相关政策建议

(一) 完善协同共治机制,构建减税降费工作新格局

一是要明确减税降费政策牵头机构,强化统筹协调,厘清各部门职责,形成部门任务清单和责任清单,加大督查力度。二是加强数字化建设,依托政务数字化改革契机,将数字赋能经济发展投射落实到减税降费工作上,通过加强政府内部信息平台建设,打破"数据孤岛",畅通数据流通,建立数据互通共享机制,实现财政部门与税收部门以及其他减税降

费协同部门之间的协作水平，提高税收共治能力，形成工作合力，使各项减税降费政策措施落到实处。

（二）强化综合配套措施，叠加释放政策利好

一是统筹疫情防控与经济发展，加强对地方指导，规范疫情防控措施，防止地方层层加码、各自为政的思想，保障人员合理流动，畅通产业链供应链运转。二是加大金融支持力度，多渠道解决中小企业融资难题，鼓励金融机构给予受疫情冲击较大的企业延期还贷、展期续贷、降低利率等支持措施，通过政府担保、政府设立天使母基金等形式，强化政府作为，将政府功能与市场力量拧成一股绳破解融资难题。延长援企稳岗政策执行期限，根据裁员情况和企业实际困难，加大失业保险金返还政策及其他补贴力度。

（三）加强数字税务建设，优化提升便民服务

一是打造数字税务服务，完善数字征管，加强电子税务局、自助办税终端、手机 APP 等非接触办税渠道及线上办税事项、办税流程的宣传，提升办税便捷度，通过服务热线等形式准确耐心细致地解答纳税人遇到的个性化问题和需求；二是加强新媒体平台建设，通过微信公众号、短视频平台、网络直播等形式宣传减税降费政策，指导操作；三是深入纳税企业，线下实地宣传指导，通过举办宣讲会、专项业务培训等形式，让有优惠政策全面、快速地直达接纳税人尤其是小微企业。

第十一章

浙江中小企业参与共同富裕示范区建设专题调研报告

中小企业是国民经济和社会发展的生力军，是扎实推进实现共同富裕战略目标的社会基石。浙江作为民营经济大省，如何促进中小企业在"做大蛋糕"和"分好蛋糕"两方面下好"先手棋"，成为浙江"高质量发展建设共同富裕示范区"的重要内容。课题组对浙江省中小企业开展关于"参与共同富裕建设"主题的问卷调查共1653份，受调研企业覆盖浙江省11个地市，其中杭州和温州占比最高，分别为33%、35%。问卷受访者的中小企业高管占比19.64%，中层占比21.91%，基层占比50.45%。本章基于此次调查结果，着重探讨中小企业对共同富裕的认知、参与共同富裕建设的诉求、对实施共同富裕政策的担忧，并提出相应政策建议。

第一节 浙江中小企业对共同富裕的认知

一 中小企业普遍关注但缺乏深入了解

调查结果显示，广大中小企业对浙江省实施"高质量发展建设共同富裕示范区"普遍关注，占被访问70.84%的企业表示了解政策背景和意义，但是，只有14.88%的企业表示对浙江省《共同富裕实施方案（2021—2025）》（以下简称《实施方案（2021—2025）》）比较了解，充分说明了浙江省广大中小企业非常关注"共同富裕示范区"建设，但是，对《实施方案（2021—2025）》却了解不足。其中，81.3%的企业家和高管对《实施方案（2021—2025）》不甚了解，缺乏对"高质量发展建设共同富裕示范区"内涵和具体政策的深度关注。

此外，受访人员获取共同富裕相关政策的渠道主要为网络自媒体和官方媒体，少数来自企业服务平台信息推送和政策宣讲。表明中小企业获取共同富裕相关政策信息的渠道和精准度不够。

二 有一定共识但存在认知差异

进一步调查显示，受访人员对"高质量发展"是共同富裕的前提和基础达成共识。但是，企业家、高管和基层员工对共同富裕的认知和理解存在显著差异。被调查企业家和高管中，占被访问人员的60.6%认为共同富裕突出体现在构建起共建共治共享的发展格局和均衡优质普惠资源；被调查的基层员工中，分别占被访问人员的82.2%和67.6%认为共同富裕的根本在于工资收入提高和社会和谐发展。说明企业家更加关注营商环境改善，而基层员工更加关注工资性收入。

三 反响积极但存在信心差异

中小企业对共同富裕反响积极，发放的问卷得到受访人员的迅速反馈。对浙江省"共同富裕示范区"建设，企业家、高管和基层员工的信心度存在显著差异。持"非常有信心"态度者占受访人员的42.7%，"比较有信心"的占比38.29%。同时也仍有19.01%的受访者表示"没有信心"、"信心不足"或"说不清"。其中，企业家、高管比基层员工信心更足，中高层管理者相比基层员工有信心比例要高出约10个百分点。此外，关于浙江省共同富裕方案实施对企业未来发展的影响，占59.74%受访企业担忧"企业用工成本增加"，46.75%企业担忧"第二次、第三次分配力度"加大以后，不利于民营企业发展。

第二节 浙江中小企业参与共同富裕建设的诉求

一 中小企业强烈期待政策稳定性和营商环境优化

高质量发展是共同富裕的基础，浙江中小企业强烈期待借"浙江高质量发展建设共同富裕示范区"的东风，实现企业转型升级。调查发现，有84.32%的企业认为亟须提高自主创新能力，72.65%的企业认为，需要增强高水平人才的引进。另外，60.39%的企业认为，目前缺乏对企业参与共同富裕的明确定位,且相关政策不确定;49.35%受访中小企业担心政策变化,35.52%企业家和高管担心共同富裕政策对民营企业发展不利。51.95%企业认为,"浙江高质量发展建设共同富裕示范区"的政策重心将会转向共同富裕;合计52.59%受访企业表示有如下倾向:"企业搬迁外省""减少投资,逐步退出市场""在海外投资办厂""考虑移民"。同时,85.20%受访企业期待"优化营商环境",78.44%企业期待"精准减税降费",62.1%企业期待进一步"放管服"。

二 共同富裕政策不要让共同富裕成为企业负担

调查发现,46.75%企业认为随着第二次、第三次分配力度的加大,对民营企业发展不利;36.36%认为共同富裕可能导致企业家利益受损,收入被平均化。79.9%受访企业期待"以高质量发展促进共同富裕",先富带动后富。因此,80%以上企业期待共同富裕政策精准、细致,改善营商环境,以促进浙江中小企业健康发展,不要增加中小企业成本费用负担。

三 期待全社会凝聚共同富裕新共识

调查发现,57.79%受访企业担忧"第三次分配"、网络舆论压力使其对浙江共同富裕示范区建设有所顾虑;59.74%企业表示,"职工对收入预期上升"会带来企业招工中"议价"能力下降,79.5%企业认为,政策重心应该放在"高质量发展",应该平衡企业家权益保障与收入分配改革的关系,凝聚全社会共识,建设以高质量发展为基石的共同富裕示范区。

第三节 浙江中小企业对实施共同富裕政策的担忧

一 担忧政策实施可能削弱浙江民营经济比较优势

中小企业是民营经济的基石,中小企业"船小好调头"具有创业创新活力,但对资源动员和整合能力不足。问卷调查显示,62.34%受访企业表示,对"共同富裕示范区"认知模糊,对未来政策趋势不清楚;42.86%企业认为,政策宣传不精准、不全面。因此,中小企业一定程度上担忧共同富裕示范区建设是否会削弱浙江省中小企业体制机制优势,甚至,约两成被调研企业主认为,浙江高质量发展建设共同富裕示范区会对区域民营经济比较优势产生不利影响。

二 中小企业对共同富裕政策认识不清晰

受访企业普遍认为"共同富裕示范区"方案实施会加大第二次、第三次分配力度，意味着企业需要履行更多社会责任，而且，他们对政策措施认识不清晰，因而，对未来政策蓝海不确定性存在担忧。49.35%受访企业担忧将承担更多社会责任，60.39%受访企业将考虑"减少投资，削减员工数量"，甚至"逐渐退出市场"。但是，更多受访企业对共同富裕政策持观望态度。

三 中小企业用工成本上升外迁可能性加大

59.74%受访企业认为，在共同富裕政策背景下，企业用工成本会进一步增加，企业"与员工议价能力将会下降"，企业招工难会更加凸显。因此，有60.39%企业表示"将考虑减少工人岗位数量"。近半数受访企业表示，"将减少媒体曝光度，低调经营企业，以避免受第三次分配政策的关注"。近30%的受访企业主认为可能囿于对企业未来发展的担忧，会考虑将企业搬迁外省或在国外投资兴办企业。

四 共同富裕政策实施可能加速企业家移民倾向

共同富裕政策强调三次分配，即由社会道德驱动高收入群体通过募集、捐赠和资助等慈善公益方式对社会资源和社会财富进行分配。鉴于部分历史原因，受访企业主认为，共同富裕政策的实施可能会助长社会滋生"劫富济贫"思潮，对私营企业主个人财富安全问题存在一定疑虑。调查显示，近10%的受访企业主表示未来可能有移民的打算。

第四节 推进中小企业参与共同富裕建设的对策建议

一 凝心聚力做好精准宣传

目前，共同富裕示范区建设的政策已得到中小企业的广泛关注和深度认同，但是仍然存在不同受众群体之间的认知差异。需要各级政府部门将浙江省高质量发展建设共同富裕示范区政策在中小企业的企业主、高管和基层员工等各层次做好政策宣传讲解工作，以纠正部分中小企业主和高管认识别差和担忧。要注意综合使用各类宣传工具载体，除了通过官方媒体等对政策进行系统解读以外，还要加强新媒体的宣传力度以及各类政策宣讲会的推广作用。在宣传方式方法上也要注意分层分类，增强宣传效果"真实、见底"，实现政策共识，培育一批企业宣传员，最大范围形成政策聚力。

二　提振信心扭转认知偏差

中小企业所有者及高层管理者对于共同富裕政策实施的认识深化与信心提振是亟须解决的问题。政策具体实施过程中，需要以分类分层的方法，一方面从不同层面加强对共同富裕政策的目标、内容和实施方案的解读，避免产生一些偏离政策内涵的认知出现；另一方面，需要对企业家、企业管理团队以及基层员工实施分类政策指导，做到既帮助中小企业解决发展问题，促进基层企业员工实现更好回报，同时切实推进共同富裕政策目标的有效实现。

三　搭建平台助推共同富裕

浙江省高质量发展建设共同富裕示范区需要吸引广大中小企业的深度参与，需要在政策层面为中小企业参与建设提供良好平台。第一，鼓励中小企业积极投身到欠发达地区，结合当地优势资源禀赋，开展有效产业投资。第二，推动优秀中小企业充分展示其在技术创新、市场开拓、人才培育等方面的经验，并向后发企业形成示范。第三，在产业链层面实行核心企业带动上下游中小企业良性发展的局面，主导或参与制定更多符合产业发展方向的质量标准、技术标准、行业准入标准等，激励核心企业为打造更优的产业生态环境做出贡献。

四　多点施策营造更优环境

共同富裕示范区建设目标下，中小企业呼唤不断优化外部政策环境。通过多层面、多工具、多视角的政策实施，为中小企业发展创造最优化的浙江营商环境，需要强化中小企业投资环境和市场竞争环境的提升，激励中小企业将更多关注点聚焦到企业高质量发展的道路选择上来。同时，还特别需要关注稳商政策的制定与实施，调研了解中小企业对于共同富裕政策的盲区和担忧，有针对性地实施一批稳商政策，力求解决企业之急，化解企业之忧。

五 探索共同富裕中小企业样板

浙江是全国高质量发展建设共同富裕的示范区，中小企业参与共同富裕建设是浙江的样板点。浙江省作为民营中小企业的发展大省，有必要也有能力在中小企业群体探索出参与全省共同富裕示范区建设的亮点模式。重点关注对26县中小企业的有效帮扶，有效实现"先发"带动"后发"，研究制定分类政策，鼓励一批技术创新能力强、企业规模坚实、市场话语权强的中小企业对落后地区的同行企业通过技术指导、项目合作、市场开发、资源共享等方式开展富有成效的带动作用。另外，深挖"绿水青山就是金山银山"理论的内涵，挖掘落后地区的本地优势生态资源，为中小企业量身定制创新发展模式，培育一批共同富裕政策下的"后起之秀"样板企业。

第十二章

绿色专利与中小企业低碳转型发展研究报告

第一节 "双碳"目标提出的背景及内涵

一 "双碳"目标提出的背景及意义

随着科技进步,人类社会工业化程度不断提高,对化石燃料的依赖性也逐渐增强,人类为了追求经济效益对环境造成了不可逆转的伤害。人为造成的温室气体(主要是二氧化碳)的排放量逐年攀升,导致全球气温上升,灾难频发。世界各地都出现了各种因气候变化引起的灾难,干旱、山火、洪涝、泥石流和极端高低温天气等都给人类的经济和生活造成了极大损害。1990年至2019年全球二氧化碳人均排放量从4.29吨增加至4.93吨,2019年全球二氧化碳排放量达到364.4亿吨,增长量略低于前几年,但是全球碳排放并未达到峰值仍有增加的趋势,人类所面临的气候变化问题依然不容小觑。几十年来,世界各国为控制碳排放做出了各种努力。从1992年的《联合国气候变化框架公约》到1997年的《京都协议书》,再到2009年的《哥本哈根协议》,最后到2015年的《巴黎协定》,世界各国和联合国都为应对气候变化建立了相应的协议,旨在为未来几十年节能减排向低碳绿色世界转型搭建框架指明方向(谢天赐等,2021)。截至2021年年末,全球已有50多个国家实现碳达峰,控制碳排放促进碳排放量达到峰值并实现碳中和已成为世界各国的共同议题。

自改革开放以来,中国经济高速发展成为世界第二大经济体和世界上最大的发展中国家,对化石等能源的依赖和需求不断提高。从世界各国二氧化碳排放量历史数据来看,中国碳排放量持续增加。2019年,中国碳排量占全球碳排放总量的29.3%，居世界各国碳排放量之首。2020年，中国碳排放量的增加主要来自石油和天然气的消费量的增加，虽然煤炭的消耗量增加较少，但是煤炭的消费量仍占总化石燃料消费量的67%。中国对世界减少碳排放实现低碳生活具有至关重要的作用，甚至是这场低碳战役中的制胜关键。从中国的历史发展来看，从20世纪70年代的若干保护环境政策到新时代中国特色社会主义时期强调绿色低碳循环发展的五位一体总体布局和习近平总书记提出的构建人类命运共同体等无一不体现着中国发展绿色低碳循环经济的期盼和决心。因此，在这种时代背景下，2020年9月，习近平在第七十五届联合国大会一般性辩论上向国际社会做出实现"双碳"目标的中国承诺：到2030年实现碳达峰，2060年实现碳中和。2022年10月，党的二十大报告中多次提到"绿色发展"，强调加快发展方式绿色转型，发展绿色低碳产业。

中国提出"双碳"目标并持续推进碳达峰、碳中和发展进程，对中国乃至世界都具有十分深远的影响。第一，世界各国人民休戚与共，中国提出的"双碳"目标有利于构建人类命运共同体，彰显中国的大国担当。中国拥有全球近1/4的人口且碳排放量高居榜首，中国在这场碳达峰、碳中和的战役中发挥着重要作用。中国作为地球的一分子与各国命运相连，中国提出"双碳"目标有助于改善世界生态环境，为世界贡献着中国智慧和力量，推动世界向绿色低碳循环发展。第二，致力于低碳绿色发展，有利于推动中国经济发展，巩固中国在世界各国中的地位。随着二氧化碳等温室气体的排放，世界生态环境日趋恶劣，各国政府及企业意识到绿色低碳发展的重要性，并逐步向绿色经济发展。中国提出并持续推进"双碳"目标，促进中国经济向绿色低碳循环发展，有利于引导中国绿色科技创新增强中国的创新活力。"双碳"目标的提出促使中国各界在风能、太阳能等可再生能源及新能源、碳捕捉与封存技术方面持续创新。科技是第一生产力，绿色低碳技术的创新与发展，有利于推动中国企业的经济发展，有利于增强中国在国际经济体系中的话语权，提高中国的科技实力和综合实力。第三，降低排放符合广大人民的利益。中国在改革开放初期为了追求经济的发展忽视了生态系统的保护。温室气体的排放导致中国环境急剧恶化，各种生态问题严重影响了中国居民的生活和身体健康。进入新时代以来，中国的主要矛盾发生变化，人们对美好生活的追求不断提高，"双碳"目标的提出促进了绿色城市的建设与发展，改善了人们的生活环境，符合广大人民的利益和期盼。第四，着力于碳排放，有利于中国调整能源结构，促使中国主要能源的更迭。化石燃料的频繁使用，导致中国部分油田、煤矿枯竭，化石燃料的储备正在减少。"双碳"目标促使中国由原来的化石燃料向可再生能源和新能源转换，为中国经济高质量发展后续阶段提供充足的清洁的能源，避免中国能源枯竭无源可用。电力行业是中国能源消耗巨头。根据国家能源局（2022）的报告数据，2021年中国可再生能源发电量占社会总用电量的29.8%，可再生能源的发电量正在稳步增长，风电、光伏发电、生物质发电的发电量同比增长量都达到23%以上，其中光伏发电增长最多高达40.5%。随着"双碳"目标的提出，中国能源体系正加快向绿色低碳转型。第五，"双碳"目标的提出有利于促进产业绿色低碳转型，打破绿色贸易壁垒，增加中国的绿色出口。面对生态环境恶化，人类的衣食住行都面临着威胁。在这种情况下，许多西方发达国家纷纷出台有益于环境的贸易政策法规对进口产品进行限制，最终形成了绿色贸易壁垒（袁琦，2017）。中国作为世界上最大的发展中国家产业绿色转型面临许多问题，随着贸易壁垒的产生，许多出口产品因达不到相关标准要求，中国农业、制造业等行业在不同程度上都受到了绿色贸易壁垒的制约。作为世界第二大经济体和最大的发展中国家，近年来中国大约100亿元的产品总额受到绿色贸易壁垒的影响（徐媛媛，2021）。"双碳"目标的提出促使中国产业绿色化转型生产出更多优质绿色产品，也使相关绿色标准更加完善，从而削弱或打破绿色贸易壁垒对中国出口贸易的影响和限制。

二 中国"双碳"目标及其内涵

2020年9月22日，习近平主席在第七十五届联合国大会一般性辩论上宣布，为应对气候变化，中国根据《巴黎协定》提升国家自主贡献力度，在碳排放领域做出庄重承诺：力争在2030年前实现碳达峰，在2060年前实现碳中和，将碳达峰到碳中和转变的周期缩短至30年。"双碳"目标是中国为应对气候变化在碳排放领域做出的重大战略部署，力争到2030年实现全国碳排放增长量由大到小、增长速度由快到慢，逐步实现碳排放年增长量和年增长速率为零的碳达峰目标，力争到2060年通过节能减排、植树造林、碳捕获和封存技术实现人类活动所产生的碳排放量和捕获封存量正负相抵，实现相对零碳排放量的碳中和目标。

随后，中国又针对"双碳"目标进行了进一步的部署，明确推进实现"双碳"目标的基本路径和阶段目标。2021年9月22日，国务院针对"双碳"目标在绿色低碳循环发展经济体系、能源消耗及利用、二氧化碳排放量、生态碳汇等方面进一步提出三阶段的目标。在绿色低碳循环发展经济体系方面，2025年初步形成绿色低碳循环发展的经济体系，2030年经济体系建设取得显著成效，2060年全面建立绿色低碳循环发展经济体系。在能源消耗和利用方面，2025年单位国内生产总值能耗比2020年减少13.5%，非化石能源消费占比在20%上下浮动，2030年单位国内生产总值能耗大幅下降，非化石能源消耗占比达到25%左右，太阳能和风电发电总装机量超12亿千瓦，2060年能源利用率达到国家先进水平，非化石能源消费占比超80%。在二氧化碳排量方面，二氧化碳单位国内生产总值相较于2020年减少18%，2030年二氧化碳单位国内生产总值比2005年排放量减少超65%，实现碳达峰二氧化碳排放量整体稳中有降，2060年排放量与吸收量正负相抵，顺利实现碳中和。在生态碳汇方面，2025年实现24.1%的森林覆盖率，180亿立方米的森林蓄积量，2030年森林覆盖率达到25%左右，森林蓄积量达到190亿立方米，2060年实现碳中和。

第二节 "双碳"目标实现的创新支撑

一 "双碳"目标实现的创新需求

（一）技术创新需求

据全球大气研究排放数据库发布的《2021年世界各国温室气体排放报告》（Crippa, M., 2021）显示，近些年中国化石燃料碳排放量主要来自电力、工业生产、建筑和交通等领域。从1990年到2020年，电力行业、工业生产、建筑和交通等领域二氧化碳排放量分别增加650%、288%、53%、926%。实现"双碳"目标首先要从这些排放高、增长速度快的领域着手，发挥绿色技术创新在行业上下游的碳控作用，改善上下游生产制造过程中的碳问题，打造"双碳"型创新型生态链。在电力、工业、建筑、交通等领域都面临着绿色技术难题，打造行业绿色创新生态链，首先要着力解决这些行业所面临的绿色技术难题，才能最大限度地发挥绿色技术创新的控碳降碳能力。就电力行业而言，中国主要依靠煤炭发电，产生大量以二氧化碳为主的温室气体，实现碳达峰碳中和首先要节能减排，改变现有以煤炭发电为主的现状。电力行业的深度减排需要更广泛的低碳技术，包括太阳能、核能、风能、生物质能等可再生能源和新能源以及碳捕集封存技术（CCUS 技术）。虽然 CCUS 技术是碳减排的重要且最有发展潜力的技术，但是部分技术尚处于探索解决中，在推广应用方面也面临着一定的经济和技术难题。除了使用清洁能源进行发电，各种新能源和可再生能源发电的基础设施和储能面临着一定的技术难题。工业生产中钢铁、有色金属、化工碳排放量较高，钢铁行业的氢冶金技术、废钢回用短流技术，有色行业的亚熔盐法氧化铝清洁生产技术、电解铝低碳节能技术、惰性电极替代技术，化工行业的原油催化裂解多产化学品技术、煤油共炼制烯烃/芳烃技术电催化合成氨/尿素技术、先进低能耗分离技术，建材行业的原材料替代技术、低碳水泥技术等技术虽已得到应用，但部分技术仍存在一定技术难题，距离减碳目标的实现仍需进一步研究攻克。就建筑行业而言，从建筑物的设计建造到使用拆除绿色都产生了二氧化碳，建筑行业要实现低碳目标就要使用低碳零碳水泥、钢筋等减少建筑自身材料的碳排放。目前建材行业的部分技术已经相对成熟但仍有原料替代和部分水泥技术（如新能源煅烧水泥技术）需攻关。建筑运行期间的节能减排可以通过利用各种清洁能源，最多的就是太阳能。光储直柔技术为建筑节能提供了技术支持，但目前在建筑领域的应用较少，技术方面不够成熟仍需进一步的探索。就交通行业而言，交通行业的碳排放包括道路交通的基础设施建设、各种航线的运输。交通行业基建方面的橡胶沥青筑路技术、温拌沥青技术、PE 改性沥青技术，新能源汽车方面的燃料电池技术、充换电技术、电池安全技术、磷酸铁锂电池技术，水路运输的重型燃气轮机技和氢燃料电池等船用燃料的清洁能源替代技术等都需要进一步的改进。除了重点行业面临双碳技术难题，其他行业也急需绿色技术创新来促进行业绿色低碳转型。要着力各行业重大基础技术创新，破除制约行业绿色低碳转型的基础核心技术难题，加大行业上下游绿色创新技术的攻关力度，通过低碳零碳负碳技术的创新与应用，打造"双碳"型创新生态链，为实现"双碳"目标进行绿色技术赋能。

(二)制度创新需求

全球生态环境的恶化和对可持续发展的追求促使各国积极制定绿色制度,为各种可持续发展的环境友好措施提供制度保障和约束。制度绿色创新是实现经济社会绿色转型和发展的必要手段,可持续发展的进程在一定程度上取决于制度绿色创新,制度绿色创新能够激发其他方面的绿色创新,例如,绿色文化创新和绿色技术创新。制度绿色创新符合国家经济绿色发展的趋势,有利于构建绿色低碳市场体系,合理分配国家资源要素,促进绿色创新,缓解并解决中国所面临的生态问题,为中国实现"双碳"目标提供制度助力。目前中国从规范制度、激励制度、考核制度等方面初步建立绿色制度框架,包括绿色产权制度、绿色金融制度、绿色财税制度、绿色监管制度、绿色审计制度、绿色生产制度和绿色消费制度等(樊帆,2010)。随着社会的不断发展与进步,传统的制度实施效果不明显且面临着新发展的挑战,制度需要创新来满足可持续发展和经济绿色转型的发展需求。就绿色产权制度而言,绿色专利制度在绿色技术范围、审查程序、强制许可等方面存在一些问题,抑制了绿色技术创新发展活力,无法为绿色技术创新提供完备的制度支持。就绿色金融制度而言,中国绿色金融制度在绿色认证、信息披露、风险防范及激励等方面发展不够完善,绿色认证、信息披露缺乏相应的统一规则标准,在一定程度上影响中国碳交易市场的构建。除了在国家层面进行制度绿色创新,还要在企业层面促进制度绿色创新。制度绿色创新能够提高企业的生产效率、增强企业产品竞争能力、树立良好的形象、适应国际贸易规则、打破绿色贸易壁垒,为企业可持续发展拓宽生存空间、提供发展动力(吴磊、姜太平,2003)。

(三)管理创新需求

"双碳"目标为中国经济发展带来了新的发展机遇,但对中国的发展也提出了更高的要求,传统的管理已不适应当前的经济发展,中国亟须在管理方面进行创新,由传统的管理向绿色管理过渡。绿色管理是企业自身和中国经济实现可持续发展的必由之路,也是在国际竞争中提升竞争能力打破绿色贸易壁垒的必然选择。绿色管理分为宏观和微观两个层次,宏观层面主要通过政府制定发布相应的法律法规和政策来协调整合中国的经济发展活动,微观层面主要是组织通过相应的组织规章制度进行绿色可持续发展活动（李会太，2007）。在绿色管理宏观层面，中国绿色管理体系正在构建完善中，面临着许多繁重复杂的问题，专利、财税、金融、创新、绿色标准等政策及法规管理体系都或多或少地存在些许发展弊端，中国宏观管理体系需要在绿色领域中进一步探索创新。在微观绿色管理中，进行管理创新和实施绿色管理的主体主要是企业。"双碳"背景下企业管理绿色创新面临许多难题。绿色管理观念在企业管理层中的普及程度不高，管理人员缺乏绿色管理方面的知识导致管理层对绿色管理认识不到位，不能在管理制度方面进行绿色创新，组织缺乏绿色管理制度和绿色管理部门，内部员工缺少绿色管理制度和管理部门的约束，绿色管理的不到位使得产品在整个生命周期中绿色性较低。同时在企业内部也难以形成绿色组织文化，企业职工作为绿色管理创新最直接的关联者，组织文化绿色性的缺乏让员工无法自然快速地接受管理层的绿色管理创新，在一定程度上阻碍了管理人员在企业内部进行绿色管理创新。企业在传统管理模式上的不足迫使企业在绿色领域进行管理创新，企业要构建绿色管理创新模式，建立相应的绿色人力管理制度，通过制度在精神层面和实践活动层面约束员工，将绿色管理理念贯穿到企业日常管理活动和生产经营的每一个环节，重点关注企业生产经营关键节点的绿色管理创新。

二 "双碳"目标实现的创新支撑

（一）科技创新为"双碳"目标实现提供技术支撑

综观全球，已有54个国家和地区实现了碳达峰，从中国实际国情出发，与发达国家相比中国实现"双碳"目标的时间更为紧迫，所面临的困更加艰巨。科技是第一生产力，要想在这场碳战役中获得胜利，必须依靠科技创新，科技创新是这场战役的决胜点，具有不可替代的作用。绿色低碳科技创新在技术层面和产业层面推动中国的发展，为中国实现"双碳"目标，推动产业转型，破除各方面技术难题提供了坚实的支撑。科技创新有利于推动中国能源结构转型。由于中国能源结构具有"富煤、贫油、少气"的禀赋特点（杨英明等，2019），对化石燃料的依赖性较高，化石燃料的碳排放成为中国碳排放的主要来源，"双碳"目标对中国能源结构提出了新要求，能源结构急需绿色化、可持续化。随着科学技术的创新，中国在太阳能热利用技术、风力发电技术、沼气池技术等方面不断提高，对风能、太阳能、地热能等利用率提高，扩大了中国清洁能源在总消耗能源中的比例，促使中国能源结构向清洁能源不断转型。科技创新促使企业产业链绿色低碳转型，贯穿企业的整个产业链。从生产端来看，绿色科技创新为企业生产提供绿色低碳材料，改善企业生产工艺和生产流程，减少生产过程中的资源浪费，提高企业资源利用率，降低各种有害物和温室气体的排放，使生产过程绿色化低碳化。从消费端来看，企业生产的各种绿色低碳产品（如新能源汽车、可降解购物袋等）引导消费者绿色低碳消费，培养消费者的绿色消费习惯，将绿色低碳消费观念植入人心。科技创新促使企业绿色生产引导消费者绿色消费，绿色消费反向促进企业绿色生产，不断促进企业进行绿色科技创新，推动企业产业链绿色低碳发展。为实现"双碳"目标，科技创新发挥自身联动作用，绿色化和数字化深度融合（罗良文等，2022）。随着人工智能、云计算、大数据等技术的广泛应用，企业运用新一代技术实现数字化管理，为产品全生命周期的碳排放和碳管理提供技术支持，构建数字化绿色低碳管理系统。

（二）绿色专利制度为绿色低碳创新发展提供引导支撑

专利制度与创新之间具有密不可分的关系。近年来，科技创新已成为中国的国家战略，"双碳"目标的提出促使中国绿色科技创新增加，专利制度为绿色科技创新提供了良好的发展环境，也是绿色创新蓬勃发展的必然之路。中国绿色创新活力不断增强，一般专利专利制度已无法为绿色创新提供很好的支持保护作用，专利制度需要进行创新，因此各国都积极创新探索绿色专利制度。绿色专利制度为创新提供了经济层面和心理层面的双重激励，为绿色再创新构建良好的循环机制和激励机制。绿色专利制度既具有一般专利制度特征，绿色专利制度通过对绿色创新成果进行审查界定，赋予绿色创新成果一定的法律保护，使创新者的科技成果获得实现经济价值的权利。由于创新活动需要创新主体投入大量的人力、物力，绿色专利制度通过专利快速审查授予创新成果专利权，使创新成果能够进行市场交易。科技创新者可以直接在市场上售卖专利换取一定的经济报酬或其他形式的报酬，也可以通过运用专利生产出独特的产品或在生产及经营过程中改进生产流程、提高资源利用率，降低企业的生产经营成本，提高企业的经济利润。通过专利获得的经济报酬也为创新者后续持续创新提供经济动力，促进未来的科技创新。绿色科技创新由于自身技术的复杂性和高资源需求量使得绿色创新具有极高的风险性和不可控性。绿色专利制度通过对科技创新成果的法律保护赋予创造者和专利所有者对专利的独占权，保障了发明人的利益使其成果免受侵犯，调动了科技人员的科技创新积极性（江巨鳌，2005），在心理上给予创新者激励。绿色专利制度最基本的作用就是保护作用，为科技创新营造良好的创新环境。专利制度通过法律保护科技创新成果的合法权益，引导人们尊重知识、尊重他人劳动成果、尊重创新者，为科技创新创造一个良好的创新环境（陈美章，1998）。专利制度通过协调创新活动利益相关者之间的关系推进绿色创新活动。专利制度是平衡利益相关者绿色创新活动中的利益关系，避免或及时解决各方人员在创新活动中的矛盾冲突，保障绿色创新活动有序推进（冯晓青，2013）。绿色专利制度的专利公开和专利数据为科技创新者提供相关技术的发展状况，通过对现有公布的专利数据进行分析为科技创新者提供未来的科技发展方向。

世界通过工业革命从农业文明进入工业文明，经济高速发展创造了巨大的财富，但也对生态环境造成了不可逆转的破坏。人类吸取过往发展教训，树立绿色发展的观念，主张人与自然和谐共生。2015 年，中国提出五大发展观念将绿色发展摆在突出位置，树立绿色发展理念是在国家层面针对生态环境恶化提出的解决办法，实现绿色发展需要政治、经济、文化、科技、法律等多方面的共同努力。随着国际上对气候变化问题的关注，各国在减缓气候变化的绿色技术方面都有显著的创新，科技作为解决生态环境恶化问题的重要抓手，需要政策法律制度的保障。绿色发展需要科技的支撑，科技支持绿色发展需要政策法律制度的保障，传统的专利制度无法适应绿色科技创新发展，因此在绿色发展观念下需要对以绿色科技为主的专利制度进行变革创新，通过构建适宜绿色科技发展的绿色专利制度，促进经济绿色发展。绿色技术又被称为环境无害技术、清洁技术、生态技术，是指能够节能减排、提高能效、避免或减弱生态环境破坏、改善生态环境的技术、工艺、产品的总称。绿色专利是以绿色技术为主的发明、外观设计和实用新型三种类型的专利。绿色专利制度是知识产权生态化、绿色化发展的产物。绿色专利制度是为了应对生态环境问题，推进绿色技术的创新与广泛传播应用的一整套专利制度。

（三）"双碳"标准体系成为"双碳"目标的约束手段和治理工具

"双碳"标准是实现节能减排、绿色生产的约束手段。标准具有权威性和一定的强制性，"双碳"标准对经济活动的能耗和排放具有规制作用。"双碳"强制性标准是推进"双碳"工作的底线，强制性"双碳"标准能够严格约束经济发展过程中各项活动的能耗及污染排放，严格控制高耗能、高污染、高排放的企业及项目的生产活动，对于违反强制性标准的经济活动可以依法强制要求企业对相关项目活动整改甚至取消。《2030年前碳达峰行动方案》指出节能减排是推进"双碳"工作的重大举措。"双碳"标准是节能减排的关键支撑，制定实施"双碳"标准有助于遏制"两高"项目盲目扩张，控制重点污染物排放达到减碳降碳的目标。

"双碳"标准是加速绿色低碳技术创新和推广应用、行业绿色低碳转型的基础工具。在实现"双碳"目标的进程中，绿色低碳技术的创新与广泛应用具有不可替代的作用，"双碳"标准为绿色低碳技术在能源、电力、钢铁、建筑等领域创新提供了创新标准和方向，在"双碳"标准的不断制定和修订过程中，绿色低碳技术与"双碳"标准协同发展，在不断优化迭代中"双碳"标准促进绿色低碳技术的创新、充分发展。以"双碳"标准为基础的绿色低碳技术和绿色低碳技术创新在推广应用中更具有优势，对绿色低碳技术而言，"双碳"标准是一种公认的绿色技术形态，具有统一标准的绿色技术在各行业和经济网络中具有更高的协调性，减小了在不同行业领域中推广应用的阻力。行业绿色低碳转型是一个系统性工作，需要从能源、温室气体管理、金融等方面着手。在能源方面，太阳能、核能、地热能、生物质能等可再生能源和新能源标准促进能源结构优化调整，减少化石能源在一次性能源消费中的占比，促使中国能源结构逐步向清洁能源转化。在温室气体管理方面，不断完善温室气体排放数据质量、核算报告、信息披露和产品碳足迹方面的标准，促进碳排放体系进一步完善，为国家进一步制定相关战略转型策略提供真实可靠、标准统一的碳数据。在金融方面，绿色金融标准有助于识别绿色项目，合理配置绿色金融资源，为企业在绿色低碳发展过程中提供金融支持。

"双碳"标准有助于中国实现"3060 双碳"目标，提升中国的国际竞争力。在可持续发展和绿色发展的浪潮下，"双碳"标准竞争已上升到战略地位，各国纷纷构建"双碳"标准体系，积极参与国际"双碳"标准建设工作，为实现碳达峰、碳中和提供标准动能。制定实施"双碳"标准是中国实现"双碳"目标的重要保障，也是中国增强国际话语权的重要手段。"双碳"标准在当今国际绿色可持续发展中具有举足轻重的作用，只有深入贯彻实施"双碳"标准化战略，推进构建"双碳"标准体系工作，才能在激烈的国际竞争中掌握主动权和话语权，提升中国在国际"双碳"标准体系中的地位。"双碳"标准对经济活动具有基本的约束作用，制定实施"双碳"标准有助于中国生产更多符合国际绿色标准的产品，增加中国的产品出口量，增强中国的经济发展动能，提升中国产品在国际市场的竞争力，提升中国在国际经济体系中的地位。

"双碳"标准对实现"双碳"目标，提升国际竞争力具有举足轻重的地位，中国在正式提出"双碳"目标后多次在相关政策文件中提及要加快"双碳"标准的制定。2021年2月2日，国务院发布《关于加快建立健全绿色低碳循环发展经济体系的指导意见》提出"要完善绿色标准，开展中国绿色标准体系的涉及与规划，加快建设标准化支撑机构，培育专业绿色认证机构"。2021年3月13日，《中华人民共和国国民经济和社会发展第十四个五年规划和二〇三五年远景目标纲要》提出"强化重点用能单位节能管理，实施能量系统优化、节能技术改造等重点工程，加快能耗限额、产品设备能效强制性国家标准制修订，建立统一的绿色产品标准、认证、标识体系"等要求。2021年10月发布《国家标准化发展纲要》指出要"建立健全碳达峰、碳中和标准。加快节能标准更新升级，抓紧修订一批能耗限额、产品设备能效强制性国家标准，提升重点产品能耗限额要求，扩大能耗限额标准覆盖范围，完善能源核算、检测认证、评估、审计等配套标准。加快完善地区、行业、企业、产品等碳排放核查核算标准。制定重点行业和产品温室气体排放标准，完善低碳产品标准标识制度。完善可再生能源标准，研究制定生态碳汇、碳捕集利用与封存标准。实施碳达峰、碳中和标准化提升工程"。2020年10月26日，国务院发布《2030年前碳达峰行动方案》指出要"加快更新建筑节能、市政基础设施等标准。建立统一规范的碳排放统计核算体系。"2022年1月24日《"十四五"节能减排综合工作方案》指出要"健全统一的绿色产品标准、认证、标识体系，推行节能低碳环保产品认证，开发节能环保领域新职业，组织制定相应职业标准"。2022年2月15日，国家标准化管理委员会发布的《2022年全国标准化工作要点》多条要点涉及"双碳"标准的建设。

第三节 中国促进"双碳"目标实现的创新发展现状

一 绿色专利制度建设及绿色专利技术现状

在过去几十年里,中国经济发展主要依赖科技进步而忽视了生态环境的保护,在可持续发展的浪潮下,通过绿色技术改善生态环境的理念逐渐得到广泛的认可。由于绿色技术的本身特殊性和应用重要性,催生了众多关于绿色技术法律制度方面的讨论。目前世界各国都在着力构建完善绿色专利制度、制定绿色技术分类标准、建立绿色专利数据库,为技术解决生态环境问题,实现可持续发展提供法律制度支持。

绿色专利制度主要涉及绿色专利快速审查制度、绿色技术专利转让与许可制度和绿色专利信息分享。目前,中国绿色专利制度建设主要集中在绿色专利快速审查制度方面。绿色专利快速审查制度是针对绿色环保、对环境无害的技术进行快速审查,缩短专利审查授予周期的制度。绿色专利快速审查制度在审查客体方面和审查期限方面区别于一般专利审查制度。在审查客体方面,绿色专利快速审查制度在一般专利制度审查的"新颖性、创造性、实用性"三性基础上增添了绿色性或环境无害性。在审查期限上,绿色专利快速审查专利制度审查期限相较于一般专利审查制度更短。绿色专利审查制度分为两种模式——加速审查和优先审查。加速审查顾名思义就是按照专利申请顺序加快专利审查速度,缩短绿色专利授予周期,优先审查就是根据绿色专利申请者的加快申请请求根据实行申请顺序上的跃序审查,在一般专利制度和绿色专利制度同时需要审查时,优先审查绿色专利技术。中国绿色专利审查主要采取优先审查模式。绿色专利强制许可制度是指专利机关在不经由绿色专利人同意的情况下依法强制许可他人实施绿色专利的制度。目前绿色专利强制许可制度正处于探讨论证阶段,具体实践较少。在《中华人民共和国专利法》(以下简称《专利法》)中没有明确涉及绿色专利转让与许可制度的强制许可方面,以绿色技术为主的绿色专利对环境无害且能够改善生态环境符合公共利益的性质,《专利法》在一定程度上为绿色专利强制许可提供了法律依据。绿色专利信息分享机制主要是通过建立绿色技术专利分类体系和绿色专利数据库为社会公众提供绿色技术和绿色专利信息，促使公民进一步了解现有绿色技术发展状况，进一步进行绿色技术创新。2016年国家知识产权局开展了绿色专利分类体系和绿色专利统计专项研究，确定了中国绿色专利技术对照标准，初步建立了绿色专利分类体系，包括涉及990个专利分类号的七大绿色专利技术领域，这些技术专利领域分别是替代能源、环境材料、节能减排、污染控制与治理、循环利用技术、新能源车辆和绿色建筑（国家知识产权局，2017）。2021年，国家发改委联合其他三部门发布《绿色技术推广目录2020年》，该目录收录了涉及节能环保产业、清洁生产产业、清洁能源产业、生态环境产业和基础设施绿色升级五大类116项绿色技术。随着WIPO在2010年推出绿色专利技术清单并建立绿色专利检索超链接和各国纷纷布局绿色专利数据库，中国也相继建立了绿色专利数据库，这些数据库包含了国内外的绿色专利。目前中国绿色专利数据库主要是由地方知识产权局、地方知识产权局联合高校研究院以及各大数据平台建立。

（一）绿色专利快速审查制度现状

2011年，中国首次与日本开启双边专利审查高速路试点项目，截至2021年年底，中国已与30个国家就"专利审查高速路（PPH）"展开合作（国家知识产权局，2021）。在中国与世界30多个国家合作的过程中，中国多次延长与其他国家合作试点项目时间。中国积极参与绿色专利快速审查项目国际合作，推动中国绿色专利快速审查制度与世界绿色专利快速审查制度对接，不断完善中国绿色专利快速审查制度。2017年，中国根据2012年的《发明专利申请优先审查管理办法》（以下简称《办法》）的基础上进行了四次修改，最终确定了《专利优先审查管理办法》，该管理办法扩大了优先审查的技术范围和技术类型，增加了互联网、大数据、云计算等技术或产品更迭较快的领域，同时将实用新型和外观设计也纳入优先审查的技术类型里，但是对相关绿色技术的范围更加笼统。优化了审查程序和办理手续，增添了停止优先审差切换审查方式的相应规定，为审查申请者提供了便利，简化了相应的申请材料，删除了技术申请者的技术检索报告，并规定在特定情况下有关部门的签署意见不必提供（国家知识产权局，2017）。对于绿色专利快速审查制度中国进行了积极的探索，但是目前制度仍不够成熟，有待进一步的发展和完善。目前中国绿色专利快速审查制度存在以下问题。

1. 绿色技术的审查范围不明确，针对性不强

《办法》的技术范围删除了原有的低碳技术和节约资源的技术，对技术范围进行重新界定和概括。相较于原有的技术范围，新技术范围更加笼统和模糊，削弱了绿色技术的针对性（吴鸣宣，2020）。如果专利审查申请者的技术介于这些技术范围之间，不明确属于其中的任何一种，但实质上又有一种环境保护、节能减排的绿色技术，那么这种模糊的界定范围就导致申请者不能明确地辨析自身技术的所属范围，以至于申请者错失优先审查快速通道。对于那些更迭较快、生命周期较短的绿色技术，一般审查制度的长期审查延缓了技术的商业化和产品化，使技术的实用价值大打折扣。

2. 绿色专利审查数量和质量具有不确定性

《办法》对于优先审查数量的上限并没有做出明确的规定，需要根据相关部门审查人员的工作能力和上一年的经验进行审查等多种因素进行确定，因此具有很强的不确定性，这就给绿色专利快速审查制度造成了一定的限制。在不知道专利数量上限的情况下，专利申请者申请专利优先审查，大量申请优先审查的专利可能造成专利待审查积压的情况，以至于不能达到加快审查或者加快速度不明显的效果，给申请者造成一定的心理落差，不利于创新者创新。《办法》删除了申请人提交文件中的检索文件，申请人不必再进行预先检索，可以直接提交专利进行审查。直接提交的专利在新颖性上缺乏说服力，可能无法达到专利授权的标准，导致专利被驳回造成审查资源的浪费，增加审查的难度和成本，损害了其他待审查专利所有者的利益。对于优先审查的地方政府签署推荐意见，由于绿色技术本身的复杂性和地方政府审查人员的自身局限性，地方人员无法对准确的技术进行评估，不利于技术审查的推进，从而背离了绿色专利优先审查的目的。

3. 绿色专利快速审查制度相关法律规定不足

目前中国对于绿色专利快速审查制度的依据只有国家知识产权局2017年颁布的《办法》，该《办法》仅仅属于部门规章，法律位阶较低，缺乏明确规定绿色技术优先审查的上位法。《专利法》中的发明专利审查标准仍然是"三性"（即新颖性、创造性、实用性）标准，没有明确地将绿色性纳入《专利法》（张金艳，2017）。此外，直接将绿色性与三性的关系并列或从属都面临一系列的问题，如何将绿色性纳入《专利法》中仍需进一步的探索。此外，在申请优先审查通道的地方部门签署的推荐意

见上，只针对那些通过地方预审的专利，没有针对未获得推荐的专利申请者相应的救济条款，地方部门对于是否推荐在很大程度上依据经验或者依据该技术是否有利于本地的重点产业和发展，没有规范的技术标准，在一定程度上具有很大的个人主观性，也可能给一些机会主义者提供便利，损害其他专利申请者的利益（马治国等，2017）。中国绿色专利优先审查方面的相关法律还处于发展探索阶段，没有很好地与其他法律建立沟通机制，缺乏成熟完善的法律体系。

（二）绿色专利数据库现状

绿色专利数据库是根据专利的绿色性将部分专利技术汇集形成并依照绿色专利分类体系进一步对绿色专利数据进行划分的专利数据库。近年来，世界各国知识产权局都针对绿色专利建立了绿色专利数据库，世界知识产权局在2010年推出了"国际专利绿色专利分类清单"（IPC Green Inventory）并建立了相关绿色专利检索链接 PATENTSCOPE，为绿色专利数据检索提供了便利。随着绿色创新的数量急剧上升和对绿色专利数据的需求，部分科技公司的数据平台和地方知识产权局都着手建立绿色专利数据库。目前中国建立的绿色专利数据库部分与上市公司有关，主要内容是公司绿色专利申请及引用被引用数据；部分是根据绿色专利分类体系建立绿色相关产业数据库。中国现有绿色专利数据库具体情况如表12-1所示。

表12-1　　　　　　　　　　中国绿色专利数据库信息

序号	绿色专利数据库及平台	主办单位	专利技术分类和主要内容
1	中国研究数据服务平台（CNRDS）的绿色专利研究数据库（GPRD）	上海经禾信息技术有限公司	绿色专利数据库主要包括： ——上市公司绿色专利申请与获得（上市公司绿色专利申请情况、上市公司绿色专利获得情况） ——上市公司绿色专利分类号信息（上市公司绿色发明申请专利分类号、上市公司绿色实用新型申请专利分类号、上市公司绿色发明获得专利分类号、上市公司绿色实用新型获得专利分类号） ——上市公司绿色专利引用（绿色专利引用基本信息、申请的绿色专利的被引用信息及数量、授权的绿色专利的被引用信息及数量） ——各省市绿色专利申请与获得情况 ——非上市公司绿色专利申请与获得情况 ——科研机构绿色专利申请与获得情况

续表

序号	绿色专利数据库及平台	主办单位	专利技术分类和主要内容
2	CSMAR 绿色专利研究数据库	深圳希施玛数据科技有限公司	绿色专利数据库主要包括： ——绿色产业（绿色产业目录、绿色技术信息） ——绿色专利（绿色专利信息、引用绿色专利信息、分年度绿色专利被引用次数） ——绿色专利公司（绿色专利上市公司信息、绿色专利上市公司信息变更信息）
3	大为 innojoy 绿色专利专题数据库	大为计算机软件开发有限公司	专题库将绿色专利分为 9 大主题：替代能源、环境材料、节能减排、污染控制与治理、循环利用技术、新能源汽车、绿色建筑、绿色农业/林业、绿色管理
4	CnOpenData 数据平台（中国开放数据）	CnOpenData 数据平台（中国开放数据）	建有绿色专利创新数据，将绿色专利分为废弃物管理、核电类、交通运输类、能源节约类、农林类、替代能源生产类和行政监管与设计 7 大类，并设有中国绿色专利申请与授权、中国上市公司和中国工业企业绿色专利及引用被引用数据等绿色专利模块
5	江苏省绿色技术知识产权公共服务平台	江苏省知识产权研究与保护协会和南京工业大学联合江苏省专利信息服务中心等单位	绿色专利数据库主要分为清洁能源、清洁生产、环境治理、生态保护与修复、城乡绿色基础设施、生态农业共 6 个主题，约 200 个细化技术分支，基于绿色专利，动态分析全球主要国家和地区、中国主要省市及江苏各设区市的绿色技术专利的区域分布情况、代理情况及相关创新主体、江苏企业的信息
6	广东省知识产权公共信息综合服务平台	广东省知识产权保护中心	建立了新能源汽车、废弃资源再生循环利用产业、环保装备、风能产业、核电技术、海洋可再生能源、海底油气及海底矿产开发利用产业、绿色建筑材料产业专利数据库
7	北京市知识产权公共信息服务平台	北京市知识产权信息中心	建立了大气污染治理技术、新能源汽车、太阳能和风能混合发电系统、地热能、新型太阳能电池材料、污水处理、固体废弃物处理等产业专题数据库
8	上海市知识产权信息服务平台	上海市知识产权服务中心	设有新能源与环保产业专题数据库（主要包括风电、太阳能、节能减排、燃料电池、海洋工程等方面）
9	青海知识产权服务平台	国家知识产权局青海专利信息服务中心	建立了新能源、太阳能产业、节能环保、新能源汽车等新兴产业专利数据库

续表

序号	绿色专利数据库及平台	主办单位	专利技术分类和主要内容
10	大连—新能源产业专利信息服务平台	大连市市场监督管理局（大连市知识产权局）	建立了新能源产业（风能、太阳能、生物质能、水能及海洋能、地热能、储能电池、氢能、燃料电池、核能）专利数据库
11	河北省知识产权公共信息综合服务平台	河北省知识产权保护与发展协会	建有先进环保材料、新材料产业专利集、新能源汽车与智能互联网汽车产业、新能源与智能电网装备重要专利数据集等行业数据库、新能源汽车和光伏电池关键技术专题数据库和独立的绿色专利数据库
12	福州大学高校国家知识产权信息服务中心	福州大学知识产权信息服务中心	建有7个典型绿色专利技术数据库分别为：电池技术、水/废水/污水或污泥处理、固体废弃物治理、土壤污染控制与治理、电动车辆、煤清洁与高效利用、大气控制及污染治理

（三）绿色专利现状

该绿色专利数据信息来自河北省知识产权公共信息综合服务平台所建的绿色专利数据库，具体检索时间为2022年6月10日。将从绿色专利年度申请量分布、专利申请人类别、专利新兴产业分布和省市区域方面对2012—2021年中国绿色专利进行分析。

1. 中国绿色专利申请量状况

自2012年以来，中国在绿色技术领域的创新能力和创新活力不断增强。2012—2021年，中国绿色专利申请量累计约达118.1万件，绿色专利申请数量整体呈上升趋势且上升幅度较大。2017年绿色专利申请量（151512件）约为2012年绿色专利申请量（84908件）的1.8倍。中国绿色专利申请主要以国内为主，占绿色专利申请总量的87.03%，国外来华绿色专利申请量较小，约占总量的12.97%。从绿色专利的法律状态来看，专利有权的数量（467831件）占总量的39.61%，专利在审数量（284174件）占比24.06%，无权数量（396093件）占比36.33%。中国在2012年和2017年先后制定修改《发明专利申请优先审查管理办法》促进了绿色技术创新，激发了绿色创新活力。

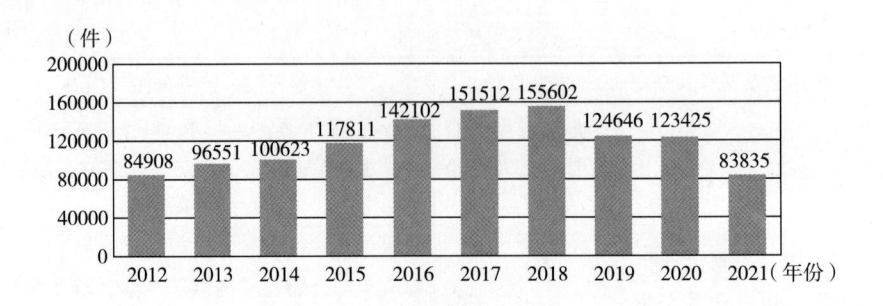

图 12-1 中国绿色发明专利件数年度分布（2012—2021 年）

资料来源：根据河北省绿色专利数据库检索数据整理。

2. 中国绿色专利申请人分析

中国绿色技术创新主体主要是企业、高校和研究院，个体绿色创新能力较弱。2012—2021 年，中国绿色专利申请人前 15 名中，企业占 4 家，高校占 6 家，研究院占 5 家。其中中国石油化工股份有限公司排名第一，绿色专利申请数量远超其他创新主体。

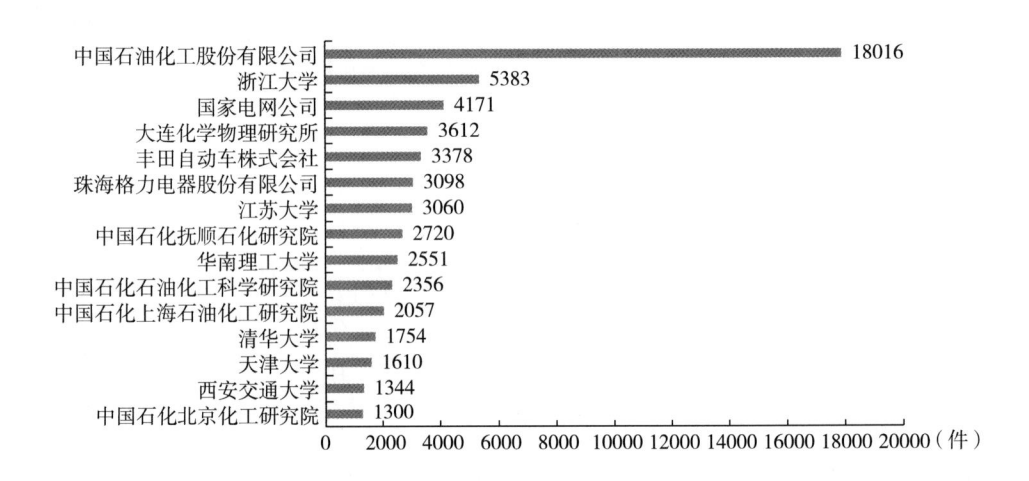

图 12-2 中国绿色专利申请人排名（2012—2021 年）

资料来源：根据河北省绿色专利数据库检索数据整理。

3. 中国绿色专利新兴产业领域分析

中国新兴战略产业发展势头正猛，新兴战略领域的绿色创新能力不断提升。从绿色专利新兴战略领域分布来看，中国在节能环保、新材料、生物、新能源、新一代信息技术和新能源汽车五个新兴战略产业绿色专利均超过10万件，上述五个新兴战略产业绿色专利占中国绿色专利申请总量的88%。节能环保产业绿色创新活跃度最高，绿色专利占同期总量的42%，高端装备制造产业和相关服务行业及数字创意产业创新活跃度较低，其余产业绿色创新程度相差不大，绿色专利申请量占比都在8%上下浮动。

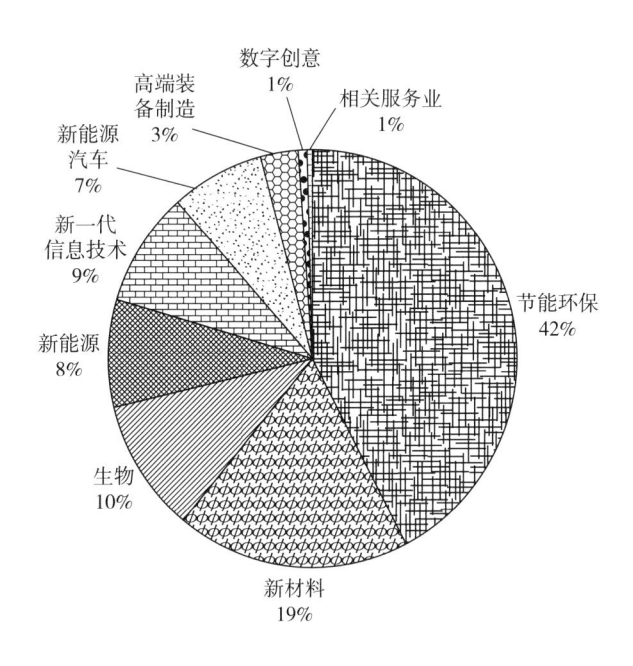

图 12-3　中国绿色专利新兴领域产业分布（2012—2021 年）

资料来源：根据河北省绿色专利数据库检索数据整理。

4. 中国绿色专利省市及区域分析

2012—2021 年，中国绿色专利申请量排名前五的省份分别是江苏、广东、北京、浙江、山东，其中江苏、广东、北京三省份的绿色专利申请量均超过10万件，而西藏、香港、澳门三地的绿色申请量较少，均低于1000件。国内绿色创新活动呈现明显的省市分布不平衡现象，各省份的绿色技术创新与当地的经济状况有一定的关系，绿色技术创新活动在经济发达的省市较为活跃。就西部地区而言，2012—2021 年，西部地区绿色专利申请量累计达11.12万件，约占同期绿色中国专利申请量的9.42%。西部地区绿色技术创新能力和活力逐年增强，全国各省份绿色专利申请数量前十五位中，四川位列第八位，陕西位列第十二位。四川省绿色专利申请量位居西部地区榜首,约占西部地区绿色专利申请量的33.07%。就长三角地区而言,2012—2021年,长三角地区绿色专利申请量累计高达36.78万件,约占同期中国绿色专利申请量的31.14%。江苏、浙江、安徽、上海四地均在省市申请量排名的前十位,四地的绿色专利申请量均超过5万件。江苏、浙江两地的绿色申请量约占该区域绿色申请量的68.52%,江苏绿色申请量约占该区域的43.58%,安徽和上海绿色创新活跃度相差不大。就粤港澳大湾区而言,2010—2021年,粤港澳大湾区绿色专利申请量累计高达11.14万件,约占同期中国绿色专利申请量的9.43%。粤港澳大湾区中广东绿色专利申请量最多,占据该区域约99%的申请量,其他两地占比较小,但三地绿色专利申请量均呈现上升趋势。广东在2016年绿色专利申请量突破万件,香港、澳门两地申请数量成倍增加。

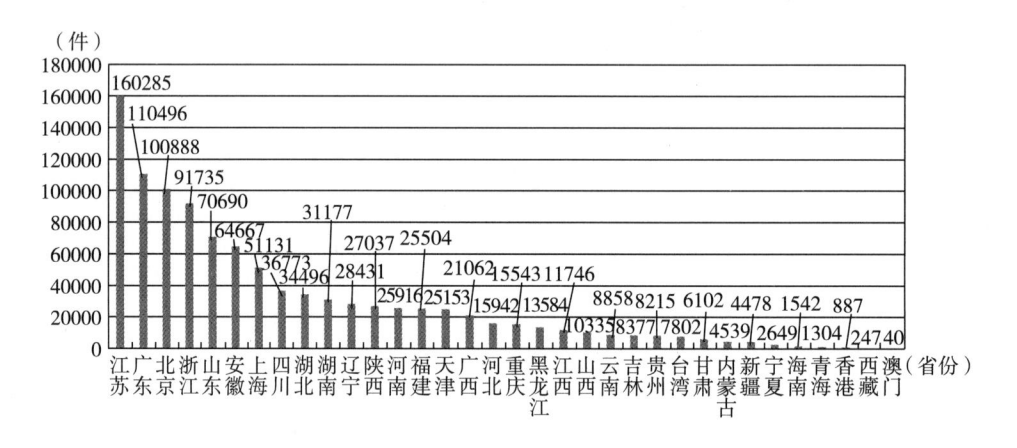

图12-4 中国绿色专利申请件数省际分布(2012—2021年)

资料来源:根据河北省绿色专利数据库检索数据整理。

二 "双碳"标准体系建设现状

在可持续发展和绿色发展的浪潮下,"双碳"标准竞争已上升到战略地位,各国纷纷构建"双碳"标准体系,积极参与国际"双碳"标准建设工作,为实现碳达峰、碳中和提供标准动能。制定实施"双碳"标准是中国实现"双碳"目标的重要保障,也是中国增强国际话语权的重要手段。目前中国在多份政策文件中明确要建立健全"双碳"标准,在政策的支持引导下中国在多个领域已建立相关标准和技术委员会并率先提出"零碳产业园"标准,建立城市和社区可持续发展标准和企业碳评价标准。

(一)"双碳"标准体系建设进展

目前在国际"双碳"标准体系中已建立的主要碳中和标准共有三个，分别是 ISO 14064 标准、INTE B5 标准、PAS 2060 标准。此外，国际标准化组织（ISO）正在制定新的碳中和标准 ISO/WD 14068 标准，预计 2023 年完成。据统计，国际标准化组织共发布 1100 个涉及气候变化的标准，这些标准主要分布在节能和能效、新能源和可再生能源、温室气体管理、碳捕集、运输与封存、生态环境、绿色金融 6 大方面。IEC 在能源领域共发布 1700 多项"双碳"相关标准（碳中和学堂，2022）。

中国"双碳"标准体系正在抓紧建设中，中国在能源、交通、工业、农业、建筑、金融等领域都已建立"双碳"相关的国家标准（990 多项）、行业标准（700 多项）、地方标准（1900 多项）、团体标准（200 多项），并建立多个国家级和省级"双碳"标准化机构。2021 年 9 月 27 日，广东成立全国首个碳达峰碳中和标准化技术委员会。2022 年，中国成立国家碳达峰碳中和标准化总体组、中国认证认可协会碳排放标准化专业技术委员会。在节能和能效领域，国家发改委于 2017 年发布《节能标准体系建设方案》旨在建立完善节能标准体系框架，建设节能标准体系框架 7 个标准子体系。中国节能标准共有约 590 多项，作为节能标准体系构建关键和重点的能耗限额和能效标准建设成果最为显著，相关国家强制性标准分别有 112 项和 75 项。在新能源和可再生能源方面，中国"双碳"标准涉及太阳能、风能、氢能、生物质能、核能、海洋能、新能源汽车等方面，并成立相关领域的标准化技术委员会负责各类能源领域通用基础、材料、系统、技术、设备、安全等方面的能源标准建设。在太阳能领域中国成立 5 个标准化技术委员会，先后制定光伏发电和太阳能热利用等方面国家标准共 90 多项。在氢能方面，中国在多份政府文件中提及要加快氢能标准的制定。2022 年 3 月，中国发布《氢能产业中长期发展规划（2021—2035）》，指出要建立完善包括基础与通用、安全、制备、储存、运输、加注、应用的氢能产业标准体系。截至 2022 年 3 月，氢能产业领域共有 101 项国家标准，其中氢能燃料电池相关的燃料电池标准、燃料电池汽车标准及燃料电池其他应用标准占比最多，约占总标准数量的 51%。在新能源汽车领域，根据相关新能源汽车标准机构在 2022 年发布的《中国新能源汽车国家标准（2022 版）》显示，目前中国共有 81 项新能源汽车国家标准。在碳捕集、利用与封存技术（CCUS）领域，中国正在积极探索该领域标准，目前现行的标准共有 7 项，该领域众多环节标准还无任何建树，处于空白状态。2021 年 12 月 22 日，中国发布 CCUS 领域首部团体标准《二氧化碳捕集利用与封存技术》，填补了 CCUS 术语领域的空白。在绿色金融领域，中国于 2018 年成立绿色金融标准工作组（WG8），紧接着又制定了 3 项绿色金融标准，分别是《绿色债券支持项目目录（2021 年版）》《金融机构环境信息披露指南》《环境权益融资工具》，此外还有 15 项绿色金融标准正在制定中（杨燕梅、杜利锋，2022）。

（二）"双碳"标准建设的典型实践

1. "零碳产业园"标准

2022 年 2 月 29 日，中国标准化研究院资源环境研究分院联合众多企业集团、高校研究机构共同制定并发布全国首个零碳产业园团体标准《低碳/零碳产业园区建设指南》。该标准为构建低碳/零碳园区的能源、交通物流、建筑、基础设施、生产和生态系统提供指导，同时在组织管理、项目出入管理、智慧化管理三个层面为园区的日常运营管理给出建设性意见，推进园区能源和产业结构优化升级，从而构建低碳/零碳产业园区。2022 年 4 月 8 日，远景鄂尔多斯全球首个零碳产业园区一期项目建成投产，该园区以"新型电力系统""零碳数字操作系统"和"绿色新工业集群"三大创新支柱，搭建绿电系统提供 100%绿色零碳能源供应，打造零碳产业园区。

2. 城市和社区可持续发展标准

2021 年 10 月 14 日，全国城市可持续发展标准化技术委员会在世界标准日活动现场发布《城市和社区可持续发展可持续发展管理体系要求及使用指南》《城市和社区可持续发展术语》《城市和社区可持续发展改变我们的城市 ISO37101 本地实施指南》《城市和社区可持续发展潜力评估方法》和《城市和社区可持续发展商务区 ISO37101 本地实施指南》五项城市和社区可持续发展系列标准。该系列标准明确规定了城市和社区可持续发展的要求、术语、实用指南和评价体系，并针对城市和商务区提供实施指南。该系列标准制定过程与国际化和验证过程同步进行，五项标准已有两项标准列入国际标准体系，中国也在部分城市地区进行标准试点验证工作。

3. 企业碳评价标准

2021年12月24日，为早日实现"双碳"目标，中国绿发会标准工作委员会联合企业绿色发展（海口）研究院从企业需求侧入手共同制定并发布《企业碳评价标准》，为企业碳评价提供具体可操作的标准指南。该标准从术语定义、评价原则、评价方法及组织、评价体系、评价程序、评价流程及结果和评价报告等方面展开，规定了包含7个一级指标（战略、产品、组织行为、研发投入及生产技改、供应链、碳工艺、信息披露）、26个二级指标在内的企业碳评价指标体系和评价报告内容，绘制了企业碳评价技术路线图，根据专家评价结果对企业进行"企业绿标签"实行5A级分级评价认证。除此之外，该标准首次提出"碳票""碳码"等新碳词汇，并设置产品碳码和碳票机制二级指标分别评价产品和组织行为。

第四节 中小企业绿色低碳转型困境、政策及路径

从低碳到"双碳"，节能减排、环境友好、"绿水青山就是金山银山"和可持续发展等的绿色观念逐渐进入中国公民的生活中。绿色低碳发展是中国经济未来的发展方向，也是中国经济高速发展的必经之路。绿色低碳为企业带来了新的发展机遇同时也对企业提出了新的发展要求，尤其是中小企业。在"双碳"目标的背景下，中国企业急需绿色低碳转型。截至2021年年底，中国共有4842.3万家企业，其中中小企业有4400万家，约占总企业数量的90.85%。由于中小企业自身的局限性和中国的现状，中小企业的绿色低碳转型是实现"双碳"目标的企业低碳转型进程中的重难点和关键点。

一 中小企业绿色低碳转型面临的五大困境

（一）绿色低碳发展观念欠缺

目前中国中小企业普遍缺乏绿色低碳发展理念，无法准确了解绿色发展的重要性。中小企业缺乏一定的绿色技术从事的大多是高排放、高污染生产制造产业，绿色低碳转型要求企业放弃这些高耗能、高排放、高污染产业，中小企业大多不愿意放弃现有收益转向未知的生产制造，缺乏长期的战略思考。中小企业在绿色消费产品的市场占有率不高，消费者更愿意

消费知名企业的绿色产品，缺乏产品市场也让中小企业放弃绿色转型。中小企业的组织文化无法为中小企业绿色低碳转型提供强大的观念和精神上的支持。中小企业更多考虑自身的既得利益，社会责任感相对较低。绿色低碳观念的缺乏使中小企业无法及时抓住绿色发展机遇和国家的相关政策优惠，错失企业进一步发展的机会，最终导致企业被社会淘汰。

（二）中小企业自身资源匮乏，抗打击能力弱

目前企业绿色低碳转型更多地依靠低碳、零碳、负碳技术，绿色低碳、零碳、负碳技术的复杂性、高风险性和不确定性，要求企业在技术开发过程中给予各种资源的支持，这些资源中最重要的就是人力和资金。中小企业本身具有较少的从业人员、营业收入和流动资金，独立进行绿色技术的研发具有较大的困难。中小企业无法进行绿色技术的研发，要想依靠绿色技术实现低碳转型就要与绿色专利所有人进行协商，从而获得绿色技术的许可。一些中小企业需要但研发成本较高的绿色专利，中小企业可能无法支付高额的绿色专利许可费，从而不能获得相应的绿色专利许可。即使获得相应的绿色专利技术的许可，对于绿色技术的实施阶段也可能面临硬件设施的更换，设备更换是一件大工程，对资金和技术人员的要求较高。设备更换在一定层面意味着企业可能要短期停产，损失一部分的营业收入。资金和人才的匮乏制约了中小企业利用绿色技术低碳转型。中小企业缺乏市场资源，产品销路不好、市场占有率低，无法通过绿色产品需求来倒推企业绿色低碳转型。在瞬息万变的市场中，中小企业的核心竞争力不足，资源匮乏，应对风险的能力较差，在低碳转型的过程中无法承担技术和产业的变革。

（三）中小企业绿色创新能力不足

中小企业主要运用成熟的技术从事简单常规的生产，重视眼前的短期利益缺乏长期战略发展布局。中小企业的生产一般位于产业链中下游，为大企业提供相关的配套生产，对现有生产模式较为满足不愿跳出舒适圈，或是对现有经济和技术发展认识不足，缺乏绿色创新意识。中小企业的管理机制不够成熟，人才引进、创新和激励制度都存在许多问题，无法为企业创新营造良好的内部创新环境。中小企业中往往存在人员职位划分不够详细，一人身兼数职，职责范围过广，企业员工发展前景不好，留不住人才也吸引不到优秀人才等问题。目前的绿色专利制度还存在各种各样的问

题，绿色专利制度在快速审查、强制许可和侵权处理等方面的问题都抑制了中小企业绿色创新。中国知识产权保护意识较为薄弱，绿色创新成果权益容易受到侵犯，一旦企业的绿色合法权益受到侵犯，中小企业无法承担绿色创新成果在申请和维护环节的各种时间成本和资金成本。中小企业缺乏激励绿色创新的良好外部环境。内外绿色创新环境和自身创新意识不足都制约着中小企业的绿色创新，中小企业的绿色创新能力不足，缺乏绿色创新动力。

(四) 绿色金融对中小企业赋能不够

绿色金融是指为支持保护生态环境、节能减排和提高资源利用率等一系列可持续发展问题而展开的金融活动（刘钰俊，2017）。目前中国绿色金融标准复杂不一、覆盖范围不同，金融产品对绿色产业的确定不够明晰统一，中小企业在申请不同金融产品时需要按照不同的产业分类，给中小企业在实际操作过程中带来一定的困难。中小企业与金融机构信息掌握程度不同，中小企业绿色金融信息较为闭塞，金融机构掌握的信息较为丰富，造成中小企业与金融机构之间的信息不对称，增加了中小企业获得绿色金融产品的难度（兰佳佳，2022）。绿色金融的相关产品短时期内难以实现盈利，且收益总额较低无法达到银行业的平均水平，这些方面的问题都对金融机构参与绿色金融的积极性有一定的打击（何广文等，2022）。现阶段中国的绿色金融产品主要有绿色信贷、绿色债券、绿色保险、碳金融、绿色基金等，在这些绿色金融产品中，中国企业使用最广泛的就是绿色信贷。就绿色信贷而言，相比于一般信贷将绿色性纳入信贷考察范围，但是信贷要考虑企业的偿还能力和信用，中小企业由于体量较小、可抵押置换的资产较少，在偿还能力和信用方面表现欠佳，在金融机构综合考量下中小企业可能无法获得绿色信贷或者期望中的绿色信贷金额。虽然中国现在有很多绿色金融产品，但是金融机构的绿色金融产品缺乏创新，各行各业在绿色低碳转型过程中对金融产品的需求各不相同，金融机构绿色金融产品种类较少无法为企业提供具有针对性的绿色金融产品，满足企业多样性的绿色金融需求。中小企业在使用绿色金融过程中的各种自身限制使中小企业对金融产品具有更高的创新要求。绿色金融产品存在的诸多问题导致绿色金融对中小企业绿色低碳转型赋能不足。

(五) 数字化和绿色化结合不足

数字化和"双碳"目标的深度合作、相互渗透和共同发展已成为中国经济发展的主要趋势（雷晨，2022）。数字化为"双碳"目标提供了技术支持，数字化和绿色低碳的深度融合有助于企业的绿色低碳转型，有助于企业各生产环节碳排放的统计和监管。新一代信息技术企业能够在节能减排提高资源利用效率方面为企业提供帮助，辅助企业优化生产流程。中小企业的数字化程度普遍不高，不能很好地掌控各环节的能源利用率和碳排放量，也无法为后续绿色低碳转型提供生产环节的生产状况和优化方案。缺乏数字化的建设，就没办法准确评估中小企业的碳排放能力。数字化建设不是一蹴而就的，需要耗费大量的资源，中小企业数字化发展较为缓慢，数字化与绿色低碳化结合度较低，绿色低碳转型缺乏数字技术的推动。

二 中小企业绿色低碳转型的政策体系基础

（一）国家层面推动中小企业绿色低碳转型发展政策

"双碳"目标提出后，中国中小企业绿色低碳转型问题日趋突出，国家需要制定一些制度来支持约束中小企业，减轻中小企业经营压力，增强中小企业的抗打击能力，促进中小企业绿色低碳转型。中国在"双碳"目标的指引下，根据中小企业发展状况在国家层面制定一系列促进中小企业绿色低碳发展的政策。自2021年以来，中国针对中小企业相关问题发布了一系列相关政策，包括财税金融、技术创新、产业发展和节能降碳等政策。中国提出要大力发展绿色环保产业，培育一批"专精特新"的中小企业，加强绿色低碳技术的创新与推广，加快发展绿色金融，发挥绿色金融对中小企业的绿色低碳发展的推动作用，构建一批服务机构和平台助推中小企业节能低碳，实施数字化赋能专项行动，在国家宏观层面为中小企业绿色低碳转型提供政策引导支持。

表12-2 国家层面的绿色低碳发展政策

颁布时间	政策文号	出台部门	政策名称	政策要点
2021年2月22日	国发〔2021〕4号	国务院	《关于加快建立健全绿色低碳循环发展经济体系的指导意见》	▶壮大绿色环保产业； ▶引导中小企业聚焦主业增强核心竞争力； ▶培育"专精特新"中小企业

续表

颁布时间	政策文号	出台部门	政策名称	政策要点
2021年5月26日	国科火字〔2021〕90号	科学技术部	《2021年科技部火炬中心工作要点》	▶遴选、发布和培育绿色低碳科技企业； ▶建立绿色低碳技术评估体系，筛选和识别掌握绿色低碳核心技术的科技企业（包括中小企业）； ▶为绿色低碳科技企业主动标识和增信，对接金融投资机构及资本市场，引导各类创新要素向绿色低碳科技企业集聚，助力企业快速成长
2021年11月6日	工信部联财〔2021〕159号	工业和信息化部、人民银行、银保监、证监会	《关于加强产融合作推动工业绿色发展的指导意见》	▶加快发展绿色基金； ▶发挥金融科技对绿色金融的推动作用
2021年11月19日	工信部企业〔2021〕169号	工信部	《关于印发提升中小企业竞争力若干措施的通知》	▶推动节能低碳发展； ▶组织开展中小企业节能诊断，为中小企业提供节能解决方案，助力挖掘节能潜力； ▶优化环保评价和执法机制
2021年12月11日	工信部联规〔2021〕200号	工业和信息化部等十部门	《"十四五"促进中小企业发展规划》	▶支持中小企业开展绿色技术创新，实施绿色化改造； ▶强化绿色发展政策支持与服务
2021年12月3日	工信部规〔2021〕178号	工业和信息化部	《"十四五"工业绿色发展规划》	▶壮大绿色环保战略性新兴产业； ▶培育一批专精特新"小巨人"企业和制造业单项冠军企业
2022年1月13日	工信部联节〔2021〕237号	工业和信息化部、科学技术部、生态环境部	《关于印发环保装备制造业高质量发展行动计划（2022—2025年）的通知》	▶构建大中小企业融通发展格局； ▶发挥中小企业专业化创新优势，培育专精特新"小巨人"企业
2022年1月20日	发改高技〔2021〕1872号	国家发改委等十部门	《关于推动平台经济规范健康持续发展的若干意见》	▶深入实施中小企业普惠性"上云用数赋智"行动； ▶实施中小企业数字化赋能专项行动

续表

颁布时间	政策文号	出台部门	政策名称	政策要点
2022年4月6日	银保监办发〔2022〕37号	中国银保监会	《关于2022年进一步强化金融支持小微企业发展工作的通知》	▶持续做好对小微制造业企业的金融服务
2022年5月12日	工信部联企业〔2022〕54号	工业和信息化部和国家发展和改革委员会等十一部门	《关于开展"携手行动"促进大中小企业融通创新（2022—2025年）的通知》	▶推动绿色创新升级； ▶引导推动产业链上下游中小企业深化低碳发展
2022年6月8日	市监计量发〔2022〕51号	国家市场监督管理局	《计量服务中小企业纾困解难若干措施》	▶助推节能降碳。为中小企业提供计量节能服务和改造，建立完善能源计量体系和碳计量体系

资料来源：本课题组根据 http：//www.gov.cn/、http：//www.chinatax.gov.cn 公开资料整理。

（二）各省份推动中小企业绿色低碳转型发展政策

随着国务院和各部委制定并发布一系列促进中小企业绿色低碳转型的政策，地方政府根据国家发布的政策，结合各地发展状况进一步制定适宜各地中小企业发展的政策。各省市加强对中小企业的政策体系建设，响应国家政策的号召大力发展绿色环保产业，培育、扶持一批"专精特新"中小全球企业，引导中小企业深入实施绿色工程，加强节能诊断环节建设和绿色创新与推广，促进中小企业数字化绿色化融合，积极建设绿色工厂、绿色园区等示范基地。除了以上这些政策，部分政府制定了相关绿色工厂、绿色园区等示范基地的短期目标，以及对该省市的相关绿色项目和活动展开财政补贴和奖励。对于绿色金融方面的政策，大部分省市的绿色金融政策中没有明确针对中小企业的政策。

表12-3　　　　　　　　各省份绿色低碳发展政策

省份	发布时间	政策名称	政策要点
北京	2021年12月23日	《北京市关于促进"专精特新"中小企业高质量发展的若干措施》	▶支持企业数字化、智能化、绿色化转型。支持企业申请智能化、数字化和绿色化技术改造项目，对符合条件的项目给予最高3000万元的奖励； ▶建立北京智能化、绿色化评估诊断体系，资金支持专业服务商，为企业免费开展智能、绿色诊断评估

续表

省份	发布时间	政策名称	政策要点
天津	2022年3月29日	《天津市加快建立健全绿色低碳循环发展经济体系的实施方案》	▶强化精准服务； ▶培育一批专注于细分市场、聚焦主业、创新能力强、成长性好的市级"专精特新"中小企业
河北	2022年1月4日	《河北省促进中小企业"专精特新"发展若干措施》	▶引导中小企业参与实施工业低碳行动和绿色制造工程，组织开展中小企业节能诊断，针对相关项目提供一定补助 ▶加大环保支持力度，实施差异化管控措施，进一步优化纳入生态环境监督执法正面清单的企业的营商环境
河北	2021年7月9日	《关于加快推进绿色低碳循环发展经济体系的若干措施》	▶壮大绿色产业市场主体，扶持一批"专精特新"中小企业
上海	2021年12月15日	《上海市"十四五"促进中小企业发展规划》	▶加快引导绿色低碳技术在中小企业的普及应用，激发绿色技术创新活力； ▶支持中小企业实施绿色化改造； ▶引进和培育一批专业化服务机构，鼓励各区和产业园探索搭建公益性服务平台，提供免费的咨询服务和专家援助
江苏	2022年1月24日	《关于加快建立健全绿色低碳循环发展经济体系的实施意见》	▶大力提升绿色环保产业发展水平，建设一批绿色环保产业基地，打造一批大型绿色环保领军企业，培育"专精特新"中小企业
江苏	2022年4月26日	《关于深入推进绿色认证促进绿色低碳循环发展意见》	▶推进传统产业绿色转型升级认证； ▶大力发展再制造产业，加强再制造产品认证与推广应用，培育一批"专精特新"小巨人企业和高新技术企业
浙江	2022年5月17日	《杭州市加快中小企业"专精特新"发展行动计划》	▶支持"专精特新"中小企业培育建设市级绿色低碳工厂，持续强化企业五化能力建设； ▶组织节能诊断机构开展公益性节能诊断服务
浙江	2022年2月7日	《关于减负强企激发企业发展活力的意见》	▶加大技术改造财政支持力度，对以"专精特新"为重点的中小企业技术改造实施贷款贴息政策

续表

省份	发布时间	政策名称	政策要点
福建	2021年9月26日	《福建省加快建立健全绿色低碳循环发展经济体系实施方案》	▶壮大绿色环保产业，实施中小企业专业化能力提升工程； ▶支持"专精特新"中小企业发展，到2025年培育认定1000家以上"专精特新"企业
山东	2021年8月24日	《科技引领产业绿色低碳高质量发展的实施意见》	▶壮大绿色低碳技术企业群体，实施科技型中小企业创新能力提升工程，加速绿色低碳科技成果转化落地； ▶进一步扩大创新券使用范围，降低企业创新成本，为绿色低碳领域中小企业提供按需定制的技术服务； ▶遴选一批绿色低碳领域科技型中小企业纳入高新技术企业培育库，采取精准措施，推动其加快成长为高新技术企业
山东	2022年1月14日	《山东省"专精特新"中小企业培育方案》	▶建设绿色低碳技术成果库，发布指导目录，推动"专精特新"中小企业加快绿色低碳技术应用； ▶建立健全绿色技术标准体系，在"专精特新"中小企业中推行绿色设计、开发绿色产品、建设绿色工厂
山东	2021年8月4日	《山东省民营经济（中小企业）"十四五"发展规划》	▶鼓励民营、中小企业实施绿色标准； ▶积极推行绿色设计、开发绿色产品、建设绿色工厂、打造绿色供应链
广东	2021年12月17日	《关于加快建立健全绿色低碳循环发展经济体系的实施意见》	▶大力发展节能环保、清洁生产、清洁能源等绿色产业，健全市场化经营机制 ▶培育一批专业化骨干企业，扶持一批"专精特新"中小企业； ▶完善绿色供应链标准。鼓励行业龙头企业实施绿色供应链管理，带动行业上下游中小企业绿色转型升级
海南	2021年12月16日	《关于加快建立健全绿色低碳循环发展经济体系的实施意见》	▶鼓励符合条件的重点开发区、园区创建国家级绿色产业示范基地； ▶持续抓好海南省"专精特新"中小微企业培育工作

续表

省份	发布时间	政策名称	政策要点
山西	2022年4月26日	《山西省人民政府关于加快建立健全我省绿色低碳循环发展经济体系的实施意见》	▶建立健全"专精特新"中小企业培育库与升级库； ▶支持中小企业参与生态环保项目建设
	2022年4月8日	《加大纾困帮扶力度支持中小企业平稳健康发展若干措施》	▶鼓励各市统筹安排中小企业纾困资金，对生产经营暂时面临困难和符合相关条件的中小企业给予专项资金支持
内蒙古	2021年9月24日	《关于加快建立健全绿色低碳循环发展经济体系具体措施的通知》	▶引导中小企业聚焦主业增强核心竞争力； ▶大力培育"专精特新"企业，打造一批细分行业和细分市场领军企业、单项冠军和"小巨人"企业
吉林	2022年1月18日	《辽源市加快建立健全绿色低碳循环发展经济体系实施方案》	▶培育壮大绿色环保产业，推动形成开放、协同、高效的创新生态系统； ▶引导净水设备、环境监测等中小企业聚焦主业增强核心竞争力，培育"专精特新"中小企业
	2021年09月3日	《吉林省人民政府关于加快建立健全绿色低碳循环发展经济体系的实施意见》	▶鼓励中小型环保企业集中发展，形成具有较强辐射带动作用的龙头骨干企业
黑龙江	2021年12月31日	《黑龙江省建立健全绿色低碳循环发展经济体系实施方案》	▶培育壮大绿色环保产业，扶持一批"专精特新"中小企业、绿色技术创新企业； ▶加强普惠金融和绿色金融体系建设，加快政府性融资担保体系建设，加大对实体经济、中小微企业支持力度
江西	2022年2月23日	《关于进一步加大对中小企业纾困帮扶力度的通知》	▶组织开展中小企业节能诊断，引导中小企业推行绿色标准、绿色管理、绿色生产； ▶创建"绿色工厂"，落实新版环评分类管理名录； ▶简化中小企业项目环评管理
	2021年11月19日	《江西省"十四五"中小企业高质量发展规划》	▶引导中小企业实施绿色低碳发展战略，培育绿色企业文化； ▶支持企业开展绿色技术创新，打造高能级创新平台 ▶推广应用先进节能减排技术和工艺，鼓励使用清洁能源，严格控制污染物排放

续表

省份	发布时间	政策名称	政策要点
安徽	2022年2月17日	《安徽省专精特新中小企业倍增行动方案》	▶推动专精特新企业"四化"改造全覆盖，省级按照项目设备购置额的10%给予奖补，最高500万元； ▶支持专精特新企业使用轻量化的数字产品或服务，每年培育技术改造示范线100条，推广应用工业机器人8000台左右，打造省级智能工厂、数字化车间200个左右，并按省相关政策给予奖补
安徽	2022年1月25日	《安徽省"十四五"中小企业发展规划》	▶推动新产品、新装备、新技术、新材料"四新"培育，提升绿色制造核心竞争力； ▶推动绿色产品、绿色工厂、绿色园区、绿色供应链"四绿"打造，完善全省绿色制造体系； ▶深入实施节能环保"五个一百"提升行动
河南	2021年8月18日	《关于加快建立健全绿色低碳循环发展经济体系的实施意见》	▶培育一批专业化骨干企业和"专精特新"中小企业
河南	2022年4月12日	《郑州市人民政府办公厅关于支持"专精特新"中小企业高质量发展的实施意见》	▶引导"专精特新"企业参与实施工业低碳行动和绿色制造工程； ▶免费提供节能诊断服务； ▶引导企业围绕能源资源梯级利用、废物循环利用和污染物集中处置
湖北	2021年11月18日	《关于加快建立健全绿色低碳循环发展经济体系的实施意见》	▶制订实施节能环保产业链工作方案； ▶一批"专精特新"中小企业特色产业集群
湖北	2022年1月5日	《中小企业高质量发展"十四五"规划》	▶推动建立健全企业绿色发展评价体系，支持中小企业开展绿色技术创新，推动中小企业节能降耗、清洁生产、资源综合利用； ▶大力发展循环经济、低碳经济，培育壮大节能环保、清洁能源产业； ▶加强先进适用绿色技术和装备研发制造、产业化及示范应用，加大政府绿色采购力度

续表

省份	发布时间	政策名称	政策要点
湖南	2022年3月13日	《关于完整准确全面贯彻新发展理念做好碳达峰碳中和工作的实施意见》	▶支持大数据、人工智能、数字创意、5G等新兴技术与绿色低碳产业深度融合； ▶加快培育"专精特新"中小企业等市场主体
广西	2022年2月15日	《广西壮族自治区提升中小企业竞争力若干措施》	▶持续推进高排放行业中小企业节能改造诊断； ▶优化环保评价和执法机制，建立和实施正面清单管理制度，帮扶企业完善治污设施
四川	2021年2月2日	《关于以实现碳达峰碳中和目标为引领推动绿色低碳优势产业高质量发展的决定》	▶实施制造业企业"贡嘎培优"行动计划，引领中小企业融通发展、上下游协同配套； ▶培育制造业单项冠军企业和专精特新"小巨人"企业
重庆	2022年5月5日	《以实现碳达峰碳中和目标引领深入推进制造业高质量绿色发展行动计划（2022—2025年）（征求意见稿）》	▶支持绿色发展"标杆"企业吸纳中小企业协同开展绿色低碳技术攻关、绿色改造等活动； ▶实施工业节能诊断服务和计量服务示范活动，培育绿色发展服务机构，建立绿色综合服务平台； ▶培育一批"专精特新"中小企业和国家专精特新"小巨人"企业
重庆	2021年9月22日	《重庆市支持"专精特新"中小企业高质量发展三年行动计划（2021—2023年）（征求意见稿）》	▶梳理"专精特新"中小企业智能化绿色化的问题和技术需求； ▶"点对点"为企业推出一系列服务，对"专精特新"示范企业符合条件的技术改造项目给予政策倾斜
重庆	2021年8月9日	《重庆绿色金融大道发展专项规划》	▶高起点建设绿色金融创新中心； ▶支持企业和项目发行中小企业创新型绿色债券产品，支持法人金融机构发行绿色金融债券
云南	2022年2月18日	《云南省"十四五"民营经济暨中小企业发展规划》	▶推进节能减排，强化民营企业节能减排主体责任，严格执行节能、环保标准； ▶支持中小企业开展绿色技术创新，推动中小企业实施绿色化改造

续表

省份	发布时间	政策名称	政策要点
西藏	2022年3月23日	《西藏自治区促进中小企业高质量发展若干措施》	▶引导中小企业参与实施工业低碳行动和绿色制造工程，打造一批绿色发展标杆； ▶组织开展中小企业公益性节能诊断，淘汰落后机电设备，积极推广应用节能降耗减排技术、工艺、装备
陕西	2021年7月13日	《民营经济高质量发展三年行动计划（2021—2023年）》	▶持续开展工业节能诊断服务行动，针对重点行业的主要工序工艺、重点用能系统、关键技术装备等开展节能诊断服务； ▶全面提升中小企业能源管理意识和能力
甘肃	2022年3月11日	《甘肃省提升中小企业竞争力若干措施》	▶组织节能诊断机构中标国家重点市场化机构，为中小企业开展工业节能诊断服务； ▶鼓励和引导企业加快实施节能技术改造
青海	2022年1月28日	《关于进一步加大助企纾困力度促进中小企业高质量发展若干措施》	▶坚持绿色集约发展，鼓励和支持中小企业绿色循环化改造； ▶引导中小企业参与实施工业低碳行动和绿色制造工程； ▶组织开展中小企业节能诊断，为中小企业提供节能解决方案，助力挖掘节能潜力
新疆	2022年2月5日	《自治区贯彻落实〈提升中小企业竞争力若干措施〉的工作措施》	▶引导有节能减排潜力的中小企业开展节能升级改造； ▶积极推广中小企业绿色产品认证； ▶鼓励节能诊断服务机构开展公益性节能诊断服务

资料来源：本课题组根据 http://www.gov.cn/、http://www.chinatax.gov.cn 公开资料整理。

三 中小企业绿色低碳转型的路径

（一）技术"脱碳"：打造"双碳"型创新生态链

1. 强化中小企业绿色技术创新，绿色低碳发展观念

企业进行绿色技术创新、低碳转型首先要从经营观念上进行改变，只有可持续发展和绿色低碳转型的观念深入中小企业的管理层和员工脑海中，中小企业才能向绿色技术创新、低碳转型努力并付诸行动。提高中小企业绿色技术创新、低碳发展的理念首先要加大社会宣传力度，通过广播、电视、电台等渠道进行绿色低碳技术相关宣传，营造绿色生活的舆论氛围，强化企业绿色技术创新、可持续发展的观念和责任。其次，各地针对中小企业定期进行绿色技术创新相关政策资讯传播，让企业能够及时了解国家出台的节能环保法律法规、政策优惠和相关绿色产业及技术的发展状况，让绿色创新和低碳发展观念渗入每个企业，引导鼓励中小企业积极参与绿色技术创新和低碳转型。

2. 增强企业的绿色技术创新能力

为了增强企业的绿色创新能力，必须要为企业构建良好的绿色创新环境。良好的创新环境首先要从企业内部进行着手。通过企业内部宣传使员工认识到创新对企业绿色发展的重要性和紧迫性，引导企业员工积极创新，形成人人创新、创新是发展的根本之路的组织价值观和组织文化。创新的主体和基础是人才，中小企业要建立合理的激励机制和晋升通道，对绿色创新者给予精神上和物质上的双重激励，提高员工的创新参与度和积极性。中小企业建立合理的经济激励机制，明确企业相关的绿色创新成果股权转化准则，按照绿色创新成果的应用价值让绿色创新者通过绿色技术入股。通过建立合理的晋升和激励等相关的管理机制，让员工对未来发展及晋升充满信心和希望，为公司留住高端创新人才，吸引高精尖人才，为企业创新提供源源不断的人才资源。创新需要深厚的知识内涵，企业要定期对员工进行绿色技术知识的培训，积极参与相关领域绿色创新活动，汲取绿色创新外部能量。与高等院校展开创新合作，鼓励员工在高等学府进修，确保企业后续的绿色创新能够顺利实施。完善内部创新环境还不够，还要为中小企业的绿色创新营造良好的外部环境，内外同时发力增强中小企业的绿色创新能力。政府部门要完善中小企业的绿色创新支持服务体系，为中小企业建立绿色信息交流中心，分享国内外绿色创新资讯，让中小企业及时了解绿色创新国际国内最新动态，为中小企业绿色创新指明方向，使绿色信息交流中心成为中小企业绿色创新的信息交流基地和绿色创新创意发源地。

3. 企业积极开展技术"脱碳"行动

目前中国在"双碳"目标和企业绿色低碳转型过程中还面临着关键技术"卡脖子"的现象。破除关键技术"卡脖子"现象要积极开展"双碳"科技转型行动及关键核心技术研发。加大各领域的关键技术基础研究，制订关键核心技术发展战略方案和计划，优化关键技术资源共享机制，加速绿色关键技术扩散。关注低碳前沿核心技术，积极与世界绿色技术接轨，取长补短，增强企业绿色低碳核心关键技术的自主创新能力。坚持以绿色低碳关键技术需求为导向，对关键核心技术资源倾斜，增加关键技术研发投入，把开展关键技术研发创新活动纳入企业发展战略。化石燃料碳排放作为中国温室气体主要来源，企业要着力加强新能源技术、清洁煤技术、节能降耗等战略技术的基础研究，攻克新能源和可再生能源在开发利用和储存方面的核心技术和基础技术的难题。企业作为科技创新主体，要大力开展低碳零碳负碳等领域的基础研究，推动绿色低碳技术实现重点突破。以传统火电行业为例，要强化以燃煤发电机组低碳排放和高能效转换潜力为核心的低碳技术研究，提高发电机组效能；积极开展以热能+CCUS为核心的零碳技术研究，降低二氧化碳捕集一次能源消耗，寻求更加稳定的转化催化体系，使零碳技术更加高效稳定；加快推进以BECCS和DACCS为核心的负碳技术基础研究，降低技术的使用成本，扩大技术的使用范围。企业开展技术脱碳行动，不仅要加大关键技术的研发，还要加大技术的推广应用力度。技术的推广与应用可以从企业端和政府端着手。从企业端来看，企业通过联合相关企业构建以推广技术创新和应用为目的技术联盟，建立技术成果推广转化体系和标准，引领绿色低碳技术在行业间的推广与应用，拓宽技术推广应用途径，解决企业在技术推广过程中的相关问题。技术创新企业要积极参加绿色低碳技术大会，宣传技术的使用范围和特点，加强与相关技术领域企业的技术交流。建立产业联盟，加大绿色低碳技术在企业间的推广与应用，促进绿色低碳前沿技术在产业链上下游企业的规模化应用。从政府端来看，政府通过制定有利于绿色低碳技术推广应用的政策，对应用绿色低碳新技术的企业实行税收减免政策，为技术在企业间的推广与应用创造良好的政策环境。政府加强与企业合作，加快技术在合作企业的推广应用，建立一批示范性企业，为技术在企业间的推广与应用提供学习范例。对于在应用阶段存在技术和资金问题的企业，政府可以设立相应的技术推广部门，定期为企业开展相关低碳技术的咨询和培训服务，加快技术在企业的推广速度，同时设立技术推广基金为企业技术应用提供资金帮助。

4. 培养聚集"双碳"人才

第一,树立低碳创新人才观,创新培养模式。随着生态环境的恶化和当前及今后发展的需要,以往培养复合型、交叉型人才的观念需要进行更新,在原有的基础上将绿色低碳纳入人才培养的观念中,努力培养交叉复合型的"双碳"人才。高校是人才培养的摇篮,在教学模式上要打破以往刻板教学的模式,培养学生积极创新的思维模式和实践能力。鼓励学生在新兴技术领域不断探索,积极与企业进行合作,鼓励学生积极参与实践,培养理论与实践结合的"双碳"人才。创建一批聚焦新能源、可再生能源和碳减排方面的技术平台和绿色学院,一批聚焦碳交易、碳汇和绿色金融的绿色低碳金融学院。第二,企业加强对"双碳"人才的培养。针对"双碳"技术人才,企业定期开展技术研讨会通过技术思想碰撞相互学习,加强企业内部技术人员的交流和学习。聘请相关技术人员对企业员工进行培训,为企业员工提供外部技术交流的机会,及时了解前沿科技技术发展资讯。鼓励员工继续到高等院校和科研院深造,对企业员工"双碳"人才实施继续教育,丰富、更新员工的理论知识。积极与高校和研究院展开合作,高校和研究院为人才培养提供丰富的理论知识,企业为人才培养提供实践经验,共同培养"双碳"人才。第三,加强高校"双碳"学科建设,丰富高校学科内容。教育部根据"双碳"人才需求、高校学科建设状况和资源优势,在部分高校增设低碳技术相关领域学科专业,设置"双碳"技术课程科目,丰富"双碳"教学内容,通过高校试点逐步推广应用到全国高校。除了对关键技术人才的培养,还要培养绿色金融、数字化方面的人才,要加强数字技术和低碳技术交叉学科和相关辅助学科的建设,为企业绿色低碳转型培养全方面的"双碳"人才。第四,完善"双碳"人才培养体系。加大对"双碳"人才培养的资金投入,政府通过提高高校绿色低碳科研项目的预算金额,为高校"双碳"人员培养注入绿色资金,同时建立"双碳"创新人才培养基金对社会"双碳"技术、绿色金融培养机构提供经济补贴,对社会培养机构减税免税,减少培训机构的税收负担。学习借鉴西方发达国家在重点领域的"双碳"人才培养经验,明确"双碳"人才培养目标和标准,整合内外资源,将"双碳"人才体系建设纳入中国教育政策框架,形成一套适应中国教育国情的"双碳"人才培养体系(李彦,2015)。

5. 数字技术助力绿色低碳转型，促进数字化和绿色化深度融合

目前在碳金融交易市场上，主要的交易主体是大型企业，这是因为大型企业数字化程度较高，能够合理地统计监管企业的碳排放量，能够根据碳排放分配额进行碳交易，将多余的碳排放额转卖获得相应收益。中小企业首先要在思想上树立数字化和绿色化的融合是企业绿色低碳转型，参与碳市场的重要途径的观念，意识到绿色化和数字化深度融合的必要性和重要性。政府要积极推动数字化绿色化转型的深度融合，做好数字化绿色化的顶层设计，重点关注中小企业并制订针对性的行动方案，为中小企业提供更加切实可行和循序渐进的转型融合方案。推动人工智能、大数据、云计算、区块链等数据技术向实体经济加速渗透，打造一批具有发展特色的企业，总结推广特色企业数字发展经验，通过点线面的发展模式，带动实体企业数字化转型。依托工业互联网产业大脑数字平台的公共性、动态性、成长性等特征释放数字经济力量，加快实体经济产业结构调整（兰建平，2021）。中小企业可以依托绿色发展联盟构建相应的数字化绿色化监管平台，引入新一代信息技术，对企业的生产、采购、销售、循环利用等环节进行全方位的碳分析，统计监管企业的碳排放量。中小企业利用数字化技术对传统生产流程进行改造升级，提高资源的利用效率，减少碳排放量。相关科技企业要积极探索数字化绿色化融合道路，在能源、电力、工业、建筑、交通等领域打造绿色低碳平台，为中小企业数字化绿色化融合提供相应的碳数据管理平台，提高中小企业数字化绿色化融合程度，解决中小企业数字化绿色化融合过程中的人才技术难题，为中小企业数字化绿色化深度融合提供助力。通过数字技术为实体经济绿色低碳转型提供数字科技助力，促进数字经济与实体经济深度融合，不断激发和壮大绿色发展动能。

（二）制度"控碳"：优化"双碳"政策，推广实施"双碳"标准

1. 加大绿色金融政策体系建设，为企业绿色低碳转型赋能

针对金融标准不同、产业分类不够明确的问题，政府可以与中国人民银行、国家发改委、证监会等部门机构进行合作，根据中国现有的《绿色产业指导目录》《关于加快建立健全绿色低碳循环发展经济体系指导意见》和《绿色债券支持项目目录》等政策文件和国外相关的绿色金融标准文件，制定中国绿色金融产品的统一标准和绿色产业分类，厘清绿色金

融产品的绿色项目标价标准，解决中小企业在使用绿色金融工具中的产业标准不一存在的问题。政府可以针对绿色金融机构参与绿色项目的数量和大小对金融机构实行分级财税优惠，减小对金融机构的征税力度，增加金融机构的收益，鼓励金融机构大力发展绿色金融，引导金融机构为中小企业提供更多的金融产品，提高金融机构构建绿色金融市场的积极性和参与度。

2. 完善相关融资担保体系和信用制度

政府和金融机构制定中小企业信用目录，根据该信用目录和中小企业发展前景为中小企业提供政府性担保，增加中小企业的信用，解决中小企业绿色信贷信用资质达不到标准的问题。政府可以围绕中国现有的相关金融产品的法律法规，如《中华人民共和国证券法》《中华人民共和国保险法》《中华人民共和国银行业监督管理法》和《中华人民共和国商业银行法》等，在修订法律的过程中逐步纳入和完善绿色金融的相关内容，为绿色金融的发展提供强大的法律基础。同时，地方政府要根据本地的发展状况制定地方绿色金融指导文件指导本地的绿色金融，为本地的中小企业提供优惠。同时，建立绿色金融创新激励机制，大力鼓励金融机构进行绿色金融产品创新，积极探索与绿色信贷、绿色债券、碳金融等绿色金融产品的衍生金融产品。按照行业特征，为不同行业提供具有针对性的绿色金融产品，增强绿色金融产品与企业的匹配度和适应性。

3. 着重健全"双碳"标准

"双碳"标准体系构建工作具有系统性、长期性、复杂性、艰巨性等特点，建立"双碳"标准体系首先要建立完善"双碳"导向的行业标准、地方标准和企业标准。以中国行业实际发展状况为出发点，以促进行业绿色低碳转型和可持续发展为目标，积极推进中国行业标准体系建设。根据中国各行业在"双碳"背景下的发展目标愿景，结合中国现有行业标准建设状况和开展项目，加强国家宏观层面的行业标准顶层设计，在顶层设计的指引下，结合地方行业发展状况及需求查漏补缺，制定并完善符合中国行业发展的国家标准、地方标准和企业标准。中国高度重视"双碳"标准体系的构建，截至2021年年末，中国"双碳"行业标准在能源、化工、交通、电力、建筑、金融等领域都有所建树。2021年，工信部发布《碳达峰碳中和专项行业标准制修订项目计划》，该计划涉及9大行业

（石化化工、钢铁、有色、建材、稀土、轻工、纺织、电子和通信）关于基础通用、核算核查、技术与装备、检测、评价和管理服务等方面的110项标准，充分发挥了行业标准在推进工业"双碳"工作中的规范作用，为中国"双碳"建设提供了行业标准支撑（工业和信息化部，2021）。其次，要完善绿色评价认证体系。以绿色低碳可持续发展为目标，从产品的能耗、危废排放、可回收性和产品质量等属性方面评价产品，统一各行业产品的绿色标准及评价方法，对通过评价认证的绿色产品实施绿色等级认定，相关部门制定发布绿色产品认证清单，借鉴国际绿色认证经验，构建具有中国特色的绿色评价认证体系。

4. 健全法律法规，扩大节能标准覆盖范围，提高节能标准更新速度

根据国务院2022年1月下发的《"十四五"节能减排综合工作方案》，节能减排要推动相关环境保护、资源利用、清洁生产、环境检测等方面法律法规的制定与修订，借鉴国际经验，紧跟国际节能标准建设制定修订一批节能标准。随着经济的迅速发展涌现出一大批新兴产业，要加大节能标准的制定修订力度，根据钢铁、化工、建材、火电、纺织等传统产业和新兴产业发展现状，制定修订符合产业未来发展的全面节能标准，力争节能标准覆盖高耗能、高排放传统产业和新兴战略产业。提高各行业节能标准更新速度，加快传统行业新技术工艺、前沿行业技术工艺的节能标准建设步伐，修订过时不适用的节能标准，及时跟上节能新技术、新工艺、新设备的发展，与国际节能标准接轨（李倩，2017）。

5. 健全新能源和可再生能源标准体系，加快相关标准的制定修订

据电力节能环保服务平台统计，目前中国现行太阳能国家标准49项，行业标准80余项；风能国家标准90余项，行业标准110余项；氢能国家标准98项，行业标准30余项；生物质能国家标准80余项，行业标准260余项；核能国家标准174项；海洋能国家标准4项。参照《氢能产业标准化白皮书》，立足新能源和可再生能源现行标准化状态，构建新能源和可再生能源基础通用、制备、储存、运输、应用等全产业链标准体系。加强太阳能光伏、热能转化发电、风能基础发电设备、氢燃料电池、生物气化及发电制沼、核能防辐射及反应器技术、海洋能转化系统等方面标准的制定与更新。发挥标准引领发展的作用，提前规划新能源和可再生能源标准，加快修订完善现有新能源和可再生能源国家标准、地方标准、行业标

准，对标国际标准积极参与国际能源标准制定。

6. 完善工业低碳标准体系，加快构建碳排放核算标准体系

工业产业是能源消费侧的主要消费者，也是以二氧化碳为主的温室气体的主要排放者，碳排放量远高于农业、建筑业、服务业、交通运输等其他行业。由于工业行业用能和碳排放的方式各有不同，碳排放量与流程和工艺紧密相连，以化工、有色、钢铁、建材为主的流程工业能源消耗以直接燃烧或作为生产原料的方式消耗能源，直接排放二氧化碳；以造纸、橡胶、轻纺、生物制造等为主的非流程工业燃烧供热直接进行碳排放，工业用电间接进行碳排放（江亿，2022），因此要加快工业低碳标准的建设，制定工业领域相关行业的碳标准。目前中国在碳排放标准方面还存在数据模糊、高估能耗碳排放、低估非能耗碳排放等问题（杨顺顺，2022），要加快厘清工业领域的碳排放核算思路，进一步细化各行业排放计算因子和计算方法，提高碳排放数据的准确度和精确度，统一工业企业的碳排放信息披露、数据核查和报告标准，完善碳排放工业领域的激励监督政策，积极构建中国碳排放核算体系。截至2021年，中国在国家层面、省级层面、市县（区）、企业层面等都进行了碳排放核算体系的实践探索，针对产品层面的碳排放核算建树较小，尚未发布统一的碳核算指南（卢露，2021），要强化重点产品全生命周期碳足迹研究，加快探索建立重点产品原料供应、制造、运输、销售、使用、回收全生命周期碳足迹标准（费世民，2021）。积极参与国际碳排放标准建设，推进中国工业碳排放核算体系国际化进程，构建紧跟国际发展进程的工业低碳标准体系。

第十三章

RCEP生效背景下中国中小企业国际化发展对策研究报告

党的二十大报告指出推进高水平对外开放，稳步扩大规则、规制、管理、标准复制度型开放，加快建设贸易强国。RCEP的签订实施意味着全球最大自贸区成立，为我国中小企业高质量国际化发展提供了新机遇与新挑战。

第一节 RCEP协定的溯源及发展

一 RCEP协定的发展历程

RCEP是2022年1月1日生效实施的《区域全面经济伙伴关系协定》(Regional Comprehensive Economic Partnership)的简称，由东盟在2012年发起，其目标是致力于建设一个现代、全面、高质量和互惠互利的经济伙伴关系，以推动区域内贸易和投资增长，并为全球经济增长和发展做出贡献。

回顾历史，直到"二战"结束之前东亚经济体的国际贸易往来主要局限于区域之内，"二战"后世界经济和国际政治格局的剧变为各经济体融入全球经济体系提供了历史性的机遇，东亚各经济体也由此开始了全球化的进程，并开始寻找全球性的贸易和投资伙伴。然而，20世纪90年代初期，这一趋势再次逆转，"亚洲四小龙"迅猛的增长势头和巨大的经济增长潜力使东亚各经济体的目光从区域外转向区域之内，重新审视区域内的投资与贸易机会，各经济体之间进行区域经济合作的愿望也不断增加。1990年，随着推进东亚经济体一体化的各种条件日渐成熟，马哈蒂尔提议成立一个全新的专注区域事务的机构，即东亚经济集团（EAEG），由东盟以及中日韩三国共同参与（10+3的前身）。随之而来的1997年东亚金融危机使该机构获得了更多的关注。在1997年亚洲金融危机之后，大多数东盟成员国基于政治经济的双重考虑,仍继续在全球范围内寻找强有力的合作伙伴,试图以此来平衡东亚地区日渐显现的权力失衡。与此同时,在东亚一体化进程中,区域的外部力量也同样在发挥着影响力。1989年澳大利亚则在美国和日本的支持下,发起了横跨亚太的亚太经合组织(APEC)。APEC成立的主要目的就是为阻止东亚各国在"太平洋的中间划出一条分界线",主导国试图通过跨太平洋经济一体化来主导东亚区域经济一体化进程,并分享该地区经济繁荣的果实。东亚区域经济一体化在内外部两股力量作用之下蹒跚前行。此时的东亚地区面临着两难选择:亚洲的未来是局限于马哈蒂尔曾经主张并获得中国支持的东盟+3范围内,或是扩展至如日本所倡导的东盟+6(包括澳大利亚、印度和新西兰)甚至是亚太地区这一更大范围内。尽管印度与东亚经济体的经济发展模式和历史文化传统均存在巨大差异,日本将其视为平衡中国地区影响力的重要举措而希望将其融入东亚一体化的进程中。2010年APEC横滨宣言呼吁各国采取措施推动亚太自由贸易区的形成,并提出未来将研讨一系列推动亚太自由贸易区(FTAAP)形成的可能途径。

历史经验说明,在地理上与东亚相距遥远的国家难以真正成为东亚一体化的核心成员国和推动者,无论是印度还是美国均非亚洲地区最优的合作伙伴,受制于国内政治因素和不断变化的经济利益,他们与东亚地区脆弱的经济联系无法成为平衡该地区大国影响力的稳定力量,亚洲的繁荣与稳定最终依赖该地区成员国之间的紧密合作和强有力的制度建设。在特朗普上台之后美国随即退出TPP,由其挑起的中美贸易战对东亚地区乃至全球贸易产生了强烈冲击,逆全球化和贸易保护主义思潮在欧美发达国家不断蔓延。新冠肺炎疫情的持续更是给各国的经济增长蒙上了一层阴影。面对不断恶化的外部经济形势,RCEP各成员国再次意识到继续推进经济合作的重要意义,各方开始逐渐达成谅解,最终东盟主导下的RCEP为15个成员国所接受(杨攻研和谭予婷,2020)。

二 RCEP协定的主要内容

RCEP成员国既包括了高收入国家(如日本、韩国、澳大利亚),同时也有中国、马来西亚、泰国等中等收入国家,柬埔寨、老挝和缅甸等低收入国家同样参与其中,成员的多元性决定了RCEP的包容性和灵活性。RCEP协定由序言、20个章节(包括初始条款和一般定义、货物贸易、原产地规则、海关程序和贸易便利化、卫生和植物卫生措施、标准、技术法规和合格评定程序、贸易救济、服务贸易、自然人临时流动、投资、知识产权、电子商务、竞争、中小企业、经济技术合作、政府采购、一般条款和例外、机构条款、争端解决、最终条款章节）、4 个市场准入承诺表附件组成。协定明确提出"顾及到缔约方之间不同的发展水平，对适当形式的灵活性需要，包括对特别是柬埔寨、老挝人民民主共和国、缅甸，以及在适当情况下，对越南提供特殊和差别待遇，和对最不发达国家缔约方采取的额外的灵活性"，具体规定如表 13-1 所示。

表 13-1　　　　　　RCEP 协定条款的主要内容

货物贸易和关税减让	成员国之间采取双边两两出价的方式对货物贸易自由化做出安排，协定生效之后，成员国之间包括工业和农林水产品在内 90% 以上的货物贸易将分阶段实现零关税
服务贸易领域	部分成员（如日本、韩国、澳大利亚、新加坡、文莱、马来西亚、印度尼西亚等）采用负面清单方式承诺，中国等其余 8 个成员采用正面清单承诺，但在协议生效的六年内转为负面清单，中国的服务贸易开放承诺新增 22 个部分，达到了中国已有自贸协定的最高水平
投资领域	各国均采用负面清单方式对制造业、农业、林业、渔业、采矿业 5 个非服务业领域投资做出较高水平开放承诺，同时明确禁止成员国要求国外投资人"向其领土内的人转让特定技术、生产流程或其他专有知识"
自然人临时移动方面	基本超越各成员已有自贸协定的承诺水平
原产地规则方面	RCEP 在本地区使用区域累积原则，使产品原产地价值成分可在 15 个成员国构成的区域内进行累积，来自 RCEP 任何一方的价值成分都会被考虑在内，这将显著提高协定优惠税率的利用率，为东亚区域生产链的构建与深化提供了有力支持
知识产权方面	显著提高了区域内对知识产权的保护水平
电子商务领域	除了 WTO 框架下的常规条款之外，中国首次在协议中引入了数据流动和存储内容
贸易救济方面	进一步完善了 WTO 规则，并通过"最佳实践"清单方式增强反倾销和反补贴调查的公平性和透明度
中小企业方面	也重点关注在中小企业、经济技术合作等领域加强成员国之间的合作，力图使低收入国家以及各成员国的中小企业能够充分享受协议所带来的制度红利，更好地融入区域价值链之中
竞争政策	明确了成员国须共同遵循的竞争立法和执法原则，同时规定了多种竞争执法合作形式
政府采购相关条款	中国首次在多边协议中引入

资料来源：笔者整理。

三 中国与 RCEP 成员国经贸情况

2021年中国对 RCEP 成员国的进出口贸易总额占中国总贸易额的比重约为30%。RCEP 的生效有望加速要素区域内配置并拉动中国贸易总额进一步增长，为中国经济发展增添新的动力。参考商务部国际贸易经济合作研究院的测算，从 RCEP 生效到 2035 年，相对基准情形 RCEP 将对中国的出口多拉动8个百分点，进口11个百分点，累计拉动 GDP 0.35 个百分点。

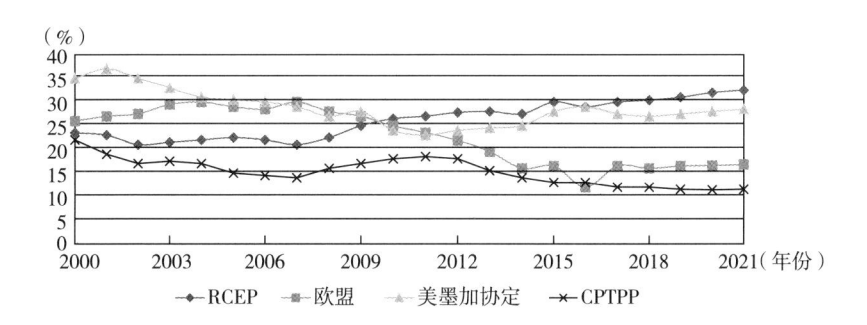

图 13-1　RCEP 成员国经济体量高于其他区域贸易集团

资料来源：Wind，海通证券研究所。

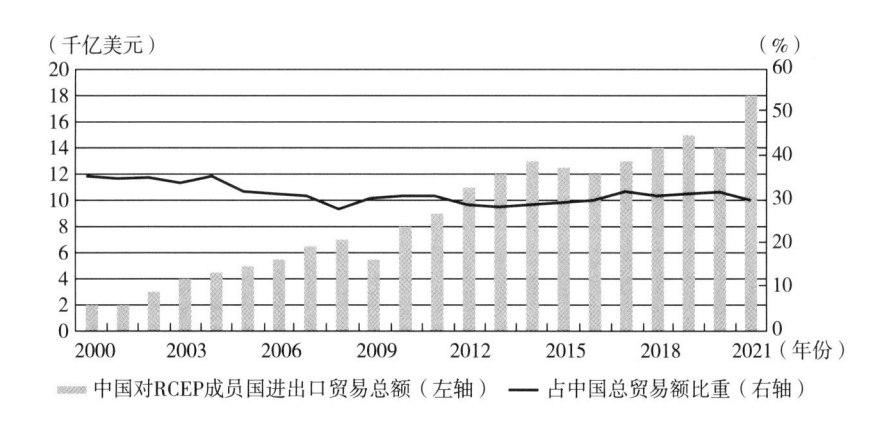

图 13-2　RCEP 成员国在中国贸易结构中占据重要部分

资料来源：Wind，海通证券研究所。

（一）中国与 RCEP 主要成员国经贸数据

截至2021年，日本是中国第四大贸易伙伴，中国与日本进出口额

3714.0亿美元，与2020年同期同比增长17.1%；其中，出口额1658.5亿美元，同比增长16.3%；进口额2055.5亿美元，同比增长17.7%。韩国是中国第五大贸易伙伴，中国与韩国进出口总额3623.5亿美元，与2020年同期同比增长26.9%；其中，出口额1488.6亿美元，同比增长32.4%；进口额2134.9亿美元，同比增长23.3%。中国与澳大利亚2021年进出口贸易往来中，两国进出口贸易总额达2312.1亿美元，同比增长35.1%；其中出口额约663.9亿美元，同比增长24.2%；进口额1648.2亿美元，同比增长40.0%，主要进口商品有铁矿石、煤炭、黄金和液化天然气等。中国与泰国2020年1—12月进出口额986.2亿美元、2021年1—12月进出口额1311.8亿美元。中国与新加坡2020年1—12月进出口额890.9亿美元、2021年1—12月进出口额940.6亿美元。中国与新西兰2020年1—12月进出口额181.2亿美元，2021年1—12月进出口额247.1亿美元。中国与越南2021年1—12月贸易进出口额为2302.0亿美元，2020年为1922.9亿美元，同比增长19.7%，进出口规模位列东盟各国首位；其中，贸易出口额1379.3亿美元，同比增长21.2%，进口额922.7亿美元，同比增长17.6%。中国与马来西亚2021年1—12月贸易进出口额1768.0亿美元，2020年为1311.6亿美元，同比增长34.5%，进出口规模位列东盟各国第二。其中，出口额为787.4亿美元，同比增长39.9%，进口额980.6亿美元，同比增长30%。

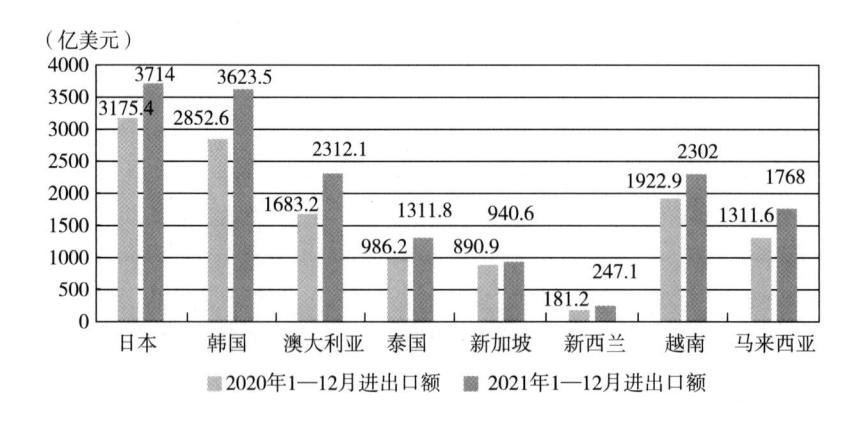

图13-3　RCEP主要国家2021年1—12月进出口情况对比

资料来源：根据中国商务部数据资料整理。

(二) RCEP 生效下中国中小企业贸易情况

2021 年 12 月，国务院办公厅印发《关于做好跨周期调节进一步稳外贸的意见》，提出 15 条政策举措助企纾困，特别强调扶持中小微外贸企业，促进外贸平稳发展。据海关统计，2021 年民营企业进出口 19 万亿元，增长 26.7%，占中国外贸总值的 48.6%，比重提升 2 个百分点。而在民营企业中，绝大多数都是中小微企业。与大企业相比，中小微企业的特点是规模小、灵活多变，能够根据外部形势及时调整业务方向。XTransfer 指数报告从买家信任度、产品吸引力、出口运营效率三个维度综合评估，提出《2021 年中国中小微外贸企业竞争力指数》，该指数显示，2021 年，中国中小微外贸企业在国际贸易形势不断动荡的背景下展现出了较 2020 年更高的竞争力水平。与 2020 年的大起大落不同，2021 年中国中小微外贸企业竞争力指数总体呈稳步上升态势。仅在 3—5 月不及去年同期，这是由于去年 3—5 月由于海外疫情暴发带来防疫物品出口激增。进入下半年，指数在经历小幅修整后，7 月开启大幅增长势头，订单金额不断攀升，较 2020 年同期增加 8%；进入 11 月，订单金额达到全年最高，且平均发货时间由年中的 31 天缩短至 29 天。凭借复杂环境里所展示出的灵活机制和强大韧性，报告认为 2022 年中国中小微外贸企业将释放更强的国际贸易竞争力。

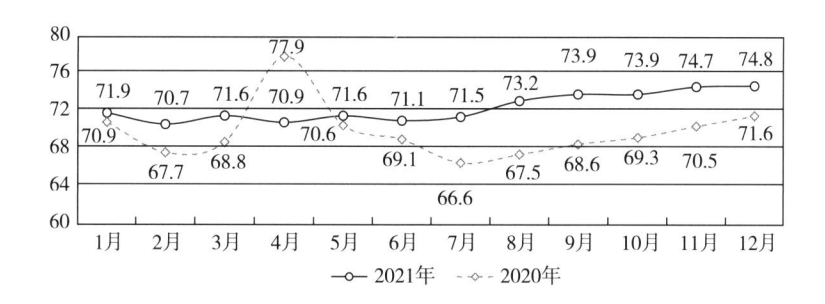

图 13-4　2021 年中国中小微外贸企业竞争力指数

资料来源：XTransfer 商业智能中心。

自 2022 年 1 月 1 日 RCEP 生效以来，截至 1 月 25 日，中国出口企业申领原产地证书和开具原产地声明共 24695 份，货值 92.5 亿元。267 票 RCEP 项下进口货物顺利通关，货值 4.6 亿元。对于中小微外贸企业，

RCEP 的生效也将产生深远的影响。XTransfer 指数报告第三部分《2021年中国中小微外贸企业出口 RCEP 区域活跃指数》显示，2021 年中国中小微外贸企业出口 RCEP 区域活跃指数表现出了非常强的竞争力，预计2022 年，中国中小微外贸企业 RCEP 区域贸易将会释放出前所未有的能量。数据显示，2021 年中小微外贸企业出口 RCEP 区域活跃指数比 2020年有不小的提升。2021 年春节后，订单需求逐步释放，指数大幅回升；3月过后，受印度尼西亚等重要的出口目的地国家传统节日影响，指数呈下降趋势，并于 5 月达到最低值；进入 5 月，国外需求回暖，指数在经历短暂的修复后迅速回升，并逐步迈入两年以来的高点。从出口目的地来看，中国中小微外贸企业 RCEP 区域出口额前三大目的地国家依次为日本、韩国、印度尼西亚，出口额增长率前三大目的地国家依次为泰国、印度尼西亚、菲律宾。其中对印度尼西亚出口额和出口额增长率均保持了较高水平，这标志着中国中小微外贸企业正逐步深化与东盟国家的贸易往来，同时也为进入 RCEP 时代蓄积了高质量的发展势能。

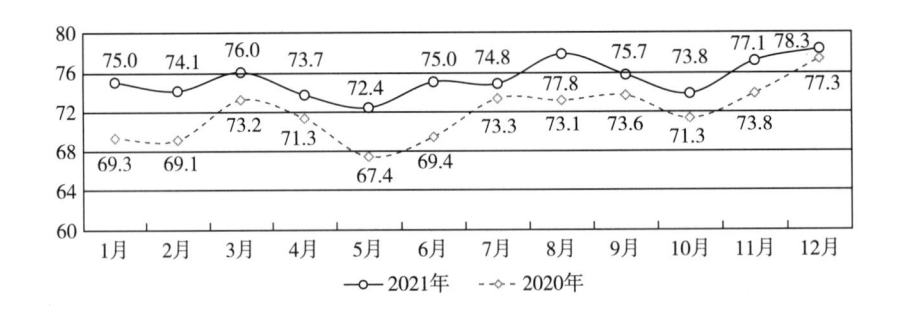

图 13-5　2021 年中国中小微外贸企业出口 RCEP 区域活跃指数

资料来源：XTransfer 商业智能中心。

第二节　RCEP 生效背景下中国中小企业发展现状

RCEP 专门设置了中小企业会谈平台，加大了成员国对中小企业发展的支持力度，使中小企业能够共享 RCEP 成果（史晓菲，2022）。RCEP生效实施有利于促进区域内商品、技术、服务、人员、资本流动，为成员国中小企业提供良好的市场环境，有利于加强政府在中小企业拓展海外市场中的引导作用，使中小企业能从综合运用RCEP规则中获益，从而带动成员国间贸易规模扩大，实现区域内发展中国家经济复苏和增长。RCEP将显著降低企业的贸易和交易成本，各国海关和原产地规则的简化为中小企业参与区域和全球价值链提供了重要机遇。RCEP实施还将提升成员国知识共享，使中小企业获得符合国际贸易标准和产品安全要求的世界领先经验。

据统计，2021年以中小微为主的民营企业保持中国第一大外贸经营主体地位，进出口总额19万亿元人民币，增长26.7%，占中国外贸总值的48.6%，对外贸增长的贡献度达58.2%。调查显示，2021年中国中小微外贸企业出口RCEP区域收款金额同比增长20.7%，RCEP区域出口额前三位目的地国家为日本、韩国、印度尼西亚，增长率前三位目的地国家为泰国、印度尼西亚、菲律宾。中小微企业出口RCEP区域活跃指数表现出较强韧性，随着RCEP正式生效，中国中小微外贸企业RCEP区域贸易将释放出更大能量。中国海关统计数据显示，2022年第一季度，中国对RCEP其他14个成员国进出口总值为2.86万亿元人民币，同比增长6.9%，占同期中国外贸总值的30.4%。当季，中国与韩国、马来西亚、新西兰等多个国家进出口同比增速超过两位数，RCEP生效实施效果积极显著，彰显出经济全球化和贸易自由化有巨大潜力和内在动力。

一 "降本"红利提振企业发展信心

RCEP将有90%以上的货物贸易最终实现零关税，其中工业品占到货物贸易税目的82%左右和贸易额的90%以上。中小企业充分利用RCEP规则，扩大纺织、轻工、电子信息、汽车及零部件、机械装备等优势产品出口，开拓新的市场空间。RCEP生效后对中国轻工行业产生积极影响，轻工企业主要由中小企业组成，轻工业是中国国民经济重要的支柱产业，在满足人们衣食住行学等方面发挥了重要作用。RCEP协定实施使区域内贸易量有所增长，数字显示，2021年中国轻工产品向RCEP国家和地区的出口额比2020年增长26.5%，进口额上升30.2%。RCEP的实施将使成员国之间的产品零关税比重范围扩大到90%以上，许多国家把中国的轻工产品列入零关税的名录，有助于进一步降低轻工产品的进出口成本，增加企业收益，RCEP将使产业链布局更加优化，资源分配更加合理。

中国轻工业和RCEP成员国在轻工产品上有很大的互补性。以塑料产业为例，中国与东盟塑料产业互补性较强，中国从东盟进口的产品主要为初级原材料性化工产品，而东盟国家从中国进口的主要是塑料制品。RCEP生效后，中国与东盟国家塑料及其产品的关税直接降至零的占比超过90%，将进一步促进中国塑料加工企业加快产业升级（史晓菲，2022）。例如，纺织服装企业主要出口产品均在日本、韩国对中国的降税清单内，RECP生效后有利于降低企业贸易成本。RCEP协定生效后中国与日本相互立即零关税比例分别达到25%和57%，与韩国相互之间立即零关税比例达到39%和50%。

以2020年浙江出口日韩纺织品贸易额估算，RCEP实施首年，即可为浙江纺织服装企业节约关税成本超5000万元，RCEP实施10年可实现90%产品享受零关税，将为纺织服装企业节约关税成本预计将超过6亿元。与此同时，企业从日本、韩国进口的纺织印染相关产品也将迎来降税，有利于降低贸易成本，提高出口产品竞争力。此外，新材料等高技术企业在RCEP实施之后，新材料的部分产品在日本的降税清单里，一年就可以享受到800多万元的关税优惠。例如，苏州湘园新材料股份公司自RCEP生效后，公司的产品出口到日本的成本大幅降低，以主力产品邻氯苯胺为例，关税率由3.1%直降为0，凭海关签发的RCEP原产地证书，直接帮助客户获得关税减免近20万元人民币。按照企业年度出口计划，仅此一项即可为企业减免关税100万元人民币，在为企业纾困的同时大大提高了产品海外竞争力。

二 "拓市"红利提升产业国际竞争力

RCEP为地区内成员国之间贸易和投资带来巨大收益，协定条款照顾到各成员国实际情况进行灵活安排，使各成员国能够更好地利用RCEP形成统一市场，促进区域内资源配置优化和产业转型升级。RCEP的实施对提升中小企业国际市场竞争力作用明显，在RCEP机制下中小企业能凭借更低的门槛获得原产地资格、享受关税优惠，从而降低成本，赢得更广阔的国际市场，加大产品"走出去"的步伐。中日韩三国供应链和产业链高度融合，日本在高新技术领域有较强优势，可作为核心技术和关键原材料的输出方。韩国在半导体制造、存储器等领域占据重要地位，是重要半成品的提供方。全国各区域可以充分利用RCEP自贸协定所带来的便利，推动货物、资本和人才等要素自由流动，实现产业链高端位移。例如，机电企业充分利用"原产地累积规则"优化原材料零部件供应链和产业链布局，在15国进行合理灵活的生产资源配置，按照比较优势进行生产和贸易，不仅降低企业生产成本，而且促进企业形成更为细化的价值链分工体系。龙头机电企业发挥产业链完整和配套设施完善的综合优势，加大对原材料、先进设备、中间产品的进口，扩大成套设备出口，推动机电全产业链"走出去"。汽车企业不仅大力拓展零部件贸易，强化中间产品生产国优势地位，而且加强对东亚汽车供应链和产业链整合，逐步提升整车制造总体实力。

三 "便利"红利加快跨境电商提质增效

RCEP在地区内原有双边贸易协定的基础上进一步提升服务贸易和投资便利化水平，成员国承诺开放包括金融、交通、电子信息、文旅等多个服务贸易部门，通过"负面清单"模式营造更加开放的投资环境。RCEP在推行无纸化贸易、暂时免征关税等方面作出规定，创造了更高水平便利化的线上营商环境，并首次加入了电子商务相关规则，对目前发展迅速的电子商务进行了前瞻性预判。RCEP还在政府企业争端、人员移动、知识产权以及贸易救济等方面进行了相关安排，通过全方位协商促进区域内形成统一化市场，集中整合区域优势资源，进而与全球市场接轨，为世界经济复苏注入活力。

RCEP的落地让跨境电商的物流效率大大提升，成员国家之间采取简化的海关程序，报税政策的放宽，让跨境电商物流在区域内变得更高效，运输成本降低。跨境电商企业通过简化货物海关通关手续，采取预裁定、运达前处理等措施实现高效管理，缩短加急货物、生鲜货物等时效性较短的货物通关时间，提高跨境货物的运输效率，降低电商企业经营成本，扩大企业国际市场占有率。疫情后获客渠道与交易磋商渠道发生变化，贸易便利化政策加快传统外贸企业向跨境电商转型发展，促进消费者以更加优惠的价格购买《跨境电子商务零售进口商品清单》商品实现消费回流。例如，广西自由贸易试验区崇左片区坚持把口岸经济作为开放发展的重要引擎，加快培育跨境电商发展新业态、新模式，打造了一条高水平、通关便利的国际物流通道，跨境电商蓬勃发展。2022年1—3月，跨境电商货值9.01亿元，同比增长了70.5%。

四 "投资"红利推进自贸试验区开放发展

RCEP实施有利于中国吸引外资、促进人员往来流动、投资贸易便利化。为抓住RCEP生效实施机遇,广西自贸试验区促进进口贸易创新,探索开展保税维修、跨境电商零售部分进口药品等业务,全力加快北部湾国际门户港建设,进一步释放RCEP政策红利。2022年第一季度广西自贸试验区新设立企业7294家,同比增长15%。新设立外资企业51家,实际使用外资6929万美元,预计外贸进出口总额312.59亿元。截至2022年3月31日,广西自贸试验区累计新设立企业超6万家,是成立前的17倍。浙江自贸试验区外商投资准入负面清单对标RCEP负面清单制度,经历了7年7次"瘦身",由2013年的190项缩减到2020年的30项,降低了市场准入门槛,促进企业面向RECP成员国投资合作。

例如,RCEP生效使浙江杭可科技股份有限公司增资200万美元在日本设立锂电池研发公司,加强与日本村田、日本京瓷等企业在第四代锂电池充放电设备和内阻测试仪上的研发合作。浙江中韩(衢州)产业合作园作为以化工新材料、化纤、含氟化学品等产业为主导的现代产业合作园区,前期投入227亿美元,后期追加4580万美元促进设备、人才、技术等资源共享和协同发展。2021年,浙江自贸试验区新增制度创新成果174项,其中全国首创36项,实现进出口额超7700亿元,同比增长39.3%,外贸规模首破4万亿元。

五 RCEP为中国中小企业提供机遇

RCEP为中小企业发展提供贸易便利化条件。RCEP从关税和非关税措施两个方面放宽市场准入规制,削减各成员影响跨境服务贸易的限制性、歧视性措施,实行更全面的开放。市场准入规制的放宽使得中国中小企业能够在成员国市场中经营更加广泛的业务,有助于对中小企业优化升级,提升资源配置能力。关税水平的降低也使得中国中小企业的对外贸易成本降低,加快了区域内的资源商品流通速度,促进更多中国企业走向国际市场,对成员国的直接投资规模上升。

RCEP为中小企业提供国际投资机遇。RCEP强调均衡规则和共同发展,将促使成员国对中小企业进一步开放投资领域和改善营商环境,提高成员国之间的投资效率和贸易效率。RCEP搭建的中小企业投资合作平台不但能极大减少中国中小企业对成员国直接投资成本,而且有利于提高中小企业的抗风险能力。尤其对于电商、轻工业、农业企业来说，RCEP 提供了广泛的投资合作前景。RCEP 提高了亚洲在国际经济格局中的地位，优化全球产业链供给链配置，促进先进制造业向亚洲区域聚集，有利于中小企业创造新型国际投资方式。

RCEP 为中小企业发展提供了人才招揽机会。RCEP 降低了区域内成员国之间流动人员的限制，提供了一个高度规范化的人才引进体系。RCEP 方便了各个领域的人才在成员国之间流动，促进成员国之间产业技术合作和学术交流，有助于中国中小企业引进人才。在 RCEP 规则下，中国中小企业的人才招揽不再局限于国内人才市场，能够从日本、韩国、澳大利亚等较为发达的国家招揽专业人才，从而提高企业创新能力和国际化运营能力。RCEP 为中小企业发展提供了国际安全保障。

RCEP 提供了国际高标准自贸规则，涵盖了贸易投资和知识产权保护等领域，涉及知识产权、电子商务、政府采购等议题，并借鉴 WTO 规则构建高度透明的反倾销、反补贴、保障措施贸易救济机制，第一次在自贸协定中纳入"禁止归零"条款，为中小企业参与国际业务提供了稳定预期的保障。RCEP 不但为成员国之间的经贸合作提供了平台，而且能有效约束成员国政府的非理性行为，减少政治、社会、冲突等因素对企业的负面影响。一旦中国中小企业在国际化经营中发生各种纠纷，可以利用 RCEP 规则体系通过各种途径妥善解决，保障企业的正当利益。

第三节　中国中小企业运用 RCEP 规则面临的新问题与对策

随着全球经济复苏脚步的加快，在 RCEP 生效后，中小企业有了更多的机会融入区域价值链。RCEP 成员国之间 90% 以上的货物贸易将最终实现零关税，这将进一步帮助包括中国企业在内的成员国企业降低成本、提升竞争力。但不少企业享受到关税减免和投资贸易便利化的同时，众多中小企业也面临着区域经济一体化带来的挑战。

一 中国中小企业运用RCEP规则面临的新问题

（一）成员国部分产业冲击加大

RCEP生效当天，中国贸促会及地方机构签发首批158份RCEP原产地证书，涉及纺织品、化工产品、医疗产品、食品等，出口目的国包括日本、澳大利亚等已生效成员国，涉及出口金额1200万美元，预计减免关税18万美元。但与此同时，RCEP的生效对于"走出去"企业来说，既是机遇也是挑战。对于制造型企业，协议的实施，一方面，将有力推动区域内生产成本最小化和贸易效率最优化，有利于加强区域内产业链供应链合作；另一方面，如在原产地累积原则下，企业在产品的生产环节、上下游之间可以灵活选择成本低、产品质量好、具有竞争力的国家进行配套，这意味着RCEP在重构成员国产业布局的同时，中国的低端制造业或许会加速迁移到东南亚。例如，日本和韩国以电子产品、芯片等高新技术产品为主出口结构与高端制造产业链升级存在竞争。澳大利亚和新西兰资源型和消费品为主出口结构与相关产业存在竞争。越南、泰国、柬埔寨、印度尼西亚、马来西亚在劳动力、物流、能源、税收等具有成本优势，与劳动密集型产品出口结构重叠，产业链升级面临较大竞争压力。

（二）产业链供应链存在外溢

外贸企业产业链和供应链协同不足，面临物流运输成本居高不下，货柜难订产品积压，原材料成本上涨，汇率波动压缩利润空间等问题。RCEP区域内东南亚各国均在加快产业链回迁和供应链布局，例如越南、柬埔寨、印度等都在加大吸引医药产业链回迁，药品产业链上游的西药原料药出口面临挑战。谨防RCEP成员国低成本优势吸引产业链集群式转移出现产业空心化问题，警惕对日韩进口过度依赖导致产业链独立性和安全风险问题。

中国进口商品关税下降对行业的影响主要有两方面：一是原材料或中间产品的进口价格下降，使行业下游受益；二是存在替代关系的进口商品价格下降，竞争行业或将因此受到一定的冲击。因原材料价格下降使下游受益的板块如化工、高端制造设备。具体来看，降税空间较大的进口商品中，属于原材料的主要是矿物燃料、矿物油等商品。竞争或将加大的行业如农业、汽车。除了原材料和中间产品外，中国从RCEP成员国进口降关税空间较大的商品还有动植物产品（2022年降税空间占进口总额的比重约在 3%—7%），以及汽车（2022 年降税空间占进口总额的比重约在 1%）等。

从 RCEP 成员国的出口结构来看，这些产品在各自对应的国家生产中本身就具备一定的比较优势或品牌优势，例如，近五年来动植物产品在新西兰的出口中占比约 54%，车辆等运输设备在日本出口中的占比约 25%，因此关税下降后来自 RCEP 成员国的商品在中国市场的竞争力将进一步提升，可能对相关行业企业形成一定压力。

（三）知识产权国际保护升级

RCEP 知识产权规则呈现海关执法强度加大、执法损害赔偿力度加重、执法向边境后规则渗透等保护升级趋势，受此影响，由知识产权问题引发的贸易战也不断升级。虽然中国知识产权的申请量、授权量和现存量都已经进入世界前列，但中国知识产权保护力度存在明显差距。知识产权法律制度尚待完善，立法效率不高，知识产权保护效果无法满足社会期待。知识产权维权成本高、侵权代价低的问题依然存在，知识产权侵权多发、易发现象未能得到有效遏制。知识产权司法保护存在司法资源不足、保护力度不强的问题。知识产权行政保护在部分地方存在弱化和边缘化趋势，司法裁判与行政执法之间的关系未能充分明晰，各机构部门之间的工作衔接机制有待完善。

同时，由于知识产权本身的特性以及各国对知识产权保护力度的差异性，使中国企业对国际知识产权风险难以把控，国际知识产权纠纷增多，应对能力不足。中小企业面向日本、韩国等 RCEP 成员国的知识产权布局数量更少。知识产权工作需要在国际经贸领域与各国和国际组织加强沟通与合作，企业对知识产权公共服务需求迫切，需求最多的三项是公益培训、信息咨询、专利分析，但是企业接受高校知识产权信息服务、知识产权快速维权服务、技术与创新支持中心（TISC）服务相对较少，知识产权公共服务覆盖面有待提高。

（四）贸易治理多元风险加大

企业在外贸交易与境外投资过程中缺乏合规和法律风控意识，缺乏对国际商业规则、交易规则的充分了解，使企业在外贸交易及境外投资中遇到政治风险、社会风险、法律风险。RCEP 中有关章节的内容及标准与中国现行规则存在一定差距，需要对接。新兴市场开发中面临部分国家市场营商环境较差、物流基础设施参差不齐、口岸通关不便利、行政效率低等问题，部分成员国极端宗教主义和分裂势力升温、政治和社会体系复杂、安全风险加大等加剧不履约风险，尚需加强地缘风险监管与应对。如成员国之间部分产品编码调整存在时间差，世界海关组织（WCO）会定期更新商品编码，成员国之间部分产品编码调整存在一定时间差，也在一定程度上影响企业正常通关享惠，从而一定程度上影响了协定利用率。

（五）数字贸易变革倒逼提速

据介绍，《区域全面经济伙伴关系协定》在第十二章"电子商务"中，RCEP规定了跨境传输数据的规则，并限制成员国政府对数字贸易施加各种限制，包括数据本地化（存储）要求等。RCEP还对贸易相关文件材料数字化、使用电子签名、电子认证、垃圾邮件等领域进行了规范，旨在促进跨境贸易的同时，保护区域内消费者个人信息安全。RCEP关于无纸化贸易、电子认证、电子签名等一系列促进数字贸易便利化条款，倒逼企业加快建设产品标识、物流、仓储、结算、通关等相关数据信息的互联互通基础设施，加强数据流动、网络安全、信息安全等促进数字贸易互信互认机制建设。此外，在金融服务等章节中，RCEP也体现了对数据跨境传输问题的关注。RCEP关于新金融服务、信息转移和处理等条款对金融开放水平、风险防控和数据安全管理提出更高要求。倒逼头部数字贸易平台企业加快传统服务向数字化转型，物联网、大数据、区块链等数字技术减少不确定性冲击。

二 RCEP生效实施下推动中国中小企业持续发展的对策建议

（一）用精用细竞合网络，助推产业链竞争力提升

一是积极推动跨境产业集聚发展，充分发挥"跨境多园"平台优势，在境外园区布局原料采购基地，在境内园区布局生产销售基地，打造RCEP区域内自主可控产业链。中小企业还需要从源头上提升关键领域技术硬实力，深化核心技术成果转化和高价值专利培育工作，掌握新兴产业技术标准话语权。在与国际接轨和接受国际标准的同时，大力提倡自主知识产权标准的制定，鼓励企业构建技术、专利、标准三者协同的创新体系。

二是加强RCEP成员国细分市场进口，重点面向日本、韩国、新加坡开展电子信息、高端装备、新能源、新材料、汽车等产业链靶向招商，加

大力度引进产业链尖端企业,以企业并购方式推进关键核心技术的国际合作。加强标准必要专利的布局,在创新全链条中强化"高质量、原创性"的标准意识,重点关注新兴产业中的规则空白领域、焦点领域以及分歧领域,在国际标准制定中抢占先机。

三是有序引导重点企业结合 RCEP 成员国产业和需求开展精细化全域产业分工布局,拓展境内外上下游产业链,扶植壮大链主企业,集聚上下游中小企业,精准建设重点标志性产业集群。例如,新冠肺炎疫苗 RCEP 生产网络构建有望成为标志性项目,建议进一步推动中国与东盟重点国家开展新冠肺炎疫苗技术合作,形成国产疫苗跨国产业链。以开放式战略联盟形式推进新兴产业技术标准国际化,依托国际标准化国内归口组织,针对新兴产业领域的国际、区域国际标准化组织的规则、流程开展研究,加强新技术、新业态下国际标准发展路径研判,打造国际标准化"核心智库"。

(二) 用广用深双链协同,加快融入全球价值链生态

一是加强与 RCEP 区域产业链供应链对接,搭建数字化供应链跨境服务平台,打造立体高效境内外产业链与供应链融合示范基地,实现产业链和供应链优化升级,抵消劳动密集型产业转移带来的出口下降。RCEP 减少了区域内各种关税和非关税壁垒,叠加新冠肺炎疫情冲击和大国博弈,加速产业链供应链重塑的同时,也会产生产业转移效应。产业会向着产业集聚度高、综合成本低、创新能力强、营商环境好的地方转移,由此,各地要积极利用 RCEP 带来的难得发展机遇,应对产业转移的挑战。对于产业基础好的地区要将较高价值的上游产业留在本地。具备劳动力成本优势的地区要主动承接有转移需求的优势产业。各地均需提升综合竞争力,防止核心价值的产业转移出去,主动进行产业布局与发展规划,加强产业链供应链合作。

二是构建 RCEP 国际供应链服务与结算平台,利用数字技术实现供应链和产业链数据化、链条化、可视化,为海关、税务、金融、口岸管理创新和贸易便利化提供服务。超过 10 万亿元交易规模的跨境电商已占中国进出口贸易的 1/3,而通关便利化,特别是对时鲜性要求高的农产品和水果等最快 6 小时通关,这些都将中小企业经跨境电商连接到 RCEP 区域乃至全球,从而实现快速发展。而原产地累积规则有助于中小企业利用区域

内上游供应链，从 RCEP 中获益。RCEP 带来的贸易数字化和自由化将进一步带动中小企业融入区域产业链、供应链和价值链。

三是保障国际产业链和供应链安全运行，积极寻找产业链和供应链关键易断环节替代产品和技术方案，加强技术法规、协议、合格评定等形式国际规则互联互通，打破技术性贸易壁垒，确保国际产业链长期安全运行。在国际分工日益深入的背景下，国际贸易中大部分是中间品贸易。作为 RCEP 的重要内容，原产地累积规则可以让原来需要一国达标的原产地，扩展到区域内多国累计达标 40% 即可享受免税待遇。而原产地累积规则将吸引在 RCEP 区域内进行中间品生产。加上 RCEP 内中国工业门类齐全、中日韩产业链完整，中国—东盟产业循环畅通，RCEP 生效将重塑和巩固区域内的产业链、供应链，并进一步提升产业链、供应链的安全、稳定和开放水平。

（三）用全用优服务体系，强化知识产权国际保护

一是构建 RCEP 区域知识产权风险防控体系，预警监测全域知识产权风险，在重点国家（地区）设立知识产权维权援助服务点，建立政府、行业、企业三位一体的海外知识产权争端处理机制。开展产学研结合式高价值专利培育工作。围绕新兴产业创新发展方向部署专利链，依托产业链中企业、高校、科研机构和知识产权服务机构，建设产学研专利育成转化中心。探索产学研专利订单式创新与专利供需对接机制、专利共享和利益分配机制，构建严密高效的专利保护网，从整体上提升新兴产业技术竞争力。

二是支持自贸区引进国外知识产权代理机构的常驻代表机构，培育对接知识产权运营专业化机构和产业化平台，培育本地化知识产权数据服务提供商。推动高校知识产权信息服务中心和国家知识产权信息公共服务网点协同建设产业协同运营中心，为企业提供一体化、一站式服务。RCEP第十一章专章规定了知识产权保护的相关内容，包括 14 节，83 条，2 个附件，是 RCEP 协定内容最多、篇幅最长的章节，是中国迄今已签署自贸协定所纳入内容最全面的知识产权章节，尤其是强调互联网时代的知识产权保护，比如强调"缔约方认识到在互联网上向公众提供的信息可以构成在先技术的一部分"。"缔约国的民事救济和刑事救济应在相同范围内适用于数字环境中侵犯著作权或相关权利以及商标的行为"。同时，

RCEP 在兼顾不同缔约国发展水平的前提下实行高水平知识产权保护，坦承"缔约方认识到部分缔约方在知识产权领域的能力存在重大差异"。

三是鼓励服务机构为外贸企业提供知识产权投融资、保险、资产评估、IPO 辅导、FTO 检索、海外布局维权等增值服务。2022 年最新出台的《关于高质量实施（RCEP）的指导意见》明确指出，要加强知识产权保护。按照 RCEP 知识产权规则，为著作权、商标、地理标志、专利、外观设计、遗传资源、传统知识、民间文艺和商业秘密等提供高水平保护。完善国内知识产权保护体系，加大执法力度，加强打击盗版、假冒等侵权行为。加强知识产权行政执法、司法保护、社会共治的有效衔接。研究制定跨境电子商务知识产权保护指南。强化知识产权公共服务供给，加强海外知识产权纠纷应对和维权援助。按照 RCEP 规定推动加入知识产权领域国际条约。

（四）用好用活经贸规则，高标准建设开放经济新格局

一是开展 RCEP 规则对标对表行动，政府、行业协会等组织建立精准到产品和国别的商品减税清单，引导企业熟练运用原产地签证改革和原产地税收优惠政策开拓国际市场，掌握知识产权、环境保护、竞争政策、中小企业、数字经济、电子商务等领域经贸规则，助力企业做好享惠规划。选择若干与 RCEP 成员经贸往来密切的城市，赋予其高水平落实 RCEP 示范区功能，使其成为地方政府运用 RCEP 规则服务企业的典范。具体而言，应充分运用成员国关税减让和原产地累积规则，在示范区内迅速形成全产业链绝大部分环节均在 RCEP 成员内部、关税减让对降低成本作用明显的产业集群，向世界宣告 RCEP 对组建高效率成员内供应链成效显著。重点针对 RCEP 中表述相对原则、政府自由裁量权较大的投资保护、支持中小企业、数字贸易本地化存储等条款，赋予地方政府相应的制定规则权限，鼓励其开展高水平制度创新，促进要素跨境高效安全自由流动。在全面落实 RCEP 相关规则的基础上，深入学习 CPTPP 等西方发达国家主导的贸易协定相关规则，积极探索争取 CPTPP 在电子商务、竞争中性等方面的先进规则率先在示范区试点落地，也为中国加入 CPTPP 进行压力测试。

二是探索将自贸试验区打造成为 RCEP 先行先试示范区，加快培育 AEO 认证企业，深化对进口货物准予提离和准予销售实施分段监管的改

革试点，健全多元化争端解决机制，探索建立跨境服务贸易监管机制。

三是推进高标准制度型开放，加强与成员国在经贸领域规则、治理体系、标准国际化等全方位交流与合作，以竞争中立原则营造公平市场竞争环境，共同构建符合区域经济发展需要的高标准经贸规则体系。

（五）用新用实数智治理，激发数字贸易高质量发展

一是健全 RCEP 框架下的数字贸易制度体系，加强国际监管合作，对相关贸易规则进行合规性评估，完善与数字贸易相关的国际监管规则，有效清除部分发达国家长臂管辖的重要通道。构建适应开放需求的数字治理体系，深入研究开放环境下原有数字经济监管治理逻辑或原则的适用性，完善对跨境数据、数字服务的监管，积极参与全球数字贸易规则体系构建，建设有益于中国数字产业发展的国际规则环境。

二是以 RCEP 为契机建立数字治理联盟，试点开展数据保护能力认证、数据流通备份审查、跨境数据流通和交易风险评估等数据安全管理机制，加强金融科技风险监管，完善跨境资金流动、本外币兑换的机构产品和交易行为等存在跨境风险的监管体系，严厉打击跨境套利和违法违规行为，提升跨境资金监管效能。以国家数字服务出口基地为依托，探索数字跨境流动新机制，切实扩大数字服务出口。承接国际数据产业转移，积极发展国际数据存储与传输、数据分析与挖掘、数据运维与管控等业务，允许符合条件的企业向境外提供数字贸易增值服务，探索形成高水平的跨境数据流动开放体系。

三是探索建设 RCEP 跨国数据中心，重点在跨境电子商务、大数据、人工智能等领域先行先试，创建良好的数字贸易人才发展环境，建立健全数字贸易人才的教育体系、培训及管理机制，打造 RCEP 成员数字经济集聚区。推动数据要素市场建设，研究制定数据确权、交易规则，引导数据要素交易市场依法合规开展数据交易，加快形成具有整合数据生产、加工、定价、交易、支付、存储、转移等关键环节的全价值链数字运营服务体系。

2021年中国中小企业大事记

1月

1月4日,中国人民银行、中国银保监会、财政部、国家发改委、工信部5部门联合发布《关于继续实施普惠小微企业贷款延期还本付息政策和普惠小微企业信用贷款支持政策有关事宜的通知》,将普惠小微企业贷款延期还本付息政策延期至2021年3月31日。

1月5日,为推动金融精准服务中小企业,加快构建新发展格局,工业和信息化部与中国建设银行签署《中小企业金融服务战略合作协议》。

1月21日,国务院促进中小企业发展工作领导小组第七次会议在北京召开。国务院促进中小企业发展工作领导小组组长刘鹤主持会议并讲话。会议传达学习了习近平总书记关于促进中小企业健康发展的重要指示批示精神和李克强总理的重要指示,听取了工业和信息化部关于当前中小企业发展情况、面临的形势和问题、"十四五"时期促进中小企业高质量发展的思路和下一阶段促进中小企业稳定健康发展重点工作建议的汇报。

1月23日,财政部、工业和信息化部联合印发《关于支持"专精特新"中小企业高质量发展的通知》(财建〔2021〕2号,以下简称《通知》),启动中央财政支持"专精特新"中小企业高质量发展政策。《通知》旨在通过中小企业发展专项资金引导,促进上下联动,加快培育一批专注于细分市场、聚焦主业、创新能力强、成长性好的专精特新"小巨人"企业,推动梯度培育优质企业,着力提升中小企业创新能力和专业化水平,助力实体经济特别是制造业做实做强做优,提升产业链供应链稳定性和竞争力。

2月

2月3日,国务院常务会议部署完善企业特别是中小微企业退出相关政策，提升市场主体活跃度。会议指出，加快完善应破产企业尤其是中小微企业退出配套政策，解决退出难问题，是优化要素配置和营商环境的重要举措。要完善中小微企业简易注销制度，建立企业破产和退出状态公示制度，保障破产程序依法规范推进，强化管理人依法履职责任。

2月25日，中国中小商业企业协会主办2021两会代表委员与中小企业座谈会。与会人员就疫情后中小企业面临问题，如何保持惠企政策连续性稳定性可持续性，防止"政策断崖"，有效激发市场主体活力等话题进行研讨。

2月26日，国家发改委、最高人民法院等十三部门联合印发《关于推动和保障管理人在破产程序中依法履职进一步优化营商环境的意见》。意见围绕优化破产企业注销和状态变更登记制度、加强金融机构对破产程序的参与和支持、便利破产企业涉税事务处理、完善资产处置配套机制、加强组织和信息保障等方面作出20项明确部署。

3月

3月4日，工业和信息化部中小企业局相关负责人主持召开金融机构专题调研座谈会。会议介绍了当前中小企业发展情况，并就深化政银合作提出相关工作考虑。参会金融机构介绍了支持中小企业发展的经验做法、当前面临的主要困难问题及政策建议。国家开发银行、中国进出口银行、中国工商银行、中国农业银行、中国银行、中国建设银行、交通银行、中国邮政储蓄银行、中国光大银行等金融机构有关负责同志参加了调研座谈。

3月19日，财政部、知识产权局发布《关于实施专利转化专项计划助力中小企业创新发展的通知》，要求主动对接中小企业技术需求，推动专利技术转化实施，从而助力中小企业创新发展。计划通过三年的时间，专利转化运用的激励机制更加有效、供需对接更加顺畅、转化实施更加充分、工作体系更加完善，专利技术转移转化服务的便利性和可及性显著提高，高校院所创新资源惠及中小企业的渠道更加畅通，中小企业创新能力得到大幅度提升，有力支撑知识产权密集型产业创新发展。

3月23日，工业和信息化部与发改委、教育部、人力资源社会保障部、农业农村部、国资委联合印发了《关于深入组织实施创业带动就业示范行动的通知》，要求紧扣创业带动就业主题，依托企业、高校、科研院所、区域四类示范基地，实施社会服务领域双创带动就业、高校毕业生创业就业"校企行"、大中小企业融通创新、精益创业带动就业四项专项行动，力争全年将示范基地新增就业机会提升到110万个以上，在创业带动就业工作中发挥示范作用。

3月24日，工业和信息化部中小企业局相关负责人带队赴深圳市开展专题调研，河北、辽宁、江苏、浙江、福建、江西、山东、河南、湖南、广东、四川、陕西、深圳13个省（市）中小企业主管部门有关负责同志参加了调研座谈，共同就第一季度中小企业生产经营基本情况和发展趋势、企业发展面临的主要困难和问题、促进中小企业发展的政策建议进行研讨，并实地调研了国家中小企业公共服务示范平台深圳市商业联合会和国家级专精特新"小巨人"企业。

3月30日，由中国中小企业发展促进中心主办、上海市经济和信息化委员会承办的"首届全国优化中小企业发展环境论坛"在上海举办，工业和信息化部领导、上海市相关领导、各省（区、市）及参评城市中小企业主管部门、综合服务机构、中小企业和媒体代表参会。本次论坛的主题是"优化中小企业发展环境、推动经济高质量发展"。论坛上，中国中小企业发展促进中心发布了《2020年度中小企业发展环境评估报告》。评估结果显示，国家出台的一系列促进中小企业发展的政策措施取得了积极成效，多数参评城市2020年中小企业发展环境尤其是政府组织领导、政务服务便捷度、政策性融资担保发挥作用等具体指标较2019年试评估时有明显改善。

3月30日至4月1日，工业和信息化部中小企业局相关负责人带队赴上海、苏州开展"十四五"促进中小企业发展规划专题调研。其间，调研组实地调研了部分创新型企业和专精特新"小巨人"企业，走访部分科创园区、中小企业服务中心、基金小镇等，并与地方中小企业主管部门及中小企业负责人举行多次座谈，听取对"十四五"促进中小企业发展规划编制、提升中小企业创新能力和专业化水平的意见建议。

4月

4月1日，中国人民银行、中国银保监会、财政部、国家发改委、工业和信息化部发布通知，进一步延长普惠小微企业贷款延期还本付息政策和信用贷款支持政策，实施期限至2021年年底。对于实施延期还本付息的贷款，银行应坚持实质性风险判断，不因疫情因素下调贷款风险分类，不影响企业征信记录。

4月10日，中国中小企业国际合作协会第四次会员代表大会在北京、上海、深圳三地会场同步举行。工业和信息化部相关负责人出席北京主会场会议并致辞。会议听取了协会第三届理事会工作报告，选举产生协会第四届理事会及领导班子。

4月12日，2021年国务院减轻企业负担部际联席会议在北京召开。会议要求各单位要强化责任担当，密切协同配合，扎实抓好各项重点工作。要继续落实落细减税降费政策，确保政策红利不减、企业获得感不降。要加快健全防范和化解拖欠账款长效机制，切实保护中小企业合法权益。要加强重点领域整治，坚决遏制加重企业负担的行为。要深化"放管服"改革，持续优化营商环境。

4月20日，"珠三角征信链"建设在广州启动，广东德信行信用管理有限公司等首批共8家征信机构签署《"珠三角征信链"共建协议》。"珠三角征信链"主要以"粤信融"征信平台为依托，中国人民银行广州分行将指导辖内征信机构自愿签署"珠三角征信链"共建协议，以区块链技术建设"珠三角征信链"，推进涉企信用信息共享，服务小微企业融资和地方经济发展。

4月23日，由中国中小企业国际合作协会联合世界知识产权组织、青岛市人民政府共同主办，工业和信息化部中小企业发展促进中心、青岛市中小企业局承办的"世界知识产权组织全球服务体系助力中小企业品牌发展大会"在青岛举办，200多位中外嘉宾通过线下线上的方式参加会议。与会嘉宾充分聚焦"知识产权促进中小企业更强大""中小企业品牌全球化发展""马德里国际注册体系助力品牌国际化"等议题开展探讨。

4月25日，中国银保监会印发《关于2021年进一步推动小微企业金融服务高质量发展的通知》，要求银行业金融机构以信贷为抓手，确保稳定高效的增量金融供给；中国银保监会同步调整普惠型小微企业贷款考核及监测口径，要求从2021年起，在普惠型小微企业贷款的"两增"监管考核口径中，剔除票据贴现和转贴现业务相关数据，即单户授信1000万元以下（含）的小微企业贷款余额和户数，均不含票据贴现及转贴现业务数据。

5月

5月8日,财政部、工业和信息化部联合印发《关于继续实施小微企业融资担保业务降费奖补政策的通知》。通知明确,2021—2023年,继续实施小微企业融资担保业务降费奖补政策。新一轮奖补政策结合新冠肺炎疫情和经济下行压力对小微企业造成的影响以及原政策具体实施情况,对原政策进行了适当完善,主要通过增设奖励系数等,对于降费成效明显的地方提高奖励标准,引导地方将小微企业年化担保费率降低到1.5%及更低水平;继续通过设定区域补助系数,体现向中西部地区政策倾斜。同时,为提高奖补政策和中央财政资金支持的精准性,进一步强化对有关业务数据信息审核要求。

5月12日,国务院总理李克强主持召开国务院常务会议提出,围绕进一步加强小微金融服务,试点建立个体工商户信用贷款评价体系,提高融资便利度。支持发行不低于3000亿元小微企业专项金融债。确保银行业普惠小微贷款实现增速、户数"两增",确保五家国有大型商业银行普惠小微贷款增长30%以上。

5月13日,商务部、国家发展改革委、工业和信息化部、农业农村部、海关总署、市场监管总局、中国贸促会联合印发《商品市场优化升级专项行动计划(2021—2025)》。文件指出,要将商品市场打造成为商品流通的重要平台、扩大内需的重要载体、优化供给的重要引擎,基本建成适应经济高质量发展、服务新发展格局的现代商品市场体系。到2025年,培育一批商品经营特色突出、产业链供应链服务功能强大、线上线下融合发展的全国商品市场示范基地。

5月20日至21日,工业和信息化部中小企业局在北京举办2021年中小企业融资促进培训班。培训班围绕贯彻落实党中央、国务院决策部署,增强战略思维,研判当前形势,交流工作经验,提高业务能力,推动进一步做好中小企业融资促进工作。

6月

6月1日,2021年全国中小企业服务月暨北京主场活动启动会在京举行。本次服务月活动以"办好实事,助力发展"为主题,于6月1—30日在全国范围开展"三个十"服务,即工业和信息化部开展十项服务活动,部属单位举办十项品牌活动,各地中小企业主管部门推动服务体系开展十大重点领域服务。

6月3日,国务院发布《关于深化"证照分离"改革进一步激发市场主体发展活力的通知》,部署自2021年7月1日起,在全国范围内实施涉企经营许可事项全覆盖清单管理,对所有涉企经营许可事项按照直接取消审批、审批改为备案、实行告知承诺、优化审批服务四种方式分类推进审批制度改革,并在自由贸易试验区加大改革试点力度。

6月4日,财政部发布《中小企业发展专项资金管理办法》。文件规定,中小企业发展专项资金采取因素法、项目法、因素法和项目法相结合等方式分配,以财政补助、以奖代补、政府购买服务等支持方式为中小企业提供帮助。《管理办法》自发布之日起施行,实施期限至2025年。

6月17日,工业和信息化部、中国银行共同签署《中小企业金融服务战略合作协议》。

6月19日,由浙江省社会科学界联合会主办,浙江省中小企业研究会、嘉兴学院商学院、嘉兴市民营经济发展研究会承办,浙江工业大学中国中小企业研究院、《浙江社会科学》杂志协办的"数字赋能中小企业创新发展研讨会"在浙江嘉兴顺利召开。来自浙江省各地的社科专家、民营企业家代表、高校学生等逾百人参加会议。

6月22日,工业和信息化部中小企业局赴重庆市开展专题调研,河北、山西、上海、江苏、浙江、安徽、山东、湖北、重庆、四川、贵州、陕西12个省(市)中小企业主管部门有关负责同志参加了调研座谈,共同就上半年中小企业生产经营基本情况和发展趋势、企业发展面临的主要困难和问题、促进中小企业发展的政策建议进行研讨。

7月

7月5日,中国人民银行印发《关于深入开展中小微企业金融服务能力提升工程的通知》,强化"敢贷、愿贷、能贷、会贷"长效机制建设。要求加快中小微企业信用信息共享,推动相关数据通过地方征信平台对银行业金融机构共享,鼓励建立优质中小微企业信息库,促进银行业金融机构与中小微企业高效对接。

7月14日,中国银保监会政策研究局负责人在国新办新闻发布会上表示,服务小微企业方面,中国银保监会要继续落实"两增两控"考核要求,特别是要助力拓展首贷户,增加信用贷款,确保小微企业综合融资成本合理、继续下降，健全"敢贷、能贷、会贷"机制。

7月20日，全国工业和信息化主管部门负责同志电视电话会议在北京召开。会议指出，下半年全系统要加大中小企业扶持力度，着力营造良好数字生态，夯实工业经济稳定恢复发展基础，有效推动解决中小企业融资难和成本高问题。

7月27日，全国"专精特新"中小企业高峰论坛在长沙召开。在开幕式上，中共中央政治局委员、国务院副总理刘鹤在线致辞。论坛以"专精特新成就未来"为主题，举办了"专精特新"中小企业发展成果展、发布了专精特新"小巨人"企业发展报告、制造业单项冠军企业发展报告等，启动了校企合作项目。

7月28日，全国中小企业工作座谈会在湖南长沙召开，工业和信息化部副部长徐晓兰出席会议并讲话。徐晓兰深入分析了中小企业在经济社会发展全局中的重要作用，要求各级中小企业主管部门要坚决贯彻习近平总书记关于中小企业发展的重要指示批示精神，坚决落实党中央、国务院决策部署，围绕工业和信息化部工作布局，切实提高政治站位，自觉把中小企业工作放到"两个大局"中去谋划和推进。

8月

8月17日，习近平总书记主持召开中央财经委员会第十次会议。会议指出，要坚持以人民为中心的发展思想，在高质量发展中促进共同富裕，正确处理效率和公平的关系，构建初次分配、再分配、三次分配协调配套的基础性制度安排。会议强调，要提高发展的平衡性、协调性、包容性，加快完善社会主义市场经济体制，增强区域发展的平衡性，强化行业发展的协调性，支持中小企业发展。

8月20日，国务院促进中小企业发展工作领导小组办公室主任、工业和信息化部副部长徐晓兰主持召开领导小组办公室会，学习贯彻习近平总书记重要指示精神和党中央国务院决策部署，研究审议《为"专精特新"中小企业办实事清单》和《服务中小企业高质量发展行动计划》（2021—2023），并听取与会单位意见。

8月30日，习近平主持召开中央全面深化改革委员会第二十一次会议时强调，强化反垄断、深入推进公平竞争政策实施，是完善社会主义市场经济体制的内在要求。要从构建新发展格局、推动高质量发展、促进共同富裕的战略高度出发,促进形成公平竞争的市场环境,为各类市场主体特别是中小企业创造广阔的发展空间,更好保护消费者权益。

9月

9月1日,由工业和信息化部、河北省人民政府共同主办的第三届中国—中东欧国家(沧州)中小企业合作论坛在沧州市举办。本次论坛以"新动能·新篇章·新未来"为主题,邀请来自中国和中东欧国家政府部门、驻华使领馆、企业、智库等近700位代表分别以线上线下的形式参加了论坛。

9月10—12日,由中国银行业协会、中国中小企业协会、中国期货业协会共同主办的"第九届中国中小企业投融资交易会"在北京国家会议中心召开。会议主题为"提升数字普惠金融能力精准滴灌中小微企业"。本届投融会以"搭平台、促交易"为目的,通过展览展示、论坛活动、项目路演、项目资本对接等形式,搭建了金融机构与中小企业之间、中小企业与地方政府之间的产融结合平台。展会同期举办了2021"小企业大梦想"高峰论坛,发布《全国中小企业发展指数》和《中国中小企业舆情大数据报告》,为改善各参与方良性互动、优势互补、合作共赢的普惠金融良好生态发挥作用。

9月15日,由民建中央、工业和信息化部、天津市政府共同举办的2021年中国(天津)非公有制经济发展论坛在天津开幕。全国政协、民建中央、天津市委、工业和信息化部相关领导出席开幕式并分别致辞。本次论坛以"创新驱动、合作赋能、高质量发展"为主题,努力探索营造非公有制经济发展良好环境、扩大区域交流合作、推动新时代非公有制经济健康发展的有效路径。

9月16日,第十七届中国国际中小企业博览会和首届中小企业国际合作高峰论坛开幕式在广州举行,中共中央政治局委员、国务院副总理刘鹤作书面致辞。本届中博会和高峰论坛由工业和信息化部、国家市场监督管理总局、广东省人民政府共同主办,联合国工业发展组织和泰国商业部担任主宾方。中博会共有境内外2000余家企业参展,其中"专精特新"中小企业和专精特新"小巨人"企业占省区市展区参展企业数量的80%。高峰论坛主论坛面向中小企业发布全球采购清单金额8263亿元人民币,并举行了签约仪式。同时,还举办了中小企业部长圆桌会和5场分论坛、

5 项主题活动。

9月16—18日，由工业和信息化部中小企业发展促进中心、中国中小企业国际合作协会与广州市工业和信息化局共同主办的第十届中国中小企业创新服务大会将在广州举行。大会以"中小企业能办大事"为主题，以落实工业和信息化部中小企业"321"工作体系为核心，围绕"数字化转型、志愿服务、权益保护"等重点领域，举办一场主论坛、三场平行论坛。届时，来自国家相关部委及地方政府领导、知名学者专家、商协会组织、服务机构、企业及媒体代表等计1000余人将会出席会议。

10月

10月21日下午，以"绿色数字可持续——助力共同富裕示范区建设"为主题的第四届中小企业标准化（国际）大会暨2021年世界标准日浙江主题活动在浙江义乌举行。国家标准化管理委员会、浙江省市场监管局相关负责人参加活动。活动中，浙江省市场监管局相关负责人宣读了第52届世界标准日祝词，发布了以"双碳"为重点的可持续发展领域标准化试点成果、《"对标达标"提升行动蓝皮书2018—2020》、标准城市建设助力可持续发展案例等。浙江省生态环境厅介绍了标准助推生态可持续发展成果，衢州市衢江区政府介绍了可持续发展国际标准试点城市成果等。

10月22日，由郑州市发展和改革委员会主办的第九届中国创业者大会——大学生和中小企业创新发展论坛在郑州召开。大会旨在在应对疫情冲击和加快恢复稳定就业的背景下，激发大学生创新创业活力，挖掘中小企业创新发展动能，集聚创新企业和创新人才，构建综合创新生态体系。

10月26日，民营经济标准创新大会在上海举行。会议由全国工商联、国家市场监督管理总局、上海市人民政府联合主办，旨在推动《国家标准化发展纲要》的贯彻实施，聚焦民营经济领域标准化创新，聚焦支持商协会发挥作用，引导和服务民营企业在新发展阶段加快高质量发展、实现更大作为。

10月28日，2021年中国中小企业发展大会暨第十五届中国中小企业节在苏州相城区举行，来自全国和江苏省内的三百余位企业家参会，共同讨论"发展'专精特新'中小企业""加快经济发展模式转型"等话题。会上，中国中小企业协会与中国质量认证中心签订战略合作协议，进行长三角（苏州）专精特新企业培育基地揭牌和中国中小企业协会信用服务专业委员会揭牌。

10月31日至11月1日,以"围绕产业链、部署创新链、配置资金链"为主旨的第六届"创客中国"中小企业创新创业大赛全国总决赛在重庆举行。工业和信息化部中小企业局、部信息中心、部分地方中小企业主管部门相关负责同志现场参加活动。

11月

11月1日下午,由中国科协主办,中国国际科技交流中心、上海市科委、上海市科协、上海市杨浦区人民政府承办的2021中小企业数字经济全球论坛在上海市举办。全国政协、中国科协、上海市相关领导出席并致辞。论坛中,由上海市杨浦区等五个"科创中国"试点城市(区)发起的"科创中国"长三角协同创新组织进一步扩员发布,并在此基础上宣布成立了长三角中小企业数字经济共同体。本次论坛面向全球进行直播,共有来自全球的2000万用户通过央视网、Facebook及YouTube等海内外平台参与收看。

11月6日,国务院促进中小企业发展工作领导小组办公室印发《提升中小企业竞争力若干措施》,从落实落细财税扶持政策,加大融资支持力度,加强创新创业支持,提升数字化发展水平,提升工业设计附加值,提升知识产权创造、运用、保护和管理能力,助力开拓国内外市场,提升绿色发展能力,提升质量和管理水平,提升人才队伍素质,加强服务体系建设等11个方面提出34条具体措施,进一步激发中小企业创新活力和发展动力,提升中小企业竞争力。

11月6日,国务院促进中小企业发展工作领导小组办公室印发《为"专精特新"中小企业办实事清单的通知》,该通知聚焦中小企业发展痛点难点问题,针对性提出可落地可操作的解决举措,为"专精特新"中小企业发展排忧解难、保驾护航。

11月10日,国务院办公厅发布《关于进一步加大对中小企业纾困帮扶力度的通知》。通知提出,推动缓解成本上涨压力。加强大宗商品监测预警,强化市场供需调节,严厉打击囤积居奇、哄抬价格等违法行为。支持行业协会、大型企业搭建重点行业产业链供需对接平台,加强原材料保供对接服务。推动期货公司为中小企业提供风险管理服务,助力中小企业运用期货套期保值工具应对原材料价格大幅波动风险。稳定班轮公司在中国主要出口航线的运力供给。发挥行业协会、商会及地方政府作用，引导外贸企业与班轮公司签订长约合同，鼓励班轮公司推出中小企业专线服务。

11月22日，国务院办公厅发布《关于进一步加大对中小企业纾困帮扶力度的通知》，要求加大纾困资金支持力度，对于一部分满足要求的中小企业给予专项资金支持；进一步推进减税降费，深入落实小规模纳税人税收优惠政策；灵活精准运用多种金融政策工具，加大信用贷款投放，加强再贷款再贴现政策；推动缓解成本上涨压力，强化市场供需调节，推动期货公司为中小企业提供风险管理服务，挥行业协会、商会及地方政府作；加强用电保障；支持企业稳岗扩岗，落实减负稳岗扩就业政策；保障中小企业款项支付；着力扩大市场需求，进一步落实《政府采购促进中小企业发展管理办法》；全面压实责任。

11月23日，工业和信息化部召开促进中小企业平稳健康发展电视电话会议，贯彻落实党中央、国务院关于促进中小企业发展有关决策部署，宣贯近期印发的有关政策文件，部署进一步加大对中小企业纾困帮扶有关工作。

12月

12月1日，李克强总理主持召开国务院常务会议部署清理拖欠中小企业账款和保障农民工工资及时足额支付的措施。会议指出，治理拖欠中小企业账款，直接涉及推进市场化、法治化、国际化营商环境建设。要贯彻党中央、国务院部署，按照保市场主体要求，依法依规加大对拖欠中小企业账款整治力度。

12月13日，国家发改委、工业和信息化部发布《关于振作工业经济运行推动工业高质量发展的实施方案的通知》，出台减轻中小企业负担等16条举措振作工业经济高质量发展。

12月11日，工业和信息化部会同国家发改委、科技部、财政部等共十九部门联合印发《"十四五"促进中小企业发展规划》（以下简称《规划》），主要包括发展背景、发展思路和目标、主要任务、重点工程、保障措施5个部分。文件指出："十四五"时期将努力构建中小企业"321"工作体系，围绕"政策体系、服务体系、发展环境"三个领域，聚焦"缓解中小企业融资难、融资贵，加强中小企业合法权益保护"两个重点，紧盯"提升中小企业创新能力和专业化水平"一个目标，并将这一工作体系作为《规划》的核心内容，成为"十四五"促进中小企业发展工作的切入点和着力点。

12月15日，国务院常务会议部署进一步采取市场化方式加强对中小微企业的金融支持；确定加大对制造业支持的政策举措，促进实体经济稳定发展。会议指出，鼓励大企业带动更多中小企业融入供应链创新链，支持更多"专精特新""小巨人"企业成长。

12月21日，全国工商联召开十二届五次执委会议发布《中国民营企业社会责任报告（2021）》。

12月26日，由中国中小商业企业协会主办的第16届中国中小企业家年会以线上线下结合方式在北京召开，有关院士专家、企业家围绕智能制造、数字化、智慧农业、生物医药、女性领导力、企业家社会责任、疫情防控等热点话题，共同探讨中小企业"专精特新"高质量发展之路。年会期间，发布了《中国中小微企业经营现状（2021）》报告。

附 表

2022 年中国中小企业景气指数测评数据

附表 1　　2001—2021 年中国省际工业中小企业景气指数

省份	年份	先行指数	一致指数	滞后指数	工业企业景气指数（ISMECI）
广东	2001	125.10	125.02	166.84	133.41
	2002	125.14	125.92	167.78	134.06
	2003	130.12	128.90	172.81	138.05
	2004	130.03	130.40	174.55	139.12
	2005	130.36	131.18	175.57	139.81
	2006	132.13	132.51	177.30	141.35
	2007	133.34	133.75	178.61	142.60
	2008	135.35	135.19	180.26	144.25
	2009	135.36	135.46	180.78	144.50
	2010	136.57	137.64	182.59	146.31
	2011	138.81	135.46	182.09	145.79
	2012	139.87	139.09	185.77	148.66
	2013	140.12	138.88	185.76	150.99
	2014	150.96	148.63	176.64	154.93
	2015	139.01	114.35	126.96	124.27
	2016	134.08	136.75	166.32	141.86
	2017	137.11	139.99	169.49	145.02
	2018	147.39	150.57	177.52	155.01
	2019	130.63	134.06	163.57	138.93
	2020	144.05	147.94	180.86	153.35
	2021	**142.79**	**146.59**	**179.26**	**151.98**

续表

省份	年份	先行指数	一致指数	滞后指数	工业企业景气指数（ISMECI）
浙江	2001	96.20	110.15	113.86	106.71
	2002	96.76	111.44	115.14	107.78
	2003	98.91	113.19	117.07	109.68
	2004	100.43	115.49	119.50	111.77
	2005	101.45	116.01	120.11	112.46
	2006	101.59	117.16	121.17	113.29
	2007	102.26	118.09	121.89	114.10
	2008	103.91	118.78	122.69	115.10
	2009	103.98	119.04	123.06	115.33
	2010	104.81	121.64	124.20	117.11
	2011	108.15	120.07	125.59	117.60
	2012	107.95	122.82	126.99	119.19
	2013	108.15	122.31	126.75	124.86
	2014	130.22	137.82	140.64	136.11
	2015	128.16	110.26	116.38	116.85
	2016	131.31	143.15	150.10	140.99
	2017	130.99	143.14	149.83	140.83
	2018	131.83	143.71	150.07	141.42
	2019	117.48	130.57	137.62	128.05
	2020	123.10	137.29	145.22	134.62
	2021	**120.34**	**135.16**	**142.97**	**132.27**
江苏	2001	111.64	118.14	130.24	118.61
	2002	111.41	118.87	130.89	119.04
	2003	113.87	120.66	133.16	121.12
	2004	115.12	122.62	135.69	122.99
	2005	115.26	122.96	135.91	123.24
	2006	116.42	124.16	137.04	124.41
	2007	117.49	125.39	138.27	125.59
	2008	119.62	127.27	140.35	127.59

续表

省份	年份	先行指数	一致指数	滞后指数	工业企业景气指数（ISMECI）
江苏	2009	119.34	127.40	140.45	127.60
	2010	120.07	129.71	142.02	129.28
	2011	123.28	129.21	142.57	130.10
	2012	123.26	131.35	144.58	131.57
	2013	123.13	131.30	143.58	140.78
	2014	153.83	157.86	165.58	158.19
	2015	141.27	123.39	128.07	129.69
	2016	141.66	152.06	161.94	150.92
	2017	142.26	152.89	162.68	151.66
	2018	140.88	150.62	159.76	149.53
	2019	124.77	135.12	145.70	134.13
	2020	124.70	135.37	147.06	134.51
	2021	**123.03**	**134.20**	**145.65**	**133.14**
山东	2001	74.07	73.89	88.94	76.95
	2002	74.82	74.46	89.71	77.62
	2003	76.74	75.87	91.89	79.34
	2004	77.71	77.00	93.13	80.44
	2005	77.92	77.93	93.91	81.13
	2006	78.52	78.54	94.65	81.76
	2007	79.64	79.25	95.37	82.59
	2008	80.29	79.97	96.33	83.34
	2009	80.67	80.47	96.87	83.81
	2010	80.74	81.12	97.27	84.23
	2011	82.10	81.37	97.24	84.76
	2012	82.97	82.81	99.27	86.15
	2013	82.39	83.06	98.15	96.53
	2014	115.99	115.67	125.18	117.67
	2015	116.88	94.47	99.24	102.15
	2016	120.32	117.76	129.99	120.97

续表

省份	年份	先行指数	一致指数	滞后指数	工业企业景气指数（ISMECI）
山东	2017	128.71	116.21	128.39	119.40
	2018	118.89	116.28	127.85	119.38
	2019	103.03	99.26	112.96	103.13
	2020	89.33	87.78	105.27	103.52
	2021	**98.55**	**93.52**	**109.51**	**98.23**
河南	2001	65.58	47.45	65.92	56.58
	2002	65.60	47.61	65.92	56.67
	2003	66.45	47.97	66.69	57.26
	2004	67.22	48.66	67.92	58.08
	2005	66.97	49.09	68.17	58.27
	2006	67.73	49.72	68.63	58.90
	2007	68.63	50.46	69.63	59.74
	2008	70.17	51.17	70.82	60.80
	2009	69.95	51.30	71.27	60.89
	2010	70.46	52.13	72.17	61.63
	2011	71.86	52.94	73.54	62.74
	2012	72.00	53.24	73.74	62.97
	2013	71.28	53.07	72.48	65.31
	2014	76.52	65.03	77.35	70.94
	2015	72.03	52.86	56.50	59.34
	2016	70.28	61.00	72.02	65.99
	2017	72.39	63.02	74.17	68.06
	2018	70.28	61.17	71.27	65.92
	2019	62.61	52.54	63.81	57.81
	2020	63.17	51.92	64.32	57.78
	2021	**61.68**	**50.52**	**62.83**	**56.33**
福建	2001	37.42	31.02	42.01	35.14
	2002	37.52	31.28	42.30	35.36
	2003	38.99	32.14	43.68	36.50

续表

省份	年份	先行指数	一致指数	滞后指数	工业企业景气指数（ISMECI）
福建	2004	38.97	32.45	44.04	36.72
	2005	39.18	32.64	44.28	36.93
	2006	39.63	32.97	44.69	37.31
	2007	39.94	33.31	45.09	37.65
	2008	40.49	33.50	45.39	37.97
	2009	40.43	33.65	45.57	38.07
	2010	40.70	34.23	46.00	38.52
	2011	41.44	34.28	46.53	38.88
	2012	41.75	34.79	47.05	39.33
	2013	41.53	34.72	46.86	42.94
	2014	51.27	46.89	54.27	49.68
	2015	49.77	40.46	43.06	43.77
	2016	49.34	46.80	54.44	49.09
	2017	50.14	47.64	55.31	49.92
	2018	51.07	48.73	55.83	50.85
	2019	45.12	42.54	50.35	44.88
	2020	45.76	42.95	51.55	45.52
	2021	**44.81**	**42.10**	**50.63**	**44.62**
河北	2001	60.09	42.15	55.49	50.20
	2002	60.19	42.36	55.52	50.34
	2003	61.75	43.00	57.01	51.43
	2004	62.38	43.65	57.54	52.05
	2005	62.47	44.04	58.00	52.36
	2006	63.11	44.41	58.45	52.83
	2007	63.64	44.81	58.84	53.27
	2008	64.68	45.35	59.60	54.00
	2009	64.29	45.64	60.09	54.13
	2010	64.66	46.58	60.67	54.82
	2011	65.85	46.84	61.67	55.51

续表

省份	年份	先行指数	一致指数	滞后指数	工业企业景气指数（ISMECI）
河北	2012	66.29	47.30	62.03	55.94
	2013	65.92	46.97	60.99	55.26
	2014	62.39	50.70	59.49	55.96
	2015	58.92	38.98	43.43	45.85
	2016	60.26	50.17	57.95	54.75
	2017	60.25	50.05	57.90	54.68
	2018	60.99	50.80	58.37	55.37
	2019	56.60	45.08	53.54	50.23
	2020	55.89	43.27	52.45	48.89
	2021	**55.48**	**43.17**	**52.26**	**48.68**
湖南	2001	31.82	19.78	30.86	25.61
	2002	31.78	19.93	31.05	25.71
	2003	32.88	20.26	31.83	26.36
	2004	33.15	20.50	31.97	26.59
	2005	33.11	20.66	32.21	26.70
	2006	33.52	20.81	32.39	26.94
	2007	33.52	21.02	32.64	27.10
	2008	34.10	21.31	33.13	27.51
	2009	34.32	21.43	33.44	27.70
	2010	34.65	21.86	33.98	28.12
	2011	35.14	22.27	34.71	28.62
	2012	35.35	22.29	34.67	28.68
	2013	35.04	22.24	34.42	32.26
	2014	43.45	35.63	43.04	39.46
	2015	40.48	31.64	33.65	34.69
	2016	40.06	34.96	41.93	37.89
	2017	41.46	36.33	43.33	39.27
	2018	44.27	39.33	45.83	42.11
	2019	41.08	35.38	42.86	38.58

续表

省份	年份	先行指数	一致指数	滞后指数	工业企业景气指数（ISMECI）
湖南	2020	39.67	33.76	41.60	37.10
	2021	**40.16**	**34.29**	**42.05**	**37.61**
四川	2001	42.70	23.34	38.22	32.12
	2002	42.74	23.48	38.30	32.22
	2003	44.08	23.91	39.41	33.06
	2004	44.70	24.19	39.73	33.45
	2005	44.60	24.33	39.87	33.52
	2006	44.83	24.55	40.16	33.76
	2007	45.14	24.84	40.62	34.09
	2008	46.00	25.19	41.24	34.64
	2009	46.17	25.35	41.50	34.83
	2010	46.81	25.63	42.04	35.27
	2011	46.13	25.83	41.67	35.09
	2012	47.23	26.12	42.56	35.74
	2013	46.93	26.21	42.15	38.28
	2014	49.29	36.66	46.25	42.37
	2015	46.14	30.78	35.27	36.29
	2016	46.14	35.85	44.39	40.64
	2017	49.24	38.91	47.47	43.72
	2018	48.63	38.53	46.82	43.22
	2019	45.74	34.25	43.67	39.58
	2020	45.19	33.13	43.07	38.73
	2021	**44.55**	**32.60**	**42.46**	**38.16**
湖北	2001	43.97	31.05	42.13	37.14
	2002	43.90	31.17	42.17	37.19
	2003	44.67	31.65	43.22	37.87
	2004	45.23	31.80	43.55	38.18
	2005	44.91	31.93	43.46	38.13
	2006	45.04	32.18	43.61	38.32

续表

省份	年份	先行指数	一致指数	滞后指数	工业企业景气指数（ISMECI）
湖北	2007	45.41	32.62	44.08	38.75
	2008	46.34	33.30	45.12	39.57
	2009	46.14	33.44	45.18	39.60
	2010	46.39	34.29	45.64	40.19
	2011	46.91	34.10	45.45	40.22
	2012	47.09	34.51	46.15	40.61
	2013	47.08	34.32	45.64	41.83
	2014	52.32	47.43	51.45	49.70
	2015	48.83	37.45	39.74	41.32
	2016	50.24	45.32	51.90	48.11
	2017	50.68	45.78	52.38	48.57
	2018	49.57	44.57	50.90	47.33
	2019	27.63	24.08	28.59	26.05
	2020	44.19	38.36	46.01	41.64
	2021	**44.11**	**38.27**	**46.00**	**41.57**
北京	2001	28.95	23.06	25.16	25.25
	2002	29.14	23.28	25.44	25.47
	2003	29.80	23.77	26.01	26.03
	2004	30.64	24.32	26.80	26.71
	2005	30.69	24.37	26.88	26.77
	2006	30.75	24.54	26.94	26.88
	2007	30.91	24.73	27.06	27.05
	2008	31.25	24.81	27.14	27.21
	2009	31.27	24.90	27.17	27.26
	2010	31.39	25.21	27.38	27.50
	2011	30.04	24.18	26.11	26.32
	2012	31.55	25.27	27.47	27.59
	2013	31.23	24.99	26.96	25.78
	2014	24.26	20.45	21.54	21.81

续表

省份	年份	先行指数	一致指数	滞后指数	工业企业景气指数（ISMECI）
北京	2015	25.35	14.32	17.57	18.28
	2016	25.03	19.42	22.11	21.64
	2017	24.86	19.31	21.91	21.49
	2018	24.46	18.90	21.67	21.12
	2019	24.69	18.58	21.58	21.01
	2020	26.15	19.53	22.75	22.16
	2021	**25.57**	**19.03**	**22.20**	**21.63**
辽宁	2001	71.20	30.50	50.79	46.77
	2002	70.95	30.63	50.87	46.77
	2003	72.64	31.23	52.27	47.86
	2004	73.69	31.63	52.71	48.47
	2005	72.84	31.74	52.75	48.28
	2006	73.35	32.09	53.31	48.71
	2007	73.84	32.45	53.84	49.15
	2008	75.03	32.90	54.88	49.93
	2009	75.05	33.12	55.17	50.11
	2010	75.16	33.62	55.70	50.50
	2011	76.64	33.72	56.01	51.05
	2012	76.67	34.17	56.73	51.43
	2013	76.88	34.24	56.30	54.82
	2014	74.83	48.83	62.25	59.32
	2015	64.00	37.89	45.31	47.21
	2016	59.09	38.41	50.68	47.07
	2017	51.73	30.73	42.66	39.42
	2018	48.30	28.10	39.31	36.40
	2019	47.94	26.04	38.09	35.02
	2020	52.41	28.32	41.84	38.25
	2021	**51.28**	**27.62**	**41.05**	**37.41**

续表

省份	年份	先行指数	一致指数	滞后指数	工业企业景气指数（ISMECI）
安徽	2001	27.62	18.01	27.94	22.88
	2002	27.52	18.05	27.93	22.86
	2003	28.29	18.40	28.49	23.38
	2004	28.32	18.54	28.61	23.49
	2005	28.41	18.65	28.80	23.61
	2006	28.69	18.86	29.07	23.85
	2007	28.90	19.02	29.38	24.05
	2008	29.53	19.33	29.89	24.50
	2009	29.65	19.47	30.19	24.67
	2010	29.91	19.91	30.67	25.06
	2011	30.70	20.20	31.31	25.57
	2012	30.61	20.24	31.26	25.55
	2013	30.44	20.10	31.00	30.53
	2014	44.96	38.67	45.28	41.88
	2015	43.92	36.22	38.23	38.93
	2016	48.19	43.86	49.74	46.33
	2017	50.43	46.04	51.99	48.54
	2018	50.22	45.95	51.66	48.37
	2019	41.58	36.90	43.15	39.55
	2020	37.98	32.92	39.71	35.80
	2021	**37.03**	**32.03**	**38.78**	**34.88**
上海	2001	47.89	53.09	56.79	52.27
	2002	47.64	53.20	56.69	52.23
	2003	49.40	54.95	58.87	54.07
	2004	49.89	55.89	59.77	54.87
	2005	50.10	55.85	59.84	54.92
	2006	50.45	56.22	60.19	55.28
	2007	50.90	56.61	60.51	55.68
	2008	51.02	57.03	60.88	56.00

续表

省份	年份	先行指数	一致指数	滞后指数	工业企业景气指数（ISMECI）
上海	2009	51.03	57.08	60.94	56.04
	2010	51.13	57.77	61.12	56.45
	2011	52.88	56.05	60.81	56.05
	2012	52.77	58.11	62.23	57.33
	2013	53.29	57.70	62.12	55.43
	2014	47.48	49.86	52.38	49.65
	2015	39.58	32.94	35.42	35.43
	2016	38.77	42.70	45.32	42.05
	2017	38.15	42.17	44.67	41.46
	2018	37.71	41.71	44.08	40.99
	2019	35.68	40.10	42.66	39.28
	2020	37.95	42.74	45.68	41.89
	2021	**34.33**	**38.66**	**41.43**	**37.92**
陕西	2001	30.89	12.98	24.01	20.56
	2002	30.80	13.03	24.01	20.56
	2003	31.73	13.26	24.75	21.10
	2004	31.76	13.40	24.84	21.20
	2005	31.77	13.46	24.91	21.24
	2006	31.85	13.52	24.98	21.31
	2007	32.01	13.62	25.10	21.43
	2008	32.64	13.86	25.54	21.83
	2009	33.15	14.02	25.92	22.14
	2010	33.22	14.33	26.34	22.40
	2011	34.05	14.42	26.46	22.72
	2012	33.91	14.49	26.62	22.74
	2013	33.91	14.44	26.27	22.06
	2014	28.01	16.16	23.39	21.16
	2015	25.91	13.00	16.98	17.67
	2016	26.45	16.00	22.27	20.39

续表

省份	年份	先行指数	一致指数	滞后指数	工业企业景气指数（ISMECI）
陕西	2017	27.65	17.11	23.41	21.53
	2018	28.62	18.34	24.27	22.61
	2019	27.66	16.23	22.80	20.97
	2020	28.91	16.60	23.72	21.72
	2021	**28.44**	**16.20**	**23.28**	**21.29**
天津	2001	23.21	26.24	28.96	25.88
	2002	23.54	26.28	29.00	26.00
	2003	24.09	26.94	29.96	26.69
	2004	24.31	27.37	30.43	27.06
	2005	24.48	27.55	30.46	27.21
	2006	24.53	27.72	30.44	27.31
	2007	24.66	27.89	30.71	27.48
	2008	24.94	28.28	31.11	27.85
	2009	24.81	28.35	31.26	27.87
	2010	24.76	28.63	31.41	28.03
	2011	25.34	28.23	31.36	27.99
	2012	25.47	29.00	31.95	28.53
	2013	25.55	28.92	31.63	27.76
	2014	24.05	25.88	27.68	25.69
	2015	24.45	17.94	19.04	20.11
	2016	24.42	22.97	25.43	23.90
	2017	24.18	22.74	25.17	23.66
	2018	22.57	20.98	23.32	21.93
	2019	21.13	19.44	21.90	20.44
	2020	23.40	21.52	24.38	22.66
	2021	**22.99**	**21.34**	**24.16**	**22.40**
江西	2001	21.68	11.80	19.37	16.28
	2002	21.60	11.85	19.40	16.28
	2003	22.29	12.04	19.80	16.67

续表

省份	年份	先行指数	一致指数	滞后指数	工业企业景气指数（ISMECI）
江西	2004	22.38	12.20	19.99	16.81
	2005	22.33	12.29	20.14	16.87
	2006	22.47	12.41	20.31	17.01
	2007	22.78	12.56	20.55	17.22
	2008	23.14	12.74	20.96	17.51
	2009	23.19	12.78	20.97	17.54
	2010	23.44	12.98	21.21	17.77
	2011	23.84	13.16	21.56	18.04
	2012	23.90	13.25	21.70	18.13
	2013	23.60	13.19	21.39	19.77
	2014	27.55	21.12	26.15	24.05
	2015	26.58	19.72	20.81	21.99
	2016	27.02	21.91	26.61	24.38
	2017	29.40	24.23	29.00	26.74
	2018	30.60	25.47	30.00	27.92
	2019	27.95	22.16	27.26	24.92
	2020	28.92	22.80	28.20	25.72
	2021	**29.31**	**23.21**	**28.57**	**26.12**
重庆	2001	18.78	10.58	17.06	14.33
	2002	18.82	10.64	17.11	14.39
	2003	19.37	10.83	17.49	14.73
	2004	19.42	10.90	17.59	14.80
	2005	19.40	10.97	17.69	14.85
	2006	19.52	11.05	17.81	14.94
	2007	19.85	11.21	18.04	15.17
	2008	20.26	11.38	18.37	15.44
	2009	20.29	11.45	18.47	15.51
	2010	20.55	11.70	18.75	15.76
	2011	20.97	11.65	18.75	15.87

续表

省份	年份	先行指数	一致指数	滞后指数	工业企业景气指数（ISMECI）
重庆	2012	20.99	11.82	19.00	16.00
	2013	20.91	11.79	18.85	17.00
	2014	21.51	15.96	20.22	18.48
	2015	20.89	13.91	15.88	16.40
	2016	21.14	16.46	20.42	18.65
	2017	21.71	16.98	20.97	19.20
	2018	21.90	17.37	21.20	19.49
	2019	20.66	15.68	19.86	18.01
	2020	19.98	14.54	19.14	17.09
	2021	**19.62**	**14.23**	**18.80**	**16.76**
山西	2001	33.18	17.05	32.63	25.00
	2002	33.33	17.21	32.93	25.19
	2003	34.34	17.48	33.67	25.78
	2004	34.52	17.77	34.11	26.06
	2005	34.47	17.81	34.18	26.08
	2006	34.62	17.92	34.47	26.24
	2007	34.92	18.06	34.77	26.46
	2008	35.39	18.17	34.84	26.67
	2009	35.46	18.06	34.98	26.67
	2010	35.78	18.46	35.30	27.03
	2011	36.16	18.47	35.17	27.12
	2012	36.39	18.68	35.81	27.42
	2013	36.09	18.54	35.18	25.68
	2014	27.79	17.12	27.17	22.33
	2015	26.43	12.86	18.17	17.99
	2016	25.84	15.85	26.07	20.89
	2017	25.49	15.50	25.71	20.54
	2018	25.40	16.00	25.35	20.69
	2019	26.28	15.73	26.18	20.99

续表

省份	年份	先行指数	一致指数	滞后指数	工业企业景气指数（ISMECI）
山西	2020	28.24	17.04	28.37	22.67
	2021	**28.56**	**17.40**	**28.65**	**23.00**
云南	2001	31.75	11.88	21.13	19.69
	2002	31.66	11.86	21.06	19.64
	2003	32.94	12.16	21.63	20.29
	2004	33.03	12.33	21.73	20.42
	2005	33.29	12.39	21.83	20.55
	2006	33.48	12.52	22.04	20.71
	2007	33.72	12.61	22.24	20.87
	2008	34.12	12.75	22.49	21.11
	2009	34.11	12.79	22.68	21.16
	2010	34.64	12.99	22.93	21.47
	2011	34.46	12.68	22.65	21.21
	2012	35.10	13.08	23.14	21.70
	2013	34.22	12.98	22.78	20.32
	2014	26.41	13.37	19.34	18.48
	2015	24.10	10.22	13.90	15.12
	2016	24.28	12.35	17.56	16.97
	2017	25.04	13.13	18.34	17.74
	2018	24.90	13.41	18.28	17.83
	2019	25.20	12.30	17.76	17.26
	2020	25.84	12.15	17.99	17.42
	2021	**25.38**	**11.79**	**17.58**	**17.03**
新疆	2001	23.67	8.04	14.65	14.05
	2002	23.87	8.06	14.72	14.14
	2003	24.23	8.10	14.92	14.30
	2004	24.21	8.20	14.97	14.36
	2005	24.28	8.27	15.02	14.42
	2006	24.47	8.36	15.12	14.54

续表

省份	年份	先行指数	一致指数	滞后指数	工业企业景气指数（ISMECI）
新疆	2007	24.99	8.47	15.35	14.80
	2008	25.21	8.56	15.55	14.95
	2009	25.28	8.60	15.67	15.02
	2010	25.85	8.90	16.09	15.42
	2011	26.15	8.86	16.05	15.49
	2012	26.17	8.94	16.17	15.56
	2013	25.84	8.85	15.83	14.40
	2014	19.04	8.72	13.05	12.68
	2015	20.27	6.91	10.69	11.67
	2016	20.83	8.89	13.37	13.37
	2017	21.50	9.39	13.92	13.93
	2018	21.47	9.65	14.01	14.07
	2019	23.06	9.23	14.32	14.40
	2020	22.87	8.78	13.99	14.05
	2021	**22.98**	**8.98**	**14.15**	**14.22**
广西	2001	35.15	13.82	22.89	22.03
	2002	34.94	13.78	22.80	21.93
	2003	35.79	14.08	23.39	22.46
	2004	35.99	14.27	23.60	22.65
	2005	35.85	14.29	23.58	22.61
	2006	36.10	14.41	23.71	22.78
	2007	36.53	14.58	24.02	23.05
	2008	36.75	14.69	24.24	23.22
	2009	37.03	14.77	24.36	23.37
	2010	37.34	15.19	24.77	23.75
	2011	37.65	15.32	25.10	23.98
	2012	37.81	15.37	25.15	24.05
	2013	37.83	15.29	24.91	23.80
	2014	31.59	17.92	23.75	23.19

续表

省份	年份	先行指数	一致指数	滞后指数	工业企业景气指数（ISMECI）
广西	2015	25.79	13.75	16.33	17.88
	2016	24.84	14.82	19.96	18.85
	2017	24.98	14.89	20.06	18.95
	2018	25.47	15.71	20.51	19.60
	2019	25.76	14.66	20.12	19.08
	2020	26.57	14.87	20.70	19.55
	2021	**27.01**	**15.42**	**21.20**	**20.05**
贵州	2001	17.33	8.08	13.12	11.86
	2002	17.38	8.15	13.17	11.93
	2003	17.74	8.31	13.51	12.18
	2004	17.85	8.43	13.61	12.29
	2005	17.79	8.43	13.62	12.28
	2006	17.82	8.48	13.70	12.32
	2007	17.99	8.53	13.78	12.42
	2008	18.37	8.64	14.02	12.63
	2009	18.48	8.67	14.07	12.69
	2010	18.50	8.83	14.28	12.82
	2011	18.96	8.91	14.28	13.00
	2012	18.90	8.96	14.45	13.04
	2013	18.79	8.90	14.22	12.79
	2014	17.17	11.12	14.39	13.59
	2015	17.27	9.86	11.04	12.32
	2016	18.39	12.19	15.31	14.67
	2017	19.69	13.59	16.74	16.05
	2018	20.46	14.46	17.44	16.86
	2019	19.95	13.01	16.47	15.78
	2020	18.04	10.92	14.51	13.77
	2021	**17.27**	**10.20**	**13.77**	**13.03**

续表

省份	年份	先行指数	一致指数	滞后指数	工业企业景气指数（ISMECI）
黑龙江	2001	21.27	11.79	19.88	16.25
	2002	21.29	11.85	19.91	16.30
	2003	21.94	12.00	20.40	16.66
	2004	22.07	12.22	20.65	16.86
	2005	21.79	12.16	20.44	16.70
	2006	21.83	12.21	20.49	16.75
	2007	21.99	12.32	20.62	16.88
	2008	22.23	12.54	20.91	17.12
	2009	22.20	12.55	20.89	17.11
	2010	22.46	12.88	21.20	17.42
	2011	22.86	12.73	21.34	17.49
	2012	22.75	12.91	21.41	17.56
	2013	22.72	12.89	21.32	17.43
	2014	18.80	14.76	19.73	16.97
	2015	18.94	11.46	13.72	14.15
	2016	18.87	13.66	18.21	16.13
	2017	18.70	13.48	17.95	15.94
	2018	18.46	13.24	17.70	15.70
	2019	17.27	11.66	16.43	14.30
	2020	17.95	11.73	17.05	14.66
	2021	**17.91**	**11.73**	**17.00**	**14.64**
吉林	2001	22.45	13.06	21.45	17.56
	2002	22.52	13.09	21.49	17.60
	2003	23.07	13.28	22.05	17.97
	2004	23.31	13.44	22.17	18.15
	2005	23.08	13.48	22.10	18.08
	2006	23.19	13.58	22.29	18.20
	2007	23.37	13.75	22.45	18.38
	2008	23.70	13.98	22.79	18.66

续表

省份	年份	先行指数	一致指数	滞后指数	工业企业景气指数（ISMECI）
吉林	2009	23.74	14.09	22.98	18.76
	2010	23.84	14.29	23.20	18.93
	2011	24.36	14.53	23.68	19.31
	2012	24.31	14.56	23.64	19.30
	2013	24.13	14.52	23.46	19.71
	2014	23.32	17.39	22.84	20.26
	2015	22.49	13.59	16.83	16.91
	2016	23.56	17.06	22.45	20.09
	2017	24.52	17.95	23.38	21.01
	2018	24.89	18.38	23.57	21.37
	2019	22.53	15.44	21.22	18.72
	2020	19.20	11.49	17.67	15.04
	2021	**18.79**	**11.15**	**17.27**	**14.66**
内蒙古	2001	22.87	8.69	15.65	14.34
	2002	22.91	8.75	15.69	14.39
	2003	23.34	8.88	16.02	14.65
	2004	23.62	9.01	16.23	14.83
	2005	23.96	9.11	16.44	15.03
	2006	24.16	9.21	16.58	15.17
	2007	24.43	9.31	16.74	15.33
	2008	24.82	9.40	16.97	15.54
	2009	24.80	9.44	16.99	15.56
	2010	24.98	9.58	17.23	15.73
	2011	25.46	9.69	17.35	15.95
	2012	25.68	9.79	17.59	16.12
	2013	25.63	9.82	17.45	16.38
	2014	22.36	12.83	17.38	16.60
	2015	20.86	10.36	13.19	14.07
	2016	20.83	12.53	16.53	15.82

续表

省份	年份	先行指数	一致指数	滞后指数	工业企业景气指数（ISMECI）
内蒙古	2017	20.83	12.48	16.48	15.78
	2018	18.08	9.82	13.70	13.07
	2019	18.26	9.12	13.39	12.72
	2020	19.03	9.25	13.89	13.11
	2021	**18.64**	**9.00**	**13.61**	**12.81**
甘肃	2001	16.96	11.18	16.19	13.92
	2002	17.00	11.23	16.17	13.95
	2003	17.17	11.30	16.32	14.07
	2004	17.42	11.39	16.49	14.22
	2005	17.34	11.46	16.36	14.21
	2006	17.35	11.48	16.43	14.23
	2007	17.49	11.62	16.49	14.35
	2008	17.66	11.72	16.64	14.49
	2009	17.70	11.78	16.75	14.55
	2010	17.86	11.90	16.88	14.69
	2011	18.33	11.70	16.93	14.73
	2012	18.16	11.93	16.97	14.81
	2013	18.11	11.98	16.97	13.82
	2014	14.06	10.27	13.37	12.03
	2015	14.06	7.96	8.53	9.91
	2016	14.27	9.69	12.36	11.60
	2017	14.29	9.68	12.36	11.60
	2018	13.89	9.34	11.96	11.23
	2019	14.40	9.26	12.20	11.39
	2020	14.48	9.11	12.21	11.34
	2021	**14.36**	**9.05**	**12.11**	**11.26**
宁夏	2001	6.05	2.36	4.89	3.97
	2002	5.97	2.32	4.79	3.91
	2003	6.12	2.37	4.93	4.01

续表

省份	年份	先行指数	一致指数	滞后指数	工业企业景气指数（ISMECI）
宁夏	2004	6.20	2.42	4.99	4.07
	2005	6.23	2.43	5.02	4.09
	2006	6.22	2.44	5.02	4.09
	2007	6.26	2.45	5.05	4.11
	2008	6.34	2.47	5.07	4.15
	2009	6.36	2.48	5.11	4.17
	2010	6.42	2.51	5.16	4.21
	2011	6.40	2.48	5.12	4.18
	2012	6.48	2.53	5.20	4.25
	2013	6.48	2.52	5.18	4.13
	2014	5.44	3.06	4.66	4.09
	2015	3.93	2.37	2.77	2.92
	2016	4.12	2.78	3.57	3.34
	2017	4.04	2.68	3.48	3.25
	2018	4.18	2.84	3.62	3.40
	2019	3.98	2.45	3.34	3.09
	2020	3.74	2.15	3.08	2.81
	2021	**3.67**	**2.08**	**3.01**	**2.74**
青海	2001	3.20	1.65	3.32	2.45
	2002	3.22	1.66	3.34	2.46
	2003	3.27	1.68	3.38	2.49
	2004	3.29	1.70	3.42	2.52
	2005	3.24	1.68	3.37	2.48
	2006	3.26	1.69	3.39	2.50
	2007	3.29	1.72	3.43	2.53
	2008	3.33	1.74	3.47	2.56
	2009	3.35	1.74	3.48	2.57
	2010	3.37	1.77	3.54	2.61
	2011	3.42	1.78	3.56	2.63

续表

省份	年份	先行指数	一致指数	滞后指数	工业企业景气指数（ISMECI）
青海	2012	3.41	1.79	3.56	2.63
	2013	3.40	1.78	3.54	2.47
	2014	2.77	1.77	2.84	2.29
	2015	2.93	1.49	2.10	2.05
	2016	2.90	1.76	2.74	2.30
	2017	2.97	1.81	2.80	2.36
	2018	2.93	1.77	2.73	2.31
	2019	3.06	1.73	2.83	2.35
	2020	3.05	1.68	2.82	2.32
	2021	**2.96**	**1.60**	**2.73**	**2.24**
海南	2001	8.22	3.19	4.85	5.03
	2002	8.21	3.22	4.85	5.04
	2003	8.35	3.27	4.97	5.13
	2004	8.41	3.29	4.99	5.17
	2005	8.51	3.32	5.09	5.23
	2006	8.51	3.34	5.11	5.25
	2007	8.64	3.37	5.13	5.30
	2008	8.57	3.38	5.13	5.29
	2009	8.58	3.40	5.15	5.31
	2010	8.77	3.45	5.21	5.40
	2011	8.46	3.47	5.17	5.31
	2012	8.72	3.50	5.27	5.42
	2013	8.87	3.52	5.26	4.93
	2014	5.74	2.58	3.62	3.74
	2015	4.95	1.63	2.55	2.81
	2016	4.88	2.29	3.18	3.24
	2017	4.86	2.25	3.15	3.22
	2018	4.70	2.16	2.99	3.09
	2019	5.13	2.29	3.21	3.33

续表

省份	年份	先行指数	一致指数	滞后指数	工业企业景气指数（ISMECI）
海南	2020	5.48	2.47	3.48	3.58
	2021	**5.46**	**2.52**	**3.49**	**3.60**
西藏	2001	3.18	1.23	1.82	1.93
	2002	3.20	1.23	1.82	1.94
	2003	3.19	1.24	1.82	1.94
	2004	3.21	1.24	1.82	1.95
	2005	3.23	1.25	1.83	1.96
	2006	3.24	1.26	1.83	1.97
	2007	3.22	1.25	1.79	1.95
	2008	3.26	1.26	1.82	1.97
	2009	3.29	1.27	1.82	1.98
	2010	3.35	1.30	1.85	2.03
	2011	3.39	1.31	1.84	2.04
	2012	3.36	1.31	1.83	2.03
	2013	3.31	0.78	1.84	1.55
	2014	2.15	0.90	1.24	1.34
	2015	2.12	0.66	0.92	1.15
	2016	1.97	0.62	0.97	1.09
	2017	1.99	0.62	0.98	1.10
	2018	1.99	0.61	0.98	1.10
	2019	2.36	0.73	1.16	1.30
	2020	2.37	0.73	1.16	1.31
	2021	**2.35**	**0.73**	**1.16**	**1.30**

附表 2   2001—2021 年中国区域工业中小企业景气指数

地区	年份	先行指数	一致指数	滞后指数	工业企业景气指数（ISMECI）
华东	2001	148.35	178.69	165.94	167.04
	2002	148.60	180.00	167.01	167.99

续表

地区	年份	先行指数	一致指数	滞后指数	工业企业景气指数（ISMECI）
华东	2003	153.62	183.49	170.92	172.02
	2004	155.14	186.50	173.74	174.54
	2005	155.70	187.52	174.54	175.38
	2006	156.83	189.25	176.02	176.88
	2007	158.46	191.01	177.45	178.53
	2008	160.82	193.12	179.41	180.69
	2009	160.88	193.78	179.95	181.14
	2010	161.71	195.32	181.15	182.40
	2011	164.39	198.00	183.88	185.09
	2012	165.96	200.00	185.69	186.92
	2013	188.66	134.36	128.00	166.30
	2014	119.80	119.32	125.14	120.63
	2015	133.71	114.45	120.06	121.35
	2016	135.68	138.31	149.38	139.73
	2017	136.35	139.10	150.08	140.47
	2018	134.66	137.30	147.73	138.60
	2019	117.19	119.65	131.59	121.30
	2020	125.10	127.50	140.61	129.40
	2021	**123.35**	**125.72**	**138.66**	**127.60**
华南	2001	58.52	60.44	67.89	61.36
	2002	58.39	60.83	68.21	61.57
	2003	60.64	62.27	70.25	63.38
	2004	60.71	63.02	71.00	63.92
	2005	60.79	63.37	71.38	64.20
	2006	61.57	64.00	72.06	64.88
	2007	62.22	64.64	72.67	65.52
	2008	62.98	65.32	73.34	66.22
	2009	63.13	65.50	73.57	66.40
	2010	63.82	66.08	74.18	67.02

续表

地区	年份	先行指数	一致指数	滞后指数	工业企业景气指数（ISMECI）
华南	2011	64.54	66.92	75.17	67.86
	2012	65.13	67.62	75.95	68.54
	2013	69.17	95.56	127.43	82.91
	2014	58.80	56.08	70.75	59.83
	2015	37.67	29.02	32.62	32.34
	2016	34.89	32.81	40.68	35.01
	2017	35.32	33.33	41.13	35.48
	2018	37.64	35.68	42.98	37.73
	2019	35.00	32.76	40.93	35.07
	2020	41.38	39.00	47.89	41.49
	2021	**41.18**	**38.83**	**47.60**	**41.29**
华北	2001	56.55	49.61	54.86	52.74
	2002	56.82	49.92	55.11	53.03
	2003	58.23	50.83	56.61	54.21
	2004	59.56	51.84	57.77	55.34
	2005	59.80	52.16	58.06	55.63
	2006	60.12	52.59	58.34	56.00
	2007	60.54	53.05	58.74	56.43
	2008	61.20	53.60	59.23	57.01
	2009	61.12	53.75	59.44	57.10
	2010	61.46	54.22	59.91	57.53
	2011	62.41	54.85	60.65	58.28
	2012	63.10	55.49	61.35	58.94
	2013	59.48	71.97	125.70	69.85
	2014	30.07	24.47	28.40	26.94
	2015	33.37	19.62	23.52	24.52
	2016	32.43	24.72	30.73	28.23
	2017	31.83	24.09	30.09	27.61
	2018	30.27	22.54	28.28	26.00

续表

地区	年份	先行指数	一致指数	滞后指数	工业企业景气指数（ISMECI）
华北	2019	30.15	21.70	27.90	25.47
	2020	32.51	23.32	30.32	27.48
	2021	**32.25**	**23.24**	**30.14**	**27.33**
华中	2001	48.15	41.04	47.24	44.41
	2002	48.11	41.23	47.32	44.51
	2003	48.99	41.74	48.33	45.23
	2004	49.65	42.22	48.90	45.79
	2005	49.39	42.55	49.03	45.90
	2006	49.75	43.00	49.30	46.28
	2007	50.23	43.59	49.90	46.85
	2008	51.36	44.30	50.90	47.74
	2009	51.16	44.47	51.19	47.82
	2010	51.54	44.91	51.70	48.26
	2011	52.21	45.53	52.41	48.91
	2012	52.49	45.90	52.76	49.25
	2013	49.70	69.35	120.44	62.67
	2014	48.76	39.39	48.61	44.05
	2015	41.44	32.51	34.28	35.54
	2016	34.93	30.54	36.09	32.97
	2017	35.63	31.20	36.81	33.65
	2018	34.81	30.44	35.65	32.79
	2019	28.20	23.86	29.03	26.20
	2020	33.97	28.71	35.06	31.56
	2021	**33.32**	**28.18**	**34.41**	**30.97**
西南	2001	38.08	22.68	31.73	29.11
	2002	38.13	22.78	31.77	29.18
	2003	39.37	23.25	32.67	29.97
	2004	39.76	23.53	32.91	30.28
	2005	39.72	23.66	33.04	30.35

续表

地区	年份	先行指数	一致指数	滞后指数	工业企业景气指数（ISMECI）
西南	2006	39.91	23.87	33.30	30.57
	2007	40.22	24.14	33.68	30.87
	2008	41.08	24.49	34.23	31.41
	2009	41.27	24.63	34.46	31.59
	2010	41.73	24.81	34.81	31.89
	2011	40.94	24.53	34.31	31.41
	2012	42.07	25.16	35.20	32.24
	2013	32.51	62.34	125.74	50.78
	2014	26.59	17.83	22.76	21.44
	2015	22.55	12.50	15.13	16.04
	2016	22.26	14.49	19.26	17.77
	2017	23.47	15.70	20.49	18.99
	2018	23.01	15.41	19.97	18.60
	2019	22.98	14.33	19.51	17.96
	2020	23.77	14.71	20.20	18.53
	2021	**23.19**	**14.24**	**19.66**	**18.01**
东北	2001	37.77	22.94	32.07	29.22
	2002	37.74	23.03	32.11	29.26
	2003	38.76	23.44	33.00	29.95
	2004	39.24	23.79	33.30	30.32
	2005	38.75	23.82	33.20	30.18
	2006	38.96	24.05	33.48	30.41
	2007	39.25	24.33	33.77	30.69
	2008	39.85	24.70	34.37	31.18
	2009	39.85	24.86	34.54	31.29
	2010	40.04	25.07	34.81	31.51
	2011	40.55	25.41	35.29	31.92
	2012	40.69	25.61	35.50	32.11
	2013	32.37	61.88	134.96	51.48

续表

地区	年份	先行指数	一致指数	滞后指数	工业企业景气指数（ISMECI）
东北	2014	33.60	20.94	28.90	26.33
	2015	21.18	11.71	14.60	15.12
	2016	19.36	12.11	17.07	15.28
	2017	17.10	9.85	14.65	12.98
	2018	15.87	8.72	13.36	11.80
	2019	16.34	8.56	13.61	11.90
	2020	16.83	8.30	13.91	11.98
	2021	**16.52**	**8.12**	**13.66**	**11.75**
西北	2001	26.92	14.76	22.15	19.88
	2002	26.95	14.80	22.11	19.91
	2003	27.63	15.00	22.65	20.32
	2004	27.81	15.16	22.86	20.50
	2005	27.75	15.22	22.81	20.50
	2006	27.79	15.33	22.91	20.58
	2007	28.12	15.50	23.09	20.80
	2008	28.59	15.76	23.42	21.14
	2009	28.89	15.90	23.69	21.36
	2010	29.13	16.11	24.00	21.59
	2011	29.69	16.36	24.40	21.96
	2012	29.66	16.39	24.37	21.97
	2013	22.17	54.47	199.63	49.60
	2014	10.72	4.77	8.30	7.26
	2015	16.51	8.65	10.75	11.43
	2016	11.25	4.61	8.00	7.28
	2017	11.42	4.68	8.11	7.38
	2018	11.21	4.59	7.84	7.22
	2019	12.79	5.24	8.93	8.24
	2020	13.35	5.46	9.39	8.61
	2021	**13.17**	**5.44**	**9.28**	**8.53**

附表3　　2010—2022年中国省际上市中小企业景气指数

省份	年份	先行指数	一致指数	滞后指数	上市企业景气指数（SCNBCI）
广东	2010	158.76	146.20	164.89	137.83
	2011	157.54	146.00	164.29	137.36
	2012	157.31	145.28	164.62	137.02
	2013	157.09	145.25	164.48	136.94
	2014	145.32	131.58	141.62	137.71
	2015	145.00	130.64	134.35	151.78
	2016	153.13	132.48	136.22	139.42
	2017	122.60	105.98	111.62	112.09
	2018	156.22	141.79	147.33	147.22
	2019	144.87	132.39	134.77	136.61
	2020	136.71	126.60	128.70	130.05
	2021	148.52	136.80	138.65	140.69
	2022	**135.50**	**122.73**	**127.85**	**127.58**
浙江	2010	132.18	122.99	138.79	115.69
	2011	131.97	122.92	138.59	115.57
	2012	131.31	122.13	138.83	115.09
	2013	131.61	122.24	139.07	115.26
	2014	112.84	102.26	103.19	105.62
	2015	114.03	102.67	104.27	118.78
	2016	124.63	109.97	111.99	114.77
	2017	107.78	98.62	101.46	101.93
	2018	132.55	123.99	127.01	127.16
	2019	121.57	114.66	115.58	116.92
	2020	115.70	110.33	111.68	112.21
	2021	123.48	117.19	118.85	119.41
	2022	**111.86**	**105.08**	**107.08**	**107.51**
江苏	2010	112.25	106.06	124.31	100.34
	2011	111.29	105.83	123.20	99.81
	2012	112.24	105.29	124.75	100.04

续表

省份	年份	先行指数	一致指数	滞后指数	上市企业景气指数（SCNBCI）
江苏	2013	111.98	105.28	124.32	99.90
	2014	94.02	84.36	88.07	88.00
	2015	95.29	85.08	89.24	99.16
	2016	93.28	80.78	84.17	85.21
	2017	96.01	90.24	95.93	93.11
	2018	106.56	101.56	108.33	104.41
	2019	97.13	92.21	96.79	94.60
	2020	87.77	83.71	87.90	85.77
	2021	93.45	89.71	93.59	91.61
	2022	**86.89**	**82.92**	**87.30**	**84.99**
山东	2010	87.89	87.90	103.99	82.33
	2011	87.51	87.74	103.74	82.12
	2012	87.98	87.19	104.08	82.01
	2013	88.09	87.15	104.02	82.00
	2014	79.74	77.47	78.83	78.43
	2015	82.07	78.81	81.08	89.33
	2016	85.89	74.38	76.98	78.35
	2017	91.43	87.42	91.07	89.35
	2018	95.42	92.65	95.92	94.13
	2019	84.33	82.02	84.45	83.20
	2020	75.40	73.05	75.38	74.22
	2021	79.56	78.08	79.13	78.74
	2022	**76.65**	**74.32**	**76.37**	**75.43**
河南	2010	89.35	80.40	95.54	77.18
	2011	89.38	80.38	95.59	77.18
	2012	88.87	79.29	95.75	76.57
	2013	88.78	79.32	95.53	76.52
	2014	87.85	63.46	74.76	73.04
	2015	90.69	65.45	73.02	82.90

续表

省份	年份	先行指数	一致指数	滞后指数	上市企业景气指数（SCNBCI）
河南	2016	84.56	64.48	64.84	70.58
	2017	102.49	87.73	90.08	92.63
	2018	103.64	90.43	91.79	94.67
	2019	92.37	79.94	80.46	83.77
	2020	79.72	69.56	70.39	72.77
	2021	85.05	74.27	74.93	77.64
	2022	**80.15**	**71.00**	**70.79**	**73.70**
福建	2010	82.21	71.01	87.43	69.44
	2011	81.96	70.93	86.90	69.24
	2012	81.65	70.33	87.25	68.94
	2013	81.72	70.32	87.00	68.91
	2014	70.99	61.41	67.86	65.57
	2015	73.49	63.31	66.61	74.44
	2016	78.47	59.80	62.86	66.01
	2017	93.42	79.02	84.19	84.38
	2018	97.67	86.80	91.45	90.99
	2019	88.90	78.31	81.66	82.15
	2020	81.92	71.87	75.40	75.59
	2021	85.84	75.47	79.03	79.29
	2022	**80.46**	**70.09**	**74.21**	**74.02**
河北	2010	63.78	68.26	89.02	64.69
	2011	63.59	68.06	88.71	64.49
	2012	64.19	67.57	89.24	64.47
	2013	64.14	67.50	89.06	64.39
	2014	57.15	56.38	59.48	57.23
	2015	60.25	58.37	53.54	64.24
	2016	64.77	62.69	55.29	61.84
	2017	74.47	83.60	75.83	79.30
	2018	76.83	86.44	79.63	82.19

续表

省份	年份	先行指数	一致指数	滞后指数	上市企业景气指数（SCNBCI）
河北	2019	67.83	76.69	69.51	72.60
	2020	65.58	73.90	67.29	70.08
	2021	63.43	71.88	65.29	68.03
	2022	**58.56**	**67.13**	**58.67**	**62.87**
湖南	2010	88.64	74.65	93.19	73.69
	2011	88.00	74.58	92.35	73.36
	2012	88.53	73.74	92.89	73.15
	2013	88.22	73.73	92.36	72.98
	2014	78.52	59.79	70.51	67.56
	2015	80.70	61.94	68.74	76.58
	2016	84.57	66.92	71.55	73.14
	2017	98.79	85.81	92.03	90.95
	2018	103.04	90.39	96.99	95.50
	2019	92.95	82.13	87.28	86.41
	2020	85.17	75.32	79.81	79.17
	2021	87.78	78.38	83.53	82.23
	2022	**84.94**	**75.38**	**80.23**	**79.22**
四川	2010	86.57	78.58	98.13	76.23
	2011	86.06	78.56	98.26	76.14
	2012	85.42	77.98	98.22	75.72
	2013	85.51	78.02	98.20	75.75
	2014	74.63	63.36	68.97	67.86
	2015	77.26	65.84	71.71	78.28
	2016	85.24	67.08	69.33	72.98
	2017	98.30	84.26	90.45	89.71
	2018	103.16	90.62	95.76	95.41
	2019	92.90	81.09	84.61	85.34
	2020	83.20	72.34	76.51	76.43
	2021	88.44	76.86	81.12	81.18
	2022	**83.69**	**73.47**	**77.04**	**77.25**

续表

省份	年份	先行指数	一致指数	滞后指数	上市企业景气指数（SCNBCI）
湖北	2010	73.57	61.60	76.58	60.83
	2011	73.02	61.51	76.63	60.69
	2012	72.54	61.05	76.70	60.37
	2013	72.32	60.92	76.83	60.29
	2014	73.00	58.77	69.07	65.10
	2015	75.91	60.70	55.81	71.35
	2016	75.93	57.67	56.23	62.86
	2017	93.39	81.08	77.44	84.05
	2018	94.81	82.23	79.67	85.49
	2019	84.11	73.47	69.28	75.82
	2020	67.21	58.34	56.19	60.57
	2021	77.73	67.69	64.59	70.08
	2022	**74.77**	**66.34**	**63.47**	**68.30**
北京	2010	98.95	97.76	115.88	91.85
	2011	98.72	97.77	115.52	91.74
	2012	98.57	97.39	116.16	91.64
	2013	98.47	97.36	115.76	91.52
	2014	100.18	89.40	101.38	95.03
	2015	102.96	90.43	95.84	106.25
	2016	123.04	107.97	111.98	113.29
	2017	106.93	96.91	103.40	101.22
	2018	131.23	121.77	127.36	125.73
	2019	119.78	113.00	117.73	115.98
	2020	112.37	105.59	109.99	108.50
	2021	120.54	114.42	118.17	117.01
	2022	**110.83**	**104.97**	**109.83**	**107.70**
辽宁	2010	89.47	71.73	92.18	72.19
	2011	88.42	71.63	92.02	71.90
	2012	88.37	70.89	91.98	71.52

续表

省份	年份	先行指数	一致指数	滞后指数	上市企业景气指数（SCNBCI）
辽宁	2013	88.12	70.79	91.89	71.40
	2014	74.26	63.74	64.97	67.15
	2015	77.15	65.28	66.56	76.77
	2016	81.41	63.49	64.69	69.10
	2017	98.55	88.11	90.72	91.76
	2018	99.78	89.87	91.74	93.21
	2019	89.09	79.55	80.71	82.64
	2020	77.25	68.95	70.63	71.77
	2021	83.56	74.99	76.70	77.90
	2022	**77.70**	**70.13**	**72.70**	**72.91**
安徽	2010	70.45	76.47	96.15	71.56
	2011	70.23	76.53	95.84	71.48
	2012	70.14	75.69	96.11	71.09
	2013	70.19	75.78	96.10	71.15
	2014	68.57	61.00	71.10	65.29
	2015	71.11	62.83	65.81	73.18
	2016	79.57	65.79	67.79	70.33
	2017	94.04	85.63	89.37	88.90
	2018	97.98	90.01	94.10	93.22
	2019	85.93	79.88	81.89	82.10
	2020	79.50	73.89	76.84	76.16
	2021	83.10	76.74	79.95	79.29
	2022	**76.45**	**70.37**	**73.96**	**72.91**
上海	2010	78.20	77.51	97.46	73.89
	2011	78.08	77.44	97.18	73.77
	2012	77.96	76.43	96.97	73.20
	2013	78.06	76.44	97.04	73.24
	2014	72.14	69.99	71.24	70.88
	2015	74.50	71.44	73.89	80.99

续表

省份	年份	先行指数	一致指数	滞后指数	上市企业景气指数（SCNBCI）
上海	2016	87.23	76.68	79.96	80.50
	2017	95.28	89.99	95.47	92.68
	2018	102.94	99.16	103.71	101.20
	2019	92.11	89.05	91.73	90.50
	2020	85.17	82.33	83.95	83.51
	2021	89.46	86.60	89.87	88.11
	2022	**71.17**	**69.52**	**71.64**	**70.44**
陕西	2010	80.43	66.67	90.52	67.53
	2011	80.15	66.62	90.44	67.43
	2012	80.03	65.40	89.90	66.69
	2013	80.39	65.56	90.02	66.86
	2014	36.97	54.93	57.04	49.96
	2015	39.77	57.00	59.43	57.87
	2016	70.05	60.00	65.03	64.02
	2017	87.55	86.92	94.18	88.56
	2018	87.72	87.60	96.16	89.35
	2019	78.14	78.18	84.80	79.49
	2020	69.78	69.05	75.83	70.63
	2021	73.94	73.43	79.99	74.89
	2022	**71.14**	**70.76**	**76.72**	**72.07**
天津	2010	73.95	65.77	89.14	65.50
	2011	73.52	65.65	88.30	65.19
	2012	73.76	65.12	88.96	65.10
	2013	74.33	65.25	88.45	65.18
	2014	53.16	50.81	61.47	53.65
	2015	55.51	52.15	63.78	61.44
	2016	74.98	60.29	62.07	65.05
	2017	93.86	84.72	88.15	88.15
	2018	94.35	85.83	89.67	89.15

续表

省份	年份	先行指数	一致指数	滞后指数	上市企业景气指数（SCNBCI）
天津	2019	83.92	76.21	78.32	78.95
	2020	74.30	67.78	69.18	70.02
	2021	78.14	71.32	72.80	73.66
	2022	**72.22**	**67.08**	**68.08**	**68.82**
江西	2010	53.11	63.74	73.44	57.18
	2011	53.09	63.63	73.32	57.10
	2012	53.32	63.48	74.21	57.24
	2013	53.16	63.45	73.82	57.12
	2014	72.96	51.68	62.04	60.14
	2015	74.56	52.50	63.73	68.06
	2016	56.57	52.39	51.79	53.53
	2017	73.72	80.94	77.21	78.03
	2018	71.42	78.98	76.67	76.25
	2019	63.56	70.27	67.14	67.63
	2020	54.93	60.48	58.53	58.43
	2021	58.09	64.81	61.72	62.18
	2022	**57.14**	**62.75**	**60.71**	**60.66**
重庆	2010	84.18	68.97	91.67	69.66
	2011	83.60	68.94	91.59	69.51
	2012	84.33	68.53	91.75	69.48
	2013	84.69	68.70	92.24	69.74
	2014	68.19	53.75	40.89	55.51
	2015	70.91	55.93	43.77	64.26
	2016	78.37	55.48	57.74	62.80
	2017	98.85	81.53	84.00	87.22
	2018	99.45	81.37	86.19	87.76
	2019	87.64	71.31	74.80	76.91
	2020	80.06	65.93	68.53	70.69
	2021	82.32	67.55	69.80	72.43
	2022	**77.64**	**64.08**	**65.62**	**68.46**

续表

省份	年份	先行指数	一致指数	滞后指数	上市企业景气指数（SCNBCI）
山西	2010	67.97	51.74	43.06	48.08
	2011	67.96	51.78	43.13	48.11
	2012	68.28	51.78	43.99	48.34
	2013	68.34	51.96	44.33	48.51
	2014	68.79	43.25	18.46	45.95
	2015	69.70	44.40	19.77	51.95
	2016	65.37	50.77	37.13	52.42
	2017	78.16	75.47	48.13	70.81
	2018	77.40	75.41	48.90	70.70
	2019	67.63	65.36	41.65	61.30
	2020	59.13	57.06	36.55	53.58
	2021	62.78	61.29	38.98	57.28
	2022	**61.47**	**59.40**	**36.99**	**55.54**
云南	2010	41.85	61.55	74.30	54.00
	2011	41.99	61.59	74.31	54.06
	2012	42.20	61.28	74.73	54.02
	2013	42.24	61.40	74.91	54.13
	2014	50.91	45.26	54.50	48.80
	2015	53.99	47.75	56.99	56.91
	2016	55.21	55.67	59.78	56.36
	2017	68.39	78.89	84.74	76.91
	2018	69.11	79.81	86.99	78.04
	2019	61.11	69.93	75.50	68.40
	2020	55.47	64.05	68.64	62.39
	2021	57.65	66.97	71.29	65.04
	2022	**56.45**	**64.34**	**68.71**	**62.85**
新疆	2010	70.00	66.09	95.98	66.24
	2011	68.96	65.96	95.56	65.88
	2012	68.48	65.45	95.08	65.44

续表

省份	年份	先行指数	一致指数	滞后指数	上市企业景气指数（SCNBCI）
新疆	2013	67.82	65.34	94.91	65.22
	2014	73.13	59.37	64.22	64.47
	2015	74.85	59.88	65.19	72.65
	2016	67.74	58.15	64.39	62.27
	2017	89.28	83.09	95.44	87.42
	2018	88.47	84.04	95.05	87.57
	2019	77.86	74.43	83.63	77.30
	2020	71.02	67.10	75.61	69.98
	2021	72.28	68.82	77.25	71.55
	2022	**68.43**	**64.96**	**72.59**	**67.53**
广西	**2022**	**58.24**	**52.28**	**56.11**	**54.84**
贵州	2010	67.78	67.60	78.76	63.11
	2011	67.71	67.54	78.82	63.08
	2012	67.87	67.43	79.20	63.13
	2013	68.11	67.38	79.07	63.12
	2014	55.74	53.73	63.16	56.22
	2015	58.95	56.32	63.52	64.89
	2016	70.99	56.61	61.72	61.94
	2017	83.52	77.78	85.47	81.04
	2018	84.18	79.50	86.33	82.27
	2019	75.72	70.68	75.48	73.15
	2020	71.52	66.94	72.66	69.46
	2021	70.22	66.55	71.80	68.70
	2022	**68.46**	**64.93**	**69.53**	**66.91**
黑龙江	**2022**	**65.86**	**59.01**	**73.89**	**64.04**
吉林	**2022**	**70.83**	**59.17**	**64.49**	**63.73**
内蒙古	**2022**	**60.08**	**67.02**	**55.41**	**62.62**

续表

省份	年份	先行指数	一致指数	滞后指数	上市企业景气指数（SCNBCI）
甘肃	2010	93.73	71.62	100.36	74.63
	2011	94.14	71.75	100.27	74.76
	2012	93.40	71.22	101.66	74.62
	2013	93.77	71.29	102.15	74.83
	2014	60.86	52.29	58.74	56.15
	2015	60.28	51.15	45.43	58.35
	2016	68.83	53.74	59.32	59.38
	2017	88.53	78.29	87.40	83.18
	2018	86.16	77.19	86.13	81.67
	2019	75.48	68.05	74.66	71.60
	2020	68.08	61.63	67.33	64.71
	2021	70.80	64.00	70.07	67.26
	2022	**65.81**	**60.05**	**65.18**	**62.80**
宁夏	2014	76.80	81.52	86.33	81.06
	2015	76.44	80.77	85.76	80.46
	2016	76.78	80.74	85.74	80.55
	2017	76.30	80.25	85.48	80.11
	2018	84.55	85.35	81.85	84.41
	2019	75.10	80.16	84.07	79.43
	2020	65.21	69.39	73.31	68.92
	2021	69.71	74.10	78.57	73.68
	2022	**67.27**	**71.51**	**75.81**	**71.10**
青海	2014	91.42	65.91	86.99	77.78
	2015	90.98	66.12	86.24	77.60
	2016	90.66	66.33	85.84	77.53
	2017	90.94	65.71	85.66	77.27
	2018	101.97	69.39	82.54	81.79
	2019	89.41	65.25	85.29	76.51
	2020	75.28	53.92	71.73	63.89

续表

省份	年份	先行指数	一致指数	滞后指数	上市企业景气指数（SCNBCI）
青海	2021	83.30	60.15	78.68	70.80
	2022	**80.05**	**59.32**	**76.97**	**69.07**
海南	2010	70.80	66.81	78.51	63.26
	2011	70.37	66.48	78.30	62.97
	2012	70.71	66.16	79.08	63.04
	2013	71.14	65.90	79.57	63.09
	2014	45.63	60.37	56.38	55.15
	2015	45.81	59.99	25.57	53.97
	2016	62.70	54.30	43.95	54.75
	2017	80.29	80.69	68.83	78.20
	2018	78.95	79.21	69.32	77.15
	2019	69.39	69.95	59.72	67.74
	2020	62.51	63.17	53.49	61.04
	2021	64.62	65.52	55.49	63.24
	2022	**62.74**	**62.88**	**54.25**	**61.11**
西藏	**2022**	**52.35**	**50.44**	**56.43**	**52.21**

附表 4　　2010—2022 年中国区域上市中小企业景气指数

地区	年份	先行指数	一致指数	滞后指数	上市企业景气指数（SCNBCI）
华东	2010	142.44	173.58	154.22	160.36
	2011	141.93	173.21	153.73	159.93
	2012	142.16	172.51	154.54	159.81
	2013	142.17	172.51	154.47	159.80
	2014	139.70	130.68	135.56	134.36
	2015	140.02	129.73	133.39	133.55
	2016	144.36	131.05	133.39	135.51
	2017	134.77	131.50	131.52	132.48
	2018	134.89	132.58	131.41	133.04

续表

地区	年份	先行指数	一致指数	滞后指数	上市企业景气指数（SCNBCI）
华东	2019	134.78	132.14	130.96	132.70
	2020	131.73	129.33	129.54	130.09
	2021	138.71	136.82	136.32	137.29
	2022	**131.77**	**128.79**	**129.39**	**129.81**
华北	2010	74.95	108.41	90.69	94.83
	2011	74.62	108.35	90.37	94.64
	2012	74.96	107.92	91.08	94.66
	2013	74.84	107.85	90.74	94.52
	2014	78.83	68.97	69.20	71.97
	2015	80.38	68.09	69.27	72.01
	2016	101.11	85.03	88.80	90.61
	2017	101.45	95.90	97.23	97.83
	2018	101.87	96.57	97.94	98.43
	2019	101.61	96.32	97.29	98.10
	2020	102.11	97.13	98.49	98.89
	2021	105.76	101.36	102.33	102.88
	2022	**99.29**	**94.70**	**95.06**	**96.15**
华南	2010	108.32	132.03	114.98	121.51
	2011	107.15	131.80	114.49	120.94
	2012	107.00	130.87	114.82	120.50
	2013	106.76	130.83	114.73	120.39
	2014	97.12	93.37	98.69	95.56
	2015	92.30	87.43	79.22	87.25
	2016	102.04	87.15	86.43	91.47
	2017	102.02	97.19	94.96	98.19
	2018	101.87	97.98	94.72	98.49
	2019	106.26	102.07	98.88	102.69
	2020	98.25	94.41	91.50	94.98

续表

地区	年份	先行指数	一致指数	滞后指数	上市企业景气指数（SCNBCI）
华南	2021	104.28	100.35	97.25	100.91
	2022	**98.45**	**93.53**	**91.05**	**94.51**
东北	2010	75.09	97.43	81.13	87.47
	2011	74.12	97.26	80.77	87.02
	2012	74.29	96.39	80.96	86.68
	2013	74.06	96.28	80.69	86.50
	2014	68.00	56.56	66.02	61.88
	2015	72.59	52.17	61.94	60.25
	2016	68.69	51.53	56.26	57.62
	2017	79.63	71.46	81.34	75.89
	2018	81.36	73.24	74.92	76.01
	2019	80.52	73.00	73.79	75.42
	2020	78.88	72.31	74.06	74.63
	2021	83.25	76.81	78.14	79.01
	2022	**78.17**	**72.30**	**74.41**	**74.48**
西南	2010	67.83	100.42	80.40	86.64
	2011	67.58	100.37	80.50	86.56
	2012	67.76	99.95	80.71	86.44
	2013	67.93	100.06	80.76	86.56
	2014	68.33	58.77	62.27	62.34
	2015	72.09	61.41	66.06	65.54
	2016	75.79	62.93	66.90	67.58
	2017	83.06	79.45	81.96	81.04
	2018	83.73	80.82	81.67	81.87
	2019	83.37	80.17	81.13	81.32
	2020	76.29	73.42	76.20	74.84
	2021	77.47	74.88	76.84	76.05
	2022	**73.88**	**71.03**	**72.77**	**72.23**

续表

地区	年份	先行指数	一致指数	滞后指数	上市企业景气指数（SCNBCI）
华中	2010	78.51	104.24	83.01	92.27
	2011	78.07	104.12	82.91	92.06
	2012	77.89	102.87	83.27	91.45
	2013	77.58	102.81	82.95	91.27
华中	2014	80.58	61.46	72.24	69.35
	2015	82.14	61.83	65.41	68.64
	2016	81.16	61.95	63.75	68.07
	2017	89.56	80.48	79.74	83.06
	2018	90.82	81.09	78.87	83.56
	2019	88.98	79.55	77.33	81.93
	2020	74.83	67.28	66.01	69.29
	2021	80.20	72.34	70.30	74.29
	2022	**75.40**	**68.70**	**67.01**	**70.37**
西北	2010	69.09	92.58	87.02	84.42
	2011	68.70	92.54	86.72	84.22
	2012	68.53	91.67	86.51	83.70
	2013	68.46	91.66	86.62	83.69
	2014	54.60	53.14	57.61	54.47
	2015	55.05	46.76	52.82	50.46
	2016	69.17	52.38	61.43	59.23
	2017	79.38	72.27	75.52	75.06
	2018	79.02	71.84	81.01	75.83
	2019	76.12	70.68	78.86	73.95
	2020	66.01	60.34	68.19	63.61
	2021	69.46	63.83	71.78	67.11
	2022	**65.16**	**60.52**	**68.11**	**63.43**

附表5　　2011—2022年中国省际中小企业综合景气指数

省份	2011	2012	2013	2014	2015	2016	2017	2018	2019	2020	2021	2022
广东	133.49	140.63	141.87	143.33	146.79	122.91	129.09	141.59	144.45	130.87	145.08	**139.78**
浙江	120.44	117.77	118.6	118.14	127.82	113.68	125.86	133.31	130.62	119.65	127.9	**122.14**
江苏	118.1	123.04	118.45	124.02	132.55	111.15	129.13	132.68	128.55	114.72	118.84	**115.50**
山东	48.38	97.08	100.42	94.49	105.45	92.93	109.31	110.15	106.83	92.82	96.29	**91.49**
河南	69.91	75.91	76.92	72.7	75.8	68.52	77.07	79.1	74.56	64.24	68.48	**65.91**
福建	58.35	62.35	64.55	58.78	67.54	60.46	64.78	67.62	65.52	58.68	61.83	**59.13**
河北	64.00	73.87	77.95	64.13	62.33	58.5	66.31	67.41	64.98	59.5	60.45	**58.14**
湖南	53.48	58.37	59.72	53.6	59.82	56.62	59.68	62.13	61.18	55.72	57.36	**56.25**
四川	55.09	62.01	62.78	55.73	63.25	57.96	61.11	64.91	61.66	55.49	58.25	**56.10**
湖北	59.06	61.46	63.10	57.08	63.36	57.52	63.84	64.74	61.15	39.28	56.49	**55.49**
北京	56.69	58.47	60.91	56.5	63.08	62.78	53.63	61.03	57.87	53.32	59.11	**55.10**
辽宁	58.91	71.57	74.08	65.62	66.39	59.27	64.82	61.18	56.3	49.78	56.62	**53.21**
安徽	54.44	57.24	58.4	52.11	59.92	58.31	64.21	66.88	63.59	55.27	55.92	**52.77**
上海	77.96	75.97	78.18	67.46	72.54	61.63	63.42	65.57	62.16	56.85	62.29	**51.95**
陕西	44.66	54.18	60.07	42.98	42.29	43.39	48.13	49.51	47.26	41.07	45.99	**44.16**
天津	53.99	53.28	55.13	44.94	50.89	48.76	50.9	51.18	47.1	40.9	46.4	**44.11**
江西	46.42	46.79	48.29	42.27	47.86	44.03	47.61	48.85	47.01	41.23	44.56	**43.82**
重庆	45.78	47.27	48.48	38.5	47.2	45.19	47.2	47.95	44.94	40.24	42.68	**40.65**
山西	45.97	52.89	56.06	41.02	40.05	40.68	43.1	43.23	40.57	35.91	41.08	**40.29**
云南	44.2	48.78	50.15	40.3	40.38	40.92	42.58	43.86	41.08	37.51	40.42	**38.80**
新疆	44.19	45.79	47.3	38.78	41.19	38.27	43.16	44.21	41.27	35.68	40.11	**38.59**
广西	47.31	51.58	53.83	44.3	45.89	41.04	20.9	21.24	21.68	19.84	22.31	**38.45**
贵州	41.82	50.19	51.66	37.55	40.94	41.38	42.47	44.14	41.93	38.86	39.44	**37.83**
黑龙江	31.85	35.61	36.46	24.3	19.77	21.6	18.65	19.05	19.02	14.92	19.01	**36.92**
吉林	47.86	52.33	53.56	51.58	44.42	42.25	21.07	22.15	22.46	18.24	19.44	**36.37**
内蒙古	31.48	40.94	45.63	22.34	20.48	22.39	18.61	19.13	17.57	15.21	18.26	**36.35**
甘肃	43.04	50.19	54.74	37.17	36.27	37.52	41.00	41.05	37.87	34.65	37.28	**35.48**
宁夏	25.88	25.81	27.33	13.72	13.68	15.61	34.98	36.9	35.55	30.58	34.09	**32.66**
青海	24.21	28.23	30.24	12.47	12.58	15.37	33.55	35.58	34.03	28.01	32.9	**31.62**
海南	37.54	41.16	42.1	33.36	33.4	34.03	34.8	34.99	32.16	27.12	31.55	**30.46**
西藏	21.45	26.16	24.48	31.63	31.59	31.02	9.34	10.28	10.3	8.5	11.04	**26.30**

附表 6　　2011—2022 年中国区域中小企业综合景气指数

地区	2011	2012	2013	2014	2015	2016	2017	2018	2019	2020	2021	2022
华东	168.36	170.1	173.42	166.3	120.93	120.35	133.72	134.44	133.26	120.77	129.55	**125.31**
华南	81.56	90.65	92.35	82.91	74.40	60.92	60.27	60.9	63.57	57.52	65.79	**63.21**
华北	69.85	79.65	82.37	69.58	51.23	56.88	55.99	56.09	55.06	52.74	57.91	**55.16**
华中	64.77	72.55	73.94	62.67	59.18	55.86	54.34	55.17	54.21	43.8	51.7	**49.69**
西南	50.34	62.4	62.92	50.78	49.91	44.86	44.33	45.83	45.49	41.5	44.46	**42.40**
东北	50.91	64.18	66.96	51.48	25.86	39.54	41.10	40.13	39.34	36.11	41.2	**38.15**
西北	44.56	55.29	58.49	49.6	31.54	37.95	35.83	36.82	36.22	31.23	35.61	33.89

附表 7　　2011—2022 年中国省际中小企业综合景气指数排名

省份	2011	2012	2013	2014	2015	2016	2017	2018	2019	2020	2021	2022
广东	1	1	1	1	1	1	2	1	1	1	1	**1**
浙江	2	2	2	3	3	2	3	2	2	2	2	**2**
江苏	3	3	3	2	2	3	1	3	3	3	3	**3**
山东	4	15	4	4	4	4	4	4	4	4	4	**4**
河南	6	5	7	5	5	5	5	5	5	5	5	**5**
福建	7	9	9	9	7	8	8	6	6	7	7	**6**
河北	9	6	6	8	12	10	6	7	7	6	8	**7**
湖南	14	14	14	13	14	14	13	12	11	9	11	**8**
四川	15	12	11	12	10	12	12	10	10	10	10	**9**
湖北	10	7	10	10	9	13	10	11	12	18	13	**10**
北京	8	10	12	11	11	6	14	14	13	12	9	**11**
辽宁	12	8	8	7	8	9	7	13	14	13	12	**12**
安徽	13	13	15	14	13	11	9	8	8	11	14	**13**
上海	5	4	5	6	6	7	11	9	9	8	6	**14**
陕西	19	21	13	18	20	18	16	16	15	15	16	**15**
天津	11	11	17	16	15	15	15	15	16	16	15	**16**
江西	18	19	24	19	16	17	17	17	17	14	17	**17**
重庆	16	20	23	23	17	16	18	18	18	17	18	**18**
山西	17	18	16	20	24	23	20	22	22	21	19	**19**

续表

省份	2011	2012	2013	2014	2015	2016	2017	2018	2019	2020	2021	2022
云南	23	22	22	21	23	22	21	21	21	20	20	20
新疆	25	23	25	22	21	24	19	19	20	22	21	21
广西	22	17	19	17	18	21	28	28	28	27	27	22
贵州	27	25	21	24	22	20	22	20	19	19	22	23
黑龙江	26	28	26	28	29	29	29	30	29	30	29	24
吉林	20	16	20	15	19	19	27	27	27	28	28	25
内蒙古	21	27	28	29	28	28	30	29	30	29	30	26
甘肃	24	24	18	25	25	25	23	23	23	23	23	27
宁夏	29	29	30	30	30	30	24	24	24	24	24	28
青海	—	—	29	31	31	31	26	25	25	25	25	29
海南	28	26	27	26	26	26	25	26	26	26	26	30
西藏	30	30	31	27	27	27	31	31	31	31	31	31

附表8　2011—2022年中国区域中小企业综合景气指数排名

地区	2011年	2012年	2013年	2014年	2015年	2016年	2017年	2018年	2019年	2020年	2021年	2022年
华东	1	1	1	1	1	1	1	1	1	1	1	1
华南	2	2	2	2	2	2	2	2	2	2	2	2
华中	4	4	4	4	3	4	4	4	4	4	3	3
华北	3	3	3	3	4	3	3	3	3	3	4	4
西南	6	6	6	6	5	5	5	5	5	5	5	5
东北	5	5	5	5	7	6	6	6	6	6	6	6
西北	7	7	7	7	6	7	7	7	7	7	7	7

参考文献

毕大川、刘树成：《经济周期与预警系统》，科学出版社 1990 年版。

蔡清龙等：《数字化转型对中小企业绩效的影响——以 H 服装贸易公司为例》，《中国管理信息化》2021 年第 20 期。

曹慧泉等：《中小企业的竞争力在"专、精、特、新"四个字上》，《中外管理》2018 年第 12 期。

曹键：《交通运输景气指数对铁路运输生产指数编制的启示》，《铁道经济研究》2020 年第 3 期。

曹亚东、赵宇峰：《中小企业营销数字化转型研究述评》，《经营与管理》2022 年第 5 期。

常炜等：《四季度经济学家信心指数继续回升，预期我国经济保持较好复苏态势——2020 年四季度中国百名经济学家信心调查报告》，《中国经济景气月报》2021 年第 1 期。

陈德余等：《产业结构转型升级、金融科技创新与区域经济发展实证分析》，《科技管理研究》2018 年第 15 期。

陈迪红等：《行业景气指数建立的方法选择及实证分析》，《系统工程》2003 年第 4 期。

陈东清等：《基于 PSO-SVM 模型的物流业景气指数组合预测研究》，《北京邮电大学学报》（社会科学版）2020 年第 6 期。

陈东清等：《物流业景气度与工业增加值关系研究》，《大连海事大学学报》（社会科学版）2020 年第 5 期。

陈国政：《上市公司景气指数指标体系构建研究》，《上海经济研究》2017 年第 12 期。

陈建辉：《推动民营经济高质量发展加快粤东地区振兴步伐》，《中华工商时报》2021年4月15日第3版。

陈乐一等：《当前中国经济景气走势的合成指数分析》，《当代经济研究》2014年第2期。

陈磊：《企业景气状况与宏观经济运行》，《管理世界》2004年第3期。

陈磊等：《2020年经济景气形势监测、分析和预测》，《科技促进发展》2020年第11期。

陈磊等：《基于混频数据的中国服务业景气指数构建与周期波动分析》，《财贸研究》2019年第2期。

陈莉：《我国生产性服务业景气监测预警系统的构建与应用研究》，硕士学位论文，西北师范大学，2019年。

陈立、蒋艳秋：《财税政策、融资约束与创新绩效——基于科技型中小企业的实证研究》，《重庆理工大学学报》（社会科学版）2021年第4期。

陈敏：《滞后合成指数在区域经济中的预警作用分析》，《中国统计》2017年第4期。

陈宁：《厚积薄发，加快推动中小企业发展壮大》，《江苏日报》2021年1月29日第1版。

陈佩等：《多元共治：创新与监管的平衡——基于"监管沙盒"理论依据与国际实践的思考》，《保险研究》2019年第3期。

陈琴：《后疫情时代下RCEP赋能跨境电商中小企业标准化发展路径研究》，《中国标准化》2022年第8期。

陈小昆、李晓娜：《基于景气视角的旅游业运行监测：一个文献综述》，《新疆财经大学学报》2020年第3期。

陈晓红等：《基于突变级数法的中小企业成长性评价模型》，《财经研究》2004年第11期。

陈晓红等：《中小企业成长性评价方法有效性研究——来自沪深股市的实证》，《当代经济科学》2005年第5期。

陈新民：《高质量发展离不开科技金融》，《中国金融家》2018年第11期。

陈悠超等：《中国航运景气状况分析与预测（2022年第一季度）》，

《水运管理》2022 年第 4 期。

陈越：《软件与信息技术服务业景气指数研究——以南京中小企业为例》，《当代经济》2017 年第 25 期。

程晶晶、夏永祥：《基于新发展理念的我国省域经济高质量发展水平测度与比较》，《工业技术经济》2021 年第 6 期。

池仁勇等：《中国中小企业高质量发展与景气动态研究》，中国社会科学出版社 2020 年版。

池仁勇等：《中国中小企业景气指数研究报告（2011）》，经济科学出版社 2011 年版。

池仁勇等：《中国中小企业景气指数研究报告（2013）》，中国社会科学出版社 2013 年版。

池仁勇等：《中国中小企业景气指数研究报告（2014）》，中国社会科学出版社 2014 年版。

池仁勇等：《中国中小企业景气指数研究报告（2015）》，中国社会科学出版社 2015 年版。

池仁勇等：《中国中小企业景气指数研究报告（2016）》，中国社会科学出版社 2016 年版。

池仁勇等：《中国中小企业景气指数研究报告（2017）》，中国社会科学出版社 2017 年版。

池仁勇等：《中国中小企业景气指数研究报告（2018）》，中国社会科学出版社 2018 年版。

池仁勇等：《中国中小企业景气指数研究报告（2019）》，中国社会科学出版社 2019 年版。

池仁勇等：《中国中小企业景气指数研究报告（2020）》，中国社会科学出版社 2020 年版。

池仁勇等：《中国中小企业景气指数研究报告（2021）》，中国社会科学出版社 2021 年版。

池仁勇等：《中国中小微企业转型升级与景气动态研究的调研报告》，中国社会科学出版社 2016 年版。

池仁勇等：《转型期我国中小企业发展的若干问题研究》，中国社会科学出版社 2012 年版。

储小平等：《广东民营企业四十年》，中国社会科学出版社 2018 年版。

崔明明等：《数据特征驱动的房地产市场集成预测研究》，《管理评论》2020 年第 7 期。

戴国宝、王雅秋：《民营中小微企业高质量发展：内涵、困境与路径》，《经济问题》2019 年第 8 期。

戴兰、苟小刚：《皮革行业经济景气指数的波动特征及其影响因素分析》，《中国皮革》2020 年第 12 期。

邓峰、岳昌君：《大学生就业市场景气指数的建构与分析》，《教育研究》2021 年第 2 期。

邓晰隆、易加斌：《中小企业应用云计算技术推动数字化转型发展研究》，《财经问题研究》2020 年第 8 期。

邓莹璐：《株洲民营经济高质量发展的主要障碍与机制创新》，《科技和产业》2021 年第 4 期。

丁勇、姜亚彬：《我国制造业 PMI 与宏观经济景气指数关系的实证分析》，《统计与决策》2016 年第 3 期。

丁正卿等：《"双碳"背景下中小企业绿色低碳转型发展的问题诊断与对策建议》，《中国经贸导刊》2022 年第 4 期。

董文泉等：《Stock-Watson 型景气指数及其对中国经济的应用》，《数量经济技术经济研究》1995 年第 12 期。

董文泉等：《经济周期波动的分析与预测方法》，吉林大学出版社 1998 年版。

董志勇、李成明：《"专精特新"中小企业高质量发展态势与路径选择》，《改革》2021 年第 10 期。

杜晶晶等：《数字化环境下中小企业社会责任重构研究——基于重大突发事件的思考》，《宏观质量研究》2020 年第 4 期。

段玉敏：《区域科技金融发展与制造业结构升级研究——以上海为例》，《财讯》2018 年第 22 期。

樊帆：《我国发展循环经济的绿色制度体系构建》，《经济研究导刊》2010 年第 20 期。

范合君、吴婷：《数字化能否促进经济增长与高质量发展——来自中国省级面板数据的经验证据》,《管理学刊》2021年6月1日。

范克龙:《我省推出支持民营企业政策"大礼包"》,《安徽日报》2021年4月18日第2版。

房汉国:《基于主成分分析法的宏观经济景气指数研究》,《当代经济》2022年第1期。

房建奇:《企业家社会资本对科技型中小企业技术创新绩效作用机制研究》,博士学位论文,吉林大学,2020年。

封北麟:《精准施策缓解企业融资难融资贵问题研究——基于山西、广东、贵州金融机构的调研》,《经济纵横》2020年第4期。

冯鸿雁、彭永芳:《以绿色技术创新推动科技型中小企业高质量发展》,《中国经济评论》2021年第Z1期。

冯留建:《中国共产党民营经济改革的百年历程与历史启示》,《四川师范大学学报》(社会科学版)2021年第6期。

冯晓青:《论知识产权制度对技术创新的促动作用》,《河北学刊》2013年第2期。

冯雅倩:《郑州制造业高质量发展水平测度研究》,《合作经济与科技》2021年第11期。

福本智之:《日本中小企业政策性金融及其对中国的启示》,《国际金融》2015年第11期。

福州大学课题组:《福建省产业景气监测体制机制研究》,《发展研究》2018年第3期。

付朋霞、刘青松:《中小企业高质量发展评价体系构建》,《信息通信技术与政策》2020年第5期。

付智等:《我国高质量发展评价及空间分异》,《金融与经济》2021年第5期。

傅莉瑛:《探索中小企业抱团发展的必要性》,《中国中小企业》2022年第1期。

高立龙:《中小企业面临的突出问题与对策——以湖南省为例》,《中国经贸导刊(中)》2020年第5期。

高铁梅等:《国际经济景气分析研究进展综述》,《数量经济技术经济研究》2003年第11期。

高铁梅等：《中国出口周期性波动及成因研究：基于主成分方法构建中国出口景气指数》，《商业经济与管理》2007年第2期。

高铁梅等：《中国工业景气调查数据的综合分析》，《预测》2002年第4期。

高维龙：《农业服务化对粮食产业高质量发展的影响效应及作用机制》，《广东财经大学学报》2021年第3期。

耿静红：《民营中小企业高质量发展的合力机制研究——基于广西的调研分析》，《陕西社会主义学院学报》2021年第2期。

耿林等：《中国就业景气指数的构建、预测及就业形势判断——基于网络招聘大数据的研究》，《中国人民大学学报》2017年第6期。

工业和信息化部：《关于印发2021年碳达峰碳中和专项行业标准制修订项目计划的通知》，国家工业化和信息部网，https://www.miit.gov.cn/jgsj/kjs/wjfb/art/2021/art_ce056a1a183e42f1be837ee3d4c81dd5.html，2021年12月2日。

龚盈盈：《基于景气指数的宏观经济监测预警系统研究》，硕士学位论文，武汉理工大学，2005年。

巩键：《人工智能赋能中小企业数字化转型的四条路径》，《网络安全和信息化》2022年第6期。

苟建华等：《新发展格局下中小企业数字化转型面临的挑战及对策》，《现代商业》2022年第14期。

谷方杰等：《基于价值链视角下企业数字化转型策略探究——以西贝餐饮集团为例》，《中国软科学》2020年第11期。

桂文林、程慧：《基于多变量动态Probit模型的中国经济景气预测》，《统计与决策》2020年第11期。

郭珊：《我国中小企业经济运行特点及面临的挑战》，《中国物价》2020年第10期。

郭晔等：《银行竞争背景下定向降准政策的"普惠"效应——基于A股和新三板三农、小微企业数据的分析》，《金融研究》2019年第1期。

国家经济贸易委员会中小企业司、国家统计局工业交通司和中国企业评价协会联合课题组：《成长性中小企业评价的方法体系》，《北京统计》2001年第5期。

国家能源局:《国家能源局 2022 年一季度网上新闻发布会文字实录》,国家能源局网,http://www.nea.gov.cn/2022-01/28/c_1310445390.htm,2022 年 1 月 28 日。

国家知识产权局:《国家知识产权局关于政协十二届全国委员会第五次会议第 0593 号(科学技术类 032 号)提案答复函》,国家知识产权局网,https://www.cnipa.gov.cn/art/2017/8/21/art_516_146807.html,2017 年 8 月 21 日。

国家知识产权局:《连接国际网,畅通专利路》,国家知识产权局网,https://www.cnipa.gov.cn/art/2021/2/23/art_53_156875.html,2021 年 2 月 23 日。

国家知识产权局:《专利优先审查管理办法》解读,国家知识产权局网,https://www.cnipa.gov.cn/art/2017/7/12/art_66_28315.html,2017 年 7 月 12 日。

国务院:《国务院关于加快建立健全绿色低碳循环发展经济体系的指导意见》,中国政府网,http://www.gov.cn/zhengce/content/2021-02/22/content_5588274.htm,2021 年 2 月 22 日。

国务院:《国务院关于印发"十四五"节能减排综合工作方案的通知 国发〔2021〕33 号》,中国政府网,http://www.gov.cn/zhengce/content/2022-01/24/content_5670202.htm,2022 年 1 月 24 日。

韩兆洲、任玉佩:《广东经济运行监测预警指数研究》,《广东经济》2017 年第 4 期。

何诚颖等:《新冠病毒肺炎疫情对中国经济影响的测度分析》,《数量经济技术经济研究》2020 年第 5 期。

何广文、陈晓洁:《金融机构助力绿色发展的可持续路径与启示——基于湖州的个案研究》,《北京联合大学学报》(人文社会科学版)2022 年第 2 期。

何宏庆:《数字金融:经济高质量发展的重要驱动》,《西安财经学院学报》2019 年第 2 期。

何剑等:《数字金融何以纾解中小企业融资之困?》,《武汉金融》2021 年第 3 期。

何健文:《中国高技术制造业创新景气指数研究——基于主成分法》,

《科技管理研究》2018年第11期。

何林峰：《省级经济景气指数的混频测度及比较分析》，博士学位论文，厦门大学，2019年。

何枭吟、成天婷：《数字经济推动经济高质量发展的战略抉择》，《商业经济研究》2021年第10期。

赫永达、孙巍：《中国能源类行业周期波动及其对宏观经济的时变影响》，《广东财经大学学报》2017年第3期。

胡佳蔚：《经济景气预警研究发展评述》，《现代商业》2016年第34期。

胡佳艳：《新冠肺炎疫情影响下宁波中小企业面临的困难与对策研究》，《宁波经济（三江论坛）》2020年第9期。

胡萌、孙继国：《经济景气评价》，中国标准出版社2009年版。

胡敏：《促进中小企业发展政策要"掷地有声"》，《经济日报》2021年1月26日第1版。

胡青等：《知识距离、协同能力与企业数字化转型绩效——基于浙江中小企业的多案例研究》，《江西财经大学学报》2021年第3期。

胡涛等：《我国国房景气指数与宏观经济景气指数的联动关系——基于VAR模型的实证研究》，《湖北科技学院学报》2016年第12期。

华静：《促进民营科技型企业高质量发展的对策建议——以南京市为例》，《江苏省社会主义学院学报》2021年第1期。

黄栋等：《新发展格局下新能源产业发展历程、内生逻辑与展望》，《新疆师范大学学报》（哲学社会科学版）2021年第6期。

黄先海、诸竹君：《生产性服务业推动制造业高质量发展的作用机制与路径选择》，《改革》2021年5月26日。

黄晓波等：《基于会计信息的企业景气指数研究——以我国上市公司2007—2012年数据为例》，《南京审计学院学报》2013年第5期。

江巨鳌等：《论专利制度及其对科技创新的作用》，《湖南农业大学学报》（社会科学版）2005年第3期。

江亿：《城乡能源系统碳排放核算与减排路径》，《可持续发展经济导刊》2022年第4期。

江振龙：《破解中小企业融资难题的货币政策选择与宏观经济稳定》，

《国际金融研究》2021年第4期。

姜浩、郭顿：《新型供应链金融模式在小微企业融资中的应用研究》，《西南金融》2019年第4期。

蒋晗：《河南省环境规制、产业结构与经济高质量发展》，《河南科技大学学报》（社会科学版）2021年第3期。

蒋惠凤、刘益平：《数字金融、供应链金融与企业融资约束——基于中小企业板上市公司的经验证据》，《技术经济与管理研究》2021年第3期。

叫婷婷：《提高企业景气调查"景气度"的思考与建议》，《黑龙江金融》2019年第2期。

解浩宇：《比亚迪跨行转产口罩背后的逻辑——基于社会效益视角的企业危机管理》，《江苏商论》2021年第5期。

瞿麦生：《论层次分析法的经济逻辑基础：兼论经济思维层次性原则》，《天津商业大学学报》2008年第4期。

康静：《我国PPI景气指数的构建研究》，《经贸实践》2017年第20期。

孔杰：《怎样认识企业景气指数》，《中国统计》2007年第2期。

孔宪丽、梁宇云：《中国工业景气2017年运行态势及特点分析》，《科技促进发展》2017年第11期。

孔亦舒：《世界经济景气指标体系的分析与比较》，《中国经贸导刊》2019年第12期。

赖福平：《工业企业景气指数研究与实证分析》，硕士学位论文，暨南大学，2005年。

兰佳佳：《碳中和目标下完善我国绿色金融统计标准的建议》，《河北金融》2022年第3期。

兰建平：《以产业大脑建设助推高质量发展》，《社会治理》2021年第4期。

蓝天：《经济政策不确定性、金融周期与房地产价格——基于TVP-SV-VAR模型的分析》，《区域金融研究》2022年第2期。

雷晨：《数字经济站上风口与低碳转型联动引关注》，《21世纪经济报道》2022年第9期。

雷英杰、陈婉：《首个环保产业景气指数报告发布》，《环境经济》2017年第4期。

冷媛等：《经济景气指数研究的比较与思考》，《统计与决策》2017年第2期。

李安渝等：《共享平台与中小企业价值共创的演化博弈分析——基于共享经济视角》，《工业技术经济》2021年第6期。

李长安：《中国企业如何塑造更多的隐形冠军》，《人民论坛》2021年第10期。

李创、陈聪慧：《我国中小企业绿色生产决策的驱动机制研究》，《中国集体经济》2021年第32期。

李方一等：《中国风电产业景气指数构建与波动分析》，《合肥工业大学学报》（社会科学版）2018年第3期。

李赋欣等：《基于电力数据的经济景气指数模型研究》，《四川电力技术》2018年第4期。

李刚、黄思枫：《全球新冠肺炎疫情背景下我国中小企业生存与发展对策研究——基于数字化转型和商业模式升级应对策略分析》，《价格理论与实践》2020年第7期。

李海：《电力消费量与国房景气指数关系研究》，《统计与决策》2018年第5期。

李红莲：《2021第四季度景气调查报告我国安防行业保持恢复态势景气水平平稳回升》，《中国安防》2022年第Z1期。

李会太：《"绿色"与绿色管理的概念界定》，《生态经济》2007年第4期。

李慧、冯新双：《长江航运景气指数预测模型构建与分析》，《中国水运》2020年第4期。

李佳峰等：《中小企业如何把握数字化转型机遇》，《经济日报》2020年1月9日第11版。

李金华：《中国高新技术企业、产业集群、企业孵化器的发展及政策思考》，《经济与管理研究》2019年第7期。

李晶等：《我国物流业景气波动区制分析及预测》，《中国水运（下半月）》2019年第1期。

李平:《报告:2020年高校毕业生就业景气指数逐月攀升》,《经济参考报》2021年1月26日第8版。

李倩等:《节能产业中相关节能标准的现状与分析》,《广西节能》2017年第2期。

李强:《中国装备制造企业高质量发展研究——基于政府与市场的影响分析》,博士学位论文,吉林大学,2020年。

李晟婷等:《中国环保产业高质量发展的异质性政策驱动研究》,《复杂系统与复杂性科学》2021年第2期。

李思思等:《组织自主性与中小企业国际化成效:组织学习的中介作用》,《经济研究参考》2020年第23期。

李伟:《高质量发展有六大内涵》,《人民日报》(海外版)2018年1月22日第3版。

李伟娜、徐勇:《科技金融、制造业集聚与环境效应研究》,《广东科技》2018年第18期。

李玮、李文军:《从新冠肺炎疫情防控看中小企业数字化转型》,《企业经济》2020年第7期。

李文、魏凯:《改革开放四十年广东民营经济政策创多个全国第一》,《南方都市报》2018年11月6日。

李文溥等:《地区经济景气指数的构建与景气分析初探》,《东南学术》2001年第6期。

李晓芳、高铁梅:《应用HP滤波方法构造我国增长循环的合成指数》,《数量经济技术经济研究》2001年第18期。

李晓梅等:《卷烟市场景气指数编制探索与实践——以广西卷烟市场为例》,《中国烟草学报》2017年第4期。

李彦:《我国低碳经济转型条件下人才体系建设对策》,《中国经贸导刊》2015年第13期。

李艳:《"互联网+"下中小企业的融资机制创新》,《宏观经济管理》2021年第2期。

李玉纳:《基于VaR的商业银行利率风险景气监测研究》,《现代商业》2022年第1期。

李真、李茂林:《中国式减税降费与经济高质量发展:企业金融化视角的研究》,《财经研究》2021 年第 6 期。

李振宁:《聚焦关切推动中小企业健康高质量发展——〈北京市促进中小企业发展条例〉修订》,《北京人大》2020 年第 10 期。

李志起:《建设数字经济标杆城市要发挥民企作用》,《北京观察》2021 年第 5 期。

李治国:《莫让中小企业创新"昙花一现"》,《经济日报》2021 年 2 月 2 日第 12 版。

李琢:《物流企业可持续发展与经济景气程度的相关性研究:基于企业生命周期视角》,《商业经济研究》2021 年第 8 期。

梁海明等:《用新基建助力中小企业发展》,《环球时报》2021 年 3 月 25 日第 15 版。

梁鸿旭:《我国交通运输周期识别及特征分析》,《统计与决策》2022 年第 2 期。

梁玮:《皮革行业经济运行态势平稳回升 新的一年开启高质量发展新征程——2020 年皮革行业经济运行分析和 2021 年发展预测》,《西部皮革》2021 年第 9 期。

林汉川、管鸿禧:《中国不同行业中小企业竞争力评价比较研究》,《中国社会科学学》2005 年第 3 期。

林汉川等:《中国中小企业发展研究报告（2018）》,北京大学出版社 2019 年版。

林汉川等:《中国中小企业发展研究报告（2019）》,北京大学出版社 2020 年版。

林汉川等:《中小企业的界定与评价》,《中国工业经济》2000 年第 7 期。

林胤:《创新发展战略下中小企业"专精特新"路径探析——以宁波伏龙同步带有限公司为例》,《经济师》2022 年第 4 期。

林兆木:《关于我国经济高质量发展的几点认识》,《人民日报》2018 年 1 月 17 日第 7 版。

琳达·麦克马洪等:《美国小企业管理局:基本框架与主要目标》,《金融发展研究》2019 年第 8 期。

刘道学等:《景气指数:中小企业领域一项开拓性基础研究——中国

中小企业景气指数研究综述（2011—2017）》，《浙江工业大学学报》（社会科学版）2018年第2期。

刘道学等：《中国中小企业景气指数研究报告（2012）》，经济科学出版社2012年版。

刘恩猛、吕文栋：《最低工资、劳动力成本与中小企业创新投入意愿——基于浙江的企业调查》，《商业研究》2020年第10期。

刘改等：《区域旅游业景气指数实证分析——以山西省为例》，《经济问题》2017年第10期。

刘洪愧：《数字贸易发展的经济效应与推进方略》，《改革》2020年第3期。

刘璐：《教育扶贫对甘肃民营企业创新投入的影响机制——基于共同富裕视域下的案例实践》，《新经济》2022年第6期。

刘秋英：《中小企业如何实施精益管理走"专精特新"之路》，《海峡科技与产业》2022年第3期。

刘然：《后疫情时代中小企业数字化转型之路》，《人民论坛·学术前沿》2020年第13期。

刘涛、张夏恒：《我国中小企业数字化转型现状、问题及对策》，《贵州社会科学》2021年第2期。

刘英：《RCEP生效将带来多重经济效应》，《经济日报》2022年1月19日。

刘玉红：《当前经济景气波动特点及走势分析》，《财经界（学术版）》2017年第14期。

刘玉娇等：《基于电力大数据的经济景气指数分析》，《电信科学》2020年第6期。

刘钰俊：《绿色金融发展现状、需关注问题及建议》，《金融与经济》2017年第1期。

刘子浈等：《新冠肺炎疫情背景下中小企业数字化转型——基于XH公司的案例研究》《现代商业》2022年第14期。

龙祖坤、洪毓嘉：《基于旅游需求的浙江省旅游业景气指数研究》，《湖南财政经济学院学报》2021年第1期。

卢彬彬、朱晓萌：《事件、脆弱性与中小企业适应能力》，《重庆理工大学学报》（社会科学版）2021年第4期。

卢露：《碳中和背景下完善我国碳排放核算体系的思考》，《西南金融》2021年第12期。

芦畅等：《中国航空货运景气指数研究与实践》，《中国市场》2018年第29期。

陆静丹等：《就业景气指数实证研究》，《人力资源管理》2014年第3期。

吕君、杨梦洁：《绿色经济视域下中小企业技术创新驱动因素探析》，《济宁学院学报》2022年第2期。

吕香亭：《综合评价指标筛选方法综述》，《合作经济与科技》2009年第3期。

吕勇斌：《中小企业发展的区域差异性研究》，博士学位论文，华中农业大学，2005年。

罗良文等：《绿色低碳科技创新赋能碳达峰碳中和》，《中国社会科学报》2022年3月30日第3版。

罗涛：《消费者价格指数与物流业景气指数关系研究》，《经济研究导刊》2021年第6期。

罗仲伟：《优化民营企业营商环境，引导民营企业加快转型升级》，《中国经济评论》2021年第2期。

罗仲伟等：《转危为机：运用数字技术加速中小企业群体性转型升级》，《价格理论与实践》2020年第6期。

马晓河：《经济高质量发展的内涵与关键》，《经济参考报》2018年7月11日第3版。

马治国、秦倩：《论新时代我国绿色专利快速审查制度的再确立》，《上海交通大学学报》（哲学社会科学版）2019年第3期。

毛涛：《中小企业节能降碳意愿如何调动?》，《中国环境报》2021年5月29日第3版。

孟妮：《中小企业走在RCEP春风里》，中国商务新闻网，https：//baijiahao.baidu.com/s? id = 1725698019043199612&wfr = spider&for = pc，2022年2月25日。

聂秀华、吴青：《数字金融对中小企业技术创新的驱动效应研究》，

《华东经济管理》2021年第3期。

潘捷等：《粤港澳大湾区科技创新景气指数研究》，《上海城市管理》2020年第4期。

裴宏、苏丹：《知识产权质押融资大有可为》，《中国知识产权报》2018年10月31日第1版。

彭飞：《重点税源企业景气指数应用研究》，硕士学位论文，重庆大学，2019年。

彭森：《基于粗糙集与支持向量机的工业企业经济景气指数智能预测模型研究》，硕士学位论文，华中师范大学，2012年。

彭十一：《中国中小企业界定标准的历史回顾及评价》，《商业时代》2009年第32期。

戚少成：《景气指数的概念、种类和数值表示方法》，《中国统计》2000年第11期。

綦勇等：《医疗体系、公共卫生安全与经济景气程度的空间联动机制》，《财经研究》2021年第5期。

强国令、王一婕：《放松利率管制、企业升级与经济高质量发展》，《会计之友》2021年第11期。

乔冒玲：《构建企业成长性评价指标初探》，《南京工业大学学报》（社会科学版）2002年第1期。

秦德智、侯怡红：《中国中小企业经营创新风险评估》，《统计与决策》2021年第9期。

邱向京等：《考虑产业和行业因素的电力景气分析》，《国外电子测量技术》2018年第12期。

裘莹、郭周明：《数字经济推进我国中小企业价值链攀升的机制与政策研究》，《国际贸易》2019年第11期。

屈魁等：《完善工业企业景气监测动态调整机制》，《金融时报》2015年1月19日第11版。

人民资讯网：《RCEP带给天津自贸区的机遇：国际数字贸易和知识产权保护规则的压力测试》，人民资讯网，https://baijiahao.baidu.com/s?id=1688102485547901040&wfr=spider&for=pc，2021年1月6日。

任保平、李梦欣：《新常态下地方经济增长质量监测预警的理论与方法》,《统计与信息论坛》2017年第5期。

沈西林等:《2021年第四季度中国天然气行业景气指数分析》,《天然气工业》2022年第1期。

施静娴:《航运业景气指数企稳回升——宁波航运经济指数分析报告(2021.03)》,《中国航务周刊》2021年第19期。

石峰、胡燕:《中国企业景气指数与企业家信心指数预测》,《统计与决策》2021年第3期。

史晓菲:《RCEP助力轻工产品进出口成本降低》,《消费日报》2022年4月1日第A01版。

世界知识产权组织:《WIPO推出方便检索绿色技术专利的工具》,世界知识产权局网,https://www.wipo.int/pressroom/zh/articles/2010/article_0031.html,2010年9月16日。

宋佳洪等:《疫情冲击下中小微企业发展研究》,《合作经济与科技》2021年第10期。

苏丹妮等:《全球价值链、本地化产业集聚与企业生产率的互动效应》,《经济研究》2020年第3期。

孙萌、孙雯:《基于GM(1,1)模型的经济高质量发展景气预测》,《现代营销(下旬刊)》2021年第2期。

孙颖:《物流业景气指数与制造业采购经理指数关系的检验》,《统计与决策》2017年第12期。

孙云杰:《中国煤炭产业景气测度及其运行特征分析》,《统计与决策》2018年第17期。

孙泽厚、黄箐:《市场预测的景气问卷模糊预测法》,《工业技术经济》1997年第2期。

谭斌:《中小企业走"专精特新"国际化道路探析》,《商业经济》2021年第7期。

碳中和学堂:《国际上常用的碳中和认证标准有哪些?》,知乎网,https://zhuanlan.zhihu.com/p/401504186,2022年4月14日。

陶文晶、常强强:《基于数学模型的芜湖市房地产业景气指数研究》,《铜陵学院学报》2019年第4期。

王波:《科技型中小企业供应链融资模式研究——基于政府资金引导

视角》,《技术经济与管理研究》2021 年第 3 期。

王恩德等:《中国中小工业企业景气监测预警系统开发与应用》,《吉林大学社会科学学报》2006 年第 5 期。

王晖等:《多指标综合评价方法及权重系数的选择》,《广东药学院学报》2007 年第 5 期。

王明鹏:《我国中小企业的影响因素系统研究》,博士学位论文,北京邮电大学,2015 年。

王桤伦等:《商业银行支持专精特新企业的思考》,《西南金融》2022 年第 4 期。

王伟峰等:《浙江省行业用电市场景气指数分析》,《电力需求侧管理》2022 年第 2 期。

王文胜、宋家辉:《浙江省建筑业景气波动分析与对策建议》,《生产力研究》2018 年第 3 期。

王晓红等:《企业研发投入,ESG 表现与市场价值——企业数字化水平的调节效应》,《科学学研究》2022 年 6 月 9 日。

王晓蓉:《RCEP 背景下我国外贸型中小企业发展策略研究》,《投资与创业》2021 年第 23 期。

王燕茹、王凯凯:《加权马尔可夫模型在企业景气指数预测中的应用》,《统计与决策》2018 年第 3 期。

王洋、于君:《区域数字经济竞争力评价体系研究》,《竞争情报》2020 年第 5 期。

王艺枞等:《数据发布下的服务业景气实时预测》,《统计与决策》2019 年第 21 期。

王轶、陆晨云:《财税扶持政策何以提升返乡创业企业经营绩效?——基于全国返乡创业企业的调查数据》,《现代财经(天津财经大学学报)》2021 年第 6 期。

王与桐:《XTransfer 发布〈2021 年中小微企业出口贸易(B2B)指数报告〉》,https://www.36dianping.com/dianping/4617801211,2022 年 2 月 24 日。

王玉华、陈奕:《RCEP 背景下我国中小企业国际化的机遇与对策》,《中国经贸导刊(中)》2021 年第 6 期。

王志刚、孙荣海：《珠海科技型中小企业的发展困境及对策研究》，《珠海特区报》2021年1月4日第8版。

王周火：《新时代湖南民营经济高质量发展制度创新研究》，《邵阳学院学报》（社会科学版）2021年第2期。

王自牧：《传统中小企业如何享受数字化红利？》，《绍兴日报》2021年3月28日。

微雨：《金龙鱼、康师傅等入选2021中国企业ESG最佳社会案例》，《中国食品工业》2021年第22期。

邬关荣等：《浙江省广告业景气指数的编制与分析》，《江苏商论》2014年第12期。

吴传清、邓明亮：《长江经济带房地产业景气指数测算与时空特征分析》，《湖北经济学院学报》2019年第3期。

吴东武等：《广东省制造业高质量发展水平评价研究》，《五邑大学学报》（社会科学版）2021年第2期。

吴军、梁思惠：《企业数字化转型过程和效果研究——以良品铺子为例》，《特区经济》2019年第11期。

吴磊、姜太平：《浅议企业绿色制度创新的实现途径》，《软科学》2003年第1期。

吴力、黄霞：《迎接RCEP，中小企业争做行动派》，《国际商报》2021年9月22日第4版。

吴鸣宣：《我国绿色专利制度发展的困境与完善研究》，硕士学位论文，兰州大学，2020年。

吴雅帆：《我国中小企业在国际化经营过程中的问题和建议》，《现代营销》（信息版）2020年第2期。

席玮：《旅游景气指数的构建及周期特征——以桂林为例》，《西部金融》2019年第10期。

夏明：《2021年1-12月贸易进出口统计综述与分析》，统计学会网，http://images.mofcom.gov.cn/tjxh/202201/20220130112534719.pdf，2022年1月。

夏清华、乐毅：《"卡脖子"技术究竟属于基础研究还是应用研究？》，《科技中国》2020年第10期。

晓芳、王书丽：《"双循环"新发展格局下内蒙古民营经济高质量发展的路径研究》，《财经理论研究》2021年第3期。

谢天赐、马子娇：《厘清定义："双碳"的基本概念与产生背景》，澎湃新闻网，https://www.thepaper.cn/newsDetail_forward_14114684，2021年8月20日。

谢雪燕、朱晓阳：《数字金融与中小企业技术创新——来自新三板企业的证据》，《国际金融研究》2021年第1期。

谢智勇、徐小凡：《北京市中小企业经营环境评估》，《科技和产业》2020年第8期。

徐军海：《创新驱动视角下江苏科技人才发展趋向和路径研究》，《江苏社会科学》2021年5月6日。

徐利：《借鉴国际经验用好两种资源助力我国中小企业提升国际竞争力》，《中国财政》2021年第24期。

徐宁、冯路：《基于层次分析法的科技型小微企业网络融资风险模糊综合评价》，《科技管理研究》2019年第20期。

徐玉德：《全球疫情冲击下中小企业面临的挑战及应对》，《财会月刊》2020年第12期。

徐媛媛：《绿色贸易壁垒对我国外贸出口贸易的影响与对策》，《营销界》2021年第38期。

许雪：《陕西省投资经济景气监测》，《中外企业家》2017年第2期。

许亚岚：《产业景气指数助力智慧城市建设》，《经济》2018年第1期。

许阳千：《基于景气指数理论框架的广西区域性经济预警系统构建》，《广西经济管理干部学院学报》2013年第2期。

荀玉根等：《RCEP对进出口和行业的影响》，第一财经网，https://www.yicai.com/news/101317860.html，2020年2月15日。

闫绍武、王筝：《基于宏观经济政策目标的多维景气指数系统的构建》，《统计与咨询》2017年第2期。

严若森、钱向阳：《数字经济时代下中国运营商数字化转型的战略分析》，《中国软科学》2018年第4期。

阎沐杉、李姗晏：《新冠肺炎疫情对中小企业的冲击及对策》，《商业经济研究》2020年第21期。

阳镇、陈劲：《迈向共同富裕：企业社会责任的底层逻辑与创新方向》，《清华管理评论》2022年第1期。

杨攻研、谭予婷：《RCEP的起源、内容特征与经济影响评估》，《日本研究》2020年第4期。

杨航：《陕西省工业景气周期分析研究》，《西部金融》2018年第10期。

杨昊：《我国经济高质量发展景气监测与预警》，《现代营销（下旬刊）》2021年第4期。

杨华丹：《运用重点税源企业数据编制景气指数的探索》，《天津经济》2022年第2期。

杨林、沈春蕾：《减税降费赋能中小企业高质量发展了吗？——基于中小板和创业板上市公司的实证研究》，《经济体制改革》2021年第2期。

杨淼、雷家骕：《基于熊彼特创新周期理论的科技创新驱动经济增长景气机理研究》，《经济学家》2019年第6期。

杨木易子：《数字经济时代中小企业数字化转型研究》，《质量与市场》2022年第8期。

杨秋、陆欣楠：《力促广西和意大利中小企业产业对接》，《广西日报》2022年3月29日。

杨顺顺：《湖南省碳排放总量核算与碳源结构分析》，《合作经济与科技》2022年第10期。

杨思雨、田国强：《农产品批发价格指数与物流业景气指数的关系研究》，《中国农业大学学报》2020年第4期。

杨武、杨淼：《企业科技创新景气问卷调查研究——以深圳市企业为例》，《科技进步与对策》2017年第5期。

杨燕梅、杜利锋：《氢能标准进展》，中国标准化研究院，https：//www.cnis.ac.cn/bydt/kydt/202205/t20220520_53206.html，2022年5月20日。

杨英明等：《我国能源结构优化研究现状及展望》，《煤炭工程》2019年第2期。

杨雨晴：《基于3σ方法的我国旅游经济预警综合评价》，《现代营销

（下旬刊）》2021 年第 3 期。

姚露：《科技型中小企业绿色技术创新的影响因素及对策分析》，《企业科技与发展》2022 年第 3 期。

叶成雷：《区域中小企业景气指数研究和实证分析》，硕士学位论文，浙江工业大学，2012 年。

叶文洁：《企业微创新与竞争优势关系研究——基于浙江中小企业的实证分析》，《华东经济管理》2020 年第 5 期。

尹彦辉等：《新冠肺炎疫情与宏观经济波动：基于 DSGE 模型的分析及启示》，《统计与决策》2020 年第 7 期。

俞沛：《我国中小企业国际化发展的路径选择》，《商业观察》2021 年第 31 期。

俞永均、宋兵：《景气指数上扬，港口回暖持续》，《宁波日报》2020 年 11 月 6 日第 8 版。

袁琦：《绿色贸易壁垒的成因、影响及对策研究》，《现代营销（下旬刊）》2017 年第 9 期。

曾光辉：《推进"信易贷"服务中小企业融资》，《宏观经济管理》2021 年第 4 期。

曾湘泉等：《蓝领就业市场景气指数报告》，《中国经济报告》2021 年第 1 期。

詹爱岚等：《知识产权质押融资风险补偿机制：国际经验与浙江实践》，《浙江工业大学学报》（社会科学版）2020 年第 1 期。

张策、盖美：《高质量发展下的中国经济—科技—环境—社会系统耦合研究》，《资源开发与市场》2021 年第 6 期。

张发明等：《基于改进动态组合评价方法的小微企业信用评价研究》，《管理学报》2019 年第 2 期。

张璠等：《政府扶持与民营中小企业"专精特新"转型——来自省级政策文本量化的经验证据》，《财经科学》2022 年第 1 期。

张峰等：《基于电力生产景气指数的我国发电行业分析与预测》，《现代电力》2021 年 4 月 15 日。

张金艳：《绿色发展理念下我国绿色专利快速审查制度的完善》，《学习论坛》2017 年第 4 期。

张美星、朱平芳：《上海服务业先行指数构建、预测与区制状态研究》，《数量经济研究》2020年第2期。

张念：《中国有色金属产业月度景气指数报告》，《中国有色金属报》2021年1月23日第8版。

张人龙、刘小红：《数字赋能中小企业高质量发展》，《贵州日报》2020年10月14日第9版。

张夏恒：《新冠肺炎疫情对我国中小微企业的影响及应对》，《中国流通经济》2020年第3期。

张夏恒：《中小企业数字化转型障碍、驱动因素及路径依赖——基于对377家第三产业中小企业的调查》，《中国流通经济》2020年第12期。

张艳芳等：《中国工业景气指数构建与分析》，《河北经贸大学学报》2015年第4期。

张洋：《企业景气指数与宏观经济波动研究》，博士学位论文，北京工商大学，2005年。

张颖：《构建旅游景气指数体系及预警机制的探讨——以杭州市为例》，《中小企业管理与科技》2021年第3期。

张永军：《经济景气计量分析方法与应用研究》，中国经济出版社2007年版。

张卓群：《后疫情时代"专精特新"企业高质量发展路径研究》，《商场现代化》2022年第4期。

章琪乐等：《新冠肺炎疫情常态化背景下我国中小企业发展现状及改进对策——以江苏省中小企业为例》，《中国市场》2021年第14期。

赵陈诗卉、祝继常：《铁路货运市场景气指数构建与应用》，《中国铁路》2016年第2期。

赵光娟：《企业景气指数的干预模型研究》，硕士学位论文，华中农业大学，2011年。

赵天翊等：《基于经济景气指数的长三角地区经济运行分析与预测》，《中小企业管理与科技》2020年第6期。

赵文捷：《疫情下粤港澳大湾区中小微企业纾困政策梳理》，《特区经济》2021年第5期。

赵月旭等：《浙江省服务业景气指数测度及预警》，《统计与决策》

2021 年第 16 期。

郑锦荣：《中国服务贸易景气指数编制方法及应用》，《服务外包》2022 年第 4 期。

支小军等：《我国棉花价格景气指数构建研究》，《价格理论与实践》2013 年第 1 期。

中国·永康五金指数编制办公室：《中国·永康五金指数》，《人民日报（海外版）》2021 年 4 月 12 日第 10 版。

中国建筑材料联合会：《建筑材料工业景气指数（MPI）报告》，《中国建材》2021 年第 5 期。

中国信通院政策与经济研究所、网宿科技：《国内首个网络直播行业景气指数发布》，《中国信息化》2016 年第 12 期。

钟雨龙、陈璋：《防疫常态化背景下我国中小企业数字化转型的发展研究》，《商业经济研究》2021 年第 10 期。

周德才等：《混频非对称金融景气指数编制及应用研究——基于 MF-MS-DFM 模型的经验分析》，《管理评论》2019 年第 8 期。

周科：《我国中小企业指数综述和评析》，《国际金融》2017 年第 2 期。

周密：《RCEP 对中国企业意味着什么？造福更多中小企业》，《进出口经理人》2021 年第 1 期。

周遵波等：《中国铅锌产业月度景气指数报告》，《中国有色金属报》2022 年 3 月 1 日第 8 版。

朱军、王长胜：《经济景气分析预警系统的理论方法》，中国计划出版社 1993 年版。

朱秋、李正图：《新时代区域经济重大风险：预警、防范与化解》，《区域经济评论》2021 年第 1 期。

朱武祥等：《疫情冲击下中小微企业困境与政策效率提升——基于两次全国问卷调查的分析》，《管理世界》2020 年第 4 期。

朱云英：《浅论统计指标和景气指数对工业经济的预测意义》，《中国外资》2013 年第 5 期。

祝君壁：《打好政策"组合拳"，培育创新发源地》，《经济日报》2021 年 3 月 11 日第 12 版。

庄幼绯等：《土地市场景气指数编制的探索与实践——以上海土地市场为例》，《上海国土资源》2016年第1期。

综合开发研究院：《RCEP对全球化机制的创新及我国的推进策略》，澎湃新闻网，https：//www.thepaper.cn/newsDetail_forward_16936515，2022年3月13日。

邹洪伟：《投资景气指数的研究》，硕士学位论文，北方工业大学，2002年。

邹士年：《2021年房地产市场形势分析与2022年展望》，《中国物价》2022年第2期。

左伟：《中小民营企业公益慈善模式创新研究》，《中央社会主义学院学报》2021年第3期。

《中国经济景气月报》编辑部：《经济景气指标》，《中国统计》2020年第12期。

《中国企业报》集团课题组：《疫情之下中国企业发展环境调研报告（中）》，《中国企业报》2021年2月2日第12版。

Abberger, K., "Forecasting Quarter-on-Quarter Changes of German GDP with Monthly Business Tendency Survey Results", *Access & Download Statistics*, 2007.

Bittlingmayer, G., "Business Climate Indexes: Which Work, Which Don't, and What Can They Say About the Kansas Economy?" *Research Report*, 2005.

Clavel, L. & Minodier, C., "A Monthly Indicator of the French Business Climate", *Documents de Travail de la DESE - Working Papers of the DESE*, 2009.

Crippa, M., Guizzardi, D., Solazzo, E., Muntean, M., Schaaf, E., Monforti-Ferrario, F., Banja, M., Olivier, J. G. J., Grassi, G., Rossi, S., Vignati, E, GHG Emissions of All Worldcountries, Luxembourg: Publications Office of the European Union, 2021.

Dua, P. & Miller, S. M., "Forecasting and Analyzing Economic Activity with Coincident and Leading Indexes: The Case of Connecticut", *Journal of Forecasting*, 1996, 15 (7): 509-526.

Greene, S, "Small Business Investment Companies—Early Stage SBICs", Federal Register, 2012, 77 (84): 25775-25779.

Hennecke, P., Neuberger, D., Ulbricht, D, "The Economic and Fiscal Value of German Guarantee Banks", Thünen-Series of Applied Economic Theory, 2017.

Hogan, T. & Hutson, E., "Capital Structure in New Technology-based Firms: Evidence from the Irish Software Sector", *Global Finance, Journal*, 2005, 15 (3): 369.

Ibrahim, D. M., "Debt as Venture Capital", *SSRN Electronic Journal*, 2010 (4), 1169-1210.

Jacobs, Brain W., "Using Intellectual Property to Secure Financing after the Worst Financial Crisis since the Great Depression", *Marquette Intellectual Property Law Review*, 2011, 2 (15): 448-464.

Jaffe, A. B., "Technological Opportunity and Spillovers of R &D: Evidence from Firms' Patents Profits, and Market Value", *National Bureau of Economic Research, Inc.*, 1986: 984-1001.

James, H. S., & Mark W. Watson, "Interpreting the Evidence on Money-Income Causality", *Journal of Econometrics*, 1989, 40 (1): 161-181.

Jel, C. C., "German Stock Market Behavior and the IFO Business Climate Index: A Copula-based Markov Approach", *Mario Jovanovic*, 2011.

Joseph, M., "Business Perceptions Indicate Slow Recovery in Economic Conditions", *The Uganda Business Climate Index*, 2012.

Laeven, L., Levine, R. & Michalopoulos, S., "Financial Innovation and Endogenous Growth", *Journal of Financial Intermediation*, 2015, 24 (1): 1-24.

Lux, T., "Collective Opinion Formation in a Business Climate Survey", *Working Papers*, 2007, 16 (12): 1311.

Martin, Daryl, Drews, David C., "Intellectual Property Valuation: Context is Critical", *The Secured Lender*, 2005, 61 (5): 96.

Mitchell, W. C., *Business Cycles: The Problem and Its Setting*, NBER, New York, 1927.

Moore, G. H. & Shiskin, *Indicators of Business Expansions and Contractions*, NBER, New York, 1967.

Moore, G. H., *Business Cycle Indicators*, *Volume I*, Princeton University Press, Princeton, 1961.

Moore, W. C., *Business Cycles, Inflation, and Forecasting*, Cambridge: Ballinger Publishing Company, 1983.

Nguyen, Xuan-Thao, "Collateralizing Intellectual Property", *Georgia Law Review*, 2007, 42 (1): 1-45.

Niinimaki, J. P., "Nominal and True cost of Loan Collateral", *Journal of Banking and Financing*, 2011 (35): 2782-2790.

Otsuyama, H, Patent Valuation and Intellectual Assets Management, in Samejima, M., (eds.), Patent Strategy Handbook, Chuo keizai-sha, Tokyo, 2003.

Ozyildirim, A., Schaitkin, B. & Zarnowitz, V., "Business Cycles in the Euro Area Defined with Coincident Economic Indicators and Predicted with Leading Economic Indicators", *Journal of Forecasting*, 2010, 29 (1-2): 6-28.

Peter, F., "Grading Places: What Do the Business Climate Rankings Really Tell Us?" *Taxanalysts*, 2005.

Porter, M. E, "Clusters and New Economics of Competition", *Harvard Business Review*, 1998, 76 (6): 77-90.

Saito, K., Tsuruta, D, "Information Asymmetry in Small and Medium Enterprise Credit Guarantee Schemes: Evidence from Japan", *Applied Economics*, 2017, 50 (22): 2469-2485.

Schmitt, Neal, Gleason, Sandra E., Pigozzi, Bruce & Marcus, Philip M., "Business Climate Attitudes and Company Relocation Decisions", *Journal of Applied Psychology*, 1987, 72 (4): 622-628.

Seiler, C. & Heumann, C., "Microdata Imputations and Macrodata Implications: Evidence from the Ifo Business Survey", *Economic Modelling*, 2013, 35 (5): 722-733.

Sosnovskikh S., *Industrial Clusters in Russia: The Development of Special Economic Zones and Industrial Parks*, Social Science Electronic Publishing,

2017.

Steinnes, D. N., "Business, Climate, Tax Incentives, and Regional Economic Development", *Growth and Change*, 2006.

Thomas, R. P., & Joseph E. P., "Business Climate, Taxes and Expenditures and State Industrial Growth in the United States", *Southern Economic Association*, 1983.

World Bank Group, "Global Financial Inclusion and Consumer Protection Survey", World Bank Official Website, December 2017.